命運的求索

燕叟文懷沙

中国命理学简史及推演方法

陆致极 著

上海書店出版社
SHANGHAI BOOKSTORE PUBLISHING HOUSE

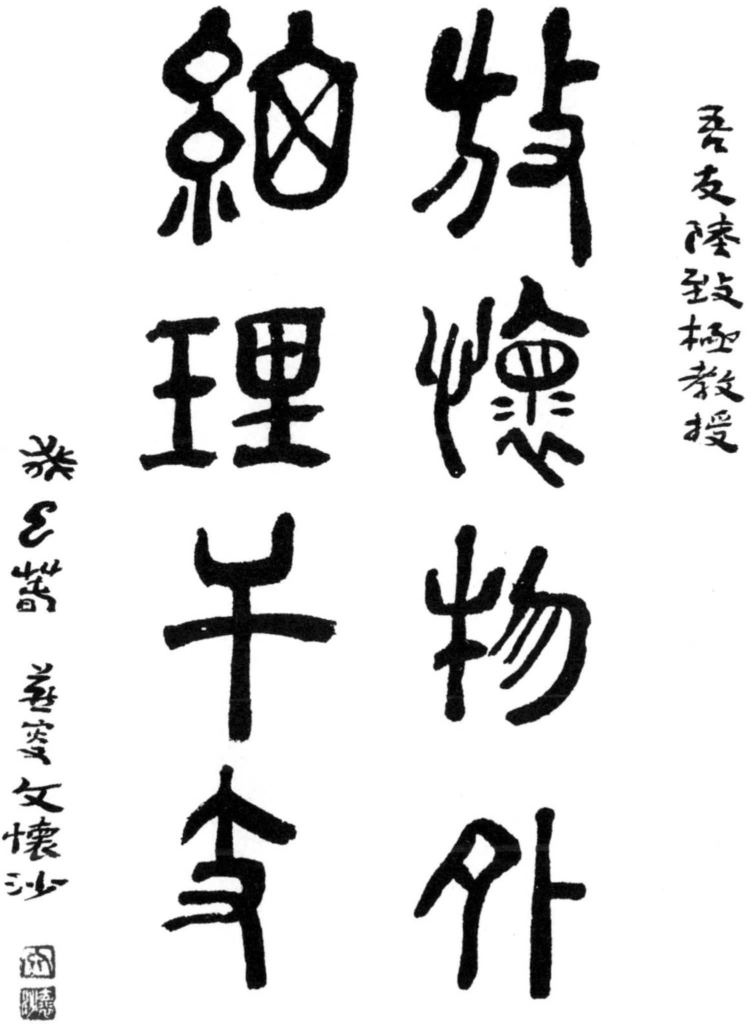

文怀沙先生题辞

放怀物外，细理千支

作者简介：

陆致极，1949年生于上海。1981年毕业于上海复旦大学中文系，硕士。1991年毕业于美国伊利诺大学语言学系，博士。

出版的语言学著作有《计算语言学导论》、《计算语言学》、《汉语方言数量研究探索》、《A Quantitative Model in Dialect Subgrouping：The Case of Modern Wu Dialects》等，并在《中国社会科学》、《Studies in the Linguistic Sciences》等中外学术杂志发表语言学论文二十余篇。

出版的命理学研究著作有：《八字命理新论》、《八字与中国智慧》(《八字命理新论》增订版)、《中国命理学史论：一种历史文化现象的研究》、《又一种"基因"的探索》等。

2008年在北京大学演讲"人生基因的探索"。2012年在旅游卫视梁冬主持的《国学堂》节目谈"又一种'基因'的探索"(共四集)。

作者在旅游卫视梁冬主持的《国学堂》节目谈“又一种‘基因’的探索”

（共四集：2012 年 5 月 13 日、20 日、27 日及 6 月 3 日播出）

序

细参“有限”索“无穷”

我曾私撰一式，曰：

“∞”…←［回顾昨天］←“0”→［展望明天］→…“∞”

我认定“0”是无限的中心：既能“继往”，又能“开来”。“往”没有“头”，“来”没有“尾”，俱都指向“∞”(无穷)。

没想到，拙撰竟与陆致极博士的“命运学”所见略同，真是幸何如之了。几千年以来，我们的祖先十分重视“0”的情状，把生命来到的“年”、“月”、“日”、“时”，用干支来描述（俗称“八字”），“作为人的出生时段宇宙运动状态的标记”，用以探索“人和自然之间的关系”(引文内文字俱见陆著)。我认为致极所云，即司马迁所谓“究天人之际”也。

致极自信，命运学研究，是中华先哲的一个伟大发现。他断言：“一个真正的‘知命’者”，“应当敢于超越自己的命运”，“在‘有限’中去追求和实现‘无限’”。用新兴的说法，即敢于“实现梦想”也。

致极三月二十五日于芝加哥索序，谨匆草小文如上以复雅命云。

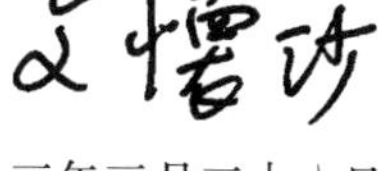

二〇一三年三月二十八日子夜

于北京云何寂孤斋

前言

寻梦？撑一支长篙，向青草更青处漫溯……

——徐志摩《再别康桥》

为往圣继绝学。

——张载

我不是职业命理师。我与命理学之间的不解之缘，起自于四十多年前的好奇。我是由好奇而学习，由学习而研究，由研究而成了这个传统特殊领域的一个探索者。

为什么会产生好奇？我在《八字与中国智慧》序言中已经谈及：早在1967年初春，一位盲残算命师预言了我十年后的重大变化以及“出洋游学”。当这些预言真的发生时，我不能不感到惊讶，好奇之心油然而起，于是开始收集和阅读命理方面的书籍。在学习过程中，又常常被我们先人的睿智所惊倒。传统命理学中，有迷雾，有糟粕，但其中洋溢着的理性的探索精神，却闪烁着我们古老民族的智慧之光。

2006年，为了集中精力探求这种智慧，我提前“退休”了，专心从事命理的研究。大概是受了现代西方博士教育的影响，凡研究一个课题，总要先了解它的来龙去脉。前人究竟做了哪些工作？——这是研究的起点。因为在科学发现上，后来者如果能看得更远，那是因为他们站在了前人的肩膀上。这样，系统地研读命理学历史文献，梳理命理发展的历史过程，成了我“退休”后研究计划的第一项课题。

本来仅是爱好，但一经投入，却格外认真起来了。传统命理学长期存身在俗文化中，缺乏系统的整理，但它确实是中国传统文化的一个重要组成部分。在当今西风强劲、商品大潮汹涌澎湃的情形下，重新梳理和召唤我们自己古老文化的精神血脉，就变得十分重要。我感到了一种历史使命感。2008年秋出版的《中国命理学史论》，作为第一本完整的命理学发展的历史述评，就是在这样的心情下写成的。

要感谢《史论》的责任编辑、原上海人民出版社的杨柏伟先生，是他又“催生”了放在读者面前的这一本小书。因为《史论》是一本比较严谨的学术研究著作，对于完全没有命理学知识背景的人，在阅读上会有一定的困难。那么，能否写一本比较通俗的简史，得以满足更多有兴趣了解命理和命理发展史的读者的要求？

的确，《史论》完稿有五年了。五年中我又有了新的资料的积累。一是中国台湾早年的命理作品，主要是邹文耀教授对早期命理的研究著作。二是韩国图书馆保存的南宋徐大升《子平渊源》早期本子。研究这些资料，对早期命理的发展脉络有了更清晰的认识。另一方面，《史论》中讨论了1949年以后的现代命理研究，但主要是台港的研究，没有涉及大陆内地。近些年来，随着改革开放的深化，内地已经成为了当代命理研究和实践的主要舞台，不少研究著作得以正式出版。因此，介绍和评点最近一个时期内地的研究状况，对于命理学史的研究者来说，自然是责无旁贷的。所以，作者花时间认真地阅读了近年内地出版的传统格局研究、“盲派”以及“新派”的命理作品，对他们的研究得失做了评论。当然，这些评论是否得宜，还要留给读者和专家来评判。有了这些新的内容，本书并不只是《史论》的一个简写本。

本书的内容首先是命理学的“简史”。然而，真正了解一种学术的演变历史，离不开它所形成的具体方法。因此，本书又着重展开了“推演方法”的介绍和阐述。最初担心“简史”与“推演方法”属于两个不同的方面，很难在一本小书里讲清楚。但是，我还是努力尝试了。在我看来，传统命理的推演方法正是从历代命理典籍中透露出来的。有了历史文献的铺垫，读者才能真正了解这些方法是在怎样的背景下，或者说，在怎样的探究视角下，产生和逐渐丰富起来的。事实上，这也是我自己学习和探索的过程。为了让读者阅读方便，我在目录之后特意加了一个导读图。根据各章节的主要内容，把“简史”和“推演方法”分别标记出来，提供阅读的简明线索。读者可以根据自己的需要，选择内容的重点。在第十一章中，我以清朝康熙命造为例，把历代使用的方法整合起来，具体地展现为一种全方位、多视角的分析程式，既为初学者指点具体分析的门径，也祈请方家批评指正。

作者认为，人出生的时空结构联系着他的生命信息，这是中华先人的一个伟大假说。近两千年来命理的理性探索，本质上是对这一假说做出的实证。囿于思想方法和研究手段的限制，古人不可能完成这样的工作。在本书的最后一章，作者对传统命理学存在的局限，做出了寻根刨底的剖析。同时，对其发展过程中糅杂的迷信的神秘纱幕、江湖术士的行骗手法，以及劝人为善的命理信仰，都做了清理和批判。正是在这样的认识基础上，作者期待，借助于现代科学思想和科学工具，对中华先人的假说进行新一轮的实证。而这种实证将为一门浸透了我们古人智慧的新的学科——时空生命学奠定厚实的基础。

由于本书涉及的历史资料较多，为了行文通畅，对不同文化背景的读者有较大的可读性，作者尽可能把相关的引用资料和背景知识放进注释中，有兴趣的读者请留意注释的内容。

此书的写作历时五个多月，几乎每一周都跟上海王永成先生通一次越洋电话。书中的不少观点，是在跟他的讨论中完善的；尚律先生多次费心为作者邮寄新出版的书籍，何重建、董向慧先生也热情地为作者提供了资料；作者还得到鲍卿、陈业孟、戴理宏、吴道平、严培宝诸友的指教；在写作过程中，曾蒙卢津源、胡志强、周欣平、曹晓明、谢平、夏林、张楠、帅政宏、袁卫东、高杰清、陆辉良、郗定海、沈振民、郁雷、戴定九、洪大德、唐保兴、梁知、袁嘉骥、奚颂华、杨柏泉、王韧等朋友的关心和帮助，作者在此一并致以衷心的谢忱。作者还要感谢妻子魏晓明的支持。

著名文化老人文怀沙先生专门为本书题词并作序，字字珠玑，意蕴深长，使作者倍受鼓舞。

最后，作者谨将此书奉献给盛承慧女士，感谢她对作者研究工作的帮助和鼓励。

陆致极

2013 年 2 月 10 日

癸巳春节于芝加哥西郊

目录

序：细参“有限”索“无穷”　文怀沙

前言

导读图

第一章　“黑箱”的探究 / 1

一、天人之际：从西方到东方

西方：天人对立——科学信仰的副产品——后现代的迷惘——东方：天人合一

二、天：气—阴阳—五行

气：世界的本源——阴阳：运动的动力——五行：五种物质状态及其属性

三、人：命和运

中医：五运六气——命理学：命和运——打不开的“黑箱”——多视角的探索——古代星命术

第二章　古代的天命观 / 22

一、从孔子谈起

道德之天——个人命运的思考——对人生的态度——注重现世

二、先秦诸子的天命观

墨家的“非命”和“天志”——道家的“命”——孟子：儒家的理想主义者——荀子：儒家的现实主义者——小结

三、国运的窥探

邹衍：五德终始论——董仲舒：天人感应说——谶纬之学

四、王充的自然定命论
"疾虚妄"——初禀之气——气一元论
五、命理学出现的历史条件

第三章　干支符号系统 / 49
一、历法上的干支符号
天干地支——干支纪年、纪月、纪日、纪时
二、干支符号模型
干支与阴阳五行——干支符号模型
三、八字结构：气的运行片段
时间片段的标记——如何排八字？——时空结构

第四章　命理学的形成时期 / 65
一、孕育阶段
早期记载——萧吉《五行大义》——吕才《叙禄命》
二、古法模型
第一位命理大师：李虚中——古法模型架构——《玉照定真经》——《珞琭子三命消息赋注》——《天元秀气巫咸经》——廖中《五行精纪》——《兰台妙选》
三、今法模型
徐子平和"子平术"——今法模型架构——徐大升和《子平渊源》——宋濂《禄命辨》——《渊海子平》——西山易鉴——万民英《三命通会》——格局理论——《星平会海》——小结

第五章　命理的基本推演方法 / 109
一、神煞系统
神煞的应用——神煞举要

二、刑冲会合法则

干支合冲——害和刑——会方与合局

三、纳音五行

四、五行四时用事

四时五行——十天干生死旺衰历程——地支藏遁

五、日主强弱

问题的提出——强弱的判断——扶抑用神

六、大运和流年

如何排大运？——流年——运、岁的优劣

第六章　十神和格局 / 150

一、十神

十干类象——天干十神表——基本功能——十神的性情

二、十神的映射网络

六亲网络——六亲分配原则——财官网络——财官分析——“善神”与“凶神”

三、格局

如何取格局？——八格的基本特征和成败条件

四、结论

第七章　命理学的深化时期 / 195

一、《神峰通考》和《命理约言》

对研究现状的认识——去谬归正——“病药说”——“标准化”的精读本——看命总法——看用神法——论命原则——皇家秘本

二、《滴天髓》和《子平真诠》

任铁樵与《滴天髓》——《滴天髓》的作者——《滴天髓》的地位——《子

平真诠》的作者——“用神”的误解

三、调候研究

什么是“调候”？——《穷通宝鉴》的来历——十干调候喜用提要——“调候为急”——调候与要素配置

四、《命学玄通》

五、从《金瓶梅》到《红楼梦》

李瓶儿八字——贾元春八字——贾元春八字考证

六、结论

第八章　从普通格到特殊格 / 249

一、普通格（正格）

八字内部环境的研究——“善”与“不善”——格局的成败——小结

二、特殊格（变格）

专旺格——“乌台诗案”——从旺格——小结——化气格——两神成象

三、形象研究

源流和通关——清和浊——真神和假神

第九章　命理学的现代时期 / 289

一、民国阶段

袁树珊《命理探源》——命理大师徐乐吾——《子平粹言》——韦千里《命学讲义》——潘子端《命学新义》——《命理用神精华》和《命理索隐》

二、港台阶段

邹文耀《命学寻真》——吴俊民《命理新论》——冬至换年柱——梁湘润的古籍评说——钟义明的命理研究——“流年秘诀”和“流年法则”——实务研究著作——通论性著作——《八字与中国智慧》——《达人命理通鉴》——“大运一律顺排”说——何建忠的“心系学”——鹊桥命理

三、大陆阶段

洪丕谟、姜玉珍《中国古代算命术》——邵伟华《四柱预测学》——徐伟刚《八字正解》——凌志轩《命理格局》——陈宝良《渊龙命学》——段氏“盲派”——“新派”命理——研究领域的开拓

四、结论

第十章 现代命理的多学科研究 / 352

一、健康命理研究

干支脏腑标记——先天体格检查表——修改意见——钟义明《现代命理与中医》——《又一种“基因”的探索》

二、命理的心理学研究

八字与性格类型学——评论——何建忠的八字心理研究——评论

三、命理的社会学研究

董向慧《中国人的命理信仰》

第十一章 多视角的推演程式 / 384

一、康熙：千古一帝

二、八字分析

强弱分析——调候分析——格局分析——形象分析——综合评价

三、性情、六亲、健康和疾病

性情分析——六亲分析：父母、夫妻、子女——健康分析

四、大运与千秋功业

第十二章 命理学的局限与展望 / 424

一、传统命理的局限

概率性描写——“四同”八字——取象比类——世俗的价值观

二、从神化到去魅

江湖派——命理信仰——现代转型

三、思考与展望

伟大的假说——复归于“道”

主要参考文献

命理学史主要术语、著作和人名索引

导读图：

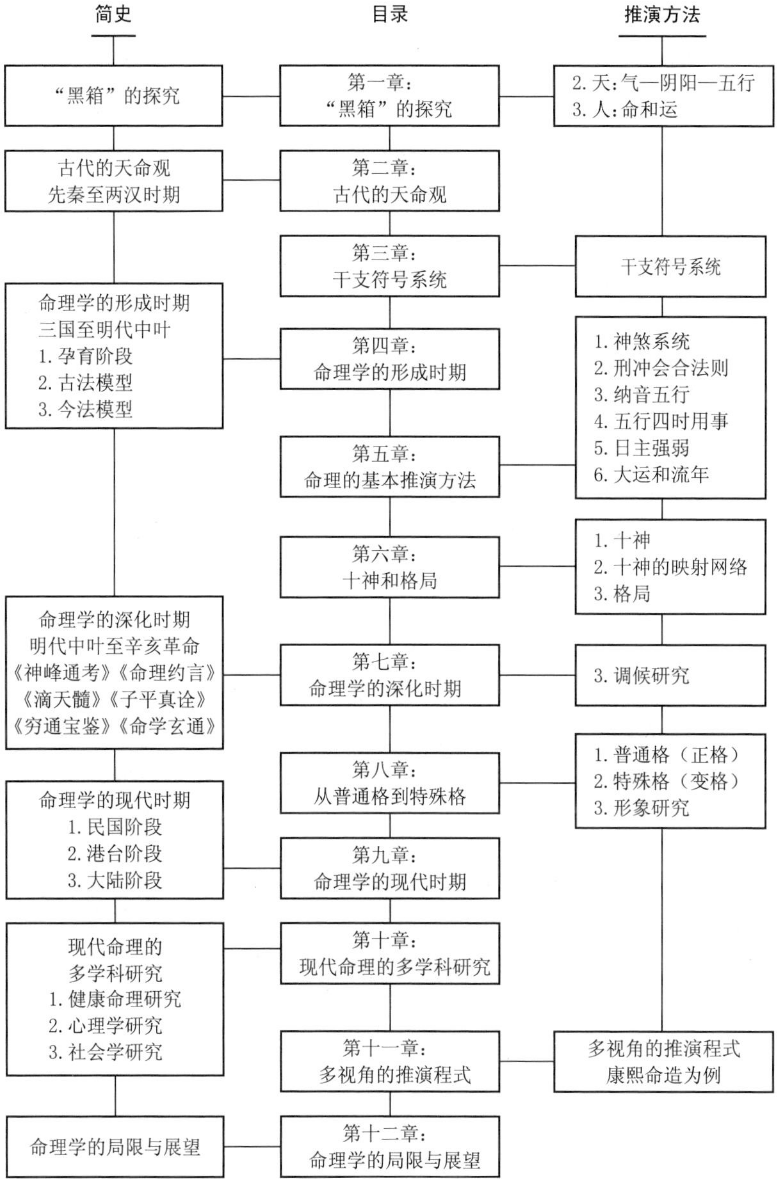
简史
目录
推演方法
“黑箱”的探究
第一章：
“黑箱”的探究
2. 天：气—阴阳—五行
3. 人：命和运
古代的天命观
先秦至两汉时期
第二章：
古代的天命观
第三章：
干支符号系统
干支符号系统
命理学的形成时期
三国至明代中叶
1. 孕育阶段
2. 古法模型
3. 今法模型
第四章：
命理学的形成时期
1. 神煞系统
2. 刑冲会合法则
3. 纳音五行
4. 五行四时用事
5. 日主强弱
6. 大运和流年
第五章：
命理的基本推演方法
第六章：
十神和格局
1. 十神
2. 十神的映射网络
3. 格局
命理学的深化时期
明代中叶至辛亥革命
《神峰通考》《命理约言》
《滴天髓》《子平真诠》
《穷通宝鉴》《命学玄通》
第七章：
命理学的深化时期
3. 调候研究
第八章：
从普通格到特殊格
1. 普通格（正格）
2. 特殊格（变格）
3. 形象研究
命理学的现代时期
1. 民国阶段
2. 港台阶段
3. 大陆阶段
第九章：
命理学的现代时期
现代命理的
多学科研究
1. 健康命理研究
2. 心理学研究
3. 社会学研究
第十章：
现代命理的多学科研究
第十一章：
多视角的推演程式
多视角的推演程式
康熙命造为例
命理学的局限与展望
第十二章：
命理学的局限与展望

主要图表目录

图片 1　甲骨文六十干支（第三章）/ 51

图片 2　《三命渊源》影印本（第四章）/ 92

图片 3　（清）康熙皇帝（第十一章）/ 385

图 1.1　太极图 / 9

图 1.2　五行生、克关系图 / 10

图 1.3　“黑箱” / 17

图 1.4　多视角的分析 / 18

图 3.1　时间序列的表述 / 56

图 3.2　时间序列的层级性：日和年 / 57

图 3.3　时间序列的层级性：60 年周期循环 / 57

图 3.4　八字的阴阳五行内涵 / 63

图 3.5　气的圆周运动 / 64

图 4.1　古法模型架构（1）/ 76

图 4.2　古法模型架构（2）/ 79

图 4.3　今法模型的八字架构（徐子平）/ 88

图 4.4　今法模型的八字架构（徐大升）/ 93

图 4.5　四柱年限分配 / 107

图 4.6　命理学形成时期的历史示意图 / 108

图 5.1　日主同方和日主异方示意 / 139

图 6.1　十神生克关系 / 154

图 6.2　六亲宫位图示 / 166

图 6.3　男命（甲日主）六亲网络 / 168

图 6.4　女命（乙日主）六亲网络 / 168
图 6.5　财官网络 / 174
图 6.6　命理学形成时期发展脉络 / 194
图 7.1　命理学深化时期的历史示意图 / 248
图 8.1　八字结构示意 / 251
图 8.2　日主强弱与专旺格、从旺格的关系示意 / 272
图 9.1　新派强弱理论中“成体系”情况示意 / 343
图 10.1　体质识别工作流程图 / 366
图 10.2　特禀质 A 型示意图 / 367
图 10.3　特禀质 B 型示意图 / 367
图 11.1　康熙先天体质倾向示意图 / 414
图 11.2　气虚体质示意图 / 415
表 3.1　六十甲子表 / 50
表 3.2　干支符号模型 / 55
表 3.3　二十四节气表 / 59
表 3.4　五虎遁月表 / 60
表 3.5　时辰换算表 / 61
表 3.6　五鼠遁日表 / 62
表 5.1—表 5.7　常用神煞表 / 112—115
表 5.8　地支刑冲会合表 / 120
表 5.9　六十花甲子纳音歌 / 122
表 5.10　干支纳音数字转换表 / 124
表 5.11　五行四时用事 / 126
表 5.12　四时五行主事 / 127
表 5.13　十天干生死旺衰历程 / 127
表 5.14　天干十二运寓意 / 129

表 5.15　月令五行分日用事 / 133
表 5.16　地支藏遁表 / 134
表 5.17　命造日主强弱分析 / 140
表 6.1　十干喻象及其性质 / 151
表 6.2　天干十神表 / 153
表 7.1—表 7.10　十干调候喜用提要 / 219—225
表 7.11　调候用神表 / 226
表 7.12　日干五行富贵贫贱寿夭亨困 / 236
表 7.13　日干强弱与富贵贫贱寿夭亨困 / 238
表 7.14　“子时初四刻、正四刻定父母兄弟图” / 238
表 7.15　“子时八刻每刻十五分定妻子图” / 239
表 9.1　天干五行神机起迄 / 311
表 9.2　地支五行神机起迄 / 312
表 10.1　天干与脏腑部位 / 354
表 10.2　地支与脏腑部位 / 354
表 10.3　《本草分经》手足三阴三阳经络配天干地支五行总说表 / 356
表 10.4　先天体格检查表 / 357

第一章 “黑箱”的探究

命运，这是一个多么具有魅力的字眼啊！古往今来，它吸引了多少人的遐想、思索和不懈的探求。

中国命理学简史要揭示的是中国人对命运求索的历史过程。而“天人合一”的宇宙观是中国命理学的理论基石。本章就从天人关系谈起，从西方到东方，展现东、西两方不同的天人观。接着阐述中国古人是怎样运用“气—阴阳—五行”的模式去刻画“天”的。然后由“天”到人。在我们的古人看来，人的“命”，正是他出生时的“天”的运动状态片断的摹写。正是在这里，命理学找到了自己研究的出发点。由此，我们扼要地介绍传统命理学独特的研究方法，并勾勒出它全方位、多视角的探索途径。

一、天人之际：从西方到东方

西方：天人对立

在西方文明中，人与自然是分裂的。

这种认识可以追溯到基督教的经典《圣经》。《圣经》叙述道：上帝创造了世界，也创造了人。上帝创造人是要派他们去管理自己所创造的一切。人跟自然本来相处得很好。可是，人类的始祖亚当和夏娃受了蛇的诱惑，偷吃了伊甸园里的禁果——智慧果，于是遭到了上帝的惩罚。人被从乐园中赶了出来。地上长出了荆棘和蒺藜，人必须终年劳苦，才能得以温饱。

《圣经》的说法，隐含着这样的人与自然的关系：人是站在自然界之上、之外的，有统治自然界的权利；人与自然界是敌对的；人只有在征服自然的艰苦斗争中，求得自己的生存。这种观念反映了西方文化中人与自然关系的基本态度。

经过理性近乎冬眠的漫长的中世纪，自十四世纪始，从意大利开始了充满活力的文艺复兴。到了十六世纪以后，随着宗教改革，以及紧接着的科学革命，形成了一种新的文化精神。这种精神很快传遍了整个欧洲，构成了西方现代性格的基本轮廓。西方人开始重新获得了生命。

从这个时候起，人似乎站起来了，摆脱了中世纪神学的阴影，充满了自信，并开始以这个世界主人的姿态，去审视客体，征服客体。这个客体就是自然。人确信凭借其自身的理性能力，能够理解自然的秩序。这个秩序完全是机械的、自然的。人能够通过科学，以数学的精确、经验的直观以及严密的审视力，揭示和反思自然的秘密，无限拓展所面对的世界，发现新大陆、环绕地球航行……由于科学跃然而起，它使人似乎第一次真正感受到，天地之间唯有人最大。科学在这一深刻的文化变革中成为了西方的新的信仰。

科学信仰的副产品

随着人类朝前迈开的征服自然的脚步，又出现了什么情形呢?

首先是哥白尼[1]的“日心说”。它有力地打破了长期以来居于宗教统治地位的“地心说”，实现了天文学的根本变革，拉开了近代科学革命的帷幕。然而，哥白尼的发现，在把人类从以前的地心说幻想中解放出来的同时，也使人类的地位发生了根本改变。宇宙不再是以人类为中心了。人类从原本宗教概念中的世界的中心，被抛置到了广阔无垠的宇宙中一个边缘位置上的银河系里、围绕一颗普通恒星运转的一个小小的星球上。在哥白尼之后，人类在这陌生的宇宙中只有依靠自己了。

---

[1] 尼古拉·哥白尼（Nicolaus Copernicus，1473—1543），波兰伟大的天文学家、太阳中心说的创始人、近代天文学的奠基人。哥白尼是欧洲文艺复兴时期的一位巨人。

接着是达尔文[1]的进化论。十九世纪中叶，达尔文创立了以自然选择为核心的科学的生物进化学说，使生物学发生了一次革命性的变革。如果说，哥白尼对人类的宇宙中心的地位做了根本的移动，那么，到了达尔文那里则得到了进一步的强化。在进化论中，人类的命运不再是由上帝注定的，人类本身也不再是上帝的骄子、天地万物的灵长，而只不过是一个转瞬即逝的物种。从这个意义上讲，达尔文既解放了人类，又贬低了人类。人类只是物质进化过程中的一个偶然产物。已经没有任何东西可以保证其进化的最终命运一定跟今天已经灭绝的其他许多物种有何不同。

再接着是十九世纪末、二十世纪初，弗洛伊德[2]建立的精神分析学。他揭示了人的精神结构的面貌。弗洛伊德认为，人的精神生活包含两个主要部分：意识的部分和无意识的部分。意识部分小而不重要，只代表人格的外表方面；而广阔有力的无意识部分则隐藏着种种力量，这才是人类行为背后的驱动力。如果把人的精神结构比喻为一座漂浮在海上的冰山，那么，浮出水面的最上层部分是意识，它仅占冰山很小的一角；没有露出水面的冰山的下层部分，则是无意识。无意识属于人的心理结构中的深层部分，然而，它却是人的心理结构中最真实的部分。

弗洛伊德的研究揭示了，在理性的心灵之下或者之外，还潜藏着一种巨大的、潜在的、非理性的力量。相形之下，人类的有意识的自我只是脆弱的副现象罢了。[3]这个对人类经验的无意识的决定因素的揭示和解释，具有划

[1] 查尔斯·罗伯特·达尔文（C. R. Darwin，1809—1882），英国生物学家，生物进化论的奠基人。

[2] 西格蒙德·弗洛伊德（Sigmund Freud，1856—1939），犹太人，奥地利精神病医生及精神分析学家。精神分析学派的创始人。

[3] 荣格继承了弗洛伊德的学说，并对他的无意识的构成内容作了全新的修改。荣格认为，无意识有两个层次：“个人无意识和集体无意识”。对此，他也有一个形象的比喻：“高出水面的一些小岛代表一些人的个体意识的觉醒部分；由于潮汐运动才露出来的水面下的陆地部分代表个体的个人无意识，所有的岛最终以为基地的海床就是集体无意识。”

所谓集体无意识，简单地说，就是一种代代相传的无数同类经验在某一种族全体成员心理上的沉淀物，而之所以能代代相传，正因为有着相应的社会结构作为这种集体无意识的支柱。

时代的意义。然而，正如弗洛伊德自己所说，它代表着对人类自以为是的自大和自负的第三次重创。[1]

20 世纪以后，物理学若干个惊人发展，更打破了古典的笛卡尔—牛顿宇宙论。从普朗克的量子论和爱因斯坦的狭义和广义相对论，到玻尔、海森堡等人的量子力学方程，经典科学长久确立的确定性遭到极大的动摇。到处都是概念的矛盾、割裂和悖论，而且难以解决。新物理学产生的概念，外行人不仅难以理解，而且似乎背离常识：什么弯曲的空间，有限然却是无边无际；四维的空—时连续统；同一个亚原子实体，却具有相互排斥的属性；物体，竟然不是真正的事物，而是过程和联系的形式；粒子，似乎在很远的距离相互影响，却没有已知的因果关系；等等。[2]

后现代的迷惘

显然，经过天文学革命、生物学革命、心理学革命，以及新近的资讯化（网络）革命、基因学革命，等等，科学对自然的“拷问”，每向前跨出沉稳的一步，都开拓了人类思想的视野，改变了人类的物质生活条件。但是，不容忽视的是，它也强化了人类在宇宙中作为一个暂时栖息者的漂泊不定的状态。人啊人，你好像自主了，自由了，但结果冷静下来，思索一下，你真正自由的范围还是很有限。科学依然是物质生产的火车头，但它已经失去了其作为人类解放者的纯洁形象。而且，它的产物也不再是有益无害。科学进步带来的对自然环境的污染，造成生态系统的破坏，也无情地威胁着人类自身的未来。

于是，自上世纪上半叶后，西方再度失去其信仰：这一回不是对宗教的

[1] 见弗洛伊德《精神分析引论》，高觉敷译，商务印书馆 1984 年版。
[2] 见理查德·塔纳斯：《西方思想史》，吴象婴、晏可佳、张广勇译，上海社会科学院出版社，2011 年，第 394 页。

信仰，而是对科学的信仰，对自主的人类理性的信仰。诚如西方现代诗人弗罗斯特[1]所吟咏的那样：

太空使我们这些现代人苦恼，我们厌恶太空。
太空的注视令我们变得渺小。
如同转身即逝的微生物的传播，
在精良的显微镜下，可以看到
在这颗最小的星球表面蠕动。

这就是今天所谓“后现代”时代所面临的困惑和迷惘。

于是，西方的一些有识之士将目光移向了东方。

东方：天人合一

跟西方主客二分、天人对立相对照，中国的文化传统是主客交融、天人合一。我们只要诵读一下东晋末诗人陶渊明[2]的诗句：

采菊东篱下，悠然见南山。
山气日夕佳，飞鸟相与还。
此中有真意，欲辨已忘言。

这里，南山的黄昏是多么美好，鸟儿结伴飞返山林，万物多么自由自在。而诗人篱下采菊，抬头见山，又何等怡然自得。诗人在这里悟到了自然界和人生的真谛，但它们浑然一体，使诗人物我两忘，竟然一时不知用怎样的语言来表述这种感受。

如果我们将陶渊明的诗句跟前面美国诗人弗罗斯特的吟诵做一个比较，

[1] 罗伯特·弗罗斯特（Robert Frost，1874—1963），最受人喜爱的现代美国诗人之一。以下诗句引自理查德·塔纳斯：《西方思想史》，第414页。

[2] 陶渊明（约365—427），字元亮，号五柳先生，世称靖节先生，入刘宋后改名潜。东晋末期南朝宋初期诗人、文学家、辞赋家、散文家。田园生活是陶渊明诗的主要题材。以下引诗摘自《饮酒》第五首。

东、西方两种不同的天人观跃然纸上：在陶渊明的眼里，自然充满了流动的生命，人从自然中获得了生命的真谛；而在西方现代诗人的眼里，在地球上栖居的人群如同显微镜下的转身即逝的微生物，而深邃的宇宙又是如此冰冷无情。——弗罗斯特的诗句含蓄地道出了，在科学发达的“物化”的现代工业社会里，物质并不匮乏，人却失落了，丧失了自己可以回归的精神家园——变成了显微镜下的“微生物”了！

其实，陶渊明诗中所流溢出来的“天人合一”的观念，不仅仅表现在中国传统的哲学、文学、艺术等方面，它还是跟人这个生命体最紧密联系在一起的传统中医学和命理学的基石。

二、天：气—阴阳—五行

那么，中医学和命理学是怎样认识“天”的？这里就要谈到中国古代的“气”、“阴阳”和“五行”的概念。

气：世界的本源

在中国古代先哲的眼里，世界上的一切都是由“气”构成的。早在春秋战国时期，庄子[1]就明确指出：“通天下一气耳。”[2]

这个“气”，并不仅是指我们呼吸的空气。所谓气，是指一种极其精微的原始物质。它是构成包括人在内的天地万物的最基本元素，是世界的

[1] 庄子（约前369—前286），先秦时期伟大的思想家、哲学家、文学家，道家学说的主要创始人。庄子，姓庄，名周，宋国蒙（今河南商丘东北，一说今安徽蒙城县）人。做过蒙地方的漆园吏。庄子与道家始祖老子并称为“老庄”。

[2]《庄子·知北游》：“人之生，气之聚也。聚者为生，生则死。臭腐复化为神奇，神奇复化为臭腐，通天下一气耳。”

本原。

气既不是虚幻的，也不是完全在人的感觉之外的。对于气的存在形式，古人透过肉眼视野所见，把它们分为“有形”和“无形”两种状态。一种是以松散弥漫、活跃多变的状态而存在，它充塞于无垠的宇宙空间，肉眼难以看到，被称为“无形”；另一种则以相对稳定的凝聚状态而存在，形成看得见、摸得着的实体，则称为“有形”或“形质”。这两种状态之间，不仅没有不可逾越的鸿沟，而且随时处于相互转化之中。无形之气可以凝聚为有质之形，有形之质又可以化生为无形之气，所以“气聚则形存，气散则形亡。”[1]

当然，“气”也可以看作是一种隐性的能量，它流行于天地万物之间。战国时期孟子[2]曾说：“吾善养吾浩然之气。”那么，什么叫浩然之气呢？孟子解释道：“这种气，极端浩大，极端有力量，用坦荡之胸怀去培养它而不加以伤害，就会充满天地之间。”[3]后来南宋末年的文天祥[4]在《正气歌》中写道：

天地有正气，杂然赋流形。

下则为河岳，上则为日星。

于人曰浩然，沛乎塞苍冥。

这里说，正是那种形成了自然的日月山川形体的“正气”，赋予了人的浩然之气。而文天祥就是用自己的生命，去实践和讴歌了这铸造了中华民族脊梁骨的浩然之气。可见“气”在中国文化中的深刻意义。

---

[1]（清）喻昌:《医门法律·先哲格言》。

[2] 孟子（约前 390—前 305），名轲，字子舆。邹（山东邹县）人。战国时期著名思想家、政治家、教育家，儒家学派的重要代表人物。

[3]《孟子·公孙丑章句上》：曰：“我知言，我善养吾浩然之气。”“敢问何谓浩然之气？”曰：“难言也。其为气也，至大至刚，以直养而无害，则塞于天地之间。”

[4] 文天祥（1236—1283），号文山，吉州庐陵（今江西青原区）人。南宋民族英雄。

阴阳：运动的动力

诚如《正气歌》中所描写的，天地之气，动而不息。运动是气的根本属性。而运动变化的根源，则来自于气自身固有的阴和阳两个方面的力量。

“阴阳”[1]最初的含义很简单，朝向日光的为“阳”，背向日光者为“阴”。大概到了西周末年，阴阳开始被看作是“气”，跟“风雨晦明”一起，被认为是天之“六气”。而自然现象的正常与否，常到阴阳中去寻求解释。[2]

“阴阳”真正步入哲学的殿堂，是由战国初期的道家学派促成的。[3]道家在解释万物的演化过程时，把未分阴阳的混沌世界看作是“一”。而“一生二”，便有了天地之分，有了阴阳之分。于是，世界上所有的事物都可以划归于两个方面：阴和阳。阴阳成了相互联系的事物或现象对立双方属性的概括。

比如，阴气和阳气，各具阴阳对立要素，相互渗透，相互作用，构成了气的矛盾统一体。这样，一气分为阴阳，阴阳又统一于气。故所谓“一物两体，气也”。[4]作为宇宙本原的气是阴阳对立的统一物。物质世界正是在阴阳二气的相互作用下，不断地运动变化着。

最能反映阴阳互根、阴阳消长的是周易学中的太极图。图中黑白二色，代表阴阳两方。白中黑点表示阳中有阴，黑方白点表示阴中有阳。它生动地

[1] 阴阳是由“侌昜”二字孳乳出来的。根据《说文》段注，“侌”是指云覆日，云覆日则阴暗；“昜”指日出照在地上则明朗。而后，“山北水南，为日所不及”，故孳乳为“阴”；而山之南、水之北，为太阳易照处，因而孳乳为“阳”。再后，“阴阳行而侌昜废矣。”（参见徐复观：《中国思想史论集》（续编），时报文化出版社，1982年，第42—43页）

[2] 例如，周幽王三年（前779年）发生了地震：伯阳父曰：“周将亡矣。夫天地之气，不失其序；若过其序，民乱之也。阳伏而不能出，阴迫而不能蒸，于是有地震。今三川实震，是阳失其所而镇阴也。”（《国语·周语》）

[3] 道家学派的经典著作《老子》是这样描写万物发生的过程：“道生一，一生二，二生三，三生万物：万物负阴而抱阳，冲气以为和。”（《老子》四十二章）

[4]（宋）张载：《正蒙·参两》。

表明阴阳是互抱的。负阴而抱阳，阳中有阴，阴中有阳。阴阳是互相联系、互相制约的；分之为二，合之为一。然而，阳中又有至阳，阴中尚有至阴。阴极则阳生，阳极则阴长，于是构成了一幅完整的最能象征阴阳对立统一关系的太极图。

图 1.1　太极图

五行：五种物质状态及其属性

"天降阳，地出阴，阴阳合而生五行"。[1]这是说，由于阴阳二气的相互作用产生了五行。五行中的"五"，是指木、火、土、金、水。它最初是指人日用不可缺少的五种物质资材，见于先秦早期文献《洪范》。[2]"行"是指这五种物质的运动和变化，也就是五种物质的内在属性和外在状态。[3]

---

[1]（宋）李觏：《删定易图序论一》。

[2]《洪范》，《尚书》篇名。旧传为商朝旧臣箕子向周武王陈述的"天地之大法"。今人或认为系战国后期儒者所作，或认为作于春秋。其中谈到"五行"：

五行：一曰水，二曰火，三曰木，四曰金，五曰土。水曰润下，火曰炎上，木曰曲直，金曰从革，土曰稼穑。润下作鹹，炎上作苦，曲直作酸，从革作辛，稼穑作甘。

[3]殷南根《五行新论》认为："我国古代文献中的'五行'一词，最初应含有也仅含有三层意思：一是行用，言五行是人生日用不可缺少的五种物质，即水、火、木、金、土；二是行动、能动，言五种物质皆是能动的；三是行列、类别，言五种物质皆各有其性，故成五类。在这三层含义中，最基本的含义是行用，其他两层含义分别是对人生日用不可缺少的五种物质（水火木金土）的状态（外在）和属性（内在）的说明。"（第9页）

当我们的古人将“气”看作是宇宙的最基本元素以后，五行就被用来描写五种“气”的状态和性质。或者说，古人用五行——五类物质独特的抽象特征，来归纳世界上的各种事物，并且以它们之间存在着的“相生”、“相克”以及制化关系，来阐述宇宙中各种事物或现象之间的相互联系及协调平衡。

五行的生克关系可以用下图来表述：

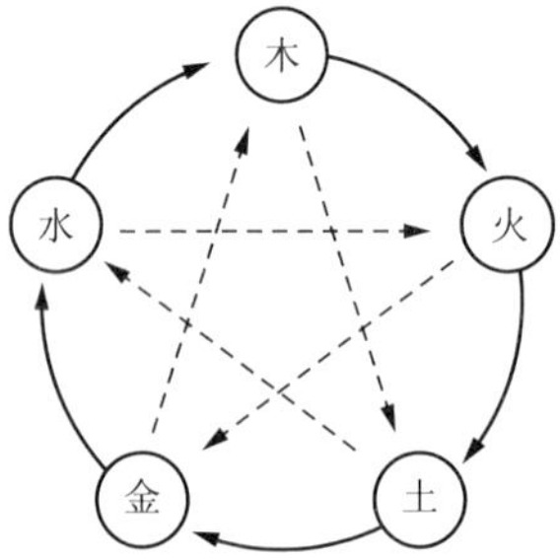

图 1.2　五行生、克关系图

（实线表示“相生”关系；虚线表示“相克”关系）

从图中可以看到，任何两行之间都有着直接或间接的联系。从**相生关系**看：

木 ⟶ 火 ⟶ 土 ⟶ 金 ⟶ 水 ⟶ 木 ……

任何一行都可以促进、帮助、滋生另一行，但同时它自己又受着另外一行的促进、帮助和滋生。正是生生不息，自然界充满了生气。

从**相克关系**看：

水 ⇢ 火 ⇢ 金 ⇢ 木 ⇢ 土 ⇢ 水 ……

任何一行都可以限制、约束、克制另一行，但同时它自己也被另外一行所限制、约束和克制。通过制约，自然界就维持了某种平衡。

从图中还可以看到，在五行的循环中，生和克的方式是：“**比相生而间相胜**”。为什么这么说？因为五行按其次序是：木、火、土、金、水。它们递次相生，因此是“比相生”。而五行相克的情况是：木克土，中间隔火；土克水，中间隔金；水克火，中间隔木；火克金，中间隔土；金克木，中间隔水。所以就是“间相胜”了。[1]

简而言之，五行是由阴阳二气化生出来的。“阴变阳合而生水、火、木、金、土。五气顺布，四时行焉。”[2]显然，由气而生成的天地万物，是由木、火、土、金、水五行系统所组成的整体，赖五行系统之间的生克制化，维持了自然界整体的动态平衡。

所以，“本是一气，分而言之曰阴阳，又就阴阳中细分之则为五行。五气即二气，二气即一气”。[3]也就是说，一气分阴阳，阴阳生五行，阴阳和五行都是气的运动变化。

就这样，气在与阴阳、五行的纵横联结中，构成了“气—阴阳—五行”的结构系统，形成了中国传统文化独特的认识世界的方法，体现了中华民族特有的智慧。

三、人：命和运

有了“气—阴阳—五行”的认识框架，“天”——人所处于的自然环境，

[1] 除了“五行相生”和“五行相克”之外，还有“五行相乘”和“五行相侮”的循环序列。**相乘**跟相克的序列是一致的，但含义不同：相克是正常的制约关系，是使系统平衡运转的前提条件。而相乘，即亢盛欺弱，则使制约失度，发生“太过”，是异常的制约关系，是使系统运转失衡的原因。比如，火“太过”，便会对金发生超过正常限度的克制，使金完全“销溶”，从而使系统的运转出现毛病。**相侮**跟相克的序列正好相反。相侮的含义是：当一行过于旺盛时，它会倒过来影响原来“胜己”的那一行。例如，火“太过”，它会反过来“克制”水（这里的“克制”含有反作用、反制约的意思）。所以“太过，则薄所不胜而乘所胜也。”显然，相乘和相侮是异常情况，是对相克和相生状态的补充。于是，把相生、相克、相乘、相侮四种循环序列放在一起，便构成了一个立体的复杂的网络系统。

[2]（清）李光地等辑：《御纂性理精义·卷一》。

[3]（元）吴澄：《吴文正公集·答人问性理》。

就可能得到比较具体的刻画了。

中医：五运六气

中医典籍《黄帝内经》正是在探讨自然界“气”的运行规律时，肇始了“五运六气”学说。[1]

运气学说认为，每一年都有自己独特的**气象特点**。这种年度之间的气象差异，以60年为一个周期。根据运气学说，天地之间存在着两大气象要素系统：一个是“五运”系统，由木、火、土、金、水五气构成，按五行结构法则组织起来，称为“五运”；另一个是“三阴三阳”系统。它由风、热、火、湿、燥、寒等六气构成，按三阴三阳（即少阴、太阴、厥阴、少阳、太阳、阳明）的组织法则组织起来，称为“六气”。[2]

于是，根据五运和六气这两大系统之间，以及它们内部发生的相生相胜、相吸相斥的交互作用，在许多因素的自然综合过程中，形成了60年不同的气象类型。这正好是俗称一个“花甲”的60年循环周期。而这不同的60年气象类型，按照《内经》提供的方法，可以根据天干地支符号所标记的阴阳五行内容，具体演算出来。

---

[1] 运气学说导源于《素问》运气七篇大论：《天元纪大论》、《五行运行大论》、《六微旨大论》、《气交变大论》、《五常政大论》、《六元正纪大论》、《至真要大论》，后世称为“运气七篇”。关于运气学说的详尽内容，可参阅任应秋《运气学说》（增订版，上海科学技术出版社，1960年）；方药中、许家松《黄帝内经素问运气七篇讲解》（人民卫生出版社，2007年）；黄天锡、刘含堂主编《实用运气学说》（学苑出版社，2006年）等。

[2] 进一步分析，在五运内部，又分大运、主运和客运。大运主管每年全年的岁运。大运一个周期为5年，每年都由其中某一运来统主。主运则主宰一年之中五个时令季节的一般常规气候变化。也就是自大寒日起，每运各主73日零5刻。客运指每年五个时令季节中的特殊变化。在六气内部，也分主气和客气。主气和主运的基本意义相同，但它将一年分为六步或六个节段。主气反映每年各个节段气候的一般常规变化；客气是它们的异常变化。

这样，“天人合一”就具体落实到《内经》所说的“人与天地相应”[1]上了。自然是人体生命活动的外部环境。自然气候的变化，当然要影响到人体的健康和疾病。在正常情况下，人体能按照运气规律加以调节，跟年度气象类型同步、并与之适应。但是，如果不适应年度气候出现的异常变化，人体就会出现跟气候变化特点相关的流行病。[2]

五运六气学说，是古人长期认真观察自然界气候变化现象，以及气候对人体生理、病理方面所产生的影响，逐渐总结出来的一套**医学气象理论**。显然，自然界存在着的气候变化，以及生物（包括人体在内）对这些变化所产生的相应反应，是运气学说得以形成的物质基础。

命理学：命和运

在天人合一方面，跟中医五运六气学说相比，或许可以说，传统命理学走得更远，更细致，也更彻底。

鉴于同样的认识：人，作为天地之间的一个实体，存在于天地之间，跟天地是息息相通的。天地是个大宇宙，人是一个小宇宙。在“气—阴阳—五行”的框架下，宇宙生生不息的运动过程，可以表现为**气的运动**。而气的运动状态又可以通过阴阳的消长、五行的流行来予以认识和描写。——这也是中医五运六气学说的理论出发点。

就在这里，中国命理学又向前跨出了**决定性**的一步。

既然人本身是宇宙的产物，受着自然运行规律的影响和制约，那么，是

---

[1]《灵枢·邪客》。

[2] 比如，《素问·气交变大论》中说：“岁木太过，风气流行，脾土受邪。”这是说，主岁之气出现了太过的状态，因本气有余，就会去欺侮自己能胜过的气。因为人体内脏与四时之气是相应的。在太过的运气影响下，跟太过之气对应的五脏之气会出现偏盛，容易传之于它所克之脏，使其感受外邪而患病。

否可以从人出生时候的宇宙状态出发，去揭示它对人的生命以及生命过程的影响呢？或者说，在人出生的时候，当时的宇宙状态是否给人留下它独特的“胎记”呢？——命理学的回答是肯定的。

具体来说，命理学把跟人出生时对应的**宇宙状态的片刻**看作是人的先天禀赋，把它称之为“命”。换言之，人的“命”，就是他出生当时的特定的宇宙状态。既然出生时的宇宙状态固结为“命”，命理学就有了十分具体的**研究对象**和探求的起点，它尝试根据这个固结状态所透露的“信息”，去揭示人先天所具有的生命特征。

当然，宇宙的运动永不停息。它是按照本身具有的法则不间断地朝前运动着的。于是，相对于任何一个特定的固结状态的“命”，那个仍在不断流变的宇宙状态，就成了这个“命”的**外部环境**或**后天环境**。命理学把这个流变的外部环境称之为“运”。

所以，从传统命理学的角度来看，**人的“命运”，究其根本，就是一个固结了的特定宇宙状态，在不断变化的宇宙状态中的遭遇**。命理学就是应用阴阳五行原理来描写、并进而预测这样的遭遇。

> 命：出生时所对应的宇宙状态
>
> 运：命的外部环境——不断流变的宇宙状态
>
> 命理学：以人的出生时间为依据，去描写和预测其生命过程的学说

这里谈到“命运”两个字，从上述分析可以看到，它是由“命”和“运”两个部分组成的。

打个比喻，命，好比是一辆新车，它的质量规格在它出厂时已经被确定了。它的出厂证书和使用手册已经规定了它的性质和功能。运，好比是这车要行驶的路。质量好的车，又奔驰在平坦的高速公路上，它的优异性能便得到了淋漓尽致的发挥，自然意气风发；即使是质量低劣的车，在平坦的路上，

至少也能持速平稳地行驶。若是开到崎岖不平的山间小道上，高质量的车也失去了它的速度，空叹英雄无用武之地；低质量的车，只能受尽颠簸，备尝艰辛了。

可见“命”和“运”都很重要。**命是根据，运是环境；命是内因，运是条件**。命理学就是从探讨“命”和“运”的相互作用，来揭示和展现一个人丰富多彩的人生起伏轨迹。

这里没有任何神秘的色彩。因为命理学是用天干地支符号——四柱（年、月、日、时四组干支），或八个字（八字结构）——来标记“命”，因此，传统命理学也称为“四柱预测学”或“八字命理学”，俗称推“四柱”，或算“八字”。

显然，天人合一的整体观和“气—阴阳—五行”的认识框架，为命理学提供了理论基石和认识手段，由此产生了长达二千年之久的对个人命运的理性探索。

打不开的“黑箱”

那么，传统命理学是怎样演绎的呢？

可以先看一下中医学的情况。

作为中医基础理论核心之一，是**藏象学说**。所谓“藏”，是指人体内的内脏；所谓“象”，是指表现于外的生理、病理征象。藏象，就是藏于体内的内脏反映于外的生理、病理征象。因此，在古代有限的解剖知识情况下，古代医家根据体内脏腑与外部形象的密切关系，立足于“有诸内必形诸外”的“司外揣内”观察研究方法，以“象”测“藏”，由表及里，即主要通过对人体表现于外的生理、病理现象的详尽观察，[1]研究人体各脏腑的生理功能、病

[1] 即包括望、闻、问、切的中医诊察疾病的“四诊”方法。

理变化及其相互关系，由此建立起一套独特的生理和病理的理论。这就是传统中医学的藏象学说。

作为生命活动体的人，其表现的“象”是极其丰富和不断变化的，它能动态地、生动地、真实地折射内在的生理功能的状态及其各种变化。相比之下，这种方法不及解剖和显微镜下所见到的离体的或尸体组织那样细微、具体和精确，但它确有在不割裂联系的动态情况下做出客观的整体把握的优势。

就方法论而言，藏象学说跟现代控制论的**“黑箱理论”**[1]颇为相似。它是一种“不打开黑箱”研究人体系统的方法，即在不干扰人体正常生命活动的情况下，研究有关脏腑的生理、病理及其相互关系。

传统命理学跟中医学同是中国古代文化土壤上开出的奇葩，走的也是类似的探究道路。

诚如前文所说的，传统命理学是以人的出生时间为依据，去描写和预测其生命过程的学说。那么，它的出发点，就是建立在一个人的出生时间跟他的生命潜质、人生历程之间的相互关系之上的。

古代的命理探求者首先假设：每个人的出生时间跟他的人生经历之间，存在着某种联系。对于每一个具体的人来说，他的出生时间是**确定**的，他的人生过程也是**可以观察得到的**。在经过成年累月的观察以后，他们发现，出生时间与其人生历程之间的这种联系，不是杂乱无章、毫无规则可寻的。这种情况，可以图示如下：

---

[1]“黑箱理论”是一种科学方法。它认为有机体的内部，特别是大脑的机制无法直接研究，如同一个黑箱子，只能从外部进行观察和实验来推测其功能及特性，并依据考察的结果，建立与研究对象假定相似的模型，以作进一步阐明黑箱的手段。

自科学从物理科学发展到生物科学后，由于与行为、心理有关的神经过程特别难于了解，于是科学研究采取了只研究刺激—反应之间的关系而不管有机体内部的有关结构和功能，并且与控制论、系统论等现代理论联系起来，产生了现代黑箱理论。1945年，控制论创始人N. 维纳提出了“封闭盒”概念及其研究途径。1948年，W. R. 阿什比提出了黑箱概念，他说的黑箱就是维纳所说的封闭盒。

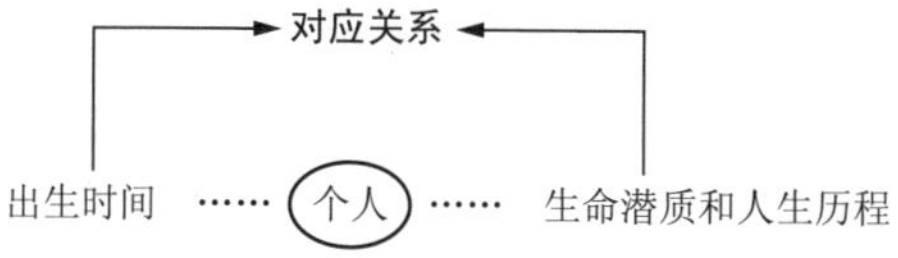

既然出生时间与人生历程之间不是杂乱无序，而是有着某种可以观察得到的对应关系，那么，就可以进一步假定其背后存在着某种“机制”，而这种联系正是受着这个“机制”的制约。用现代控制论的方法来说，这个机制可以被看作是一个“黑箱”。于是，它们之间的关系可以进一步图示如下：

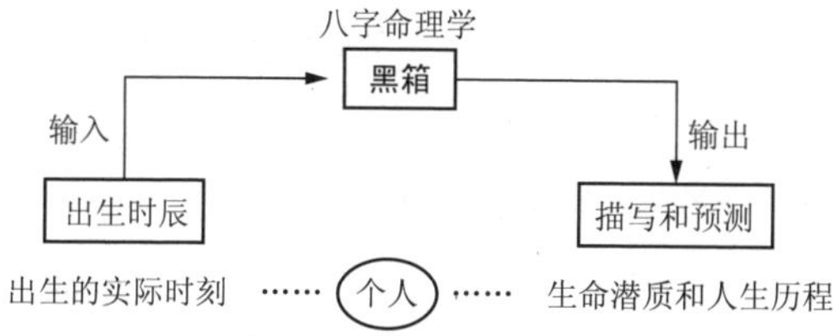

图 1.3 “黑箱”

如图所示，作为这个黑箱的输入，是一个人的出生时辰。作为黑箱的输出，是关于这个人的生命潜质和人生历程的描写和预测。关于这个黑箱内部的真实的具体结构，谁也不清楚。如果说人体的“黑箱”还有望有彻底打开的一天，[1]那么，这个制约人生的“黑箱”，则可能永远也打不开。至少到今天，我们对它的真实结构、内部构件，一无所知。

但是，当输入某个人出生的年、月、日及时辰，它可以输出关于这个人的人生历程的某种**近似的**“描写和预测”。而能做出这种描写和预测，就是这个黑箱所具备的**功能**。因为的确存在有观察得到的某种**对应关系**存在。命理探求者就是在这种观察到的对应关系基础上，尝试去揭示这个黑箱的功能，去构建或模拟它的操作系统的。而“天人合一”的观念，以及“气—阴阳—五行”的认识手段，为模拟这个黑箱的功能奠定了理论的基础。

[1] 至少到目前为止，中医揭示的人体经络系统依旧在“黑箱”之内。

可以说，中国命理学的发展历史，就是构建这个黑箱，使其具有描写和预测功能的历史。这个历史可以追溯到两千年前的汉代，这个历史到今天还远没有结束。

多视角的探索

对于任何一门成熟的学科，研究其发展历史，都是很重要的。因为通过揭示它的一些基本概念的形成和发展过程，可以帮助了解它发展的原因和基本规律。然而，对于命理学来说，“史”的研究或许显得更加重要。

为什么呢?

因为它不同于对某种具体物质现象的研究。这些物质现象是可以通过科学仪器测量出来的。而命理学所面对的是一个“黑箱”，只能从功能上去“猜测”这个黑箱的机制。而且，它要描写的范围又太大、太宽泛，几乎囊括了人生的各个方面。从现代科学的学科领域来讲，它涉及了生理学、心理学、伦理学、社会学等诸多领域。因此，它不可能用一次性“猜谜”的追踪，就可以完成它的任务。或者说，它不可能通过一个观察角度，来全面地洞察这个黑箱的全部功能。**它只能依靠全方位的、从不同的角度，通过揭示这个黑箱不同方面的功能，使其能最大程度上完成描写和预测的任务**。

事实也是如此。从命理学的发展历史来看，至少形成过以下不同的研究视角：

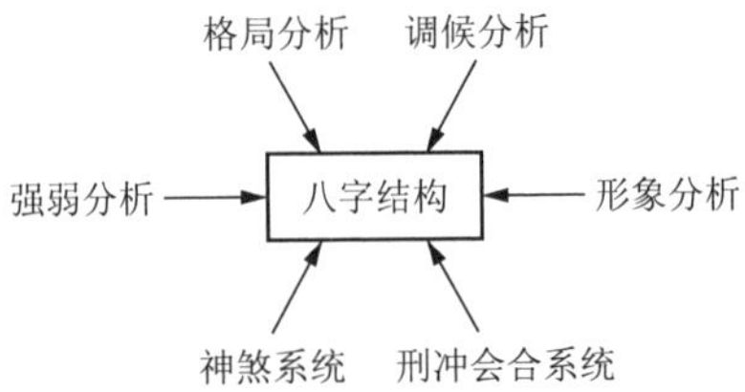

图 1.4　多视角的分析

在图中，我们罗列了一些重要的视角，如早期出现的神煞系统、刑冲会合系统，命理学形成时期和深化时期出现的强弱分析、调候分析、格局分析、形象分析等。我们会在本书以下的章节中，根据探索的历史进程，逐一接触和展现这些不同的研究视角。

由于命理学一直存身于俗文化中，缺乏系统的学术性研究。而江湖算命，常常良莠不齐，真假难辨。正因为如此，不少学了多年命理的人仍摸不着头脑，常有“易学难精”的感叹。作者接触命理四十余年，也曾有过同样的感受。究其原因，一个重要方面，就是陷入了不同视角探求的迷魂阵里，分不清东南西北。常常是好像有所领悟，忽然又如坠云雾，有失之交臂之感。

当然，出现这样的情况，也有中国传统学术本身存在的问题。它重视实用，而轻视理论建构；重视领悟和顿悟，而轻视客观的理性分析，忽视概念和逻辑推理。同一个术语，比如“格局”、“用神”，常常在不同的地方有不同的含义，让接受现代教育的人确实很难掌握。因此，通过学习命理的发展历史，了解了这些术语是怎样形成的，古人是从怎样的角度去揭示这个黑箱的，不同的历史时期又产生过什么样不同的认识角度，以及与之相联系的推演方法。根据作者多年的切身体验，只有了解了它的探索历史，才能真正辨别和理解传统命理学的真髓。

古代星命术

在中国历史上，从出生时间出发来描写个人命运的，除了八字命理学之外，还有古代星命术。星命术也称“五星术”，它是一种西方的生辰星占学。在公元三至七世纪，当印度佛教大举进入中国的时候，这种西方星命术[1]也

[1] 佛教的发源地印度，本来就有自己的星占学，而且大体上就是生辰星占学的类型。后来，受巴比伦和希腊的影响，逐渐把巴比伦的、希腊的与印度本土色彩的星占术熔于一炉，成了有印度特色的一种星占术。

随之传入了中土，形成了中国古代的五星术，也称“七政四余”，[1]或“果老星宗”。

五星术在“开放”的大唐盛世以及北宋时期，曾占有过主导的地位。据历史记载，与早期命理学的奠基者唐代李虚中同时，[2]有个来自西域康居国的术士李弼乾，传来了印度的星命书《聿期经》，大大推进了星命术在中国的发展。

我们今天了解李虚中，主要是因为有唐代大文豪韩愈[3]为他写的墓志铭。在这篇墓志铭中，韩愈对李虚中的命理学十分推崇，说：“其说汪洋奥美，关节开解，万端千绪，参错重出。”[4]然而，韩愈在谈论自己命运的诗篇里，却完全用的是星命术的内容。[5]晚唐诗人杜牧[6]的《自撰墓志铭》里，谈到的也是星命术。[7]北宋大文豪苏东坡[8]曾抱怨自己生平常遭人毁谤，引用的也是自己生辰的星座，[9]足见五星术在当时的地位和影响了。

---

[1] 七政为日、月及木、火、土、金、水五星；四余为紫炁、月孛、罗喉、计都。

[2] 唐贞元年间（785—805）。

[3] 韩愈（768—824），字退之，唐河内河阳（今河南孟县）人。自谓郡望昌黎，世称韩昌黎。文学家、思想家，唐代古文运动的倡导者。

[4]（唐）韩愈：《殿中侍御史李君墓志铭》。

[5] 见韩愈《三星行》：“我生之辰，月宿南斗。牛奋其角，箕张其口。牛不见服箱，斗不挹酒浆。箕独有神灵，无时停簸扬。无善名已闻，无恶声已讙。名声相乘除，得少失有馀。三星各在天，什伍东西陈。嗟汝牛与斗，汝独不能神。”

[6] 杜牧（803—852），字牧之，号樊川居士，京兆万年（今陕西西安）人，唐代杰出诗人。

[7] 杜牧《自传墓志铭》：“予生于角，星昴毕于角为第八宫，曰病厄宫，亦曰八杀宫，土星在焉，火星继木。星工杨晞曰：‘木在张于角为第十一福德宫，木为福德大君子，救于其旁，无虞也。’予曰：‘自湖守不周岁，迁舍人，木还福于角足矣，土火还死于角，宜哉！’”

[8] 苏轼（1037—1101），字子瞻，又字和仲，号东坡居士。眉州眉山（今属四川）人。北宋杰出文学家、书画家。

[9]《东坡志林》：“吾平生遭口语无数，盖生时与韩退之相似，吾命在斗间，而退之身宫在焉，故其诗曰：‘我生之辰，月宿南斗。’且曰：‘无善名以闻，无恶声已扬。’今谤我者，或云死，或云仙，退之之言，良非虚耳。”

然而，由于两汉以后，天文学被皇权严密控制了，民间基本上不能进行研究。而根植于西方的星命术，是根据天星在空中所在的具体位置来推算的。时间一久，天文学资料跟不上，出现了错宫失度，变得越来越离谱了。于是产生了把实际的天星“虚化”的运算，形成了“十八飞星”。再经过重大改造，就成了后来的“紫微斗数”。[1]

在星命术发生这种变迁的时候，中国土生土长的命理学却日趋成熟。到了南宋时，命理学已经替代星命术，据有了“显学”地位。[2]到了明清时代，则俨然是术数界的魁首了。当然，在当初五星术进入中土之前，中国已有自己古老的星占学。但它是一种“军国星占学”，不是以推算个人命运为旨归的。[3]

古希腊德尔斐神庙上刻着这么一句警世之言：**“认识你自己！”**——认识自己，当然也包括认识命运。然而，真正要做到，却谈何容易！但我们中华的先人可真的去做了，那么前仆后继，那么竭尽心力，一砖一瓦，一石一柱，终于垒造起了命理学的庄严殿堂。

下面，我们就去追寻这些探索者的脚步，从目前仅有的历史文献和命理学作品中，清理出它发展的一些主要线索，勾勒出它本来的历史面目。

---

[1] 紫微斗数是一种以星宿（虚星）配合十二宫的术数算命方法，因其系统里以紫微星为诸星之首，故得名。紫微斗数之名最初见于明神宗万历三十五年（1607）张国祥辑成的《续道藏》，其中收有《紫微斗数》三卷，作者佚其名，根据其内容来看，这三卷紫微斗数书其实是“十八飞星”之术。后在明朝嘉靖年间，由江西吉水的罗洪先刊刻流传，即后来的《紫微斗数全集》和《紫微斗数全书》，成为了研究紫微斗数的第一手资料。《紫微斗数全书》指出紫微斗数为五代末的陈抟（陈希夷）所创。在上世纪 80 年代前后，紫微斗数曾在香港和台湾等地风行一时。

[2] 见南宋廖中《五行精纪》周必大序。

[3] 见江晓原《历史上的星占学》。

第二章　古代的天命观

中国命理学的产生是有其特殊的历史土壤的。

本章从早期儒家的天命观谈起，概述先秦诸子对“天命”的理性思考。接着，从战国邹衍开始，出现了对天命如何运作的窥探。经过西汉思想家董仲舒的天人感应说，到两汉盛行的谶纬之学，都沉浸在对国运的预言中。然而，东汉以后，谶纬被禁，人们开始回到对个人命运的探求方面，而东汉王充的自然命定论为命理学研究奠定了理论的切入点。

一、从孔子谈起

孔子，[1]是中国文化的“第一位教师”(冯友兰语)。[2]尽管从1919年的五四运动“打倒孔家店”起，到文化大革命的“批孔”、“批儒”，孔子的偶像已多次被推倒、甚至砸毁，但两千多年来，他的思想早已渗透进了中华民族传统心理结构的深处，不仅是后世儒家，就连一般民众也深受其影响。所以，谈到天命观，还得从孔子谈起。

孔子幼年丧父，家境贫寒。十五岁“志于学”，好学不厌。三十岁开始授徒设教。五十一岁出任鲁国地方长官，卓有政绩。五十二岁升为大司寇，管理刑法，兼国相的职位。五十五岁，由于权门势力的排斥，孔子不得不去职离开鲁国。他带领弟子周游列国，指望实现他的政治抱负，但十三年间，到处碰壁，直到六十八岁才返回故乡。三年后去世。

---

[1] 孔子（前551—前479），名丘，字仲尼，春秋末期鲁国陬邑（今山东曲阜市东南）人。古代著名的思想家、教育家，儒家学派的创始人。

[2] 见冯友兰《中国哲学简史》，第35页。

下面我们来看看孔子生平的一些片段和言行：[1]

道德之天

片段之一：

公元前497年，孔子从卫国前往陈国。在经过匡[2]的地方，被当地人拘禁了整整五天。因为匡人曾遭受过鲁国名叫阳货[3]的人的掠夺，而孔子的相貌酷似阳货，便以为孔子就是以前残害过他们的人。

在危急中，孔子说："周文王早已死了，周代的礼乐制度不就在我这里吗？上天如果要毁灭这些礼乐制度，就不会让我这个后死者承担起维护它的责任。上天若是不想毁灭周代的这些礼乐，匡人又能把我怎么样呢？"[4]

片段之二：

公元前493年，孔子离开曹国到达宋国，与弟子们在大树下演习礼仪。宋国的司马桓魋想杀孔子，叫人把树砍了。弟子们催促说："我们赶紧走吧。"孔子说："上天既然把传承道德的使命赋予了我，桓魋他又能把我怎么样！"[5]

这里，孔子所谓的"上天"（"天"或"命"[6]）是一个**道德之天**。它具有人

---

[1] 主要根据《论语》和司马迁《史记》中的《孔子世家》，以及钱穆的《孔子传》。译文参考了杨伯峻的《论语译注》。

[2] 卫之匡在陈留长垣县西南。(钱穆:《孔子传》)

[3] 即阳虎，曾是鲁国季氏的家臣。

[4]《论语・子罕》："子畏于匡，曰：'文王既没，文不在兹乎？天之将丧斯文也，后死者不得与于斯文也；天之未丧斯文也，匡人其如予何？'"

[5]《论语・述而》："子曰：'天生德于予，桓魋其如予何？'"(魋，音颓。)

[6] 在《论语》中也用"命"。如《论语・宪问》："公伯寮愬子路于季孙。子服景伯以告，曰：'夫子固有惑志于公伯寮，吾力犹能肆诸市朝。'子曰：'道之将行也与，命也；道之将废也与，命也。公伯寮其如命何！'"

格性，它能赏善惩恶。这是直接从西周的天命观继承下来的。[1]

其实，在中国古代，“命”的观念起源很早。在殷商时代，刚步入文明门槛的中华先人，就曾笼罩在祭坛的迷雾之中。跟世界上其他民族的先民一样，面对自然界的淫威，不得不把自身的安危寄托于种种“神灵”的庇佑。但殷人的迷信程度，或许已到了无以复加的地步。日常生活中，事无巨细，都要先占卜而后行。占卜就是问神灵的意志。于是龟卜泛滥。这可以由安阳殷墟出土的大量龟甲兽骨来予以证明。

然而，兴起在渭水中游黄土高原上的一个古老部落——周人，在公元前十一世纪，灭了强大的殷商，统一了中原。周人也是敬畏天命的。但是，为什么上天改变了初衷，抛弃了敬拜它的殷人，转而垂青于周人呢？“天的意志是变化的。”仅靠祭奉无补于事，上天只关照有德行的人！[2]——这是周人琢磨出来的结论。

“德”这个观念，像夜空中升起的闪亮的星，第一次出现在中国文化史的原野上。[3]这是中国人文精神的最初觉醒。于是，周人对旧有殷商的宗教思想做出了重大改造。[4]作为人格化的至上神，“天”是一个有道德、有权威的主宰。它监临人世，赏善惩恶。因此，完全放弃人事而诉诸宗教，成了不可取的事了。这是出现在中国历史上最早的“道德定命”的天命观。[5]

---

[1] 孔子常常由衷地赞叹：“周朝的礼乐制度是何等辉煌，我是主张周朝的！”（《论语·八佾》：“子曰：‘周监于二代，郁郁乎文哉！吾从周。’”）

[2] 即：“天命靡常。”“皇天无亲，唯德是辅。”《左传·僖公五年》引《周书》。

[3] “德”在殷商卜辞中从未出现过，可见它是周人独创的概念。周公是它的主要发明人。周公也就成了后世仁人志士心目中的偶像。

[4] 商朝的体制是政教高度合一，历代商王都有庞大的占卜机构，并亲自审视占龟卜的结果，许多朝廷重臣是巫教教主。这种体制在周朝发生了动摇，并逐渐趋于解体。一个明显的标志，是周朝占卜机构的降格和卜官的社会地位的下降。

[5] 从可靠的殷墟卜辞中看，殷人的至上神“帝”不具有任何道德性。而西周的铜器铭文中就明显地体现了道德的天命论观念。

孔子正是承继了这样的天命观，把实施儒家的政治理想，看作是一种神圣的召唤，一种历史使命。即使在遇到生命危险的时候，孔子都能表现得如此镇定，充满了对“天命”的无限信赖。

个人命运的思考

片段之三：

公元前 492 年，孔子到郑国去，路上和学生们走散了，于是独自站在城的东门口等候。有个路人对寻找孔子的学生子贡说：“东门口站着个老人：他的额头像尧，后颈像皋陶，[1]肩膀跟子产[2]差不多，但是腰部以下比大禹短了三寸，疲惫得像一条失去了主人、到处流浪的狗。”后来子贡把这话告诉了孔子。孔子欣然失笑，说：“讲我的外表像谁，倒无关紧要。说我像丧家之犬，的确是这样！的确是这样啊！”[3]

片段之四：

孔子的学生冉耕病了。孔子去探望他，从窗户里握着他的手说：“难得活了，这是命呀，这样的人竟有这样的病！这样的人竟有这样的病！”[4]

片段之五：

孔子说：“我想不说话了。”子贡问：“您假若不说话，那我们传述什么呢？”孔子道：“天说了什么呢？四季照样运行，百物照样生长，天说

---

[1] 传说他是上古虞舜时的司法官。

[2] 春秋战国时郑国大臣，著名的政治家。

[3]《史记·孔子世家》：孔子适郑，与弟子相失，孔子独立郭东门。郑人或谓子贡曰：“东门有人，其颡似尧，其项类皋陶，其肩类子产，然自腰以下不及禹三寸。累累若丧家之狗。”子贡以实告孔子。孔子欣然笑曰：“形状，末也。而谓似丧家之狗，然哉！然哉！”

[4]《论语·雍也》：伯牛有疾，子问之，自牖执其手，曰：“亡之，命矣夫！斯人也而有斯疾也！斯人也而有斯疾也！”

了什么呢？”[1]

这里，我们又看到了孔子对“天命”认识的另一个方面。

孔子风尘仆仆，奔走列国，游说诸侯，竭力想实现自己政治改革的宏图。但这些活动却接二连三的碰壁，使这位温文尔雅、饱经沧桑的老人，也情不自禁地发出若丧家之犬的叹息。现实表明，他所信奉的这个具有道德意志的“天”，并没有亦步亦趋地给予支持。困惑之余，孔子终于领悟到，在**属于个人的层面**上，还有一种不可抗拒的、无意志的主宰力量——它就是**“命运”之天**。所以，当他看到自己的学生病重得没救时，竟叹息道：“这是命呀！”此时，在孔子眼里，“命”是一种自然的力量，就如四季照样运行，百物照样生长——天无言地成就了这一切！

这是孔子自己的感悟——“五十而知天命”。[2]这深切地表现出**对个人命运的思考和关怀**。这思索的意义并不亚于上述周人对“德”的理性认识。这是中国文化史上最早的个体意识、个人主体性的觉醒啊！

春秋战国时期[3]确实是一个灿烂夺目的时代。其最引人注目的情势，莫过于“士”的阶层的崛起。[4]在殷商、西周时代，“学在官府”。学术文化只限于王室和贵族的圈子，只有贵族及其子弟才有受教育的特权。然而，春秋时期的社会大动荡，彻底改变了这种局面。一方面，周天子大权旁落，公室衰败，许多原先在王公贵族、诸侯大夫门下从事文化活动的士子，不得不流落民间；另一方面，由于“私学”的兴起，使大批新兴地主、商人、平民子弟，也有了受教育的机会。孔子就是开创私学的第一人。相传他有弟子三千，

---

[1]《论语·阳货》：子曰：“予欲无言。”子贡曰：“子如不言，则小子何述焉？”子曰：“天何言哉？四时行焉，百物生焉，天何言哉？”

[2]《论语·为政》：“子曰：‘吾十有五而志于学，三十而立，四十而不惑，五十而知天命，六十而耳顺，七十而从心所欲，不踰矩。’”

[3]前770年至前221年。

[4]根据现存文献，“士”的出现大约在公元前六世纪。《国语·楚语下》记观射父论祭祀，有“士、庶人舍是”，“士、庶人不过其祖”之句。

贤弟子七十二人。[1]学生大多出生贫贱。[2]学费也很低廉，十条肉干[3]就行了。孔子向他们传授“六艺”(即：礼、乐、射、御、书、数)，[4]为社会造就了一批“儒生”。而对个人命运的思考，正折射出这个正在跃上当时风云激荡的历史舞台、掌握了文化知识的士的精神风貌。

对人生的态度

片段之六：

子路询问如何服侍鬼神的方法。孔子说：“活人还不能服侍，怎么能去服侍鬼神？”

子路又问：“我能否请教死是怎么回事。”孔子道：“生的道理都还没有弄明白，怎么能够懂得死呢？”[5]

孔子向来不谈怪异、勇力、叛乱和鬼神。[6]

片段之七：

齐景公向孔子询问政治。孔子答道：“君要像个君，臣要像个臣，父亲要像父亲，儿子要像儿子。”[7]

片段之八：

---

[1] 弟子中年岁最大的或许是子路，仅小孔子九岁；颛孙师（子张）可能最小，小孔子四十六岁。

[2] 孔子学生，出身贫贱的多，出身富贵的可知者只有二人，一是鲁的南宫敬叔，另一个是司马牛，如果他是桓魋的兄弟的话。

[3]《论语·述而》：子曰：“自行束修以上，吾未尝无诲焉。”(这里，“修”是干肉，也叫脯。十条脯为一束。“束修”就是十条干肉，古代用来做初次拜见的礼物。但这一礼物是菲薄的。)

[4]《史记·孔子世家》记载：“孔子以诗、书、礼、乐教，弟子盖三千焉。”

[5]《论语·先进》：季路问事鬼神。子曰：“未能事人，焉能事鬼？”曰：“敢问死。”曰：“未知生，焉知死？”

[6]《论语·述而》：子不语怪，力，乱，神。

[7]《论语·颜渊》：齐景公问政于孔子。孔子对曰：“君君，臣臣，父父，子子。”

孔子说："不懂得命运，不可能成为君子；不懂得礼，不可能立足于社会；不懂得分辨人家的言语，不可能认识人。"[1]

这里，我们看到，孔子虽然谈"天命"，但他并不迷信。他重视的是现世，面对的是现实，不讲虚无渺茫的事。所以他在回答子路的询问时，反复强调的是真实人生的重要。[2]

孔子是一个怀抱政治理想的人。他对个人与社会、人与人之间的关系有自己的深刻理解。面对当时礼崩乐坏的纷乱现状，他认为，只有通过"正名"，社会才能走上正常的轨道。所谓"正名"，就是指客观存在的事物要符合它们名称的本来含义。在社会关系中，每一个名称都包含有一定的社会责任和义务。因此，正如他回答齐景公时所说的："君要像个君，臣要像个臣，父亲要像父亲，儿子要像儿子。"如果"名"（名称）和"实"（实质）相符了，社会就和谐了。这就是"正名"的意义。

然而，我们也能发觉，正是在把人放进了人和人的社会关系中，强调每一个人的社会责任和义务的时候，原本刚刚觉醒的个人主体性意识，又被淹没在层层紧扣的社会的关系网络中了。个体变成了社会关系网络中的"角色"，而各个角色在这个现实的关系网络中是具有等级差别的。比如，在孔子的眼里，君和臣的位置——君在上、臣在下，是不能颠倒的。这样，作为大臣，就丧失了跟君王平等的地位。正因为如此，孔子创立的儒家学说，后来成了中国历代皇朝意识形态的砥柱。

作为一个诲人不倦的老师，孔子把儒家的政治理想融进了对学生的教育之中，其核心是培养"君子"人格。而"知命"，是成为君子的一个重要条件。他自己就是这种主张的实践者。虽然到处碰壁，但从不气馁，明知不可

[1]《论语·尧曰》：孔子曰："不知命，无以为君子也；不知礼，无以立也；不知言，无以知人也。"

[2]在这个方面，倒是后来的道家庄子十分理解孔子。他说："六合之外，圣人存而不论。"（《庄子·齐物论篇》）

能成功，也不轻言放弃。“不怨恨天，也不责备人”[1]——孔子的人生态度显然是乐观进取的。[2]

注重现世

作为“第一位教师”，在孔子身上，我们可以发现这样的特点：

(1) 敬天知命；

(2) 重现世，重人生；

(3) 重伦理道德和人际关系；

(4) 乐观进取。

这些内涵构成了一种中国特色的**实用—经验理性**。这种理性对后世产生了极其深远的影响，可以说，已经渗透到了中国人的血液里。这正是我们要“从孔子谈起”的原因。

其实，这种实用—经验理性，正是中国古代农业文明积累的成果。在漫长的农耕社会里，作为中华民族的主体——农民，在周而复始的日常劳作和日常生计中，领悟到一条朴实的真理：利无倖至，力不虚掷，空想无益，只有实心做事，才会有所收获。这种农人的务实本色，也感染了中国的贤哲们——“大人不华，君子务实。”[3]由此形成了一种经验主义的文化模式。它使大多数中国人拥有面对现实生活的价值趋向。或许正是这种“重实际而黜

[1]《论语·宪问》：“子曰：‘不怨天，不尤人，下学而上达。知我者其天乎！’”

[2] 孔子曾说：“暴虎冯河，死而无悔者，吾不与也。必临事而惧，好谋而后成者。”(《论语·述而》) 这表明，他不赞成徒手搏虎、无舟渡河这类显然无成功希望的莽撞行为，反对盲目把一切都推诿给命运，而轻易放弃自己对成败应负的责任，主张通过谨慎的计划，去达到自己的目的。孔子自己就被当时的隐居者讥为“知其不可而为之者”。但他依旧为宣传自己的主义而奔走不息，他的态度可以说是“尽人事而待天命”。

[3] 王符：《潜夫论·叙录》。

玄想”的民族性格，秦汉以来，虽有土生或外来宗教的流传，但基本上没有陷入过全国性的宗教迷狂。世俗的、入世的思想，始终压倒神异的、出世的思想。

因为**注重现世**，自然要求了解人生的过程，它给传统命理学的产生和发展带来了殷切的**社会需求**，同时，也影响和规定了它认识和探究个人命运的一般规范。

二、先秦诸子的天命观

就孔子所奠定的早期儒家的天命观而言，我们以为，它具有两重含义：一个是**道义层面上的天命**，也就是，道德之天。它是决定和影响群体（包括国家、王朝、宗族、家族等）政治生活的力量，是人间道德伦理观念的本源。另一个是**个人层面上的天命**：它是一种决定个人生死贵贱的自然力量。它是随机的、不具有任何理性。由于前者，孔子强调自身的道德修养，表现了对人格完善的向往和追求；对于后者，则坦然承认命运的存在，并乐观进取地面对它。

此后，无论是墨家、道家，还是儒家的承继者，他们对天命的主张，大多是围绕着这两重含义展开的。

墨家的“非命”和“天志”

与儒家同为先秦“显学”的墨家，明确地反对孔子在主宰个人层面上的天命主张。他们的旗帜是“非命”。墨子[1]认为，人跟禽兽的不同，在于

[1] 墨子（约前468—前376），名翟，相传为宋国人。战国前期著名思想家、政治家，墨家学派的创始人。

他必须依靠自己的力量才能生存。[1]因此，个人的荣辱贵贱，乃至国家的治乱，都取决于“力”的强弱。如果相信一切皆由命定，命好的固然不必去努力，命坏的虽努力也无济于事，那谁还会去认真工作呢？这样“天下必乱”，就会造成物质的匮乏。[2]所以墨子说：儒者谈“有命”，是“贼天下人”。[3]

然而，在“非命”的同时，墨子却倡导“天志”，即上天是具有意志和好恶的。在这方面，他比孔子走得更远：不仅“天”，还有鬼神，[4]都是站在老百姓一边赏善惩恶的，于是善者得福，恶者得祸。墨子是想借用崇拜天和鬼神的方式，为他所代表的下层劳动者张目。

道家的“命”

儒家的“天命”说，也遭到了同时代道家的讥讽。道家也讲“命”，而且比孔子更甚。道家所谓的“命”，也是指人力所无可奈何的自然力量。

道家的创始人老子[5]认为，万物都在生生不已的过程中产生，但有形的具体事物都是短暂的，都要走向自己的反面。就像多年生的芸香草，到了秋冬都会衰败，各自复归到它的根部，重新孕育复苏的生命。[6]

道家的巨子庄子则进一步指出：“我不知道所以然而然，这就是自然，就

[1]《墨子·非乐》：“今人与此（禽兽）异者也，赖其力者生，不赖其力者不生。”
[2]《墨子·非命下》：“天下衣食之财，将必不足。”
[3]《墨子·非儒下》。
[4]墨子主张“明鬼”，以鬼充当沟通天人的中介，作为天使来考察、监督人的行为。
[5]老子（约前571—前467），姓李名耳，字伯阳，谥曰聃。楚国苦县（今河南鹿邑东）人。中国古代思想家，道家学派创始人。
[6]《道德经》十六章：“夫物芸芸，各复归其根。归根曰静，是谓复命。”

是命。"[1]他还说："追究使我贫困的道理我找不出来，但我却落到这般绝境，这不是命又是什么呢？"[2]总之，"命"是无法理解、无法抗拒、也无法逃避的。

因此，孔子推崇的道德之天，在道家看来，根本就不存在。所以庄子赞同："知道事情的艰难、无可奈何，却能泰然处之，这才是最高的德性。"[3]在庄子看来，只有安于现实的遭遇，保全个体的自然本性，人才能摆脱万物形体的羁绊，实现心灵的超越，由此达到他为之欢唱的"天地与我并生，万物与我合一"[4]的境界。

孟子：儒家的理想主义者

在先秦儒家内部，对孔子的天命观也有不同方面的继承和发展。

孔子之后的孟子，对道德之天作了进一步的发扬。孟子对天命深信不疑，认为人性本善，都是上天给予的。如同上天给了人四肢，它也赋予了人"四心"，即：恻隐之心、羞恶之心、恭敬之心和是非之心。[5]这与生俱来的"四心"，正是人间仁义礼智的来源。

跟孔子不同，在孟子眼里，天意并不是茫茫不可测的。他指出，天虽然不说话，但它的意志有轨迹可寻。这轨迹就是民意。他引用古书"天视自我民视，天听自我民听"[6]的话，表示民意可以彰显天意。

孟子还认为，人类社会的治乱盛衰，也是由上天决定的。治世和乱世

[1]《庄子·达生》："不知吾所以然而然，命也。"
[2]在《庄子·大宗师》里，庄子以穷困的子桑说出这段话："求其为之者而不得也，然而至此极者，命也乎。"
[3]《庄子·人间世》："知其无可奈何，而安之若命，德之至也。"
[4]《庄子·齐物论》。
[5]《孟子·告子上》："恻隐之心，人皆有之；羞恶之心，人皆有之；恭敬之心，人皆有之；是非之心，人皆有之。"
[6]《尚书·秦誓》。

是交替出现的。他把由治到乱、并由乱至治的循环，看作是人类社会发展的递嬗法则，并断言它的周期是五百年。当历史运行时数到达五百年时，上天必然会委任一个“命世之才”来挽救社会于危难、拯救人民于水火，这就是所谓“五百年必有王者兴，其间必有名世者”。[1]基于这样的认识，自西周初年到孟子之时已历经七百余年，上天若不想平治天下则罢，若有意要平治天下的话——孟子说：“环顾当今的世界，除了我，还有谁能担此重任？”[2]自信和豪迈之情，溢于言表。孟子可谓是儒家学派中的理想主义者。[3]

荀子：儒家的现实主义者

同属儒家，孟子之后的荀子[4]却是个现实主义者。他认同命运的自然性、偶然性。他说：“楚王并不智慧，侍从的马车就有千辆；有德性的人，并不愚昧，却只能喝着冷水，嚼着粗粮。这不是机遇又是什么！”[5]

但跟孔孟不同的地方是，荀子否定天有道德性。他认为，天就是自然界，自然界的运动和变化，受着自然自身的规律的支配，跟世间的人事无关。[6]他说：“天的运行有自己的规律，它不会为圣贤如尧帝而存在，也不

[1]《孟子·公孙丑下》。
[2]《孟子·公孙丑下》：“当今之世，舍我其谁？”
[3]在个人命运方面，孟子是承认命的存在，主张认识它，顺从它。他说：“莫非命也，顺受其正。是故知命者不立乎岩墙之下。尽其道而死者，正命也。桎梏死者，非正命也。”(《孟子·尽心上》) 这是说，固然“死生有命”，但是人还是应该尽可能地依照道德、人伦而生而死，这就是“正命”。如果一个人以为自己的寿命长短早就命定了，因而可以为所欲为，去干各种危险的事（如偏要站在有危险的墙下或妄为犯法等），那就大错特错了。
[4]荀子（约前 313—前 238），名况，字卿。战国末期著名思想家、教育家，儒家学派的重要代表人物。
[5]《荀子·天论》：“楚王后车千乘，非知也；君子啜菽饮水，非愚也。是节然也。”
[6]荀子在天论方面显然受了老庄哲学的影响，跟一般儒家的观点不同。

会因暴君如夏桀而消亡。”[1]因此，他主张“天人相分”。既然人世的治乱盛衰跟自然的变化并无必然的联系，就应该把这两者区分开来，这就是“明天人之分”。[2]

在强调天人之分的基础上，荀子更进一步提出了“制天命而用之”。在他看来，人是自然的一部分，并非完全脱离自然的自由存在。与其去迷信天的权威，去思慕它，歌颂它，等待它的恩赐，不如去分析它、制裁它，利用它来为人服务。因此，认识天道的目的是为了能够支配天道而宰制自然界。可以说，荀子是先秦第一个以十分冷静的目光审视人和自然关系的。

小结

对于先秦儒、墨、道三家的命运观，韦政通的《中国思想史》有以下一段评论：

> 三家对先秦的人文运动，或在正面或在侧面，皆有所贡献；命运的问题在同一个时期被深切地感受到，并非不可理解。三家在不同意义不同程度上，都是理想主义者，而在现实的遭遇，大半都是失败的记录，在理想与现实不符的事实之前，于是产生命运的观念。坚持理想者可以不向命运低头，但却不一定能改变事实。命运的观念好像是很消极的，但却可以为这种事实提供一种解释。人应当抱有积极乐观的人生态度，这是正确的。但当我们要去了解个人与环境之间的关系，以及个人在社会上种种不知其然的遭遇时，就很难避开命运的观念。……命运这个观念，和其他许多观念一样，它的意义，要看你如何去利用它，它不一定就是

[1]《荀子·天论》：“天行有常，不为尧存，不为桀亡。”这里，尧（前2377—前2259），姓伊祁，名放勋，史称唐尧，是传说中的上古贤君。桀，是夏朝的最后一个君主，名癸、履癸。商汤把他谥号为桀（凶猛的意思）。在位52年（前1818—前1766）。荒淫无度，暴虐无道。生卒年不详。

[2]《荀子·天论》。

消极退缩。[1]

这是很有见地的看法。

三、国运的窥探

在先秦诸子百家中，“天命”是一个严肃的论题。那么，天命究竟是怎么运作的呢？

邹衍：五德终始论

最早的回答，是从群体或军国大事方面展开的。比如中国早期的星占学就是一种“军国星占学”。[2]它所涉及的都是战争胜负、年成丰歉、王朝盛衰、帝王安危等军国大事，而不探究寻常的个人事务。然而，最初对天命运行规律做出某种理论窥探的是战国时期的阴阳家邹衍。[3]

邹衍创建的理论称为“五德终始论”。所谓“五德”，就是五行——木、火、土、金、水之气所发生的五种作用。他认为，历史朝代的更替，是受着

[1] 韦政通：《中国思想史》(上册)，第557—558页。

[2] 跟军国星占学（Judicial astrology）相对的是生辰星占学（Horoscope astrology），这是根据个人出生时的天象来占测其人一生的穷通祸福。“在中国古代，土生土长并且至少持续运作了两千年以上的星占学体系，正是军国星占学，有的学者曾认为中国古代也有自己的生辰星占学，其实出于误解；中国古代出现过的生辰星占学都是外来的。”(见江晓原、钮卫星：《中国天学史》，第80—81页）

[3] 邹衍是阴阳家学派创始者与代表人物，战国末期齐国人。据王梦鸥《邹衍遗说考》(台湾商务印书馆，1966年)，邹衍的生卒年约在公元前345年至公元前275年。但钱穆《先秦诸子系年》认为，邹衍生于公元前305年，卒于公元前245年。

据《盐铁论·论儒篇》记载：“邹子以儒术干世主不用，即以变化终始之论，卒以显名。”这表明，邹衍本是研究儒术的，因为其术不为世人所重，于是就创立了五德终始之说。

“五德转移”规律支配的。转移规律是按照“五行相胜”（即五行相克）的次序进行的。而且，某一“德”兴起的时候，自然界必然会有异象出现，作为这个将兴的朝代的征兆（称作“符命”）。

五德终始理论的具体内容，由于文献不足，今天已难知其详。但《吕氏春秋》中有比较具体的阐述，[1]大致是：黄帝时代是以土德盛行。因为木克土，所以代之而兴的是以木德盛行的夏朝；接下来，是金克木，代之而兴的是以金德盛行的商朝；再接下来，火克金，代之而兴的是以火德盛行的周朝。再接下去，替代周的将是水德盛行的朝代了。这基本上表述了邹衍的五德终始说的历史进程。

邹衍把阴阳五行引入了历史哲学的领域，形成一种循环论和天人感应的历史理论，在当时有很大影响。[2]它的出现是适应了从战国纷争走向秦、汉统一的时代要求，但也由此把阴阳五行推向神秘主义的歧途。[3]

事实上，邹衍之说直接影响了秦汉的政治。秦始皇兼并天下后，认为自己是得“水德之瑞”，代周而王，施行了一套与水德之瑞相对应的政教文质。[4]可惜秦朝是个短命的王朝，仅活了十五年。于是，随之而起的汉王朝

---

[1]《吕氏春秋·应同》：“凡帝王者之将兴也，天必先见祥乎下民。黄帝之时先见大螾大蝼。黄帝曰：土气胜。土气胜故其色尚黄，其事则土。及禹之时，天先见草木秋冬不杀。禹曰：木气胜。木气胜故其色尚青，其事则木。及汤之时，天先见金，刃生于水。汤曰：金气胜。金气胜故其色尚白，其事则金。及文王时，天先见火，赤乌衔丹书，集于周社。文王曰：火气胜。火气胜故其色尚赤，其事则火。代火者必将水。天且先见水气胜。水气胜故其色尚黑，其事则水。水气至而不知，数备将徙于土。”

[2]庞朴先生对邹衍五德终始说做过这样的评论：“所谓终始五德，实际上是利用五行相胜说来表达一种革命的历史观。……当然，终始五德说的革命性是有限的，因为它是终而复始的循环论。”(《蓟门散思》第62—63页)

[3]如《史记·封禅书》所说：“邹衍以阴阳主运显于诸侯，而燕齐海上之士传其术不能通，然则怪异之徒自比兴，不可胜数。”

[4]《史记·秦始皇本纪》说：“始皇推终始五德之运，以为周得火德，秦代周德，从所不胜，方今水德之始。改年始朝贺，皆自十月朔，衣服旄旌皆上黑，数以六为纪，符法冠皆六寸，而舆六尺。六尺为步，乘六马。更名河曰德水，以为水德之始。”

遇到了难题，究竟根据何德来制定礼仪规范？便成了当时朝野普遍关注的问题。

鲁人公孙臣上书，[1]认为秦得水德，汉就应当为土德。但当时的丞相张苍则以为汉为水德之始。然而，汉朝政府尚未来得及根据张苍的“水德说”制定相应的政教文质，情况就发生了变化。就在公孙臣之说被罢的第二年，“黄龙见于成纪”，按五德终始论的说法，这是上天显现土德之瑞。于是，“汉文帝召公孙臣，拜为博士，与诸生申明土德，草改历服色事。”[2]而张丞相则“由此自绌，谢病称老”。[3]

董仲舒：天人感应说

把阴阳五行纳入儒家的思想体系，建构庞大的宇宙图式，是汉武帝时代的儒学大师董仲舒。[4]

到董仲舒时，继秦而起的西汉王朝，经过了六十余年的“休养生息”，到汉武帝时代已如日中天。为了巩固已取得的经济和政治成就，建立适应社会需要的大一统文化，对于**统治思想**的抉择，已提到了王朝的日程上。于是，董仲舒脱颖而出，提出了罢黜百家、独尊儒术的国策。汉武帝采纳了这个建议，定儒家于一尊。于是被“官化”了的儒学，从此登上了中国中央集权的专制皇朝意识形态上的正统地位。

董仲舒无疑是这个中国传统文化定型时期的重要人物。在其著作《春秋繁露》中，他吸取战国以来的阴阳五行思想，建构了一个庞大的宇宙图式，

[1]《史记·封禅书》记载，鲁人公孙臣上书为“孝文帝十三年”（前167年）。
[2]《史记·封禅书》。
[3]《史记·张丞相列传》。
[4] 董仲舒（前179—前104），广川（今河北枣强）人，西汉哲学家，今文经学大师。专治《春秋公羊传》。曾任博士、江都相和胶西王相。汉武帝时上“天人三策”，主张罢黜百家、独尊儒术。著有《春秋繁露》及《董子文集》。

用来说明他所认为的自然界和人类社会的秩序及其变化规律。在这个系统中，“天”是最高范畴。天既是整个宇宙，又是宇宙中一切事物的主宰者。然后，以天为主，以地、人、阴阳五行为构件，营造起一座宇宙大厦。[1]

具体来说，宇宙是一个有机的结构，天和地是这个结构的轮廓；五行是这个结构的间架；阴阳是运行于这个间架中的两种势力。

从**空间方面**看：木居于东方，火居于南方，金居于西方，水居于北方，而土居中央。这五种势力，好像是一种“天柱地维”，支持着整个宇宙。

从**时间方面**看，五行中的四行，各主持一年四时（即四季）中的一时之气，即：木主春气，火主夏气，金主秋气，水主冬气。

这里出现了“行”有五而“时”仅有四的问题。董仲舒解释说：土就是地，本来是配天的，所以它不限于某一行，而兼主四时。[2]这样，四时、四方与阴阳五行扭结为一体，表现出宇宙系统的秩序性和稳定性。

董仲舒把现实政治也纳入了这个系统中。他认为，君王的统治是来自天命，所谓“天子受命于天，天下受命于天子”。[3]这样，“王权天授”，为君王对天下百姓行使皇帝的权威找到了合法性的依据。同时，因为君王的头上还有个“天”，这又对君王的权威施加了某种限制。这个“天”是以自然为外貌的有意志的至上神。它是通过“感应”的方式，也就是通过自然界的祥瑞和灾异，来表达自己的意志。人间君王若顺天而行，修饬德政，就得到天降祥瑞的庇祐；否则，就会遭到天降灾异的谴责；如再不思悔改，天就会收回符

[1] 董仲舒的“天”是最高主宰，但它同时又和其他因素组合在一起成为一个结构体，即“天有十端，十端而止已。天为一端，地为一端，阴为一端，阳为一端，火为一端，金为一端，木为一端，水为一端，土为一端，人为一端，凡十端而毕，天之数也。”（《春秋繁露·郊语》）这十大因素相组合而成四时、五行：“天地之气，合而为一，分为阴阳，判为四时，列为五行。”（《春秋繁露·五行相生》）

[2]《春秋繁露·五行之义》：“土者，天之股肱也。其德茂美，不可名以一时之事。故五行而四时者，土兼之也。”

[3]《春秋繁露·为人者天》。

命，使之败亡。[1]

为了证明天人之间可以发生“感应”，董仲舒提出“人副天数”说。他列举了人有五脏，天有五行；人有四肢，天有四时；人体有大骨节十二，跟十二月数相符；人体有小骨节三百六十六，跟一年的天数相符等等现象，来证明天和人是同类。根据当时人们对同气相合、同声相应、同类相从的理解，天人就可以互相感应了。

显然，先秦思想巨人们摆脱早期神学的束缚而发展起来的天命观，又被董仲舒的“天人感应说”重新拉回到神学的轨道上去了。[2]

谶纬之学

在董仲舒天人感应的儒学宗教化影响下，西汉末年出现了一股社会思潮，到东汉盛极一时，这就是谶纬之学。

“谶”[3]是一种宗教性的神秘预言，又称谶语。因在预言吉凶时，常配有图画，所以也叫图谶。

---

[1] 见《春秋繁露·尧舜汤武》。

[2] 当然，董仲舒的天人感应论是有其明确的政治目的的：他一方面神化宗法社会的纲常（董仲舒根据先秦孔孟讲君臣、父子、兄弟、夫妇和朋友的五伦，发展而为“三纲”，即“君为臣纲，父为子纲，夫为妻纲”，作为绝对统治和服从的关系，并以“仁、义、礼、智、信”“五常”作为调整这种关系的基本原则）和专制君主；另一方面，又试图通过“天志”来限制专制君主的行为，希望他们能按照天的意志来实施儒家的政治主张。可谓是“屈民而伸君，屈君而伸天”(《春秋繁露·玉环》)。

吴怡的《中国哲学发展史》指出：“董仲舒首先把圣王的礼乐之化，归结在人为的努力上，也就是寄托在君主的是否能强勉而行道上。再通过春秋的行事，来敦促君主的自反。董仲舒了解空洞的赞叹圣王的礼乐之化是无补于事的。必须强勉这些君主们去行道。当孔子的仁收拾不住战国诸侯的人心时，孟子便提出义来规范他们；当孟子的义规范不住时，荀子便提出礼来约束他们；当荀子的礼约束不了时，董仲舒便吸收了墨子天志的思想，以春秋的行事去见天心，以规劝君主强勉而行道。”（第297页）这里的确道出了董仲舒的苦心。

[3] 谶，音衬。

谶出现较早。战国时，燕、齐一带濒海地区的方士[1]就造有谶语。据《史记》记载，[2]秦始皇三十二年，方士卢生受秦始皇之命入海求仙，带回一本神秘的图册，有“亡秦者，胡也”的谶语。秦始皇看到后，心中十分恐慌。他当时的理解是：大秦帝国会亡于北方的少数民族——胡人。于是派遣蒙恬统兵三十万，北击匈奴，同时还修建了万里长城。然而，汉朝郑玄指出：“胡者，胡亥。”[3]这正是秦二世的名字。[4]“亡秦者，胡也”，就成了中国历史上一个弄假成真的谶言。

“纬”是相对于“经”而言的，指用图谶等神秘含义去解释儒家的经典。它产生在汉武帝独尊儒术、崇尚经学之后。到西汉末年，谶和纬结合在一起，成为了以阴阳、五行为骨架、把神秘术数与儒家经学紧密结合在一起的一种十分时髦的学问。“篡汉”的王莽和建立东汉的刘秀，都曾利过用谶纬之说，作为改朝换代的舆论工具。

据说汉光武帝刘秀还是个普通百姓时，他跟姐夫邓晨看到谶书里说：“刘秀当为天子。”在旁边的人说：“这个刘秀肯定是当朝的国师公刘秀。”（当时的国师公刘秀，就是刚改了名字的刘歆。[5]其实刘歆精通谶纬，正是看到这条谶语后，[6]把自己的名字改了。[7]）而刘秀却道：“怎么就知道这个要当天子的刘秀不是我呢？”结果引起了在场众人的哄笑！这就是“安知非仆”的

[1] 方士就是方术士，即持有方术的人。一般简称为方士或术士。东汉以后，始将方士叫做道士。晋朝以后，方士之称渐不通行，而道士之称大著。
[2]《史记·秦始皇本纪》。
[3]《史记》郑玄注：“胡者，胡亥，二世之名也。秦（始皇）见图书，不知此人名，反备北胡！”
[4] 秦二世（前230—前207），嬴姓，名胡亥，前210年至前207年在位。
[5] 刘歆（约前50—23），字子骏，西汉皇室宗亲。西汉后期著名经学家、目录学家、文学家。他还是天文学家，编制了“三统历”。
[6]《河图赤伏符》：“刘秀发兵捕不道，四夷云集龙斗野，四七之际火为主。”（《后汉书·光武帝纪上》）
[7]《汉书·楚元王传》：刘歆“建平元年改名秀，字颖叔。”

典故。[1]

后来，利用谶纬兴起的刘秀真做了皇帝，对谶纬更加痴迷了，以至于晚年“宣布图谶于天下”。[2]这是将谶纬写成定本，[3]由朝廷正式公布天下，用政治和法律的手段来维护其神圣性。于是谶纬成了“内学”，[4]尊为“秘经”，它原本要解释的儒学经典反倒成了“外学”。

最早揭露谶纬之伪，并倡议禁绝谶纬的是东汉科学家张衡。[5]这种建议在当时自然不会被采纳。但谶纬作为一种议论国运盛衰的政治预言，毕竟容易成为野心家篡政夺权的工具，这一点逐渐被统治者所认识。因此到了三国，曹魏政权就开始“科禁内学、兵书”，[6]凡谈论谶纬的书都须上缴，“匿不送官”的要律法处置。到了晋武帝司马炎，则明令“禁星气、谶纬之学”。[7]不仅是谶纬，就连天文占星术都不容许民间私自学习了。到隋炀帝做出了全国性搜缴和焚毁谶纬书籍后，谶纬之书大量丧失，所剩的只是些零篇断简。[8]这样的禁绝律法一直延续到元明。至于后世民间流传的托为姜太公著的《乾坤万年歌》、托名诸葛亮的《马前课》、唐朝袁天罡、李淳风的《推背图》、刘伯温的《烧饼歌》等等，可谓谶书的一丝余绪了。

---

[1] 见《东观汉记·邓晨传》：“光武微时与邓晨观谶，云‘刘秀当为天子’。或言‘国师公刘秀当之’。光武曰：‘安知非仆乎？’建武三年，说故旧平生为忻乐。晨从容谓帝曰：‘仆竟办之’。帝大笑！”

[2]《后汉书·光武帝纪下》；光武帝于中元元年（56年）“宣布图谶于天下”。

[3] 计有《河图》9篇，《洛书》6篇，还有托为伏羲到孔子演绎的30篇，再加上经纬35篇，共80篇。谶纬书的名称都很奇怪，如《易纬》的《乾凿度》、《稽览图》，《书纬》的《璇玑钤》、《考灵曜》，等等。这些名称显示了谶纬的神秘性。

[4]《后汉书·方术传序》：“自是习为内学，尚奇文，贵异数，不乏于时矣。”李贤注：“内学谓图谶之书也。其事秘密，故称内。”

[5] 张衡（78—139），字平子，南阳西鄂（今河南南阳市石桥镇）人。官至尚书。东汉时期伟大的天文学家、发明家、文学家和学者。

[6]《三国志·魏书·常林传》注引鱼豢《魏略》。

[7]《晋书·武帝纪》。

[8]《隋书·经籍志》：“炀帝即位，乃发使四出搜天下书籍，与谶纬相涉者皆焚之，为吏所纠者至死。自是无复其学，秘府之内，亦多散亡。”

东汉后谶纬之学被禁，但谶纬学说中对阴阳五行特征、干支符号等方面的重视和完善，却为传统命理学的出现准备了条件。从此，术士儒生从热衷窥探国运的“天命”，彻底转向了专门推算和预测个人的“天命”了。

四、王充的自然定命论

董仲舒的天人感应论掀起了一股神学之风，西汉末年它跟谶纬结合在一起，弥漫了整个东汉时代。然而，这种天人感应的神学目的论遭到了平民出身的杰出唯物主义思想家王充[1]的严厉抨击。王充穷三十年精力，完成了巨著《论衡》。

“疾虚妄”

《论衡》可以说是中国古代文化史上的一面批判的大旗，大旗上写着三个大字：“疾虚妄”[2]——憎恨“虚妄”！汉儒的天人感应说被王充直斥为“虚妄之言”。

“虚妄”有两层含义：一是指事实判断上的“不真”(虚)；二是指价值判断上的“不对”(妄)。在王充看来，天和人都只是纯粹的“物性”的存在。作为自然之天是没有意志的，不可能被感动。假如自然界的异常现象恰好跟人类社会某事件碰上了，那只是一种偶然的巧合。

---

[1] 王充（27—97），字仲仁，会稽上虞（今浙江上虞县）人。“他和董仲舒正好是出于两个完全不同的政治背景、学术渊源和思想性格的人物。董仲舒得君行道，为经学博士，再以弘扬孔孟的道统自任。王充则出生平民，只做过一点管文书的工作。而且和汉朝五经博士的学统毫无关系，他的思想都来自日常的经验。”(吴怡《中国哲学发展史》第306—307页)

[2] 王充写道：“诗三百，一言以蔽之，曰：思无邪；《论衡》篇以十数，亦一言也，曰：疾虚妄。”(《论衡·佚文》)

在论证“天”的自然性时，王充创造性地发展了先秦以来关于“气”的思想，[1]他说：

天地，含气之自然也。[2]

天地合气，万物自生。犹夫妇合气，子自生矣。[3]

元气者，天地之精微也。[4]

万物自生，皆禀元气。[5]

这里，气是构成天地万物（包括人在内）的一种统一的物质元素。人、物的生，都是元气的凝聚，而死灭，则复归于元气，这是一种自然的发生过程。气所凝成的人或物，有生必有死；作为物质元素的“气”，则无始无终，不生不死，永恒存在。王充就这样用“元气”的自然发生论说明了世界的物质统一性。

董仲舒的天人感应论为当时好说“灾异”的人提供了理论武器。这些人又糅杂进了古老的“善有善报，恶有恶报”的观念，使“灾异论”演变成了一种流俗的人生哲学，即天报善恶论。王充不能接受这种流俗型的天人感应论。他认为，人的所作所为与他的遭遇之间，并不存在着善有善报、恶有恶报的因果关系。他自己出身平民，从小好学，有强烈的功名心，但在讲究门第的东汉社会却屡遭鄙夷，到老年还是在贫困的境地。他反省自己的人生经验，逐渐形成了“性”、“命”分途的观点。他认为，一个人的行为好坏，才智高低，能力强弱，由“性”来决定；而他的贫富贵贱，穷达夭寿，则由“命”来决定。[6]性和命是完全不同的两回事，其间没有必然的因果

[1] 在宇宙论方面，王充显然是受了老子的“道法自然”和《易传》的“气”的运行的思想影响。
[2]《论衡·谈天》。
[3]《论衡·自然》。
[4]《论衡·四纬》。
[5]《论衡·言毒》。
[6]《论衡·命义》：“夫性与命异，或性善而命凶，或性恶而命吉。操行善恶者，性也；祸福吉凶者，命也。”

关系。

初禀之气

那么，一个人的性和命，又是由什么东西来决定的呢？王充认为，这是人受生之初所具有的“禀气”决定的。他说：

人禀元气于天，各受寿夭之命，以立长短之形。[1]

凡人受命，在父母施气时已得吉凶矣。[2]

人生性命当富贵者，初禀自然之气。[3]

在王充看来，生命出现之时，人的终身命运就注定了。他把人的命细分为两类：寿命和禄命。前者指“死生夭寿”(即人的生理体质)；后者指“贵贱贫富”(即人的社会地位以及占有财富的差别)。这都是跟受生时所禀之气的性质有关：

夫禀气渥，[4]则其体强，体强则其命长；气薄则其体弱，体弱则其命短；命短则多病，寿短。[5]

这是说，禀得气厚的人，体强；禀得气薄的人，则体弱。至于造成人命贫富贵贱的差异，也是禀气的原因：禀精气者，命贵；禀浊气者，则命贱。王充进一步解释说，因为天上众星有大小、尊卑之序，故它们所施之气就有贵贱尊卑的差别：

至于富贵所禀，犹性所禀之气，得众星之精。众星在天，天有其象。得富贵象则富贵，得贫贱象则贫贱。故曰在天。在天如何？天有百官，有众星。天施气，而众星布精；天所施气，众星之气在其中矣。人禀气

[1]《论衡·无形》。
[2]《论衡·命义》。
[3]《论衡·初禀》。
[4] 渥：音沃，厚，重。
[5]《论衡·气寿》。

而生，含气而长，得贵则贵，得贱则贱。贵或秩有高下，富或资有多少，皆星位尊卑大小之所授也。[1]

至于每个人禀气的性质，则纯因定数，是绝对的“自然”现象。它出于自然法则，没有任何神学的意志。换言之，**完全是随机的、偶然的：**

命吉凶之主也，自然之道，适偶之数，非有他气异物厌胜感动使之然也。[2]

在东汉谶纬之学预言国运的气氛里，王充也认为，人有“贵贱祸福之命”，国家也有“盛衰治乱之命”。他给予的次序是“国命胜人命，寿命胜禄命”。[3]这就是说，个人的命运（人命）首先要受到国家命运（国命）的制约；然后，就个人而言，他的富贵贫贱（禄命）又受到其寿命长短（寿命）的制约。[4]

那么，怎么来面对这无可抗拒的命运呢？王充认为，在“命”和“时”（机遇）之前，人是无能为力的，只好坦荡其怀，处之泰然。[5]

气一元论

在汉朝天人关系的争论中，王充无情地批判和否定了当时在思想界处于

[1][3]《论衡·命义》。
[2]《论衡·偶会》。
[4] 对汉朝当时流行的“三命说”——“正命”、“随命”和“遭命”（见《白虎通疏证》“寿命”），王充也作过讨论：“正命，谓本禀之自得吉也。性然骨善，故不假操行以求福而吉自至。”“随命者，戮力操行而吉福至，纵情施欲而凶祸到。”“遭命者，行善得恶，非所冀望，逢遭于外，而得凶祸。”他不反对“正命”之说，但以“遭命”的例子反对“随命”，认为“言随命则无遭命，言遭命则无随命。”（《论衡·命义》）
[5]《论衡·命禄》：“故夫临时知愚，操行清浊，性与才也；仕宦贵贱，治产贫富，命与时也。命则不可勉，时则不可力。知者归之于天，故坦荡恬忽。”不过，虽然在王充认为，性和命虽都是天赋，“命”不可移易，但“性”可以通过后天的学习和熏陶，易恶为善。他说：“性善之人，亦不禀天善性，得圣人之教，志行变化。”（《论衡·率性》）

统治地位的汉儒的天人感应说。他的批判是深刻的。[1]王充在撕去天命神学的大幕布的同时，还“天”以自然的本来面目。他用“气”(或“元气”）来解释万物的生成、运动变化以及灭亡和转化，形成了先秦以来最系统的**气一元论**学说。他的定命论是完全建筑在气一元论的基础之上的，因此，也就成了中国思想史上**最彻底的自然定命论**。

事实上，王充在《论衡》里反复探讨了个人的命运，深刻地反映了当时平民阶层对命的认识和兴趣。王充并不违言自己对世俗富贵寿考的向往，他自己就热衷于骨相之法，试图通过“骨体”来预知命运。理由是人的禀气不同，形成的骨体也不同。观察骨相，就可以了解命运。[2]这充分显示了古代中国人普遍的入世态度。然而，王充的自然气禀决定命运的学说，却为传统命理学提供了探索的一个切入点。从这个意义上来讲，**王充是中国命理学的理论先驱**。

五、命理学出现的历史条件

我在《中国命理学史论》中提出，一种比较成熟的研究个人命运的学问的出现，大致需要满足以下三个基本条件：

第一，**个体主体性意识**。既然研究和探讨的对象是个人的命运，因此，只有当人的个体主体性意识张扬的时候，对人的命运的研究才有可能成为一个严肃的课题。

第二，**可以模式化的社会环境**。人是活动在社会中的。因此，社会大环

[1] 但应该看到，“王充在其《论衡》里痛诋这一套世俗虚妄之言，读其书者颇为之折服。但王充是僻处江东的会稽人，《论衡》这部书是直到汉末建安中才由会稽太守王朗带到中原的许都后才得到传播的。”(谭其骧:《中国文化的时代差异和地区差异》，载《中国传统文化的再检讨》(上篇)，复旦大学历史系编，商务印书馆，1987 年）

[2]《论衡·骨相》：“人命禀于天，则有表候于体。察表候而知命，犹察斗斛以知容矣。”

境是映衬人的活动的一个**背景世界**。它可以看作是人活动的一个大舞台，一个坐标系统。只有当这个参照系统是**相对稳定**的，人的穷通荣辱才可能得到比较和描写。这时，命理学的研究才有可能达到某种深度和广度。

第三，**世俗化的价值取向**。对个人命运的描写和探讨，本质上是**世俗性**的。只有当社会上相当数量的人采取世俗化的价值取向的时候，命理学的研究才有了它能牢牢扎根的土壤。这时，面向世俗功利世界的命理研究，才可能得到长足的发展。[1]

可以说，到了王充《论衡》出现的时候，上述条件基本上都已经成熟。

第一，在《论衡》里，王充全面地探讨了关于个人的“命”的观念，集中反映了当时平民阶层对个人命运的兴趣和认识。[2]

第二，中国君主专制的宗法社会的大结构，无论在经济上、政治上，还

[1] 这一条件不能忽视。比如，在宗教弥漫或控制的国度里，大多数人采取的是向往彼岸世界（如“天国”）的宗教价值观，对个人命运的研究就会受到阻碍。例如，在欧洲，原先在希腊、罗马十分盛行的生辰星占学，到了基督教会控制的漫长的中世纪，就失去了昔日的繁荣。但由于教会对它的态度颇为暧昧，它还是传承下来了，在接下来的文艺复兴时期出现了它的“第二黄金时代”。（参阅江晓原：《历史上的星占学》）

[2] 事实上，进入秦汉以后，春秋战国时代的“士”的主体意识已经扩散到平民阶层之中。比如，据司马迁的《史记·陈涉世家》记载：“陈胜者，阳城人也，字涉。……陈涉少时，尝与人佣耕，辍耕之垄上，怅恨久之。曰：‘苟富贵，无相忘。’佣者笑而应曰：‘若为佣耕，何富贵也！’陈涉太息曰：‘嗟夫！燕雀安知鸿鹄之知哉！’”这里写出身为雇农的陈胜，在领导大泽乡中国封建社会的第一次农民大起义之前，已有凌云壮志。起义时，陈胜“召令徒属曰：‘……且壮士不死则已，死则举大名耳。王侯将相宁有种乎！’”——“王侯将相宁有种乎！”（做王侯将相的人难道是天生的吗？）这种思想在先秦就有，比如《礼记·郊特牲》说：“天下无生而贵者。”然而，这出自一个受压迫的社会底层人的口，是何等的惊心动魄！而取得这次反秦胜利并最终击败项羽、建立起西汉统一国家的汉高祖刘邦，在参加农民起义前，仅是中农，自己当亭长，妻子吕雉带子女在家种地。当他到咸阳服役时，见到秦始皇的进出车队，竟也“喟然太息曰：‘嗟夫，大丈夫当如此也！’”（《史记·高祖本纪》）他的起义部队的骨干（胜利后封为文武功臣的），很多是出身贫寒的人。比如，陈平是游士，樊哙是狗屠，周勃是吹鼓手，灌婴是布贩，娄敬是车夫，韩信是流氓，彭越是强盗等。可见处于社会底层的许多人在历史大动荡时代的变化和作用。

是在文化上，经过秦和西汉近二百五十年的大一统，此时都已经基本定型了。这个“大结构”成了一种“超稳定”结构，一直延续到上世纪初的辛亥革命。

第三，《论衡》的论说是直面现实人生的。正是由于站在汉儒的对立面上，作为平民出身的王充，并不讳言正常的、个人对于富贵寿考的向往和对于贫贱夭病的厌弃。这种世俗化的价值取向在《论衡》中得到了充分的体现。

因此，可以说，到东汉中期以后，传统命理学出现的社会和思想方面的前提条件已经形成。

第三章　干支符号系统

经过先秦诸子对天命的讨论，到两汉时代，人们对命运的认识逐渐成熟。东汉王充的自然定命论，为个人命运的探求提供了明确的切入点——“初禀”之气。那么，如何来刻画这个“初禀”之气呢？此时，作为历法纪时符号——干支系统正逐步确立和完善，到东汉章帝元和二年（85 年）则完全进入了官方历法，它为刻画自然之气的运行状态提供了表述和分析的手段。

本章介绍作为命理学描写工具的干支符号系统，它的形成以及它的使用。

一、历法上的干支符号

天干地支

天干、地支，简称“干支”，相传是四千六百余年前黄帝时代的大挠氏所创。[1] 干支的原始意义，指的是树干和树枝。“干”，古人最初仅用来**纪日**。每天的计算以日出、日没为准，日出一次就是一天，所以“干”又叫“天干”。天干有十个，按序为：甲、乙、丙、丁、戊、己、庚、辛、壬、癸。

这样，用十个天干纪日，正好为一旬。

“支”，最初是用来**纪月**的。每一个月是用月亮的盈亏来计算。月亮盈亏一次，就是一月。地支有十二个，古时也称十二辰，按序为：子、丑、寅、

[1] 见（隋）萧吉《五行大义·论支干名》：“支干者，因五行而立之。昔轩辕之时，大挠之所制也。”（见《五行大义校注》，第 9 页。）

卯、辰、巳、午、未、申、酉、戌、亥。

> 天干：甲、乙、丙、丁、戊、己、庚、辛、壬、癸
> 地支：子、丑、寅、卯、辰、巳、午、未、申、酉、戌、亥

于是，十二个地支正好跟一年十二个月相配：正月建寅，卯为二月，辰为三月，巳为四月，午为五月，未为六月，申为七月，酉为八月，戌为九月，亥为十月，子为十一月，丑为十二月。

这里跟“子”相配的月份是十一月，而前面地支的序列却是从“子”开始的，为什么会发生这样的情况？这是因为周朝的历法据说是以十一月为岁首，[1]而定正月（寅）为一年之初是从汉武帝太初元年（前104年）开始的。从阴阳属性上看，日为阳，月为阴，阳为天，阴为地，所以“支”又叫“地支”。

然而，单凭十个天干来纪日，则每个月可能有三个天干相同的日子，这就不易辨别了。于是，就用一个天干和一个地支，按次序搭配起来的办法来纪日期。这就产生了“干支纪日法”，也叫“甲子纪日法”。十天干和十二地支的最小公倍数是六十。按序组合的一次循环，即从甲子开始，至癸亥终了，天干循环六次，地支循环五次，共有六十个干支组合，称为“六十甲子”或“花甲子”：

表3.1 六十甲子表

甲子	乙丑	丙寅	丁卯	戊辰	己巳	庚午	辛未	壬申	癸酉
甲戌	乙亥	丙子	丁丑	戊寅	己卯	庚辰	辛巳	壬午	癸未
甲申	乙酉	丙戌	丁亥	戊子	己丑	庚寅	辛卯	壬辰	癸巳
甲午	乙未	丙申	丁酉	戊戌	己亥	庚子	辛丑	壬寅	癸卯
甲辰	乙巳	丙午	丁未	戊申	己酉	庚戌	辛亥	壬子	癸丑
甲寅	乙卯	丙辰	丁巳	戊午	己未	庚申	辛酉	壬戌	癸亥

[1] 相传夏历正月建寅，商历正月建丑，周历正月建子。

干支纪年、纪月、纪日、纪时

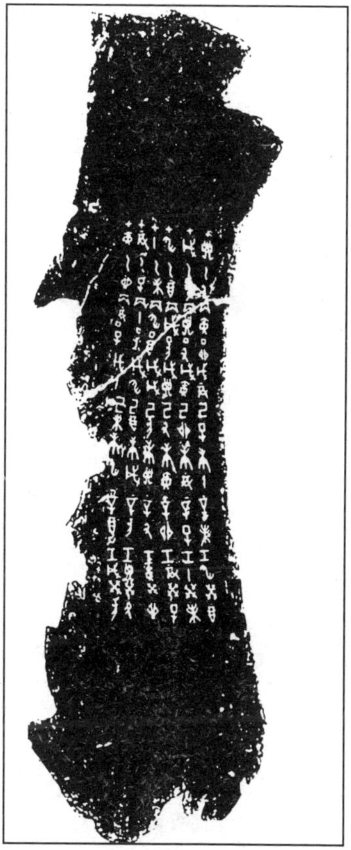
【图片 1】 甲骨文六十干支

在中国历法史上，用干支纪日出现得最早。从出土的甲骨文资料看，干支在商朝中叶已经普遍使用了。[1] 根据现存文献资料，连续的干支纪日，至少从春秋时鲁隐公三年（前 722 年）二月己巳日起，一直到清朝宣统三年（1911 年）为止，从未中断，计有二千六百多年的历史。这是世界上迄今所知最长的纪日文字记载。

至于历法用干支纪月和纪时，都始于汉武帝太初元年（前 104 年）。上文已经提到，汉武帝太初元年首创太初历，用夏正，以建寅月——正月为岁首，用干支纪月。同时，也用干支纪时。

在远古时期，一日的开始是以日出算起的。夏朝以平旦为日始，殷商以鸡鸣为日始，到了周朝，才以夜半为日始。一昼夜为一日。殷商武丁时，把昼夜分为八段，祖甲时分为十段；周朝则分为十二段。[2] 汉太初以后，就用十二地支来标记

[1] 根据夏朝后期的几位帝王的名字，可以断定，夏朝已用天干纪日，并以十日为一"旬"。

[2] 十二段为：夜半、鸡鸣、平旦、日出、食时、隅中、日中、日昃、晡时、日入、黄昏、人定。

这十二个时段或十二个时辰了。

古人又把每个时辰分为八刻，一昼夜为九十六刻。[1]清初后引用西法，把一昼夜分为24小时，这样一个时辰就等于2小时。每个时辰有了初、正之分。比如，子时为今晚23点至翌日凌晨1点，于是，23点0分为子初，0点0分为子正。每时等于四刻，每刻遂等于15分钟。

用干支纪年出现稍后。中国古代先有“岁星纪年法”，后有“太岁纪年法”，[2]可以说，它们是“干支纪年法”的前身。古代人认为，木星是12年运行一周天，故把它叫做“岁星”。于是把它所在十二等分黄道一周的十二次名，作为纪年，称为岁星纪年法。[3]然而，木星绕天一周并不是正好12年，而是11.86年。顺次推算，与实际天象不符，每隔83年就会有一次误差。于是前文曾提到过的西汉末刘歆，提出了“超辰法”，就是以144年间岁星运行的次数为145次。据此，东汉建武三十年（54年）干支甲寅，按照超辰法应该“超辰”为乙卯。但是刘歆已死，当年朝廷没有做任何改动。从此，纪年法就与岁星的实际运行脱钩了，仅按六十甲子的次序来纪年，这就是所谓的“干支纪年法”。

东汉章帝元和二年（85年），朝廷认为太初历讹差太多，颁诏使用新制四分历，开始以六十干支纪年，谓之青龙一周。此历法也称“后汉四分历”。[4]

[1] 古代使用日晷和漏壶来测定昼夜昏旦，古制刻漏把一日分为百刻。春分秋分昼夜各五十刻；夏至昼长六十刻，夜短四十刻；冬至昼短四十刻，夜长六十刻。事实上，这样的划分跟日夜的交替的实际天象并不符合。于是古代天象家对昏、旦（明）时刻做了明确的规定，日出前二刻半为明，日入后二刻半为昏。把夜去掉五刻，加到昼刻里去。这样，夏至昼六十五刻，夜三十五刻；冬至昼三十五刻，夜六十五刻；春分秋分昼五十五刻，夜四十五刻。

[2] 岁星纪年法以前已经使用十二支，自东向西，配着周天。岁星运行方向正好与之相反，是自西而东的，在当时似曾使人们大感不便。于是另外假象一个太岁，跟岁星运行方向相反，以每年太岁所在的部分来称呼这年，叫做太岁纪年法。

[3] 最初的岁星纪年法从公元前365年开始，叫做阏逢摄提格（甲寅）之岁。屈原《离骚》中有“摄提贞于孟陬兮”句，就是用这个纪年法。郭沫若认为，殷周时代或更早就有了岁星纪年法。

[4] 后汉四分历由编欣、李梵等创制。规定一年（回归年）为365 1/4日，一月（朔望月）为29 499/940日，19个太阴年插入7个闰月，因岁余为四分之一日，故名。此历一直行至东汉亡（220年）。而后，三国蜀汉仍用之，至后主炎兴元年（263年）蜀汉亡，共用了179年。

由此，**干支符号全部正式进入官方历法**，一直沿续至今，没有间断。

二、干支符号模型

如果天干、地支如同 1、2、3、4 那样，仅是一个个数字的文字表述，那么，由干支符号组成的年、月、日、时的八字结构，也仅能表述前后相续的时间序列，并不能通过它们来了解“气运”在时间序列上的变化状态。事实并非如此。因为天干、地支还**具有阴阳和五行的内涵**，这就为对气的运行状态做出描写，开启了门户。

干支与阴阳五行

其实，在上古充满迷茫和智慧的岁月里，作为历法符号的干支已经被兴起的阴阳五行思潮所浸润。从春秋时期人的姓名里有五行相生的含义来看，[1]天干跟五行在那时就已经匹配起来了。《左传》里有占星家梓慎关于宋、卫、陈、郑四国大火灾的一番议论，[2]从中可以窥见，大概鲁昭公之世（前 541—前 510 年），在天文学方面干支跟五行的配合已经有所应用了。

到战国初，在《管子》里，干支开始充当五行的符号。[3]在战国末《吕氏春秋》“十二纪”的宇宙图式里，十天干已经齐整地进入了五行体系。[4]到了汉初《淮南子》，则加上北斗斗柄所指的不同方向（子、丑、寅、卯、辰、

[1] 清朝学者王引之在《春秋名字解诂》中举了“秦白丙字乙”、“郑石癸字甲父”、“楚公子壬夫字子辛”、“卫夏戊字丁”四则（《经义述文》卷二十三），认为这是木（乙）生火（丙）、水（癸）生木（甲）、金（辛）生水（壬）、火（丁）生土（戊）之意。

[2]《左传》昭公十七年：“其以丙子若壬午乎？水火所以合也。若火入而伏，必以壬午，不过其见之月。”

[3]《管子·五行》篇中用“甲子木行御”，“丙子火行御”，“戊子土行御”，“庚子金行御”和“壬子水行御”，将一年分为五个阶段。

[4] 但“十二纪”并没有用地支来表示月份，而是以太阳所在星宿的位置来定月令。

巳、午、未、申、酉、戌、亥）来配月份。[1] 这样，十二地支也就正式进入了当时的宇宙框架，而且干支跟五行的匹配也系统化了：

> 甲乙寅卯，木也；丙丁巳午，火也；戊己四季（辰戌丑未），土也；庚辛申酉，金也；壬癸亥子，水也。[2]

在两汉，随着人们对统一的宇宙图式的探求，天干地支已经完全汇融于阴阳五行体系中了。

此时，干支排列的先后次序具有重要的意义。它已包含了阴阳二气的消长转化，包含了万物由萌生而少壮、而繁茂、而衰老、而死亡、而更始的整个运演过程。对于干支序列所表示的这类意象，《史记・律书》、《汉书・历律志》都曾作过较详尽的描写。[3] 于是，作为历法符号的干支已俨然成了阴

---

[1]《淮南子・时则训》。
[2]《淮南子・天文训》。
[3]《史记・律书》及《汉书・历律志》对十个天干和十二个地支作了以下的解释：
甲："出甲于甲"，"甲"字同"荚"，指嫩芽破土而出的初生现象；
乙："奋轧于乙"，指草木抽轧而生长；
丙："明柄于丙"，意为阳气充盛，生长显著；
丁："大盛于丁"，是说草木成长壮实；
戊："丰茂于戊"，即日益茂盛；
己："理纪于己"，指草木抑屈而起，到了成熟时期；
庚："歛更于庚"，意思是果实已经收获；
辛："悉新于辛"，指万物肃然更改，新的生机又开始酝酿；
壬："怀任于壬"，意谓新的生命已开始孕育；
癸："陈揆于癸"，指新的生命已经准备就绪，待时而萌。
子："万物滋于下"，"孳萌于子"，指草木的种子正吸收土中水分而萌芽，为一阳萌生的开始；
丑："纽芽于丑"，谓草木在土中出芽，屈曲着要冒出地面；
寅："万物始生螾然也"，是指寒土中屈曲的草木迎着春阳从地面伸展；
卯："言万物茂也"，即生物逐渐繁茂；
辰："振美于辰"，指生物速长如振，姿容秀美；
巳："阳气之巳尽"，谓阳气壮实至极；
午："阴阳交于午"，即阳极阴生，生物成壮；
未："万物皆成，有滋味也"，指果实成熟，香浓味厚；
申："阴用事，申贼万物"，指阴气之用渐显，秋收过后，万物萧瑟；
酉："万物之老也"，谓生物衰败变老；
戌："万物尽灭"，即草木凋零，生气绝灭；
亥："阳气藏于下"，即阳气伏藏于下，阴气肃杀之力也快到尽头了。

阳五行的具体代号，无怪乎不少前贤误以为干支打从开头起就是跟着五行来的。[1]

干支符号模型

干支符号系统跟阴阳五行的融合，形成了干支符号模型。这个模型的基本内容可以表述为（以下“+”表示阳；“-”表示阴）：

表 3.2　干支符号模型

天干	甲	乙	丙	丁	戊	己	庚	辛	壬	癸
阴阳	+	-	+	-	+	-	+	-	+	-
五行	木		火		土		金		水	
方位	东		南		中		西		北	

地支	寅	卯	辰	巳	午	未	申	酉	戌	亥	子	丑
阴阳	+	-	+	-	+	-	+	-	+	-	+	-
五行	木		土	火		土	金		土	水		土
方位	东			南			西			北		
四时	春			夏			秋			冬		
月份	正	二	三	四	五	六	七	八	九	十	十一	十二

比如，天干“甲”，阴阳属性为“阳”，五行属“木”，方位为东方；天干“乙”，阴阳属性为“阴”，五行属“木”，方位也是东方。天干“丙”，阴阳属性为“阳”，五行属“火”，方位则为南方。再如，地支“寅”，阴阳属性为“阳”，五行属“木”，方位为东方，四季属春，为正月。余皆以此读取。

[1] 比如萧吉在《五行大义》里就说“支干者，因五行而立之”。见《五行大义校注》，第 9 页。

这个模型不仅有**时间**的信息，同时也容纳了**空间**（方位）的内容。[1]它的出现，使阴阳五行理论**公式化**了。

天干地支符号原先就有标记时间的功能，现在蕴涵了阴阳五行的信息，这样，宇宙间在时间序列上出现的气的运行变化状态，就可以通过干支符号排列所具有的阴阳五行的内涵而显露出来了。

三、八字结构：气的运行片段

时间片段的标记

那么，如何用干支来标记一个具体时间片段的气的运行状态呢？

就一般情况讲，时间本身是直线流逝的（见图3.1中a）。但是，人们观察到，一日有昼夜晨昏的周期变化；一月（指农历月）有月亮盈亏的周期变化；一年有春夏秋冬四季、二十四节气的周期变化。由于这种循环往复的**周期性**特征，或周期性节律（图3.1中的b），原本线性的序列，便构成了周而复始的回环（图3.1中的c）。

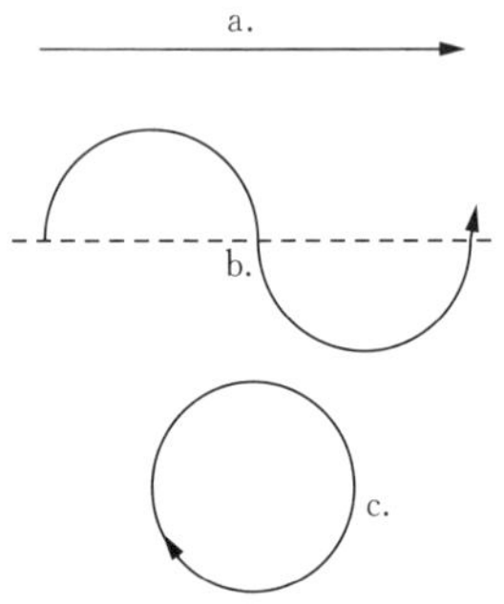

图3.1　时间序列的表述

[1] 这里表现出中国古代自然观以时间统摄空间的特征。

同时，不同的周期节律的存在，使这圆周形的回环又表现出了某种层级性来。比如前面提到的，一日有昼夜晨昏的周期变化；一年有四季、二十四节气的周期变化：

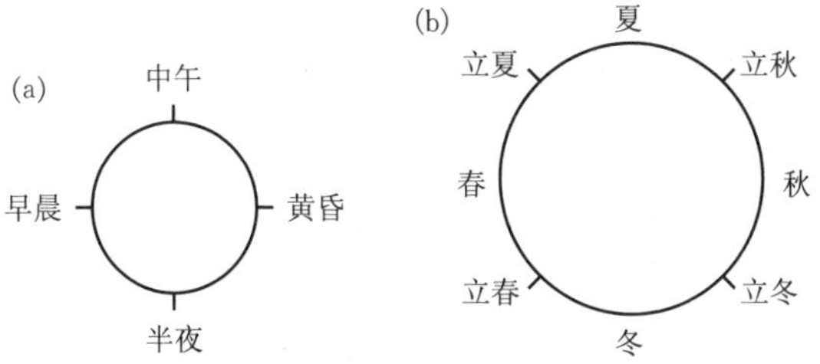

图 3.2　时间序列的层级性：日（a）和年（b）

这就构成了时间序列上的环环相套的层级性结构来。正是顺应这样的特征，古人就可以采用由天干、地支共 22 个符号组成的六十甲子干支集来标记时间的序列。比如，在**年段**层次上，它可以表现以 60 年为一个循环周期的节律；在**月段**层次上，它可以表现以 60 个月为一个循环周期的节律；在**日段**层次上，它可以表现以 60 天为一个循环周期的节律；在**时段**或时辰段（2 个小时）的层次上，它又可以表现以 60 个时辰为一个循环周期的节律。如果把六十甲子看作一个时间的车轮，那么，把四个这样的车轮组合起来，就能表现出跨度为 60 年的年、月、日、时辰不同层次上的周期性的变化：

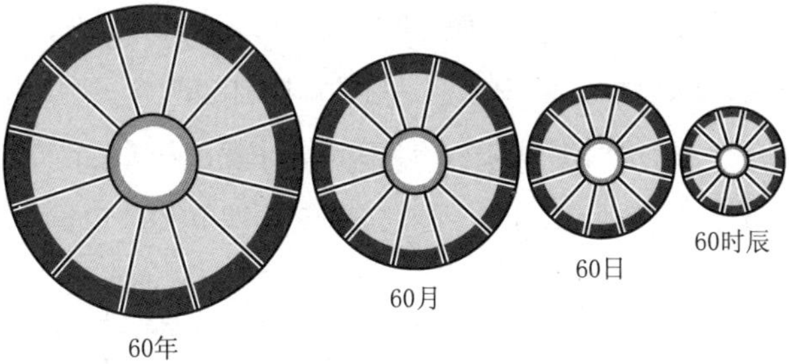

图 3.3　时间序列的层级性：60 年周期循环

显然，若以一个时辰为一个时间片段单位的话，则每一个这样的单位都可以有一个与之相对应的干支符号结构。

如何排八字？

那么，如何来排出某一个确定时段的干支结构或它的“四柱”来？

比如，我们知道，标记2012年2月1日上午9时到11时（巳时）的四柱干支结构是：

年	月	日	时
辛	辛	壬	乙
卯	丑	辰	巳

那么，如何排出这个八字结构？也就是，如何从年、到月、到日、到时辰，找出它们的天干地支来？

（1）从年开始：年干支

最简单的方法是查中西对照万年历。具体时刻的年干支，可以从万年历上查到。但要注意，命理学上排四柱或八字依据的是**太阳历**。

历史上使用过的历法，有阳历、阴历和阴阳合历。阳历，即太阳历，是根据太阳运行规律制定。阴历呢？是按月亮的盈亏变化来制定的。由于一个朔望月的周期是29或30天，这样，年的长短只是月的整倍数，与回归年无关。阴阳合历，则是结合太阳和月亮运行的周期制定的。[1]

中国传统历法的编制是阴阳合历。所以要注意，命理上的“年”不是始于历书上的春节——阴历正月初一。它是以二十四节气的“立春”日时为一

[1] 即：一年按太阳的运行分为二十四节气，又按照月亮的运行分为月。小月、大月十二个加起来，只有354天或355天。两者相比，相差约11天。为了协调二者，于是采取“设闰”的办法来处置，若干年中就有一年是十三个月的。

年的交割之点。比如，今年春节（正月初一）是公历2012年1月23日；而立春是2月4日18点40分（酉时）。那么，今年2月1日早晨10点20分出生的婴儿，这时刻的年干支还应该是去年的年干支：**辛卯**。因为它还在今年——壬辰年的立春之前，虽然它已在今年的春节（正月初一）之后了。

（2）月干支

同样，月干支也要参照二十四节气。二十四节气，是根据太阳在黄道[1]上的位置（黄经），将全年划分而成的二十四个段落，每一个段落就是一个节气。以节气开头的那一天为节名。每月的月首称为“节”，月中则称为“中”。这样，二十四节气，其中十二个称“节”气；十二个称“中”气，可以列表如下：[2]

表3.3 二十四节气表

季节	春			夏			秋			冬		
月份	一	二	三	四	五	六	七	八	九	十	十一	十二
节气	立春	惊蛰	清明	立夏	芒种	小暑	立秋	白露	寒露	立冬	大雪	小寒
中气	雨水	春分	谷雨	小满	夏至	大暑	处暑	秋分	霜降	小雪	冬至	大寒

命理上的月份就是用以上的十二个“节”气来分割的。

查历书，去年的小寒节是2012年1月6日早晨6时41分（卯时）。这样，今年2月1日10时20分出生的婴儿，则处于从小寒到立春之间，就应算作是辛卯年十二月（丑月），所以月支为丑。

[1] 黄道是地球上的人所看到的太阳一年内在恒星之间所走的视路径。也就是，观察者以地球为参照物时，太阳绕地球作圆周视运动的轨道。

[2] 被纳入历法的二十四节气名称，成了描述太阳周年视运动位置的专用名称。隋朝以前，历法将一回归年平分二十四等分，每一份为一个节气，称为平气。每一平气的时间长度是相等的。自从北齐天文学家张子信发现太阳周年视运动的不均匀性，人们认识到平气的划分法不能准确地反映太阳的周年视运动。隋朝的刘焯提出了定气的概念，将太阳周年的视运动轨道即黄道，平分为二十四等分，但仍沿用平气的各个名称。以后一千年间，历法皆用定气推求太阳运动，却仍用平气注历。直到清初，民用历中也终于用定气来注历了。（参阅《中国天学史》第122—123页。）

至于此月的天干是什么？可以通过年干和月支推算出来，用的是“五虎遁年起月诀”：

甲己之年丙作首，乙庚之岁戊为头。

丙辛岁首寻庚起，丁壬壬位顺行流。

若言戊癸何方发，甲寅之上好追求。

这是说，年天干为甲或己的，则从丙寅月起推算，即：正月丙寅、二月丁卯、三月戊辰，这样往下推。现列表如下：

表 3.4　五虎遁月表

年／月	甲己	乙庚	丙辛	丁壬	戊癸
寅一	丙寅	戊寅	庚寅	壬寅	甲寅
卯二	丁卯	己卯	辛卯	癸卯	乙卯
辰三	戊辰	庚辰	壬辰	甲辰	丙辰
巳四	己巳	辛巳	癸巳	乙巳	丁巳
午五	庚午	壬午	甲午	丙午	戊午
未六	辛未	癸未	乙未	丁未	己未
申七	壬申	甲申	丙申	戊申	庚申
酉八	癸酉	乙酉	丁酉	己酉	辛酉
戌九	甲戌	丙戌	戊戌	庚戌	壬戌
亥十	乙亥	丁亥	己亥	辛亥	癸亥
子十一	丙子	戊子	庚子	壬子	甲子
丑十二	丁丑	己丑	辛丑	癸丑	乙丑

从表中就可以查到，凡丙、辛年干，丑月的天干为“辛”。因此，2012年2月1日的月干支是：**辛丑**。

（3）日干支

接下来是日干支。从万年历中可以查到，此日干支是：**壬辰**。

(4) 时干支

最后是时辰。古代的子时，是从晚上 11 点开始，到第二天凌晨 1 点为止。因此，它被分割为两个部分，[1] 即今晚的夜子时和明日凌晨的早子时。这样，就一天（24 小时）而言，从凌晨早子时开始，到夜半夜子时结束，就经历了 13 个时段。下面是时辰换算表：

表 3.5 时辰换算表

早子	凌晨	0：00—1：00
丑 寅 卯 辰 巳	上午	1：00—3：00 3：00—5：00 5：00—7：00 7：00—9：00 9：00—11：00
午	中午	11：00—1：00
未 申 酉 戌 亥	下午	1：00—3：00 3：00—5：00 5：00—7：00 7：00—9：00 9：00—11：00
夜子	半夜	11：00—12：00

前述上午 10 时 20 分属于巳时。巳为时支，那么，它的天干是什么？这可以由日柱的天干推算出来，用的是“五鼠遁日诀”：

甲己还生甲，乙庚丙作初。

丙辛从戊起，丁壬庚子居。

戊癸何方发？壬子是真途。

这是说，日柱天干为甲或己的，子时为甲子、丑时为乙丑、寅时为丙寅，这样往下推。现列表如下：

[1] 在旧有的说法中，子时分为“子初”和“子正”。子初指 23—24 时；子正指 0—1 时。而 0 时正是一日的分界线。

表 3.6　五鼠遁日表

日干 时辰	甲 己	乙 庚	丙 辛	丁 壬	戊 癸
早子	甲子	丙子	戊子	庚子	壬子
丑	乙丑	丁丑	己丑	辛丑	癸丑
寅	丙寅	戊寅	庚寅	壬寅	甲寅
卯	丁卯	己卯	辛卯	癸卯	乙卯
辰	戊辰	庚辰	壬辰	甲辰	丙辰
巳	己巳	辛巳	癸巳	乙巳	丁巳
午	庚午	壬午	甲午	丙午	戊午
未	辛未	癸未	乙未	丁未	己未
申	壬申	甲申	丙申	戊申	庚申
酉	癸酉	乙酉	丁酉	己酉	辛酉
戌	甲戌	丙戌	戊戌	庚戌	壬戌
亥	乙亥	丁亥	己亥	辛亥	癸亥
夜子	丙子	戊子	庚子	壬子	甲子

这样，壬辰日上午 10 点 20 分，时辰干支则为：**乙巳**。

于是，把年、月、日、时干支放到一起，按序排列，标记 2012 年 2 月 1 日上午 9 时到 11 时（巳时）的四柱干支结构就是：

年	月	日	时
辛	辛	壬	乙
卯	丑	辰	巳

这也是 2012 年 2 月 1 日上午 10 时 20 分出生的婴儿的“八字”：辛卯年，辛丑月，壬辰日，乙巳时。

目前计算机网络上有不少**四柱八字线上排盘系统**可供免费使用。过去江湖盲人算命师的“绝活”，现在只要按几个键，霎时间就完成了。这为排八字提供了极大方便。[1]

时空结构

于是，每一个由八字表述的**时空结构**，都刻画了一个相对独立的气的运动状态的片段。根据以上干支符号模型（表 3.2），这个八字结构——辛卯、辛丑、壬辰、乙巳，就可以转换或“翻译”成为一个具有“阴阳五行”内涵的结构：

年 月 日 时		阴阳五行结构
辛 辛 壬 乙	⟶	－金－金＋水－木
卯 丑 辰 巳		－木－土＋土－火

图 3.4　八字的阴阳五行内涵

显然，标记这个时段的八字结构，它蕴含的阴阳五行内容，简单地说，是由 8 个成分——2 个阴金、2 个阴木、1 个阳土、1 个阴土、1 个阳水和 1 个阴火——所组成。它正是这个时间片段内宇宙间气的运行状态的写照。

那么，一共有多少个这样的时空结构呢？我们知道，天干是十进制，地支是十二进制，干支组合是六十进制。明白了这些，是不难推算出一共有多少个具有如此形式的时空结构来的：[2]

---

[1] 比如“国际易经网”就有这样的免费使用的排八字系统（www.iqing.net/bbs/paipan/bz/）。只要输入年、月、日、时，就可以得到一个排好的八字结构。“易客频道”的元亨利贞网也有四柱八字在线排盘系统（www.china95.net/paipan/bazi/）。但要注意，不少网站的程序并没有“夜子时”的推算，它们把晚上 11 时以后归并到了第二天的凌晨子时。这样，晚上 11 点就成了每一日的分界点了。这不符合本书的看法。

[2] 作为年干支，60 甲子一个循环，正好 60 年；作为月干支，每年 12 个月有 12 个不同的标记月份的干支，每 5 年循环一次；日干支，也是 60 甲子一个循环，即每 60 天循环一次；时干支，每日有 13 个时段，故有 13 个标记时辰的干支。

年　月　日　时

$$60 \times 12 \times 60 \times 13 = 561{,}600$$

于是，宇宙间气的消长变化，就可以用56万多个不同的时空结构组成的一个具有60年跨度的大循环圈，把它们标记出来。我们刚才所标记的时段(2012年2月1日上午巳时：辛卯、辛丑、壬辰、乙巳)，仅仅是这56万多个时空结构中的一个。这是多么了不起的构想啊！

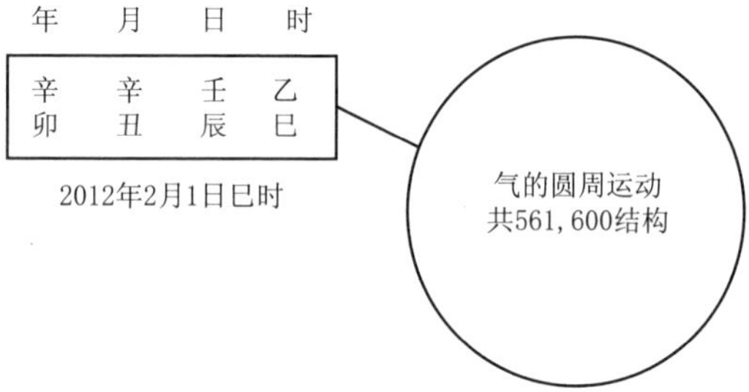

图3.5　气的圆周运动

有了干支符号系统，人出生时的“初禀”之气，就可以得到**形式上**的刻画了。每一个用干支符号所组成的八字结构，都标记了人的出生时宇宙气运动的真实状况。可以说，至此，传统命理学的理论和作业的前提条件已经具备。

于是，命理探索者筚路蓝缕的最初征程开始了。

第四章　命理学的形成时期

自东汉末年开始，到明朝中叶，是传统命理学的形成时期。它从最初命理推演的萌芽，到出现相对完整的论命模型，又从繁复的论命模型发展到比较成熟的、直到今日还在使用的论命框架，这是一个十分漫长的历史过程，计有一千三百六十余年。

本章概述这个历史过程，至于其中涉及到的一些基本概念和推演方法，将在以下五、六两章内分别阐述。

一、孕育阶段

早期记载

今天我们能从文献上看到的最早的“论命记载”，是三国时期的管辂。管辂精通术数。《三国志·魏书》中记载了他对自己命运的评述：

> “又吾本命在寅，加月食夜生。天有常数，不可得违，但人不知耳。吾前后相当死者过百人，略无错也。”……明年二月卒，年四十八。[1]

这是管辂替自己算命。所谓“本命在寅”，是指他本人出生在建安十五年（210年）——庚寅年。他根据自己的出生年月及时辰，推算出自己是属于“短命”的人。果然第二年去世，才四十八岁。他自称已经预言过百多人的死期，而且基本上都言中了。可见以出生时间来推算个人命运的传统命理

[1]《三国志·魏书·方技传·第二十九》。

学，在三国时已初见端倪。

据《晋书・戴洋传》记载，戴洋见到当时镇守浔阳的刘胤。刘胤问戴洋："我的疾病会痊愈吗？"戴洋说："我不担心你的病，我担忧的是你今年有大灾。你四十七岁，行年正好进入庚寅。《太公阴谋》上说：'六庚为白兽，在上面的是客星，在下面的是害气。'年和命相合，一定有凶事应当避忌，十二月二十二日庚寅切勿见客人。"以后又嘱咐他防备的办法。可是刘胤没有听从，果然在十二月二十四日被郭墨杀害。[1]

尽管《晋书》称戴洋擅长"风角"术，[2]但这里已经看到使用本命年、流年以及日子的干支关系来推断的痕迹。查刘胤被害于东晋咸和五年（330年），距上述管辂论命时间才七十余年，命理学探索的进展也不算慢了。

到南北朝时期，据《南史・吉士瞻传》记载，吉士瞻年少时就很有志气，但到四十岁还不得志，就请江陵"卜者"王先生算命。王先生说："你将会拥有兵权，管理的还不止一州。"[3]这预言后来果然兑现了。[4]

跟吉士瞻同在南朝的学者刘峻，[5]曾写过一篇《辨命论》。他是偶然听到梁武帝萧衍对管辂"有奇才而位不达"的议论，于是接过话题，洋洋洒洒写

---

[1]《晋书・戴洋传》："洋往浔阳。时刘胤镇浔阳，胤问洋曰：'我病当差不？'洋曰：'不忧使君不差，忧使君今年有大厄。使君年四十七，行年入庚寅。《太公阴谋》曰：'六庚为白兽，在上为客星，在下为害气。'年与命并，必凶当忌。十二月二十二日庚寅勿见客。'……胤不从。二十四日壬辰，胤遂为郭墨所害。"

[2]古代一种根据风的观察来卜吉凶的术数。

[3]《南史・吉士瞻传》："（吉士瞻）少有志气，不事生业，……年逾四十，忽忽不得志，乃就江陵卜者王先生计禄命。王先生曰：'君拥旄杖节非一州，后一年当得戎马大郡。'"

[4]吉士瞻在梁武帝天监二年（503年），入为直阁将军。曾历任秦、梁二州刺史，加都督。以及西阳、武昌二郡太守。

[5]刘峻（462—521），南朝齐梁间学者兼文学家。字孝标，本名法武，平原（今属山东）人。一生坎坷，最后选择了归隐，以注释刘义庆等编撰的《世说新语》而著闻于世。

了这篇文章。其主旨是：人的穷困通达都是由天命决定的，既非人事，也不是鬼神所能影响。在此文中，他提出“命也者，自天之命也”。同时给“命”的范围下了以下定义：

> 所谓命者，死生焉，贵贱焉，贫富焉，治乱焉，祸福焉。此十者，天之所赋也。

这是继东汉王充以后，一篇专门议论命运的文章。虽属哲学论文，却是用华丽的骈俪文体写成。因辞彩飞扬，辨锋犀利，吐出了失意文人内心的愤懑，故千年来一直拥有许多的知音。从中可见，在战乱频仍、社会动荡的南北朝时期，认为人有命运的观念已成了共识。

差不多同时期在北朝，据《北史·孙绍传》记载，北魏身居高官的孙绍也“善推禄命”，应验的事有很多，知道的人都觉得他很奇特。有一天他赶赴早朝，当时东门还没有开，百官们都在等着天亮。孙绍在众多官员中把吏部郎中辛雄拉到一边，偷偷说：“这里的其他人，都得死尽，只有我和你能活下来，享受富贵”。没过多久，因为“河阴之变”，[1]不幸被孙绍说中了。[2]

《北史·魏宁传》还谈到北齐的魏宁也擅长推命。因为擅长算命，被聘为门客。北齐的武成帝亲自试他，把自己的出生年月，说是别人的，让魏宁推算。魏宁当场说：“此人富贵到了极点，但‘今年入墓’(指会死)。”武成帝吃惊地说：“这就是我啊！”于是，魏宁只好改口搪塞。但武成帝确实也死于

---

[1] 指北魏武泰元年（528年），胡太后擅权秉政，鸩杀孝明帝，立幼子元钊。契胡部落酋长尔朱荣以此为借口起兵东进，洛阳守将不战自降。4月13日，尔朱荣在河阴之陶渚（今河南孟津）溺死胡太后和幼帝，纵兵围杀北魏的王公百官两千多人。史称“河阴之变”。

[2]《北史·孙绍传》：“绍曾与百僚赴朝，东掖未开，守门候旦。绍于众中引吏部郎中辛雄于众外，窃谓之曰：‘此中诸人，寻当死尽，唯吾与卿犹享富贵。’雄甚骇异，不测所以。未几有河阴之难。绍善推禄命，事验甚多，知者异之。”

当年，年仅三十二岁。[1]这里，虽然只用了出生的“年月”，但提到“今年入墓”，可见在论命的方法上已经有相当的基础了。

南北朝时，似乎还出现过一些命理著作。明朝宋濂的《禄命辩》[2]中曾指出：“临孝恭有《禄命书》、陶宏景有《三命抄略》。”[3]清朝赵翼也提到过这两种著作。[4]陶弘景[5]是南朝齐、梁间人；临孝恭在《北史》、《隋书》中皆有传。这两人都是精于“阴阳五行”的人物，可惜这两本书早已亡佚了。

由于文献不足，我们虽可以确定在南北朝时期，已存在着从命理学意义上来说的“论命”活动，但究竟是用什么样的方法来具体“论命”的，就很难考察了。

萧吉《五行大义》

到了隋朝，出现了一个命理学史上的重要人物，他是隋朝开国公萧吉（？—614）。

萧吉出身齐梁宗室，一生经历四朝十五帝，有着罕见的丰富阅历。他“博学多通，尤精阴阳算术”。入隋后，他发现隋文帝喜好“徵祥之说”，于是

---

[1]《方技列传》四十一：“宁，巨鹿人，以善推禄命，征为宾客。武成亲试之，皆中。乃以己生年月，托为异人而问之。宁曰：‘极富贵。今年入墓。’武成惊曰：‘是我。’宁变辞曰：‘若帝王，自有法。又有阳子术。’……既而武成崩，年三十二也。”北齐武成帝高湛死于公元568年。

[2]载《古今图书集成·艺术典·星命部艺文》。

[3]《禄命辩》：“沿及后世，临孝恭有《禄命书》、陶宏景有《三命抄略》，唐人习者颇众，而僧一行、桑道茂、李虚中咸精其书。”

[4]《陔余丛考》卷三十四“子平推命”：“推命之法，至虚中而极精。然谓起于虚中，则非也。唐时僧一行、桑道茂已擅其术。六朝时陶弘景先有《三命抄略》，临孝恭有《禄命书》二十卷。”

[5]陶弘景（456—536），字通明，自号华阳隐居，丹阳秣陵（今南京）人。道家思想家、医学家。有《本草经集注》等著作。

在开皇十四年（594年）上书隋文帝，投其所好，颂扬皇帝和皇后的“本命”（出生年份）跟日月岁命合德，大谈符命徵祥，使隋文帝看了很高兴。《隋书》录下了这篇奏书。[1]其推理依据主要来自天干之间的德合关系、干支纳音与流年（“经年”）的关系。

然而，萧吉最重要的贡献在于他的著作——《五行大义》。这虽然不是一本命理学专著，但它将自先秦到隋朝的经书、纬书以及历代诸子典籍中有关五行学说的部分汇集了起来，成了后代了解和研究古代五行学说的不可缺少的重要文献。从《五行大义》中，我们可以看到，命理学到那个时代已经积累起来的许多基本法则。对此我们会在下一章内具体探讨。

吕才《叙禄命》

直到初唐，我们终于看到一篇从“技术”上讨论命运的文章了，这是吕才[2]

[1] 全文是：今年岁在甲寅，十一月朔旦，以辛酉为冬至。来年乙卯，正月朔旦，以庚申为元日。冬至之日，即在朔旦。《乐汁图徵》云：“天元十一月朔旦冬至，圣王受享祚。”今圣主在位，居天元之首，而朔旦冬至，此庆一也。辛酉之日，即至尊本命。辛德在丙，此十一月建丙子；酉德在寅，正月建寅为本命，与月合德，而居元朔之首，此庆二也。庚申之日，即是行年。乙德在庚，卯德在申，来年乙卯，是行年与岁合德，而在元旦之朝，此庆三也。《阴阳书》云：“年命与岁月合德者，必有福庆。”《洪范传》云：“岁之朝，月之朝，日之朝，主王者。”经书并谓三长，应之者延年福吉。况乃甲寅蔀首，十一月阳之始，朔旦冬至，是圣王上元。正月是正阳之月，岁之首，月之先；朔旦是岁之元，月之朝，日之先，嘉辰之会。而本命为九元之先，行年为三长之首，并与岁月合德。所以《灵宝经》云：“角音龙精，其祚日强。”来岁年命，纳音俱角，历之与经，如合符契。又甲寅、乙卯，天地合也。甲寅之年，以辛酉冬至；来年乙卯，以甲子夏至。冬至阳始，郊天之日，即是至尊本命，此庆四也。夏至阴始，祀地之辰，即是皇后本命，此庆五也。至尊德并乾之覆育；皇后仁同地之载养，所以二仪元气，并会本辰。

[2] 吕才（600—665），博州青平（今山东聊城）人。唐初哲学家。精阴阳、方技、乐律。奉命删定《阴阳书》，颁布天下。

的《叙禄命》[1]。

不过，这篇文章的目的在于证明“禄命不验”的情况。根据《资治通鉴》

---

[1] 全文如下：

谨按《史记》：宋忠、贾谊诮司马季主云：“夫卜筮者，高谈禄命，以悦人心；矫言祸福，以尽人财。”又按王充《论衡》云：“见骨体而知命禄，睹命禄而知骨体。”此即命禄之书，行之久矣。多言或中，人乃信之。今更研寻，本非实录。

但以积善余庆，不假建禄之吉；积恶余殃，岂由劫杀之灾？皇天无亲，常与善人；祸福之应，其犹响影。故有夏多罪，天命剿绝；宋景修德，妖孛夜移。学也禄在其中，岂待生当建学？文王忧勤损寿，不关月值空亡。长平坑卒，未闻共犯三刑；南阳贵士，何必俱当六合？历阳成湖，非独河魁之上；蜀郡炎燎，岂由灾厄之下？今时亦有同建同禄，而贵贱悬殊；共命共胎，而夭寿更异。

按《春秋》：鲁桓公六年七月，鲁庄公生。今检长历，庄公生当乙亥之岁，建申之月，以此推之，庄公乃当禄之空亡。依禄命书，法合贫贱，又犯句绞、六害，背驿马生，身克驿马，驿马三刑，当此生者，并无官爵。火命，七月生，当病乡，为人尪弱，身合矬陋。今按《齐诗》讥庄公“猗嗟昌兮，颀而长兮。美目扬兮，巧趋跄兮。”唯有向命一条，法当长命。依检《春秋》，庄公薨时，计年四十五矣，此则禄命不验一也。

又按《史记》：秦庄襄王四十八年，始皇帝生。宋忠注云：“因正月生，为此名政。”依检襄王四十八年，岁在壬寅。此年正月生者，命当背禄，法无官爵。假乖禄，合奴婢尚少。始皇又当破驿马生，驿马三刑，身克驿马，法当望官不到。金命，正月生，当绝下。为人无始有终，老而弥吉。今检《史记》，始皇乃是有始无终，老更弥凶。唯建命生，法合长寿，计其崩时，不过五十。禄命不验二也。

又检汉武故事，武帝以乙酉之岁七月七日平旦时生，亦当禄空亡下。依禄命书，法无官爵，唯向驿马，尚隔四辰，依禄命法，少无官荣，老而方盛。今检《汉书》，武帝即位，年始十六。末年已后，户口减半，禄命不验三也。

又按《后魏书》云：“孝文皇帝皇兴元年八月生。”今按长历其年岁在丁未，以此推之，孝文皇帝背禄背命，并驿马三刑，身克驿马，依禄命书，法无官爵，命当父死中生，法当生不见父。今检《魏书》，孝文皇帝身受其父显祖之禅。《礼》云：“嗣子位定，在于初丧，逾年之后，方始正号。是以天子无父，事三老也。”孝文皇帝受禅，异于常礼，躬为天子，以事其亲。而禄命例云：“不合识父。”禄命不验四也。

又按沈约《宋书》云：“宋高祖癸亥岁三月生。”依此而推，禄之与命，并当空亡。依禄命书，法无官爵，又当子墓中生，唯宜嫡子。假有次子，法当早死。今检《宋书》，高祖长子，先被篡杀，次子义隆，享国多年。高祖又当祖禄下生，法得嫡孙财禄。今检《宋书》，其孙刘劭、刘濬，并为篡逆，几失宗祧，禄命不验五也。

所载，唐太宗贞观六年（632年）夏天，襄州都督张公谨死了，唐太宗要发丧。主管部门根据《阴阳书》上奏说："辰日忌哭"。唐太宗说："国君对于大臣，就如父亲对待儿子。由衷而来的感情，怎么能按照日子来规避！"于是哀恸流泪。[1]到了贞观十五年（641年），唐太宗因为不满意原来的阴阳杂书，下令太常博士吕才等十余人重新刊定。

八年后，重编工作完成。[2]吕才在每一套书前都写了前言。《叙禄命》是"禄命"书的前言。因为知道唐太宗不甚迷信，所以吕才专拣"禄命不验"立论，以附和唐太宗的看法。因此，"术士皆恶其言，而识者皆以为确论。"[3]

在《叙禄命》中共列举了五位帝王的出生时间：

> 春秋鲁庄公：鲁桓公六年（乙亥）七月生——"火命"七月生；
>
> 秦始皇：庄襄王四十八年（壬寅）正月生；
>
> 汉武帝：乙酉年七月七日平旦生；
>
> 魏孝文帝：皇兴元年（丁未）八月生；
>
> 宋高祖：癸亥年三月……"子墓"中生。

他所做的"推断"都是以**年柱**为出发点，以年柱的"纳音五行"为"命"。所谓"纳音"，是一种五行跟五音相配而成的五行属性。比如，鲁庄公生于乙亥年，根据"六十甲子纳音歌"："甲戌乙亥山头火。"[4]因此，年干支乙亥，其纳音五行属火，所以称为"火命"。

除了汉武帝是年、月、日、时都列了出来，其他的有时只论年、月；有时只用年、月、时。除此之外，他还引用了"劫杀、空亡、贵人、勾绞、背马、驿马"等**"神煞"**以及"三刑、六合、六害"等**"刑冲会合"**规则来论

[1] 见《资治通鉴》唐纪十。
[2] 可惜这套重编阴阳书目前除一些残篇记载外，大多已经荡然无存。
[3] 见《资治通鉴》唐纪十二。
[4] 关于"六十甲子纳音歌"，我们在第五章"纳音五行"一节内详细介绍。

说吉凶。神煞是由星宿照命的观念而产生的，刑冲会合规则是反映干支之间的相互关系，它们都是早期形成的获取命理信息的手段和方法，我们将在下一章内详述。

纳音：以干支为单位的五行跟五音相配而成的五行属性
神煞：由星宿照命观念而产生的干支神煞的吉凶征兆
刑冲会合：干支之间不同的组合关系（如合、冲、会、刑、害、破等）所引起的各类信息

当然，吕才的列举，并不是完整的"算命"，只是想说明"禄命不验"的情况。不过，从中我们可以窥见当时论命的一些基本方法和特点了。

显然，在唐朝初年，似乎还没有一个比较稳定的论命系统。因此，可以说，自东汉末到唐朝早期的近六百年，传统命理学尚在孕育阶段。

二、古法模型

当命理学探索的脚步跨入中唐时，一个初步完整的论命系统开始呈现了。这标志着命理学进入了一个新的阶段。这是因为此时出现了命理学史上的第一位大师——李虚中。

第一位命理大师：李虚中

李虚中（762—813），字常容。出生河南，祖籍陇西人。唐德宗贞元年间进士及第，后来官至殿中侍御史。唐朝文豪韩愈曾为他写过墓志铭。韩愈写道：

> （虚中）年少长，喜学，学无所不通。最深于五行书。以人之生年、月、日，所值日辰，支干相生、胜衰、死生相斟酌，推人寿夭、贵贱、利不利，辄先处其年时，百不失其一二。其说汪洋奥美，关节开解，万端千绪，

参错重出，学者就传其法，初若可取，卒然失之。星官历翁，莫能与其较得失。[1]

可见李虚中精于命理推演，已名重一时。他的方法显然已成系统，其博大精细，环节参差，已使当时的学者望尘却步。甚至专业搞术数的人，也难望其项背了。

然而，也正是韩愈的这篇墓志铭，曾给后人带来过很大的困惑。不少学者认为，韩愈文中所提李虚中是“以人之生年、月、日”推命，因此，到唐朝李虚中时，八字命理学还没有形成。因为李虚中只用了年、月、日的天干地支六个字。甚至在清朝钦定的《四库总目提要》中也说：“禄命之说，至唐李虚中尚仅以年月日起算，未有所谓八字者。”

这是一个值得商榷的问题。

事实上，吕才的《叙禄命》一文中就列举过历史人物的出生年月日时。更早的文献，如汉朝《扬雄家录》记载：“子云以甘露元年二月戊寅鸡鸣生，天凤五年四月癸丑晡卒。”[2] 汉朝以降，魏晋南北朝人士已详记人的出生年月日时。[3] 南朝陶弘景的《周子良传》说：“以建武四年丁丑岁正月二日人定时生。”[4] 因此，到中唐李虚中时，已经完全有条件使用人出生时的年月日时来推算人的命运了。[5]

正因为如此，原先赞同“唐李虚中尚仅以年月日起算”的《四库全

[1]（唐）韩愈《殿中侍御史李君墓志铭》。
[2]《北堂书钞》卷九十四引。
[3] 比如，魏晋间人何祯的《元寿赐名序》文中所记：“新妇荀氏所生女，以岁在丁丑四月五日日始出时生，此月斗建巳，其日又巳，其时加卯。”（《太平御览》卷三百六十二引）
[4]《冥通记》卷一。
[5] 此外，《全唐诗》中有吴融（字子华，越州山阴人，龙纪初，及进士第）的《寄贯休上人》，诗的起首就是“别来如梦亦如云，八字微言不复闻”。还有《送策上人》诗：“八字如相许，终辞尺组寻”。这里指的似乎就是算命之说。可见把出生时辰纳入命理结构，在盛唐已经普遍存在。

书》主编纪昀，[1] 后来也反戈一击了。他在《阅微草堂笔记》中，经过十分认真的辞源上的考证，[2] 确认李虚中已经用到年、月、日、时来推算人命了。[3]

古法模型架构

李虚中的重要贡献是他开创了**第一个论命的理论模型**。这是命理学形成过程中的一件大事。正因为这个贡献，后世把李虚中尊为传统命理学的开山鼻祖，即“后世传星命之学者，皆以虚中为祖。”[4]

那么，这是一个怎么样的理论模型呢?

[1] 纪昀（1724—1805），字晓岚，直隶献县（今属河北）人。清学者、文学家。乾隆进士，官至礼部尚书、协办大学士。曾任四库全书馆总纂官，纂定《四库全书总目提要》。

[2] 有关议论全文如下：

世传推命始于李虚中，其法用年、月、日，而不用时，盖据昌黎所作《虚中墓志》也。其书《宋史》著录，今已失佚，惟《永乐大典》载《虚中命书》三卷，尚为完帙。所说实兼论八字，非不用时。或疑为宋人所伪托，莫能明也。然考《虚中墓志》，称其最深于五行书，以人始生之年、月、日，所值日辰，支干相生、胜衰、死生，互相斟酌，推人寿夭、贵贱、利不利云云。按天有十二辰，故一日分为十二时。日至某辰，即某时也。故时亦谓之日辰。《国语》“星与日辰之位，皆在北维”是也。《诗》“跂彼织女，终日七襄”。孔颖达疏：从旦至暮，七辰一移，故谓之七襄。是日辰即时之明证。《楚辞》“吉日今辰良”。王逸注：日谓甲乙，辰谓寅卯，以辰与日分言，尤为明白。据此以推，似乎“所值日辰”四字当连上年、月、日为句，后人误属下文为句，故有不用时之说耳。余撰《四库全书总目》，亦谓虚中推命不用时，尚沿旧说，今附著于此，以志余过。

[3] 清朝左暄在《三余偶笔》中持同样的看法。他从另一个角度作了论证：“考古家谓李虚中以人生年月日推人祸福生死，初不用时也。按其说不然，韩愈《侍御史李君墓志铭》曰以人之始生年月日所值日辰，推人寿夭贵贱利不利。曰所值日辰者，辰即时也。《汉书·五行志》引京房《易传》曰蜺直而塞，六辰乃除，夜星见而赤。韦昭曰：六辰谓从卯至申。又曰：蜺三出三已，三辰除，则日出且雨。韦昭曰：若从寅至辰也，蜺旦见西，晏则雨。此古人以时为辰之证，后人每谓虚中推人禄命不用时，疏矣。”（卷十二）

[4]《四库总目提要》卷一百零九。

我们首先依据的是《李虚中命书》。这是目前见到的最早的较为完整的命理学著作。但唐朝并未有记载，至宋朝方见此书。明朝后也称《鬼谷子遗文书》，旧题“周鬼谷子撰，唐李虚中注”。书前有李虚中的“原序”，说在一个风清月朗的夜晚，鬼谷子来访司马季主，畅谈了一夜。第二天早晨，临走时送了司马季主“遗文九篇”。这就是“鬼谷子遗文书”的来历。

这显然是虚构的。因为司马季主活动在西汉，而鬼谷子则是史籍中的春秋战国时代的人，他们怎么能得以相见呢？据台湾地区梁湘润的考证，《李虚中命书》行文中所提到的官职等分，大都为宋朝的官职制度。[1]“故此并无真正作者。考宋朝崇敬李虚中命术者，大半以李虚中之口述，辗转相传之本意，又挟入各人自己的见解，其中一再增灭。至宋朝子平法起而始有大变更。此书虽非李虚中之真实作品，但此书保存住命学早期之理哲基本系统。”[2]

《李虚中命书》“中卷”《通理物化》篇中有这样的叙述：

> 元命胜负三元者，干禄、支命、纳音身，各分衰旺之地。
>
> 干主命禄贵权，为衣食受用之基；支主金珠积富，为得失荣枯之本；纳音主材能器识，为人伦亲属之宗。
>
> 支干纳音之气，顺四柱以定休囚；禄马神煞之方，分二仪以求胜负。劫灾天岁遇用处，不能为凶；禄马奇举逢破出，未始为福。
>
> 四柱者：胎、月、日、时。[3]

从这里，我们可以看到一个论命的**基本架构**。

第一，论命的出发点，是**以年为主**。这跟吕才《叙禄命》是一致的。所

[1]《四库全书提要》也指出：“……且其他职官称谓，多涉宋代之事。其不尽出于虚中之手，尤为明甚。中间文笔有古奥难解者，似属唐人所为。又有鄙浅可嗤者，似出后来附益。真伪杂出，莫可究诘。疑唐代本有此书，宋时谈星学者以说阑入其间，托名于虚中之注鬼谷，以神其术耳。”(《四库术数类丛书》(七)，第809—2页。)

[2] 梁湘润《李虚中命书》，第2页。

[3]《李虚中命书》，《四库术数类丛书》(七)，第809—13、14页。

谓的“三元”，是指天元、地元和人元。这里则分别对应于年柱干支：年干为天元“禄”；年支为地元“命”(或“财”)；年干支纳音，则为人元“身”(或“寿”)。因此，年天干所对应的是“禄”的内容，即官禄，“主贵爵衣食之正本也”；年地支所对应的是“财”的内容，“故主贫富运动荣枯”；而年干支纳音，对应的是“材能器识”，“故主贤愚、好丑、形貌、材能、度量”。[1]

第二，跟**年柱干支**相联系的，是“四柱”。**这四柱是：胎干支、月干支、日干支**和**时干支**。由此可以得到下面这样一个架构：

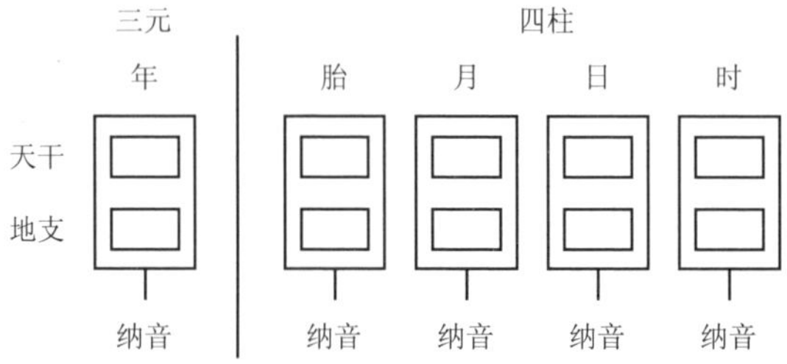

图 4.1　古法模型架构（1）

我在《中国命理学史论》中把这个架构称为“**古法模型**”。显然，这个框架，跟后来通用的八字框架有一定的差异。[2]后来流行的八字命理推演架构是年干支、月干支、日干支、时干支，**四柱**共八个字；但这里却多了“胎元”一柱。

为什么要列出胎元一柱，而其位置又处于月干支之前呢？

所谓“胎元”，是指“受胎”的月份。通常是以十月怀胎来推算的，这样，胎月就是出生月份之前的第九个月。具体推算方法：以月柱为起点，天干顺推一位，地支顺推三位。比如，月柱是“辛卯”，天干顺推一位是“壬”；

[1]《李虚中命书》原注。

[2] 正是这个原因，我们不难发现，在《李虚中命书》中始终没有出现过“八字”这个词。

地支顺推三位是"午"，所以胎元是"壬午"。[1]

把"胎元"作为一柱，跟月、日、时三柱并列，这是受了早期禄命观的影响。前面谈到过命理学的理论先驱——东汉王充，他就曾强调过："凡人受命，在父母施气之时，已得吉凶矣。"[2]降至晋朝，炼丹术家葛洪[3]也持同样的观点。[4]因此把胎元引入命理结构，以论吉凶，可谓是源远流长了。《李虚中命书》说："胎本立于岁前，因岁得之胎月，故立胎在岁后月前。"[5]这就确定了胎元一柱在框架里的位置。

第三，这个框架全面引进了**纳音五行**，把纳音五行作为主要的推算工具。

同时，《李虚中命书》在"支干纳音之气，顺四柱以定休囚"句下有条注文："三元五行，亦各分四季，定休旺之气。"这就是要求四柱五行纳音要根据四季自然生态来判定休囚旺相的状态。

第四，在这个框架中也应用**神煞**来帮助推命。

全书中约出现了三十个神煞。但它也说："至若贵神当位，诸煞伏藏；三元旺相，岂专神煞？"这是说神煞有吉凶之辨，吉者为贵神，凶者为恶煞。若吉凶同见，则恶煞不为害。但是，相对于神煞的作用来讲，《李虚中命书》还是更重视"三元旺相"，所以会说："岂专神煞？"

第五，古法模型除了"命"——这"五柱"框架外，还包含了"运"。

---

[1] 袁树栅编著《新命理探原》中说：

俞曲园《游艺录》云：四柱之外，佐以胎元。胎元者，受胎之月也。月干前一位，支前三位，即是。……

《三命通会》云：以当生前三百日，为十月之气，乃是受胎之正。如甲子日生，即以甲子为受胎之日，盖五六记三百日也。

按此二说，俱有理由，合并录之。（第73页）

可见胎元曾有两种推算方法，一种以月算；一种以日算。

[2] 王充《论衡·命义》。

[3] 葛洪（284—364），丹阳句容（今属江苏）人。字稚川，自号抱朴子。东晋道教理论家。著有《抱朴子》。

[4] 葛洪《抱朴子·内篇·辨问》："《玉钤经》主命原曰：人之吉凶，制在结胎受气之日，皆上得列宿之精。其值圣宿则圣；值贤宿则贤；值文宿则文；值武宿则武；值贵宿则贵；值富宿则富；值贱宿则贱；值贫宿则贫；值寿宿则寿；值仙宿则仙。"

[5]《李虚中命书》，《四库术数类丛书》（七），第809—23页。

《李虚中命书》在“三运九限”篇中说：

三运者，大、小、气运也；九限者，三运之荣谢也。

气运并绝则厄，太岁为君王，大运为元帅，气运如曹使，小运若使臣。帅凶则曹使不能吉。[1]

这里，“运”有三运，包括大运、小运、气运，以及“太岁”(即流年)，并且确定：太岁为“君王”，处于最尊地位，其次是大运、小运、气运。至于“九限”(天官限、得势限、龟藏限、波浪限、风雨限、布素限、失所限、破碎限和灾位限)，显然是受了当时李弼乾传来的印度星占术的影响，但语焉不详，没有被后人所采用。

《玉照定真经》

《李虚中命书》稍后，有《玉照定真经》，旧题“晋郭璞撰，张颙注”。[2]同时，还有一本《玉照神应真经》，旧题“郭璞撰，徐子平注”。[3]这两种《玉照经》的内容基本一致，但注文并不相同。

对于《玉照定真经》的作者，《四库全书》“提要”认为，不可能是郭璞[4]。这是可信的。因为郭璞是东晋人，而《玉照定真经》一般认为出现在唐末宋初。“提要”说：“疑书与注文均出自张颙之手”，但“张颙亦不知何许人”。

近年见到李守力博客，题为“易海钩沉——发现《玉照定真经》注者张颙”，主要根据1976年湖南常德河洑镇出土的张问写的《张颙墓志铭》，认为张颙即是宋朝写过“崔颢题诗在上头”(《黄鹤楼》[5])的张颙。

[1]《李虚中命书》,《四库术数类丛书》(七)，第809—24页。
[2] 明朝《永乐大典》和《四库全书》术数类都收录了它。
[3] 收在清朝《古今图书集成》。
[4] 郭璞(276—324)，字景纯，河东闻喜(今属山西)人。东晋文学家、训诂学家。博学，好古文奇字，又喜阴阳卜筮之术。著有《尔雅注》、《方言注》等。
[5] 全诗为：“崔颢题诗在上头，登临何必更冥搜。楼前黄鹤不重见，槛外长江空自流。万顷烟云连梦泽，一川风景借西州。”

张颙（1008—1086），字仲孚，桃源（今属湖南）人。宋仁宗庆历六年（1046年）进士。如果这个考证成立的话，那么，《玉照定真经》则是北宋中期的作品了。

《玉照定真经》是承继《李虚中命书》的古法模型框架，并使它的推理规则更加具体化了。比如，书中写道：

上来生下身贫贱；

注云：论纳音也。凡年生月，月生日，日生时者，身必贫贱也，然富贵亦非长久也。假令甲子金年，丁丑月水，戊辰日木，戊午时火，皆应上生下也，外颇同。

下如生上进前程。

注云：时生日，日生月，月生年、胎者，皆下生上也，应进发之命。假令甲子年金，辛未月土，己卯日土，癸酉时金，壬戌胎水，时生胎，月、日生命，应进财名也。[1]

这里，年柱干支为"尊"，时柱干支为"卑"。从年柱、到胎柱、到月柱、到日柱、到时柱，这是由上至下的过程，也是由"尊"到"卑"的过程。而且，每一柱也分别代表了一定的族亲关系：

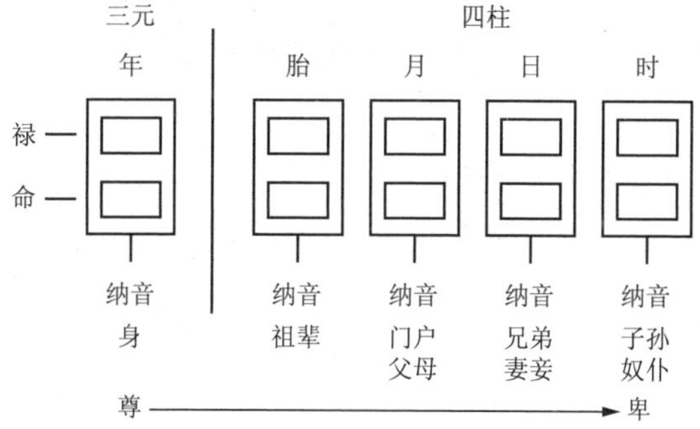

图4.2　古法模型架构（2）

[1] 见《四库术数类丛书》(七)，第809—42页。

根据这样的尊卑次序，产生了两条推算的基本规则：

(1) 上克下为顺（以尊制卑，顺理成章）；下克上为逆（以卑犯上，非理非义）；

(2) 上生下为劣（“贫贱”）；下生上为优（“进前程”）。

根据这样的规则，就可以进行具体的命理推演了。

《珞琭子三命消息赋注》

接着出现的重要文献是《珞琭子三命消息赋》及其注本。

珞琭子，何许人也？旧传为战国时人，但清朝陈素庵予以根本否定。[1]李淑在《邯郸书目》中，干脆称该书名为“珞琭”，是取“琭琭如玉，珞珞如石之意”，跟珞琭子毫无瓜葛。

现存《珞琭子三命消息赋》主要有两种注本。一个是《珞琭子赋注》，是珞琭子撰赋，托名东方朔疏，注者有李仝、王廷光和释昙莹三人。另一个是《珞琭子三命消息赋注》，注者是徐子平。

这里先讨论前一个《珞琭子赋注》。托名东方朔作疏的年代，台湾地区邹文耀在《命学真源考证》中认为，约在唐末宋初之间。[2]至于李仝的注文，完成于宋仁宗嘉祐四年十二月（1059 年）；王廷光注文完成于宋徽宗宣和五年八月（1123 年）；释昙莹注文则完成在南宋高宗建炎元年丁未（1127 年）。

这个疏注本基本上仍沿着古法模型的架构，在不同的方面，完善了这个模型。而**徐子平的注本**，则是异军突起，开辟了命理学史上的“新纪元”，我

[1]《精选命理约言》卷四，《杂论》：“余考珞琭子世代无据，大约与李虚中相去不远。观旧书所传，《珞琭子》一赋，其中援引汉晋诸人，则非战国时人明矣。何反云诸人祖其术耶？”（载韦千里编著《相命全书》，第 103 页）

[2] 邹文耀《命学真源考证》：“查托名于东方朔者，为消息赋作疏，其疏文中曾引用唐元和十二年丁酉年（西历 817 年）所生之人为例证，并言及三十五岁大运十年间之事（约西元 860 年），则作疏之年代，约在唐末宋初之间。”（第 67 页）

们将在后文讨论。

《天元秀气巫咸经》

在《珞琭子赋注》出现之前，还有一篇《天元秀气巫咸经》。[1]“序文”说：“巫咸经者，珞琭子之所作也。”作者又是珞琭子！“序文”又说，在北宋神宗元丰年间（1078—1085），大名郡守朝散大夫房德源收罗到这份经典，他请一位姓何的道长作了改编，成了现今的文本。[2]此文以诗赋形式写成，主要描写十干与时辰十二地支的关系。

廖中《五行精纪》

到了南宋中期，出现了作为古法阶段总汇的命理学作品——《五行精纪》。

作者廖中，字伯礼，南宋清江人。他是一个科举场上失意的人。由于对命理的兴趣，摘取了当时流行的50多种算命文献，“章分句析，考验得失，校量深浅”，[3]编成了这本《精纪》，共三十四卷。

廖中完成此书后，请南宋著名学者周必大[4]做序。周序中写道：“今士大夫至田夫野老，人人喜谈命，故其书满天下。”这一方面说明，南宋中期朝野谈命之风很盛，而命理学的古法模型也已经**取代了五星术**，开始在社会上占有了主导地位。另一方面，它也指出，当时在社会上流行的谈命之书之多，这正是廖中编摘的背景。周必大的序作于南宋庆元丙辰（1196年），可见廖中成书的时间。

---

[1] 收录在《古今图书集成》。

[2] 序文原文：“至元丰年间，大名郡守朝散大夫房德源收贮此经。有仙长何姓者，道号知明，与郡守结而为友，方得此经。剪去浮辞，采善而撮其枢要，总求精义，统摄捷文，依声律而编集之……”

[3] 见《五行精纪》周序。

[4] 周必大（1126—1204），字子充，一字洪道，自号平园老叟。庐陵（今江西吉安）人。南宋政治家、文学家，为南宋名相。

现存《五行精纪》还有岳珂[1]的序言。岳珂是南宋抗金名将岳飞的孙子，他刊行了《五行精纪》并为之作序。“岳序”所署的时间是“绍定戊子清明日”，即1228年。诚如《唐宋时期命理文献初探》所说：此书“向我们展示了南宋中期以前八字算命学说的众多成果，等于是一部当时有关算命的百科全书，保存了众多早期算命理论的珍贵资料，对于我们了解南宋中期以前算命学说的思想及其发展水平具有重要的作用。”[2]

《五行精纪》之后，有《三命指迷赋》，作者不详，旧题“宋岳珂补注”。[3]此篇完全用赋的文体写成，文辞优美。注文引用了当时诸家观点，对古法模型中许多细节问题有所阐发。此外，南宋末有《应天歌》。作者郭程，字去非，江西九江人。上下册，共十卷，表现了古法模型的论命方式。

《兰台妙选》

到了南宋末年，新的命理学模型开始露出峥嵘的头角，但古法模型依然顺着自己的轨道向前发展。明朝出现的《兰台妙选》，收录在《古今图书集成》，注有“原出琴堂，此专以纳音地支取象。”这是说，此篇源于五星术，专门讨论纳音的现象。事实上，它是李虚中论命框架的延续。

《兰台妙选》分上、中、下三篇。它主要是把命局中出现的某些干支具有特征的纳音组合，作为一种特殊的程式，称之为“格”，同时赋予一定的命理描写意义。《兰台妙选》收集了如“水绕花堤”、“龙跃天门”、“昆山片玉”、“桑柳成林”等上百个特定的格式。当然，并非入“格”就是好命。其上篇所论者为贵格，入其格者，大多为公侯将相；中篇所论者为贱格，入其格者，

[1] 岳珂（1183—1243），字肃之，号亦斋，晚号倦翁。相州汤阴（今属河南）人。寓居嘉兴（今属浙江）。岳飞之孙，岳霖之子。南宋文学家、史学家。
[2] 刘国忠《唐宋时期命理文献初探》，第69页。
[3] 明初叶盛《菉竹堂书目》载为一册。此书在《永乐大典》和《四库全书》均有收录。

贫困夭贱者居多；下篇所论，则贵贱参差。《兰台妙选》可谓把古法模型的论命方式发展到了它的巅峰阶段。

明朝前期是古法模型和后起的新的论命模型——今法模型**交替**的时候。到明朝中叶，今法模型已经形成，并占有了命理学界的主导地位。打那个时候起，由唐朝李虚中开始的古法模型似乎完成了它的历史使命，逐渐从历史舞台上隐退了。

三、今法模型

在中国命理学史上有一个极其重要的人物，他就是徐子平。八字命理学也称“子平术”或“子平命学”，正是用他的名字来命名的。

徐子平和“子平术”

徐子平，何许人也？

现在我们能看到的资料主要是明朝《三命通会》中的《子平说辨》。其实《子平说辨》又是引自明朝戴冠[1]所撰的《濯缨亭笔记》，[2]而戴冠又是摘自当时吴地一个名叫沈诚的人写的“子平源流辨”。这篇摘文对了解命理学早期发展史十分重要，至少表现了明朝前期人的看法。今按李守力博客上影印的《濯缨亭笔记》原文，摘录于下：

> 子平姓徐，名居易，东海人，别号沙涤先生，又称蓬莱叟，隐于太华西棠峰洞。子平其字也。子平之法，以人所生年月日时推其禄命，无有不中。
>
> 其源盖出于战国珞琭子。称珞琭者，取老子琭琭如玉，珞珞如石之义。

[1] 戴冠（1442—1512），字章甫，自号濯缨，江苏长洲人。明朝学者。
[2]《三命通会》误写为《濯缨笔记》。

世有《元理消息赋》一篇，谓其所作。然观其文，殆后人伪撰，非珞琭之本真也。珞琭同时有鬼谷子，汉有董仲舒、司马季主、东方朔、严君平，三国时有管辂、晋有郭璞、北齐有魏宁、唐有袁天纲、僧一行、李泌、李虚中之徒，皆祖其术。

泌尝出游见农夫观书柳下，问其姓氏，则云管辂十八世孙。视其书，则《天阳诀》也。泌既得管辂书《天阳诀》，又得一行所授《铜钹要旨》，占人吉凶极验。《天阳诀》，予昔尝见之，《铜钹要》，则不知何书也。泌以是传之李虚中，推衍以用之。其法至是一变。

五代时则有麻衣道者、希夷先生及子平辈。子平得虚中之术而损益之，专主五行，不主纳音，至是则其法又一变也。

子平尝与希夷、麻衣二人往复其学，则不及二人远甚。

子平没后，宋孝宗淳熙间，有淮甸术士亡其姓名，自号冲虚子者，精于此术，当世重之。时有僧道洪者密受其传，或问其派系，则云子平之遗术。道洪后入钱塘传布其学，世俗不知其所由来，直言子平耳。后道洪传之徐大升。大升者，号东斋，理宗宝祐间人。今世所传，如《三命渊源》、《定真论》等书，皆其所著，以是子平本书变易尽矣。

这里简要地勾勒出了命理学早期发展的历史。它是否都符合历史的真实情况呢？我们认为，并不尽然。把命理学的源头追溯到战国时期的珞琭子，并把历史上知名的术数人物如董仲舒、司马季主、东方朔、严君平、郭璞等人都囊括进来，显然不符合事实。所以这样做，大多是受了当时托古自重的风气的影响。

不过中唐李虚中以来，离此作者的年代相对稍近，可信度较高。这里的确指出了早期命理发展中的两个重要人物，以及与之相关的两个重要的历史转折点：一个是**李虚中**，“其法至是一变”；一个是**徐子平**，“至是则其法又一变也”。

从引文中我们了解到：徐子平，姓徐，名居易，字子平，东海人。别号沙涤先生，又称蓬莱叟。他曾与道教著名人物陈抟（号希夷先生）等隐居于华山。[1]相传陈抟是“紫微斗数”推命术的创始人，生于唐懿宗咸通十二年（871年），卒于北宋端拱二年（989年）。这么说来，徐子平应该是五代、宋初的人。而我们今天能落实到徐子平笔下的唯一的作品——《珞琭子三命消息赋注》，根据台湾地区邹文耀教授的考证，判断为：徐子平作注的年代应该在宋高宗绍兴五年（1135年）至绍兴十六年（1146年）之间。[2]两者之间在年代上相差甚远。

刘国忠在《唐宋时期命理文献初探》中认为：“当时根本就不存在徐子平这个人，也不存在他的著作，更没有后人所说的那种从李虚中的三柱法到徐子平的四柱法这样的发展演变过程。”“关于徐子平的事迹及地位的传说本身是一个‘层累地造成’的学术谎言。”[3]

然而，董向慧在《中国人的命理信仰》中反驳了这种看法。他根据《濯缨亭笔记》对子平术源流的记载，指出：“‘子平术’自产生以来，一直被视为‘独门秘笈’，其传授也限于师徒关系之‘秘密传授’。在‘子平术’传到徐大升的手中，已经是公元1253年左右，距离南宋结束只有二十六年。正因为‘子平术’一直处于‘秘密传授’的状态，其在南宋的禄命书中绝少露面也就不足为怪了。”[4]

这里，董向慧指明了“子平术”初期是“秘密传授”的实际情况，这对

[1] 还可以参考《四库全书》子部七《珞琭子三命消息赋注》“提要”：“子平事迹无可考。独命学为世所宗，今称推八字为子平，盖因其名。刘玉巳《痁编》曰：江湖谈命者，有子平，有五星。相传宋有徐子平者，精于星学，后世术士宗之，故称子平。又云：子平，名居易。五季人。与麻衣道者、陈图南、吕洞宾俱隐华山，盖异人也。”

[2]《子平命学考证》的主要证据是，徐子平注文中提及的命例“胡茂老”，即胡松年。“查《宋史·胡松年传》，胡松年字茂老，曾任尚书，继于高宗绍兴四年（西元1134年）签书枢密院事，翌年乙卯（西元1135年）罢职，绍兴十六年（西元1146年）卒。”（第101页）

[3] 见刘国忠《唐宋时期命理文献初探》，第91—94页。

[4] 董向慧《中国人的命理信仰》，第61页。

了解徐子平模型初期发展是很有意义的。如果说，徐子平《珞琭子三命消息赋注》在南宋初年，那么，我们把它放到《濯缨亭笔记》所记录的发展过程中，即：

徐子平（按邹说的著作时间在 1135 至 1146 年间）

→ 冲虚子（宋孝宗淳熙（1174 至 1189）年间）

→ 僧道洪

→ 徐大升(今见徐大升《子平渊源》序,所署的时间是南宋宝祐(1253 至 1258）年间)

这样，从徐子平死后，出现精于“子平术”、号称冲虚子的术士。接着，他秘密传授给一个叫做道洪的僧人。而道洪又来到钱塘传播“子平术”，并传给了徐大升。前后四代，约一百十余年。这样的传承线索就显得十分自然了。由此，我们是否可以推断，前人把徐子平跟著名道家人物陈抟等联系在一起，只是为了“抬高”徐子平的历史地位，并不一定符合事实。当然，**这还有待于史料的证实**。

不过，沈诚在谈到道洪和尚传授子平学问时，说这是“子平之遗术”，以后就直接称为“子平”。这的确道出了后人用“子平”来称呼八字命理学的缘由。然而，沈诚又在文中说：“子平尝与希夷、麻衣二人往复其学，则不及二人远甚。”这实在有点贬低徐子平的口气。就徐子平对命理学发展的历史功绩而言，他实不在陈抟等人之下。

今法模型架构

那么，徐子平的贡献在哪里？

最突出的贡献是创立了一个新的命理分析模型框架，我在《中国命理学史论》中，把它称为“**今法模型**”。因为这个模型的基本架构一直应用到今天。

事实上，在北宋与南宋交替之际，正是李虚中的古法模型被术数界许多人所接受的时候。但它的弱点也逐渐显露出来了。诚如韩愈在李虚中墓志铭中所说的："其说汪洋奥美，关节开解，万端千绪，参错重出，学者就传其法，初若可取，卒然失之。"可见这个模型初见世面的时候，就很不容易叫人掌握了。经过以后三百多年的发展和补充，更是繁杂不堪，这可以从李仝、王廷光和释昙莹的《珞琭子赋注》中体会出来。

徐子平正是在继承李虚中的命理推演方法基础上，对它作了**深刻的改造**，形成了新的"模型"。从某种意义上讲，也是**化繁就简**，**重新再造**。这是任何一种学科发展的正常现象。这也是《濯缨亭笔记》所说的："子平得虚中之术而损益之，专主五行，不主纳音，至是则其法又一变也。"

徐子平究竟做了哪些改造呢？细读其《珞琭子三命消息赋注》后，不难发见有以下一些特点：

（一）徐子平首先确立了**四柱论命**的框架。

古法模型实际上是**五柱论命**，即年、胎、月、日、时，共五柱，徐子平取消了其中的胎元一柱。这是符合常理的。事实上，一般人并不清楚自己结胎的月份。十月怀胎只是按正常情况而言的。有些人可能不足月就生下来了，而有些人则超过了预计的胎月时间。所以循例按十个月来推算，显然不精确。[1]这样处理后，八字结构就成了比较稳定可靠的命造结构形式了。

同时，它不再如古法模型从年柱下手，而是以**日干**为重。这样，分析的"契入点"从原来的年柱移到了日柱的天干这一个字上，把它作为整个八字结

---

[1] 此后，也有人把胎元与"命宫"并列，作为论命时的补充。关于命宫，袁树珊编著《新命理探原》中说：

凡推命宫，先由手掌子位起正月，向亥逆数，至所生之月为止。再以所生之时，加临生月所临之支位，以次顺数，至卯字为止。即以卯字所临手掌定位之支为某宫。欲知某宫之干，再以年干遁之。……

推命宫之法，固以生月为主，然古人谓交过中气，须作次月推，此又不可不知。中气者何？正月雨水、二月春分、三月谷雨，余仿此。（第55—56页）

构的“核心”，然后以此核心来建立一套分析程序。这就形成了不同于古法模型的一种新的分析“模型”。可以图示如下：

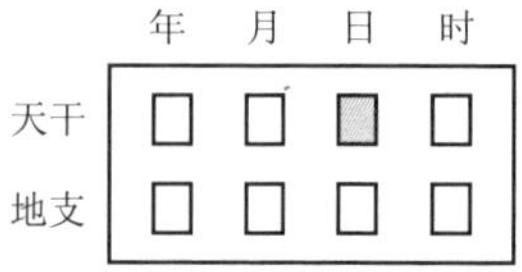

图 4.3　今法模型的八字架构（徐子平）

这里是说“以日干为重”，这是因为徐子平当时才从古法模型中脱胎出来，虽然改变了古法，但有些地方尚因袭古法之意，而稍加修正。在古法中，年之干支为三元，即干禄、支命、纳音身，此三元均可为主来论命。徐子平则改变了古法，以日干、日支、以及支中所藏人元为三元。而且对地支所藏天干的具体内容，即人元，或称“**地支藏遁**”，在注文中已基本完成。[1]

所谓“地支藏遁”，是指地支中所藏有的天干成分，称为“人元”。比如，地支“子”，内藏癸水；地支丑，内藏己土、癸水和辛金，等等。我们将在下一章详述。

地支藏遁：地支中所含有的天干成分

徐子平的注文，在此三元之中，以日干为重，日支及支中人元次之，这样仍还有因袭古法之意。到了南宋末徐大升的《子平渊源》，则完全“以日为主”，即**以日干为主**了。

为什么古法以“年”、而今法以“日”为出发点呢？

台湾地区梁湘润认为：“人生贵贱之定位——由出生世家（年为本）之

[1] 除地支寅中所藏天干尚无戊土之外，其他地支所藏天干内容已基本上跟后来的地支藏遁一致。

贵族制，改至个人努力有成（日为主）之平民制。故改‘年’为本，为‘日’之平民制。”[1]这是很有见地的看法。

命理学萌芽于东汉末，经三国、两晋、南北朝，以及隋、唐，到唐朝中叶李虚中，才形成了古法模型。而自魏晋以来的中国政权，几乎都为世族所操控。所谓世族，是指世代高官而且世袭封爵的家族。他们在政治、经济、社会各方面拥有特殊的优越地位，形成门阀士族。官员的选拔，都控制在世族权贵的手中，于是，“上品无寒族，下品无士族”。个人的出身背景对于其仕途的影响，远大于其本身的才能与专长。这样的现实状况，反映在早期命理学上，自然是以表现出生家族的“年”为论命的出发点。古法模型正是承继了这样的传统。

然而，隋唐以后，君主们开始致力于摧毁门阀。但一些世族对朝代的建立曾有功劳，所以君主是用比较温和的政策改革来削弱世族，将其逐渐排除。而隋唐出现的科举制度，使平民百姓中的读书人可以通过科举，进入仕途，成为统治集团中的成员。这样，门阀制度才逐渐被以个人文化水平考试为依据的科举制度所取代。徐子平的今法模型把论命的核心由“年”转移到了更多地观察个人情况的“日”上，正是经历了这种历史演变的现实状况的投影。

（二）就是《濯缨亭笔记》提到的“专主五行，不主纳音”。

徐子平的注文中虽有一次提到纳音，但并没有使用纳音五行来做推算工具。这样，放弃纳音，使用“正五行”——天干地支原有的五行内容——来论命，使分析手段不仅相对简化，而且也比较连贯一致。

（三）徐注文中十分重视**“财官”**。“财”指钱财；“官”即官贵。

既然用正五行，所谓“官”，就是克制日主的五行；所谓“财”，就是日主所克的五行。比如日主是木，那么五行金就是日主的“官”；而五行土，则是日主的“财”。可以图示如下：

[1] 梁湘润《禄命法千年沿革史》，第470页。

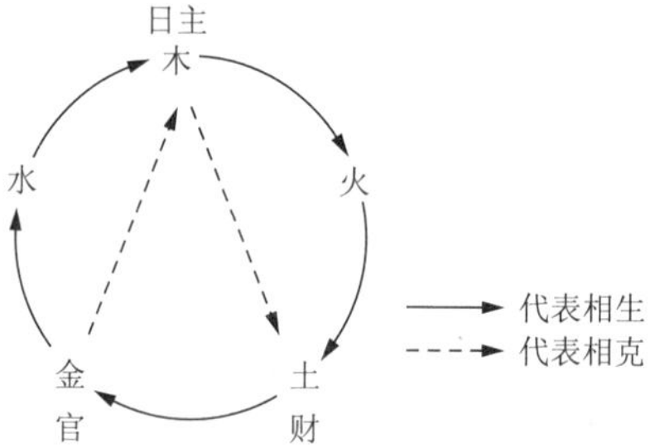

而且，徐子平还强调“财官”本身所临之地的旺衰状况。[1]这是早期命理的显著特征，也是命理推演中世俗价值观的体现。

（四）注文也谈到**日干强弱**，[2]也就是日主本身的旺衰状况。但八字结构中日干的强弱与财官的旺衰之间，则更着重财官的状况。[3]

日主强弱：指日干在八字结构中的旺衰情况

（五）在此注文时，八字的“**十神**”系统尚未完善。所谓“十神”，就是日干与其他成分的阴阳五行之间关系的代名词。注文中有正官（官印）、偏官（七煞、鬼）、印绶、正财（财帛）、比肩、劫财（败财）、寿星等名称，尚无偏财、伤官、食神、偏印等名称。

十神：日干与其他成分的阴阳五行之间关系的代称

（六）注文中出现了三十五个神煞。《李虚中命书》中有十二个为徐子平所采用。因为注文是在“神煞”的名称下谈论后来所谓的“十神”的，因此，

[1] 比如，注文说：“气者，四时向背之气也。假如六甲六乙生日，春生则无官，夏生则有财，秋生则向禄，冬生则生旺。秋生得申、巳酉丑，或壬戌、庚辰，则有官印重矣。若生时却居寅午戌、巳上，更有戊己丙丁在时中，则官减半言之。……五行当权者，用之为福，不当权者，用之无庆。”

[2] 如“六甲人正月生，逢丙寅，是生月建禄也。……为木春生而身旺鬼绝也。”

[3] 如“丁亥人十月生，乃火绝于亥。其丁生绝地，乃为丁卦之凶也。其不能成其咎者，谓丁以壬为官印，而中下禄马建旺而成庆，虽火临绝地，尚为中下之贵。”

谈神煞时，注文用“百煞”作为凶煞的总名，但不包括“天乙贵人”之类的吉神。

（七）注文对“大运”与“小运”同样运用，但摒弃了古法的“气运”。

在论运时，十分注意《消息赋》所称的“根在苗先，实从花后”，并在注文中强调“欲知运内吉凶，先看根元胜负”。就是说，八字是根据，大运的吉凶要以八字结构为归宿。

注文对大运、小运和流年予以同样的重视，只是当时流年太岁尚无专用名词，注文中使用了“生年太岁”、“行年太岁”、“逐年太岁”或“流年岁命”等不同的名称。

（八）注文讨论了不少命格，如“应格之命”、“可作两府之上贵格”，但尚未见到“格局”这个名称。

徐大升和《子平渊源》

继承和完善徐子平的论命模型，并由此拉开此后今法时代序幕的重要人物，就是《濯缨亭笔记》中提到的徐大升。

徐大升，即徐升、徐彦升，号东斋，是南宋理宗宝祐（1253—1258）年间钱塘（今杭州）人。具体生卒年不详。他从道洪和尚那里获得真传后，系统地整理了“子平术”，写出了《渊海》和《渊源》两本命理著作。

由于《渊海》和《渊源》重复的内容较多，明朝编纂者便将《渊海》和《渊源》合并成一本书，并加入了当时流行的一些命学诗赋，定名为《渊海子平》。

最初的《渊海子平》本子由明朝杨淙于嘉靖二十七年（1548 年）编成。万历二十七年（1599 年）又由钦天监李钦增补，未署原作者名字。[1] 到了万

[1] 题为《刻京台增补渊海子平大全》(六卷)，署名“钦天监承德郎李钦增补”，落款为“万历庚子春月乔山堂刘龙田梓”。此书现藏于台湾图书馆。

历二十八年（1600年），唐锦池增补，署“宋钱塘东斋徐升编，明清江竹亭杨淙增校”。崇祯七年（1634年）孟冬，唐锦池礼请多位精通子平术的人再作编辑，并重新刊行。目前通常见到的《渊海子平》（全名《新刊合併官板音义评注渊海子平》）就是这个再编的“新刊”本。[1]

那么，徐大升原著的面貌究竟如何呢？可惜在国内已无《渊海》或《渊源》的原来版本。董向慧在韩国汉文古籍微缩图书中找到了徐大升所著的《渊源》。[2]《渊源》一书全名《子平渊源》，序文名为“子平三命通变渊源序”。这个名称跟《濯缨亭笔记》中提到的《三命渊源》大致吻合。这为我们研究南宋后期命理发展提供了较为可信的资料。

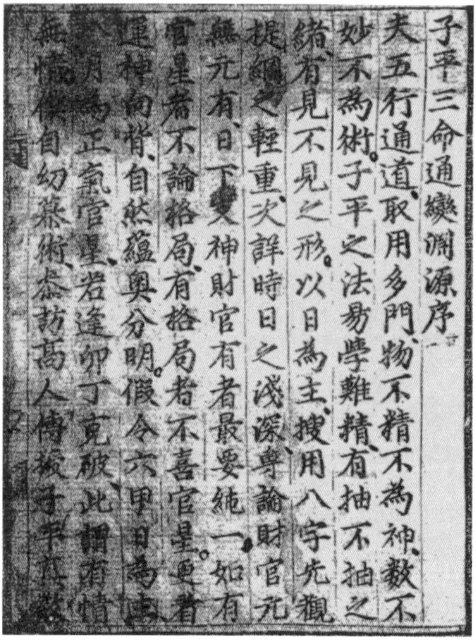
子平三命通變淵源序
夫五行通道，取用多門，物不精不為神，數不
妙不為術。子平之法，易學難精，有抽不抽之
緒，有見不見之形。以日為主，搜用八字，先觀
提綱之輕重，次詳時日之淺深，專論財官元
無元，有日下支神財官有者，最要純一。如有
官星者不論格局，有格局者不喜官星，更看
運神向背，自然蘊奧分明。假令六甲日為主
[illegible]月為正氣官星，若逢卯丁克破，此謂有情
無情。僕自幼慕術，遍訪高人傳授子平真數

【图片2】《三命渊源》影印本

徐大升在《渊源》序文中写道：

子平之法，易学难精。有抽不抽之绪，有见不见之形。以日为主，搜用八字。先观提纲之轻重，次详时日之浅深。专论财官元有元无，日下支神财官有者，最要纯一。……更看运神相背，自然蕴奥分明。……

余自幼慕术，遍访高人传授子平真数。定格局，历学几年，

[1] 参见“炎黄道人”张纪元（炎黄土地）博客：命理古籍《渊海子平》解读（2011-11-21），以及“客舟听雨”博客：《渊海子平》成书顺序考兼与炎黄土地先生商榷（2012-4-28）。

[2] 见董向慧《中国人的命理信仰》，第62页。以下所引《子平渊源》文字皆录自董先生所提供的这个影印版本。

颇得真趣。今因闲暇，类成编次，寻其捷径，名曰通变渊源。谨锓于梓，以广其传。

这里，提纲挈领地说明了《渊源》在论命方面的一些要点，同时也道明了作者学习的过程和编辑此书的目的。《渊源》共上、下两卷，上卷包括了《定真论》(也是《濯缨亭笔记》中提到的)、《喜忌篇》、《继善篇》以及“看命入式”等内容；下卷是“十八格局”。

从《渊源》中，我们可以看到以下徐大升在命理学史上的重要贡献，以及命理分析的一些特点：

(一) 继承并完善了徐子平的今法模型的论命框架。

《定真论》说：

释日之法有三要：以干为天，以支为地，以支中所藏者为人元。分四柱者，年为根，月为苗，日为花，时为实。又释四柱之中，以年为祖上，则知世代宗派盛衰之理；以月为父母，则知亲荫名利有无之类；以日为己身，当推其干，搜用八字，为内外取舍之源：干弱则求气旺之籍，有余则欲不足之营。……月为兄弟，……或日为妻，……或时为子息。

配合前面的序文，勾勒出一个更完整的今法模型架构：

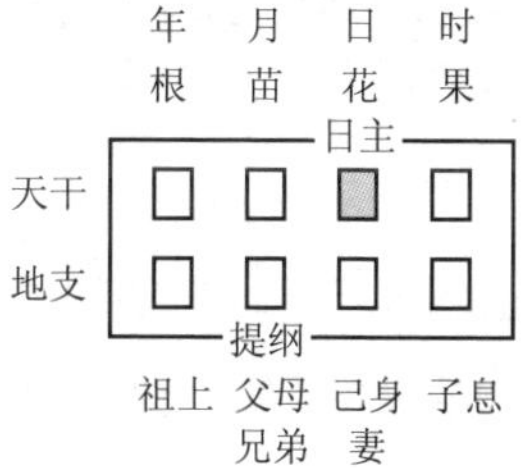

图 4.4　今法模型的八字架构（徐大升）

这里明确了以日为主，同时也强调“提纲”——月令地支的重要作用。因为提纲反映了出生时**外部环境**总体的气候条件，这是对“天人合一”观的具体贯彻。同时，《定真论》里还直接批评了古法模型以年为主的论命出发点："或用年为主，则可知万亿富贵相同者。"

在这个框架中，六亲的位置也进一步确定了。因为取消了古法模型的胎元一柱，"祖上"就移到了年柱，父母、兄弟则在月柱，日干为己身，日支为妻，时柱为子息。同时，徐子平以四柱中原有的为"根"，运中再遇而发福者为"果"。这里，徐大升跟徐子平立说不同，分别取年、月、日、时为根、苗、花、果，后人基本上采取了徐大升之说。

（二）完成了**"十神系统"**的建立。

在《渊源》上卷一开始，就罗列了"天干通变图"，它显示了十个天干符号相互之间的关系。这些关系把原来具体的阴阳和五行的生克关系进一步抽象化了。《渊源》使用比肩、败财（劫财）、伤官、食神、正财、偏财、正官、七杀（偏官）、正印、偏印等十个名称来表述**天干之间的生克关系**。这十个名称，即十神，正是它们之间关系的代名词。比如：

	甲	乙	丙	丁	戊	己	庚	辛	壬	癸
甲	比肩	劫财	食神	伤官	偏财	正财	七杀	正官	偏印	正印

即：以甲日干为出发点，甲遇到甲，为比肩；甲遇到乙，为劫财（败财）；甲遇到丙，为食神；甲遇到丁，为伤官；以此类推。关于十神的具体内容，我们将在第六章里予以进一步解释。

十神关系的确立，大大扩大了命理描写的广度和深度。它从原本五行**"喻象"**的分析的层面，即直接用五行生克关系的**类象**来讨论各成分之间的关系，拓进到了**"关系"**分析的层面，即通过反映五行生克关系的代名词——十神来予以讨论，这样便具有了更大的概括性。

《渊源》在"看命入式"部分，具体阐述了正官、偏官、正财、偏财、印绶、伤官等性质，同时也谈论了一些特殊的组合情况，如日刃、阳刃、杂气、时墓、金神、魁罡等。在赋文中，也指出了十神在命局中组合状况的征验和要求。比如，《继善篇》论官星："官星正气，忌见刑冲。""登科甲第，官星临无破之宫。”论财星：“纳粟奏名，财库居生旺之地。”“一世安然，财命有气。”等等。

将十神分析比较完备地引进论命模型，这是《渊源》不可磨灭的功绩。

十神：正官、偏官（七杀）、正财、偏财、正印、偏印、伤官、食神、比肩、劫财

（三）有了比较完备的十神系统，就可以在关系层面定义**六亲**的关系。

《李虚中命书》是以“身克为妻，妻生为子”。它是用纳音五行的生克来谈论的，事实上，是以财为妻，以官杀为子。徐子平不用纳音，以印为母，以财为父、又为妻，以比劫为兄弟，以官鬼为子，又以伤官为子，都是用正五行来归属。

徐大升之法，跟徐子平大体相同。不同之处是：**男命以正官、七杀为子；女命用伤官、食神为子**。如《定真论》所说的：“男取克干为嗣，女取干生为子。”这样，用特定的十神来对应具体的六亲内容，就此基本定型了。

于是，就可以运用具体的十神之间的关系来帮助论断六亲。比如《定真论》说：“干同以为兄弟，如乙以甲为兄，忌庚重也；甲以乙为弟，畏辛多也。”这是说，如果日干为乙木（阴木），那么，跟乙同属木的甲（阳木）属败财（劫财），在六亲上代表了日主的兄长，这时就怕其他干支出现较多的庚金，因为庚金会克伤甲木。同样，若日干为甲木，乙木就是日主的败财（劫财），代表了日主的弟弟，这时就怕其他干支有辛金的集结了，因为辛金克乙木。

（四）虽然继承了徐子平专重财官的传统，但同时也提出了“**中和**”的原则。

《喜忌篇》说：“是以阴阳罕测，不可一例而推，务要禀得中和之气，神分贵贱。”这里我们看到，徐大升已经开始注意到日干本身的**强弱**问题。就如《继善篇》所说：“日主最宜健旺。”“生平少病，日主高强。”“少乐多忧，盖因日主自弱。”这都指出日干强弱状况的重要性。

同时，在讨论“财官”时，也要求对比日主的强弱状况。《继善篇》说：“日主太弱，纵遇财官为寒士。”“名标金榜，须还身旺逢官。”就是说，即使八字中财和官很旺，若日主本身衰弱，依旧不能富贵。而金榜题名者，也要身旺遇官星。这就不再是仅仅注重财官的有无了。

在分析八字结构时，引进中和原则，观察日主自身的旺衰，为八字“强弱分析”开辟了道路，这也是《渊源》的重要贡献。

（五）在《渊源》中也谈到了“用神”。

用神，这个术语，是以后命理学发展中的一个重要概念。它最初出现在《李虚中命书》注文中。[1]《渊源》的《继善篇》中有两次提到“用神”：

（1）**用神**不可损伤，日主最宜健旺。

（2）**取用**凭于生月，当推究其浅深；发觉在于日时，要消详夫强弱。

前者（1）**指有用之神**[2]；后者（2）则不同。这里“取用”是指月令中的**用事之神**。所以，用神有两个概念：一个是指“有用”，这是命理分析中最常用的概念；另一个是指月令地支中具有“用事”作用的五行内容。

比如，日干为甲木，生于卯月，卯月的本气是乙木。这个乙木（甲之劫财）就是“用事”之神。于是，可以推论：日主当令生旺。这时如果其他干支再逢乙木来相助，日主自身便会出现**太过状态**，就维持平衡而言，这个出现的乙木就不会是一个“有用”之神了。

这是**同一个术语具有不同的涵义**。这在中国古代经典中是经常出现的。我们在阅读和应用时，要十分小心，不然就会出现南辕北辙、判断失误的情况。

事实上，《继善篇》所言的这两条，都是十分经典的论述：前者强调在八字结构中出现某个字或某些字，它具有“有用之神”的资格，则不可以受到

[1]《李虚中命书》注文：“先取上之清轻为用神之福，次看浊气居下，上虽清而不秀，则取下有用之气为福。”(《四库术数类丛书》(七)，第809—18页。)
[2]这跟《李虚中命书》的用神概念是一致的。

损伤。这开启了以后对命局**用神**作深入探究的先河。后者要求注意月令“提纲”中的“用事”之神，并进一步推究其当令的“浅深”状况，这又为以后八字中诸成分的状态研究、尤其是后来的**格局**研究，提供了分析的着眼点。尽管讲的是不同的“用”，却都给了以后探索者重大的启示。

（六）对于神煞，跟徐子平不同，《渊源》所用很少。可见，随着命理学的发展，早期众多的神煞已逐渐失去了光彩。命理研究者已不满于“对号入座”式的单一干支组合的判断，而渐渐习惯于八字结构整体的分析。这也是命理学进步和成熟的表现。

（七）在讨论“运”的方面，《渊源》比徐子平注本更简洁了。它**只用大运，放弃小运**。这样，徐大升就只以大运和太岁（流年），跟八字原局配合来讨论命运的动态状况。

《渊源》中直接将大运称为“运”。《喜忌篇》说：“岁运并临，灾祸立至。”这是说，如果大运跟流年的干支相同，就立刻会有灾祸。再如：“印绶生月，岁时忌见财星。运入财乡，却宜退身避位。”这是说：因为财星是克制印绶的，所以出生时月令用事为印绶的情况，不希望年柱和时柱再见到财星。如果遇到大运是财星的话，这不是好运，还是以主动隐退为宜。

（八）对于命局结构中出现的特殊组合情况，一直是命理探索者十分关注的内容。《李虚中命书》正文中没有出现过“格”这个名称，但在注文中，有“格”字。它常常是指具有某种特殊意义的格式。比如“时居日禄，当得路于青云。”注文解释说：“生月生日，两干禄在时，如敏少宰己巳年、己巳月、己巳日、庚午时，是也。”在这个举例中，己土的禄在午，正处于时支的位置，符合“时居日禄”或“日禄归时”。这是说，如有这样的组合，会春风得意，青云直上。徐子平的《珞琭子三命消息赋》注文中，也讨论了不少命格，虽然没有出现“格局”这个词。尝试对格局做出**系统归类**，《渊源》可能是最早的。

面对当时命理研究中已有的纷繁的格式种类，《渊源》采取了去粗存精的方式，整理出以下“十八格局”。它们是：

1. 正官格　　2. 杂气财官格
3. 月上偏官格　　4. 时上偏财格
5. 时上一位贵格　　6. 飞天禄马格
7. 倒冲格　　8. 乙已鼠贵格
9. 合禄格　　10. 子遥巳格
11. 丑遥巳格　　12. 壬骑龙背格
13. 井栏叉格　　14. 归禄格
15. 六阴朝阳格　　16. 刑合格
17. 拱禄、拱贵格　　18. 杂气印绶格

这里有直接以十神名称为命名的格局，如正官格、杂气财官格、月上偏官格、时上偏财格、含杂气印绶格等，可见关系层面上的十神分析，在八字分析中已经占据了重要的地位。

《渊源》在“正官格”下，有注文：“月内有官星者，是也。时下兼有财生者，真贵人也。”接着《渊源》列出正官格的“喜忌”特点：

> 怕冲　忌见伤官、七煞　大运亦然　喜印绶　喜生旺　喜财星　岁运同

接着又罗列了王知府、金丞相、金状元等十四个八字，作为命例。我们查阅了这十四个八字，它们全都符合注文中指出的“月内有官星者”这个条件，即月令（提纲）内有正官，无一例外。可见这正是正官格“取格”的条件。确定了格局以后，就可以用所述“喜忌”的特征去评判八字的得失了。[1]

但是，《渊源》取格似乎并不完全专注于月令。例如时上偏财格。《渊源》解释道：

> 如时上偏财与时上偏官相似，只要时上一位，不要多而三处。不要

[1] 比如，正官格忌见伤官，因为在五行生克上，伤官是克制正官的。

再见财，却怕冲。与月上偏官一同。偏财要财旺运。

同样也给出了十个命例。我们检验一下，它只要满足时柱干支中有偏财就行。这样，前述的正官格八字就完全有可能跟时上偏财格出现重叠，即月令取正官，而时上取偏财。由此可见，在《渊源》里对格局尚未形成比较统一的选取标准。

尽管如此，《渊源》十八格局的归纳和分析，在命理学史上产生了重要影响。比如《金玉赋》说："十有八格，当从善恶推求；总系五行，各取旺衰消息。"[1]指的大概就是这十八格局系统吧。徐大升的《渊源》拉开了格局研究的帷幕。

可惜我们缺少《渊海》的最初版本，就无法全面评价徐大升的贡献。然而，仅从上述对《子平渊源》的简略分析，徐大升至少促成了徐子平今法模型的形成，在命理学史上，确实功不可没。

在元朝出现过李钦夫的《子平三命渊源注》，[2]书末题"大德丁未孟冬朔日"，即1307年。书前有泰定丙寅（1326年）翰林编修官王瓒中的序言。序中称赞《子平三命渊源》得造化之妙，自钱塘徐大升后，知道的人并不多。因此五羊道人李钦夫对《喜忌篇》、《继善篇》特加注解，并括以歌诀等。这是《子平渊源》的最早注解本，说明术数界开始注意到徐子平的今法模型了。

宋濂《禄命辨》

到了明朝初年，有过一篇议论命运的著名文章，即前文已经提到过的宋濂[3]的《禄命辨》。在文中，宋濂对命理学提出了质疑，主要理由是：

---

[1] 见《渊海子平》卷四。
[2]《子平三命渊源注》一卷，浙江范懋柱家天一阁藏本。
[3] 宋濂（1310—1381），字景濂，号潜溪，别号玄真子、玄真道士、玄真遁叟。浦江人，元末明初文学家，累官至翰林院学士承旨、知制诰。

> 且以甲子干支推人所生岁月，展转相配其数，极于七百二十，以七百二十之年月，加之七百二十之日时，其终数于五十一万八千四百。夫以天下之广，兆民之众，林林而生者不可以数计。日有十二时，未必一时唯生一人也。以此观之，同时而生者不少，何其吉凶之不同哉？
>
> 吕才有云："长平坑卒，未闻共犯三刑；南阳贵士，何必俱当六合？"诚足以破其舛戾矣。三命之说，予不能以尽信者此也。[1]

这是说，在同一个时辰里，会诞生不少的人。难道他们的命运会相同吗？这是古今以来对命理的主要质疑。我们将在本书最后一章予以讨论。

《渊海子平》

上文已经提到，在明朝出现了将徐大升编著的《渊海》和《渊源》合并在一起的《渊海子平》。此书堪称是徐子平今法模型的代表作，也是"子平术"在术数界逐渐被人接受和认同的重要标志。

《渊海子平》共分五卷。卷一主要是关于命理的基本知识和要领。卷二主要是对各种命式格局的罗列和讨论。卷三主要是谈论六亲、女命。卷三的一部分，以及卷四、卷五，收集了大量的命理韵文诗诀。上述徐大升的《子平渊源》都收录在卷一、卷二中，但多了许多增补注释。

纵观全书，所收内容不免过于庞杂，行文也较俚俗，明显地带有来自民间的气息。但也贵在包罗万象，保留了许多宋明时期的论命技法和歌诀。总的方面，它是汇集了今法模型的诸多内容。至于其中哪些是录自徐大升的原著（《渊海》），哪些是后来编纂者增加的内容，[2]的确很难予以一一辨认了。

---

[1] 见《星命集成》第三册，第486页。
[2]《渊海子平》中出现的作者有：草堂丁进士、西山易鉴、印净禅师、明醉醒子、王诠等人。

在格局方面，《渊海子平》分“内十八格”和“外十八格”。徐大升《渊源》中的“十八格局”跟《渊海子平》的“内十八格”基本一致。“外十八格”是：

1. 六壬趋艮格　　2. 六甲趋乾格
3. 勾陈得位格　　4. 玄武当权格
5. 炎上格　　6. 润下格
7. 从革格　　8. 稼穑格
9. 曲直格　　10. 日德秀气格（含福德格）
11. 弃命格（含弃命从财格、弃命从杀格）
12. 伤官格（含伤官生财格、伤官带杀格）
13. 岁德格（含岁德扶杀格、岁德扶财格）
14. 夹丘格　　15. 两干不杂格
16. 五行俱足格　　17. 支辰一字格
18. 天元一气格

这“外十八格”包括了后来归类为“**变格**”或“**特殊格**”的一些格局（如炎上格、润下格、从革格、稼穑格、曲直格，以及弃命格等）。但是，属于一般十神范围内的“伤官格”也被包含在“外十八格”内，可见当时还未有划分格局的明确规范。

西山易鉴

然而，《渊海子平》中记录了一个鲜为人注意的人物——西山易鉴先生[1]。这里要提到他，因为他首创了“六格”理论。

《渊海子平》卷三内有《宝法第一》、《宝法第二》两篇短文，里面作了这

[1]《渊海子平·宝法一》注：“西山，号也。姓易名鉴。”看来，也是一个如同徐子平一样的隐士。

样的记载：[1]

> 子平一法，专以日干为主，而取提纲所用之物为令。次及年月时支以表其端。凡格用月令提纲，勿于旁求年日时为格。今人多不知其法于此，百法百失。……西山易鉴先生得其变通，将十格分为六格为重：曰官、曰印、曰财、曰杀、曰食神、曰伤官，而消息之，无不验矣。其法曰：逢官看财，逢杀看印，逢印看官。[2]
>
> 子平之法，以日为主，先看提纲为重，次用年日时支，合成格局，方可断之。皆以月令为用，不可以年取格。凡看子平之数，取格不定，十有九差。……西山易鉴参透玄机，十八格吉凶，取六格为重，用相生。定格合局，仍用年日时下以推轻重浅深，万无一失。六格法曰：逢官看财，逢财看杀，逢杀看印，逢印看官。[3]

这两篇短短的文字，却记录下了命理学史上的一个十分重要的进步。它指明了：

第一，“不可以以年取格”。

这样，明白地划清了今法模型跟古法模型的界限。

第二，**以十神为取格的内容**。也就是，把关系层面作为分析的出发点和归宿，由此来建立格局系统。

这里，把十神取格归并为“六格”：“曰官、曰印、曰财、曰杀、曰食神、曰伤官”，即正官格、印（绶）格、财格、七杀格、食神格、伤官格。

如果把“印”格和“财”格的内容区分开来，则为正印格、偏印格、正财格、偏财格，再加上正官格、七杀格、伤官格、食神格，就是后来通常所说的属于“正格”或“普通格”的“八格”了。

---

[1] 下面引文，参考了梁湘润《命学大辞渊》所录“宝法卷一”“宝法卷二”，作了订正。

[2]《渊海子平·宝法第一》。

[3]《渊海子平·宝法第二》。

八格：正官格、偏官（七杀）格、正财格、偏财格、正印格、偏印格、伤官格、食神格

第三，取格的标准——“先看提纲为重”，即**以月令提纲为枢纽**，“勿于旁求年日时为格”。这就规范了取格的手段。

第四，格局决定后，论用则以“用相生”为基本法则。具体来说，就是“逢官看财，逢财看杀，逢杀看印，逢印看官”。

这就是“易鉴先生之法”。

当然，这短短的文字，并没有留下操作的实例。但在《渊海子平》《论日为主》篇中，我们还看到以下以“补注”形式[1]出现的一段话：

> 一曰官分之阴阳：曰官、曰杀，甲乙见庚辛也；二曰财分阴阳：曰正财、偏财，甲乙见戊己是也；三曰生气之阴阳：曰印绶、曰倒食，甲乙见壬癸是也；四曰窃气之阴阳：曰食神、曰伤官，甲乙见丙丁是也。五曰同类之阴阳：曰劫财、曰羊刃，甲乙见甲乙是也。大抵贵贱夭寿死生，皆不出于五者。倘有妄立格局，从列其名，而无实用，其飞天禄马、倒冲井栏叉，即伤官，析而为之，举其一端，余可知矣。

这一段显然是后来“添”上的文字。它补充了易鉴先生的主张，并进一步强调以十神取格的重要性，同时明确地把如“飞天禄马”、“倒冲井栏叉”等古代组合格式排斥在所规范的“格局”范围之外。

易鉴先生对格局研究的贡献一定在《渊源》之后，因为徐大升在《渊源》中已经确立了十八格局，但应在明朝中叶之前。因为正是在易鉴先生“六格”主张的基础上，后来的《三命通会》完成了作为今法模型的重要组成部分——八字格局系统的定型工作。

[1] 在原本印刷上，此段低于其他“原文”段落，带有“注释”的形式。

万民英《三命通会》

作为命理学形成时期的集大成著作，是明朝中叶出现的《三命通会》。

作者万民英（1523—1603），字汝豪，号育吾，明朝大宁都司人，其先祖为江夏人。明嘉靖二十九年（1550年）进士，先后任河南道监察御史、福建兵备参议等职。当时，倭寇屡犯福建，万民英奉命守泉州，他恪尽职守，身先士卒，骁勇善战，屡战屡捷。但他性情耿直，因直言得罪权贵，由此遭到陷害，于是借扶送其母灵柩之机，归回故里，从此远离仕途，隐居三十多年。他建乡学，热衷慈善与教育。《三命通会》是他编著的命理学巨著。此外还著有《星学大成》，是星命术的巨著。两部书都被收录进了《四库全书》。

《三命通会》卷帙浩繁，内容十分丰富。全书共十二卷。卷一论述八字命理的哲学基础，讨论干支的阴阳五行属性，以及六十甲子的纳音取象。卷二介绍推命的具体方法，诸如推排八字，推算大运、小运、流年、胎元、命宫，以及讨论干支的刑冲会合以及“化气”等现象。卷三描写星宿神煞的吉凶作用。卷四讨论十干坐支兼得月时及行运吉凶等。卷五探讨格局现象。卷六描写各种八字组合程式。卷七讨论六亲和女命。卷八和卷九，对于七百二十个日时组合分别做出简洁的断语，并附以大量的命例。卷十、十一、十二，汇集了大量历代存留下来的论命口诀、诗赋文献。

正如《四库总目提要》所指出的：

> 自明以来二百余年，谈星命者皆以此本为总汇，几于家有其书。……特以其阐发子平之遗法，于官印才禄食伤之名义，用神之轻重，诸神煞所系吉凶，皆能采撮群言，得其精要，故为术家所恒用，还有未可遂废者。

这里道出了此书“总汇”的特点：选材精当，既博收广引，又条理分明，内容十分完备，堪称是命理学的百科全书。这么厚厚的书卷，[1]能够“几于家有其书”，可见其流传之广。由此推想，明朝或许是中国历史上传统命理学研究和流传最深广的时代。[2]

格局理论

《三命通会》对命理分析采取了兼收并蓄的态度，反映了明朝中叶，古法模型与今法模型正处于交替的状态。它保留了许多古法模型涉及的内容，但对今法模型，也做了许多完善和总结工作，使之成为一个比较完整、相对成熟的论命体系。

作为今法模型的核心内容之一，是十神与在十神基础上发展起来的**格局理论**。《三命通会》使之更加具体化，并具有可操作性。它在《论古人立印食官财名义》篇中指出：

> 徐子平论格局，独以印、食、官、财四者为纲。其立名之义何？盖造化流行天地间，不过阴阳五行而已，阴阳五行交相为用，不过生克制化而已。……由是天干地支，相合配偶，生克制化，旺相休囚，其名为

[1] 今台北隆泉书局经销的《三命通会》(1986 年版）就有 1,114 页，不要说古代的木刻本了。

[2] 张明喜在《神秘的命运密码》中转述了《涌幢小品》中关于明代权贵与一个渔夫有关命理的对话，可见明朝命理普及的风尚，兹录于下：

据载，权贵孟无菴单马出巡，在江边遇到一个渔夫，形貌奇伟，提着一条大鱼让路于道左。无菴问他姓名和年庚，不料生辰八字完全与自己相同，遂十分惊异，想邀请渔夫一起回去，给他一个官做。渔夫谢绝道，我虽然和您年庚相同，但您生在陆地，所以命贵，我生在船中，水上轻浮，所以命贱。我每天以渔为生计，也自足了。若一旦富贵，命薄之人反而会因不胜福份而暴死。说罢辞谢而去。一个朝廷重臣，一个江野渔人，但对命理精蕴的理解，不分仲伯，这真可为“人人能讲，日日去讲”的绝妙注解。（第 45—46 页）

印、为枭、为食、为伤、为官、为煞、为财、为劫，刑冲破害，虚邀暗合，而变化无穷矣。

徐子平识破此理，故只论财官印食，分为六格，而人之富贵贫贱、夭寿穷通，举不外是，其余格局，不过自此而推之耳。

这里明确地肯定了“六格”是格局系统的“核心”，认为其余格局，不过是从中衍生出来的。而以“六格”论命，对人生富贵贫贱、夭寿穷通的刻画，可以起到提纲挈领的作用。这里，它没有提到易鉴先生，而把“六格”的“发明权”直接归给了“子平术”的创始人——徐子平。

接着在《论正官》中，作者具体展现了取格局的一般方法，[1]即“先看月令”，以**月令地支**作为取格的着眼点，以提纲“本气”为首选。同时，也进一步回答了为什么要这样做的理由：

其一，“以五行之气，为月令当时为最。”即月令之气，比较集中地反映了命造出生时的天地阴阳五行之气流转的状况。

其二，“况四柱各管年限，年管十五年，生之太早；时管五十后，失之太迟，故只此月令为正。”这是根据八字中的每一柱所管的年限来说的。

古人一般给八字每一柱分配十五年，[2]即年柱为出生至十五岁；月柱为十六至三十岁；日柱为三十一至四十五岁，四十五岁以后的时间就归于时柱了。因为月柱正好处于人生发展的重要阶段，所以月令也是人生发展的重要枢纽。

---

[1] 原文为：

正官者，乃甲见辛，乙见庚之例。阴阳配合，相制有用，成其道也，故正官为六格之首，止许一位，多则不宜。正官先看月令，然后方看其余。以五行之气，为月令当时为最，况四柱各管年限，年管十五年，生之太早；时管五十后，失之太迟。故只此月令为正，余格例此。甲日生酉月，乙日生申巳，丙生子，丁生亥，戊生卯，己生寅，庚生午，辛生寅巳，壬生午未丑，癸生辰巳戌月，皆为正气官星。更天干透出，如甲见辛酉，乙见庚申之例，谓之支藏干透，余位不宜再见。(《三命通会·论正官》)

[2] 也有一柱分配16年，那么，年柱管1—16岁，月柱管17—32岁，日柱官33—48岁，时柱管49—64岁。

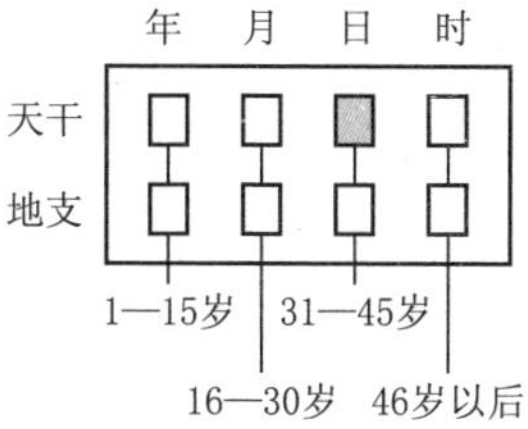

图 4.5 四柱年限分配

至此，关于格局的理论以及具体操作程式业已完成了。**格局理论的形成标志了今法模型的基本完成**，它取代繁杂的古法模型是指日可待的事了。

《星平会海》

在明朝还有一本总汇性著作《星平会海》，十卷，没有撰写者的署名，题为“武当山月金山人霞阳水中龙编集”。黄虞稷《千顷堂书目》[1]载有《星平会海》书名，前有自题，称“武当山玉虚宫三逢甲子日金山人编集”。前五卷，收录了五星术的文献，后五卷收录了命理学文献。

小结

作为今法模型的代表著作《渊海子平》编辑流行，以及命理百科全书《三命通会》问世，宣告了传统命理学形成时期的终结，时在明朝中叶。从东汉末年到明朝中叶，历时一千三百六十余年，这确实是一个相当漫长的岁月。经过不懈的探索和反复的实验，终于有一个比较完整的论命模型——今法模型形成了，命理学也就此成为了一种比较成熟的学问，进军术数界的主流

[1] 黄虞稷（1626—1692），字俞邰，明朝史学家、藏书家和目录学家。所著《千顷堂书目》，按经、史、子、集排列，广泛搜集明朝著作，兼及宋、辽、金、元著作，是研究明史和古籍版本的一部重要工具书。

地位。

本章对命理学形成时期的重要人物和主要著作概述的脉络，可以图示如下：

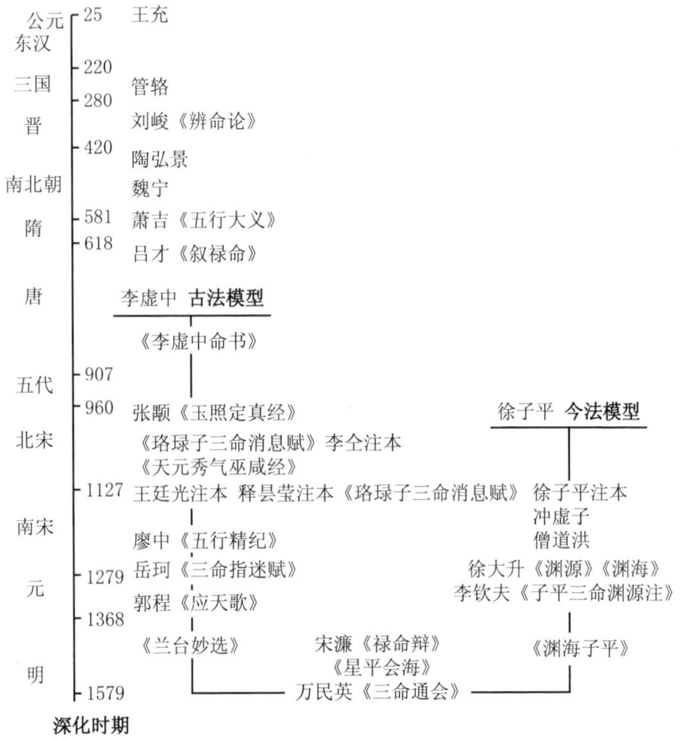

图 4.6　命理学形成时期的历史示意图

第五章　命理的基本推演方法

传统命理学是一个很复杂的系统，这是由它所描写的对象决定的。命理学不仅要刻画一个人生命的潜在特征，而且还要尝试全方位地去描写他的生命过程，即使在科学昌明的今天，让许多前沿学科的精英们携起手来，也很难奢望他们去完成这样的任务。我们的先人确实有令后人敬佩的勇气，从东汉末到明朝中叶，经过一千三百多年的试探，竟然勾勒出了一个比较完整、相对成熟的论命架构和一套分析程式来。

在第四章里，我们概述了命理学形成时期的发展线索，下面将分别介绍和探讨其中推演方面的具体内容。

一、神煞系统

神煞的应用

命理学最初的研究是从寻找年、月、日、时干支之间呈现出一定意义的对应关系开始的。

事实上，在这种探索之前，早已经有类似的工作了。这就是民间的“选择”。所谓“选择”，就是以选择时日为主要内容的一种术数方法，俗称“看日子”。人们通常把“看日子”的书，称为“黄历”，也叫“择吉通书”。

早在战国时期，就已有擅长此道者，他们被称为“日者”。据记载：墨子当年要北去齐国，有一位日者警告他，北去会遭殃。墨子没有听从，结果还是没有去成。[1]

到了汉朝，择日之说十分盛行。《史记》记载：汉武帝时，皇家的婚嫁择日居然征求了五行家、堪舆家、建除家、丛辰家、历家、天人家等多方面的意见。结果众说纷纭，最后决定以五行家为准。[2]

可惜早期择日的书籍大多没有流传下来，包括第四章谈到的唐太宗命吕才重新编成的《阴阳书》。可是，近几十年来的考古发掘工作，改变了这一情况。从1975年湖北云梦县睡虎地秦墓中出土的竹简《日书》，到1986年甘肃天水市放马滩秦墓中出土的竹简《日书》，还有1959年甘肃武威县磨咀子汉墓出土的《日书》残简等，让人们终于有机会看到古代选择术的一部分真实面目。

正是在古代选择术的基础上，传统命理学出现了它最初的一个组成部分——“神煞”系统。[3]

所谓“神”，是吉星；“煞”，是凶星。神煞是很早就流传的一种星宿照命和神煞入命的观念，把天上星宿、神煞跟人的命运联系起来，这是出于古代人对星和神的崇拜心理。

让我们从历史的角度，看一下神煞在早期命理著作中的应用情况：

首先是吕才的《叙禄命》，短短一篇序文中出现了八位神煞。[4]接着，在《李虚中命书》正文中出现了三十位；注文中出现了四十多位。再接下来，《珞琭子三命消息赋》正文中出现了四十多位；托名东方朔的疏文中出现六十七位；李仝注文有六十三位；王廷光注文约五十八位，大体与李仝相同；

---

[1]《墨子·贵义》：“子墨子北之齐，遇日者。日者曰：‘帝以今日杀黑龙于北方，而先生之色黑，不可以北。’子墨子不听，遂北，至淄水，不遂而反焉。”

[2]《史记·日者传》：“孝武帝时，聚会占家问之：某日可娶妇乎？五行家曰可；堪舆家曰不可；建除家曰不吉；丛辰家曰大凶；历家曰小凶；天人家曰小吉。辩讼不决，以状闻。制曰：避诸死忌，以五行为主。”

[3]当然，命理学的神煞系统也受到稍后出现的“五星术”，以及后来的“紫微斗数”有关星盘的神煞的影响。

[4]即：劫杀、空亡、河魁、灾厄、勾绞、禄、驿马、建学。

释昙莹注文中约有四十二位，比李仝和王廷光注文要少一些。[1]

李仝在注文中说："虽有一百二十位吉凶神杀，须要明其可用与不可用，则知轻重也。"可知在北宋中期，神煞至少也已有一百二十位了。南宋的古法模型总汇结集作品——《五行精纪》里，《论释吉贵神例》中罗列了三十四位；《释凶神例》中罗列了五十八位。

再看今法模型创始人徐子平的《珞琭子三命消息赋》注文，里面出现的神煞有三十五位。到了南宋末年徐大升的《子平渊源》，所用的神煞就为数不多了。

通过这个粗率的比较，我们可以看到，神煞在命理学孕育时期就已经广泛使用了。古法模型产生后，它是其中的重要组成部分。到了北宋中期，命理学者似乎已经感觉到神煞的使用有点"滥"了，所以李仝注文时要求注意分辨"其可用与不可用"。而稍后的释昙莹注文，提到的神煞就已经比他的前人少了。

徐子平开创的今法模型，对神煞的应用开始谨慎起来。而这个模型的完善者徐大升显然更注意建构模型内部的演绎推理，对这类"对号入座"的神煞，开始敬而远之。**神煞在新的命理学体系内逐渐失去了它以往的光彩**。

由于古法模型是以**年干支**为论命的契入点，所以早期神煞的应用，大多以年干支为基准，对照胎、月、日、时柱的地支来求取神煞，所谓"太岁为众煞之主是也"。后来，今法模型将八字的"核心"从年干支移到了日干上，自此以后，人们就开始用**日干支**替代年干支，来查找神煞了。

神煞举要

神煞本身不是一种稳定的系统。究竟有多少个神煞？很难说清楚。它

[1] 见邹文耀《命学真源考证》。

们随着岁月的流逝，自生自灭，自然淘汰。吴俊民《命理新论》中曾列出了一百九十余种名目。

这里，我们选择一些目前还较常使用的神煞，[1]列表如下，供研究者参考：

表 5.1 以日柱天干为主，见年、月、日、时地支者：

日干	甲	乙	丙	丁	戊	己	庚	辛	壬	癸
天乙贵人	丑 未	子 申	亥 酉	亥 酉	丑 未	子 申	丑 未	午 寅	巳 卯	巳 卯
文昌	巳	午	申	酉	申	酉	亥	子	寅	卯
干禄	寅	卯	巳	午	巳	午	申	酉	亥	子
羊刃	卯	辰	午	未	午	未	酉	戌	子	丑
红艳煞	午	午	寅	未	辰	辰	戌	酉	子	申

比如日干甲，见四柱地支有丑或未，则丑或未为“天乙贵人”；见巳，则为“文昌”；见寅，则为“干禄”；见卯，则为“羊刃”；见午，为“红艳煞”。

关于天乙贵人、文昌、干禄、羊刃和红艳煞的命理涵义如下：

天乙贵人：吉神，主聪敏智慧，易近贵人。

文昌：吉神，主聪明过人，凡事逢凶化吉。

干禄：吉神。禄是俸禄，是养命之源。禄在年支，叫做岁禄；禄在月支，叫做建禄；禄在日支，叫做专禄；禄在时支，叫做归禄。一律均怕入空亡或犯冲。

羊刃：羊，有时写作“阳”，是刚的意思。刃即刀刃，是宰割的意思。羊刃比禄更强旺有力，主刚烈招祸，属凶煞。有的书主张，五阳干有刃，五阴

[1] 神煞的用法除了从八字命理著作中查到，还可以从《果老星宗》、《星平会海》、《星学大成》、《星海词林》、《聿期经》、《易隐》及择日的《丛辰》等书籍中查得。而清朝《协纪辨方书》是一部集选择之大成的著作，收录了大量神煞。

干无刃。

红艳煞：主浪漫、色情。

表 5.2　以日柱地支为主，见年、月、时地支者：

日支	子	丑	寅	卯	辰	巳	午	未	申	酉	戌	亥
将星	子	酉	午	卯	子	酉	午	卯	子	酉	午	卯
华盖	辰	丑	戌	未	辰	丑	戌	未	辰	丑	戌	未
驿马	寅	亥	申	巳	寅	亥	申	巳	寅	亥	申	巳
桃花	酉	午	卯	子	酉	午	卯	子	酉	午	卯	子
劫煞	巳	寅	亥	申	巳	寅	亥	申	巳	寅	亥	申
亡神	亥	申	巳	寅	亥	申	巳	寅	亥	申	巳	寅

将星：主有领导能力，可掌权柄。

华盖：主性情恬淡，资质聪颖，但难免孤独，易倾向哲学、宗教。

驿马：主迁动。古代驿为传送官府文书的机关，驿马是传递官文书的交通工具。所以驿马通常代表动态。驿马可吉可凶，视与原局五行配合论断。

桃花：又名咸池，主风流酒色。

劫煞：劫者，夺也。自外夺之谓之劫。多是非破财。

亡神：亡者，失也。自内失之谓之亡。易是非官讼。

表 5.3　以年柱地支为主，见月、日、时地支者：

年支	子	丑	寅	卯	辰	巳	午	未	申	酉	戌	亥
孤辰	寅	寅	巳	巳	巳	申	申	申	亥	亥	亥	寅
寡宿	戌	戌	丑	丑	丑	辰	辰	辰	未	未	未	戌

命带**孤辰**、**寡宿**，六亲缘薄。男命不喜带孤辰，较易孤独；女命不喜带寡宿，容易夫早别离。

表 5.4　以月柱地支为主，见日干或日支者：

月支	子	丑	寅	卯	辰	巳	午	未	申	酉	戌	亥
天德	巳	庚	丁	申	壬	辛	亥	甲	癸	寅	丙	乙
月德	壬	庚	丙	甲	壬	庚	丙	甲	壬	庚	丙	甲

天德贵人：最大安详之福星。主贵显、仁慈、敏慧、温顺，逢凶化吉，终身吉祥。较易接近宗教。

月德贵人：安详福寿两全之星，为人多仁慈，万事呈祥。

表 5.5　以年柱、日柱六甲干支见地支者：

六甲旬（年干支或日干支）	空亡
甲子　乙丑　丙寅　丁卯　戊辰　己巳　庚午　辛未　壬申　癸酉	戌、亥
甲戌　乙亥　丙子　丁丑　戊寅　己卯　庚辰　辛巳　壬午　癸未	申、酉
甲申　乙酉　丙戌　丁亥　戊子　己丑　庚寅　辛卯　壬辰　癸巳	午、未
甲午　乙未　丙申　丁酉　戊戌　己亥　庚子　辛丑　壬寅　癸卯	辰、巳
甲辰　乙巳　丙午　丁未　戊申　己酉　庚戌　辛亥　壬子　癸丑	寅、卯
甲寅　乙卯　丙辰　丁巳　戊午　己未　庚申　辛酉　壬戌　癸亥	子、丑

这是由年干支或日干支查周围地支中是否有入空亡者。**空亡**，就是没有、消失的意思。天干仅十干，地支有十二支，因此，每十个天干配上地支之后，地支剩余的二支，则为空亡。

比如，甲子旬（以甲子为首的顺序十个干支）中没有戌、亥，所以，戌、亥为空亡。命中所忌的地支，若带空亡反为吉；命中所喜的地支，若带空亡则为凶。带有空亡的地支，若与他支合，则无妨；有相冲的地支，遇空亡可以解冲。年、月、日、时地支所主的人事，如带空亡，必不得力或难以成功。但若有三者皆入空亡，反主大贵。

表 5.6　以年月日时天干见者：

天上三奇	地上三奇	人中三奇
甲　戊　庚	乙　丙　丁	壬　癸　辛

以日主为主，到年为顺者，主贵，如甲日、戊月、庚年；以年为主，到日为逆，主富，如甲年、戊月、庚日。物以奇为贵，三奇为贵人。

表 5.7　以日柱干支见者：

魁罡	庚辰　壬辰　庚戌　戊戌

日柱**魁罡**，表示聪明、果断。魁罡入命，若生旺力强，显贵发福；如身衰力薄，则贫寒。怕刑冲。

下面是北宋苏轼（东坡）的命造。[1] 我们以此为例，说明如何根据上面取神煞的表格，找到这个命造所具有的神煞：

命例 1（a）［宋］苏轼命造

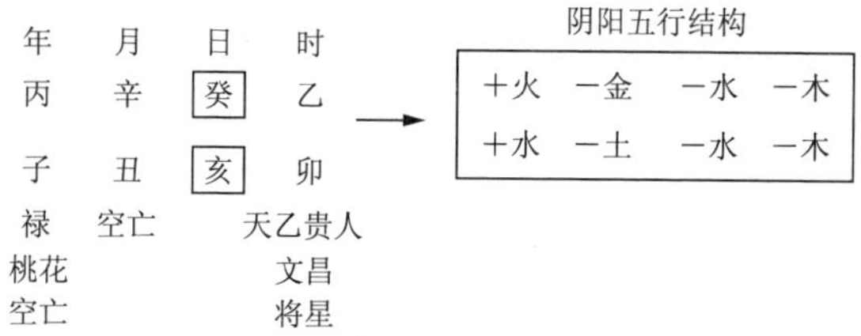

此命例是癸水日主。由日干出发，查年月日时四个地支，根据表 5.1 可以发现年支“子”是干禄，时支“卯”是天乙贵人和文昌，这些都是吉神。尤其是天乙贵人和文昌，表示聪明和才华，倒是很符合苏东坡的个性。

从表 5.2，根据日支“亥”可以查到年支“子”为桃花，时支“卯”为将星。将星表示有领导能力，可掌权柄，而桃花主风流倜傥。[2]

再根据表 5.5，日干支癸亥的空亡在子、丑，正好是年、月地支。袁树珊

[1] 取自袁树栅《命谱》，第 125 页。苏轼（1037—1101），字子瞻，号东坡居士。四川眉山人。宋朝著名文学家。生于宋仁宗景祐三年十二月十九日卯时（农历），卒于宋徽宗靖国元年七月二十八日（农历）。

[2] 一般而言，桃花出现在年柱、月柱，俗称内桃花，大都外表谦和，深得人缘，可谓人见人爱，贞洁观念较强。桃花显于日、时两柱，俗称外桃花，贞洁观念就较差些。

《命谱》对此评为："惜年月子丑，俱值空亡，虽早擢词科，荣膺上第，入掌书命，出典方州。卒遭异己挤排，未能大展抱负。"这是把苏东坡一生常遭诬告诽谤，归结为是空亡引起的效用。（八字右侧显示的是它的阴阳五行结构。）

二、刑冲会合法则

关于干支之间的相互关系，在孕育时期，除了神煞之外，还形成了有关干支之间的"会、合、刑、冲、害"等一系列法则，并由此构成了传统命理学的又一个组成部分——刑冲会合系统。

干支合冲

隋朝萧吉的《五行大义》记录了这方面最初的成果。

《五行大义》指出，由于"五行之本，受生于天，则受成于地，禀气于阳，定形于阴。体无偏立，故各有合。"[1]因此，天干与天干之间、地支与地支之间都有"合"的情况：

天干五合：甲与己合；乙与庚合；丙与辛合；丁与壬合；戊与癸合。

地支六合：子与丑合；寅与亥合；卯与戌合；辰与酉合；巳与申合；午与未合。

干支相合会发生变化。一般认为：甲与己合，化土；乙与庚合，化金；丙与辛合，化水；丁与壬合，化木；戊与癸合，化火。至于能否实现"化"，则是有一定条件的。

地支呢？也是如此：子与丑合，属土；寅与亥合，属木；卯与戌合，属火；辰与酉合，属金；巳与申合，属水；午与未合，称为日月之合，因为午

[1]《五行大义·论合》。（见《五行大义校注》，第71页。）

为太阳，未为太阴。至于午未合成什么，则视天干透出什么而定：透己则化土；透丁则化火。相合是相互有情谊的表现，一般论吉。

既然干支有“合”，也必有“冲”：

天干相冲：甲庚冲，乙辛冲，丙壬冲，丁癸冲。[1]

地支六冲：子午冲破；丑未冲破；寅申冲破；卯酉冲破；辰戌冲破；巳亥冲破。[2]

相冲也有相克的含义。从方位看，都是两方处于相互敌对的位置（如甲在东，庚在西；卯在东，酉在西）；就五行而言，都是相克的（如庚金克甲木；子水克午火）；就阴阳而言，都是阳克阳、阴克阴（如甲、庚都为阳；卯、酉都为阴），阴阳不能配合，故发生冲突。因为相克是无情的表现，相冲一般不以吉论。

害和刑

地支由于有“六合”和“六冲”这样的双重关系，于是产生了“六害”：[3]

地支六害：戌与酉、亥与申、子与未、丑与午、寅与巳、卯与辰。

“六害”的形成原因是“五行所恶，其在破冲。今之相害，以与破冲合。”[4]比如，子与午相冲，而午与未相合，所以子与未之间就构成了相害的关系。同样，子与丑相合，丑与午之间也构成了相害关系。[5]相害，有暗害

[1] 一般认为，甲与庚冲，乙与辛冲，丙与壬冲，丁与癸冲，它们是处于东与西、南与北相对的位置。而丙庚与丁辛相见，则以克论，不以冲论，因为南与西不相对。至于戊和己，则无冲，因为它们居中，无对立者。

[2] 地支六冲，即地支各取七位（即隔六位）为相冲。从方位看，都是两方处于相敌的位置（如卯在东，酉在西）；就五行而言，都是相克的（如子水克午火）；就阴阳而言，都是阳克阳、阴克阴（如卯为阴，酉也为阴），阴阳不能配合，故发生冲突。

[3] 在命理学中，有时也称“相穿”。

[4]《五行大义·论害》（见《五行大义校注》，第 82 页）。

[5] 这有点像我的朋友跟我的对头也无法和平共处，而对头的朋友跟我也难以和平共处。

之意，一般不以吉论。

除了“合”、“冲”、“害”之外，地支还有四种相“刑”的关系：

无礼之刑：子刑卯，卯刑子。[1]

三刑（恃势之刑）：寅刑巳，巳刑申，申刑寅。[2]

三刑（无恩之刑）：丑刑戌，戌刑未，未刑丑。[3]

自刑：辰刑辰，午刑午，酉刑酉，亥刑亥。[4]

地支中出现相刑关系，一般也不以吉论。

会方与合局

此外，还有由地支组成的“方”和“局”。地支会“方”(也称“三会方”)，是指地支会合成东、南、西、北方，即：

东方木：寅、卯、辰；

南方火：巳、午、未；

西方金：申、酉、戌；

北方水：亥、子、丑。

地支会“局”，是指以下的组合：

木局：亥、卯、未；

火局：寅、午、戌；

金局：巳、酉、丑；

水局：申、子、辰；

土局：辰、戌、丑、未。

这就是说，由寅、卯、辰三个地支碰在一起，便会成东方一气；由亥、

[1] 因为子与卯，原系水木相生，有如母子关系，今竟相刑，故为“无礼之刑”。
[2] 因为申、寅、巳三者各居长生、临官位，恃强而刑，故为“恃势之刑”。
[3] 因为丑、戌、未，皆属土，同类好像兄弟，竟同室操戈，故为“无恩之刑”。
[4] 这是因为辰、午、酉、亥乃同支相加，故为“自刑”。

卯、未三个地支碰在一起，便会成木局。会“气”是容易理解的：因为寅、卯、辰本身就代表了正月、二月和三月，这正是春天的季节。木旺于春，旺于东方。这三者会合在一起，自然代表了东方旺盛的木气。

那么，会“局”呢？它是指本气发生过程中的三个重要阶段，比如，亥、卯、未合木局，卯是木旺的时候（春二月），亥（冬十月）是处于卯之前第四个位子上，是木气开始发生（“长生”）的时候；未（夏六月）处于卯之后第四个位子上，已是木气到了归宿（“墓”）的时候。把三者始终相联，结成一气，便成了木的会局（会局也称“三合局”）。火、金、水三行，也是如此。

至于土局，《五行大义》中《论生死所》篇指出：“凡五行之王（旺），各七十二日。土居四季季十八日，并七十二日，以明土有四方生死不同。”因此把春夏秋冬各自最后一月的最后十八天归为由土当令，这样，五行在周年变化中各自所主的日数（七十二天）就均等了。故辰（三月）、未（六月）、戌（九月）、丑（十二月）四个地支合在一起，则为土局。

显然，若要会“方”，三字不可缺一；而会“局”，一般来说，中间代表“专气”的那个字不可缺。比如，亥卯未三字全，合为木全局；若亥卯或卯未，则可以称为木半局；而亥和未，缺了卯，则不能成局。

大致来说，会方的力量最大；会局的力量次之；六合又次之；半会局再次之。

《五行大义》之后，《玉照定真经》注文中出现了地支“破”的关系：

> 支破者，丑破巳，午破酉，卯破午未。

在《五行精纪》里也有“破”：

> 卯与午，丑与辰，子与酉，未与戌，皆相破。惟寅申巳亥无破，以其合故也。犯此主少年灾滞，及财产耗散，兼有折伤之灾。[1]

后来，把相“破”的关系确定为：

> 子酉破，午卯破，申巳破，寅亥破，辰丑破，戌未破。

[1]《五行精纪》(华龄出版社)，第 179 页。

但民国徐乐吾先生在《子平粹言》中认为："更有破者，仅卯破午，午破酉三位，余皆不论。"[1]

破，一般也不以吉论。[2]

以上是后来命理学中使用的"刑冲会合"法则的主要内容。关于地支的会、合、冲、刑、害、破等情况可见于下表：

表 5.8　地支刑冲会合表

	三会方	三合局	土局	六合	六冲	害	刑	破
子	亥子丑	申子辰		丑	午	未	子卯	酉
丑	亥子丑	巳酉丑	辰戌丑未	子	未	午	丑戌未	辰
寅	寅卯辰	寅午戌		亥	申	巳	寅巳申	亥
卯	寅卯辰	亥卯未		戌	酉	辰	子卯	午
辰	寅卯辰	申子辰	辰戌丑未	酉	戌	卯	辰	丑
巳	巳午未	巳酉丑		申	亥	寅	寅巳申	申
午	巳午未	寅午戌		未	子	丑	午	卯
未	巳午未	亥卯未	辰戌丑未	午	丑	子	丑戌未	戌
申	申酉戌	申子辰		巳	寅	亥	寅巳申	巳
酉	申酉戌	巳酉丑		辰	卯	戌	酉	子
戌	申酉戌	寅午戌	辰戌丑未	卯	辰	酉	丑戌未	未
亥	亥子丑	亥卯未		寅	巳	申	亥	寅

[1] 见徐乐吾《子平粹言》，第 87 页。

[2] 陈柏谕《四柱八字阐微与实务》(上册)说："破大都与夫妇、亲子、婚姻等人与人之间的关系较有影响。例如日支逢破，乃意味着配偶病弱或夫妻不睦。月支逢破，则父母兄弟手足会有灾伤，同时本人之性情与心性也易起变化。年支逢破，则财产有损，时支逢破，则子女有刑伤，或者本人晚年不遇。"(第 294 页)

再以上文中苏轼的命造作为例子来予以分析：

命例 1（b）［宋］苏轼命造

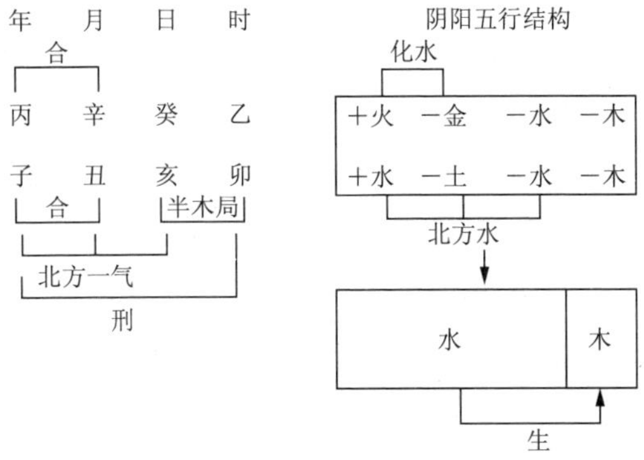

从刑冲会合的法则看，这个八字结构里有五个这样的关系：(1) 年干丙与月干辛相合；(2) 年支、月支和日支正好会成北方一气——亥子丑；(3) 年支子与月支丑相合；(4) 日支亥与时支卯半合木局；(5) 年支子与时支卯，构成“无礼之刑”。

首先，年干丙，五行原本属火；月干辛，五行属金。现在丙辛合，又生在冬天水旺之时，化合为水。其次，年支子与月支丑相合，合成土。日支亥与时支卯合成木的半合局，合成了木。但是，日支、年支和月支，又正好是亥、子、丑三字，气聚一方。根据上文谈到的，会方力量最大，这时，年支与月支之合，日支与时支之合，全都让位于这个“北方一气”了。

这样，年月日三支已全然是水了。而命造的日主是癸水，加上年月天干丙辛化水。于是，通过合化作用，前三柱六个字，简直就成了一片汪洋。水是智慧、活泼、圆融的象征，苏东坡先天秉承了这纯粹的水的性质，“可以推知他的人是智慧渊深、幽默、肥胖、肤色黝黑、毛发旺盛、眼神灵活的。而他的命运也像水一般，是起伏变动多端的。”[1]

[1] 钟义明《古今名人命运鉴赏》，第 266 页。

而时柱干支乙卯，为木。水生木。“旺的水要木来消泄”，正好木来宣泄这一片旺水，化为绝世才华，所以苏东坡才思汹涌，为唐宋八大家之一，所做诗赋文章，传诵千古。从这里我们看到，八字结构经过刑冲会合法则的作用，好像起了化学反应一样，有时会改变结构中原来五行分布的状态。

然而，也不能忽略年支子跟时支卯之间发生的相刑关系。“子卯相刑，晚年多难。”[1] 因为卯的位置在时柱，而时柱代表了八字命造的晚年。证之事实：由于新旧党争，苏东坡五十九岁被降职，接着贬居惠州；六十二岁，再贬居到当时的天涯海角——海南儋州；直到六十六岁去世的前一年才逢着大赦，最后在北归中原的路上病逝于常州。这位大文豪的晚年境遇的确是坎坷多灾啊！

三、纳音五行

从前一章看到，吕才《叙禄命》中用到纳音五行。而李虚中的古法模型主要使用了纳音五行来推演。那么，什么是纳音五行呢？

纳音就是五行跟五音的匹配。古代的五音是：宫、商、角、徵、羽。跟这五音相匹配的五行则是：土、金、木、火、水。《理气溯源》说：“盖纳音者，以干支分配于五行，而本音所生之五行，即为其干支所纳之音也。”[2] 这就是说，六十甲子中每一对干支（四个字），跟它们所匹配的五音所生的五行相一致。

下面是“六十花甲子纳音歌”：

表 5.9　六十花甲子纳音歌

甲子乙丑海中金，丙寅丁卯炉中火，

[1] 袁树栅《命谱》，第 125 页。
[2]《理气溯源》卷三，《考原》下。

戊辰己巳大林木，庚午辛未路旁土，
壬申癸酉剑锋金。甲戌乙亥山头火，
丙子丁丑涧下水，戊寅己卯城头土，
庚辰辛巳白蜡金，壬午癸未杨柳木。
甲申乙酉井泉水，丙戌丁亥屋上土，
戊子己丑霹雳火，庚寅辛卯松柏木，
壬辰癸巳长流水。甲午乙未沙中金，
丙申丁酉山下火，戊戌己亥平地木，
庚子辛丑壁上土，壬寅癸卯金箔金。
甲辰乙巳复灯火，丙午丁未天河水，
戊申己酉大驿土，庚戌辛亥钗钏金，
壬子癸丑桑拓木。甲寅乙卯大溪水，
丙辰丁巳沙中土，戊午己未天上火，
庚申辛酉石榴木，壬戌癸亥大海水。

根据这首纳音歌，就知道，干支甲子、乙丑属于“海中金”，干支丙寅、丁卯属于“炉中火”。事实上，在《李虚中命书》原文中尚未有纳音歌中“海中金”、“炉中火”之类的用词。这首六十花甲子纳音歌显然是在《李虚中命书》之后出现的。

如何较快地求出某个干支的纳音来？这可以通过一个简单的数字变化，得到某干支所属纳音。以下是一个转换表格（表 5.10）：[1]

按照此表，如果要知道干支甲子的纳音，只要查表，竖列甲为“一”数，子也为“一”，将这两个数相加，则为“二”，再查表，“二”数为金，所以，甲子纳音为金。那么，今年壬辰，纳音是什么？壬数为“五”，辰数为“三”，两数相加为八。五行最大数是“五”，如果干支所得数超过五，则减五。八减

[1] 许兴智《从科学观点看紫微斗数》，台北，时报文化出版，1995 年，第 49 页。

表 5.10　干支纳音数字转换表

天　　干	甲　丙　戊　庚　壬 乙　丁　己　辛　癸
地　　支	子　寅　辰 丑　卯　巳 午　申　戌 未　酉　亥
纳　　音	木　金　水　火　土
数	一　二　三　四　五

去五，余三。以此余数查表，壬辰的纳音则为水。

我们再以苏轼八字为例，查出它四柱的纳音来：

命例 1（c）［宋］苏轼命造

年	月	日	时
丙	辛	癸	乙
子	丑	亥	卯
涧下水	壁上土	大海水	大溪水

年柱丙子是涧下水，月柱辛丑是壁上土，日柱癸亥是大海水，时柱乙卯是大溪水。《五行精纪》引《广录》说："盛大者，忌变为小弱；小弱者，欲变为盛大。譬如先贫贱而后富贵则荣华，先富贵而后贫贱则卑辱。"[1]

苏轼的八字，"光照纳音五行的字面来看，我们也觉得这是一种奇特的格局：年为本，日为主，从'涧下水'的本，变为'大海水'的主，是由小变大，好比大英雄出生于寒微的家庭，超脱了凡俗，进入伟大的境界。再者，时是人生的归宿，他的时是'大溪水'，中间隔着一个月柱的'壁上土'，表示在人生的旅途中，曾受阻扰，最后还是能'源远流清'，且由'涧下'变为

[1]《五行精纪》，华龄出版社，第 11 页。

‘大溪’，是卒于他乡的。”——这是台湾地区钟义明依据纳音五行对苏轼八字做出的解释。[1]这是符合《五行精纪》所说的原则的。

在命理学史上，当徐子平的新法模型崛起后，这个新模型的特点是“专主五行，不主纳音”，于是，纳音五行就逐渐在后来的命理分析中“淡化”了。

四、五行四时用事

四时五行

命理学理论构建的基本原则是“天人合一”，那么，自然环境的生态变化状况，是命理学首先要关注的事。早期的《五行大义·论四时休王》中就做了这样的概括：

> 春则木王、火相、水休、金囚、土死；
> 夏则火王、土相、木休、水囚、金死；
> 六月（长夏）则土王、金相、火休、木囚、水死；
> 秋则金王、水相、土休、火囚、木死；
> 冬则水王、木相、金休、土囚、火死。[2]

这里，五行在四时（四季）及长夏（六月）中，根据其旺衰程度分为五种状态——旺、相、休、囚、死。比如春季木旺：

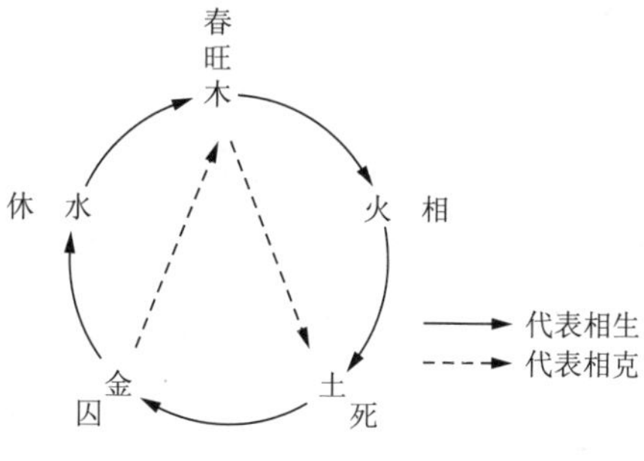

从图中可以看到，“旺”是指当令得时状态，也就是气的最强盛的阶段。“相”有将旺的意思，

[1] 钟义明《古今名人命运鉴赏》，第265—266页。
[2]《五行大义·论四时休王》（见《五行大义校注》，第53页）。

它是旺者所生之气，如春令木旺，木生火，故火在春令为相。“休”是指旺气已经过去，目前进入了休止阶段。它是生此当旺之气的气，如春令中，水生木，水为“休”。“囚”，是受困，不能自主，乏力不振之意。处于“囚”位的五行，它是克当令旺气的。由于力不胜旺，只能入“囚”了，如春令之金。“死”是指此时最弱的、完全丧失了力量的气。它是当令旺气所克的五行，如这里，春木克土，土就处于“死”的状态了。

事实上，这五种状态，在西汉初年的《淮南子》中，就已经有了初步的描写：

> 木壮、水老、火生、金囚、土死；
>
> 火壮、木老、土生、水囚、金死；
>
> 土壮、火老、金生、木囚、水死；
>
> 金壮、土老、水生、火囚、木死；
>
> 水壮、金老、木生、土囚、火死。[1]

其中的“壮”跟前述的“旺”(“王”) 匹配;“生”跟“相”匹配;“老”跟“休”匹配。名称略异，内涵则同。**它表现了自然界中五行在时间序列上呈周期性的旺衰起伏的变化**。这种对五行在四时中的周期变化历程的描写，对以后命理上的推演有着重要的意义。现列表如下：

表 5.11　五行四时用事

四时＼五行	木	火	土	金	水
春	旺	相	死	囚	休
夏	休	旺	相	死	囚
秋	死	囚	休	旺	相
冬	相	死	囚	休	旺
季	囚	休	旺	相	死

[1]《淮南子·地形训》，第 71 页。

这里的“季”是指春、夏、秋、冬四季的最后十八日，即立春、立夏、立秋、立冬各节气前十八日，为季土当令之时。

这跟前述的《论四时休王》篇中的归纳有差异。《论四时休王》篇中将“六月（长夏）”作为一个独立的季节单位，这是顺着汉朝盛行的路子走，跟中医《黄帝内经》一致：

春——夏——长夏（季夏）——秋——冬

然而，同在《五行大义》书中，《论生死所》篇则顺着《淮南子》下来，认为：木、火、土、金、水五行各旺七十二日。这确定了五行在一年中各自所旺的时间阶段，具体分配如下：

表 5.12　四时五行主事

春		夏		秋		冬	
正月　二月	三月	四月　五月	六月	七月　八月	九月	十月　十一月	十二月
木	土	火	土	金	土	水	土
72 天	18 天	72 天	18 天	72 天	18 天	72 天	18 天

这样，五行在一年内的周期性旺衰的日子就得到均等了。

十天干生死旺衰历程

接着，又进一步探求十个天干周行十二个地支的旺衰过程。这个十天干**生死旺衰历程**，也称天干十二运，可以列表如下：

表 5.13　十天干生死旺衰历程

	长生	沐浴	冠带	临官	帝旺	衰	病	死	墓	绝	胎	养
甲	亥	子	丑	寅	卯	辰	巳	午	未	申	酉	戌
乙	午	巳	辰	卯	寅	丑	子	亥	戌	酉	申	未
丙	寅	卯	辰	巳	午	未	申	酉	戌	亥	子	丑

（续表）

	长生	沐浴	冠带	临官	帝旺	衰	病	死	墓	绝	胎	养
丁	酉	申	未	午	巳	辰	卯	寅	丑	子	亥	戌
戊	寅	卯	辰	巳	午	未	申	酉	戌	亥	子	丑
己	酉	申	未	午	巳	辰	卯	寅	丑	子	亥	戌
庚	巳	午	未	申	酉	戌	亥	子	丑	寅	卯	辰
辛	子	亥	戌	酉	申	未	午	巳	辰	卯	寅	丑
壬	申	酉	戌	亥	子	丑	寅	卯	辰	巳	午	未
癸	卯	寅	丑	子	亥	戌	酉	申	未	午	巳	辰

这里，生死旺衰历程分成了十二个阶段，并配入十二个月中。这十二阶段是：长生、沐浴、冠带、临官、帝旺、衰、病、死、墓、绝、胎、养。它们各自的含义是：

长生——犹如婴儿之初生。

沐浴——犹出生后沐浴去垢，指幼儿阶段。

冠带——犹人渐长而需冠带。

临官——好像人由长而壮，可以出仕做官了。

帝旺——好像人的体力、智力都到达最旺盛的时候了。（但盛极也孕育了衰败的初兆。）

衰——盛极而衰，开始走下坡路了。

病——由衰败而生病。

死——由病而死。

墓——死而埋葬入墓。

绝——前气已绝，后气将续。

胎——后气继续结气成胎。

养——好像人养胎于母腹之中。

显然，它们表明了五行由盛而衰、由衰复盛、衰旺程度不同的十二个阶段。根据这十二个不同的阶段，可以得到以下天干十二运的寓意：

表 5.14　天干十二运寓意[1]

长生	如人之出生，充满希望：温和、善良、斯文、忠厚、圆满、福寿，发展，气宇轩昂，人缘良好，具有技术、艺术才能
沐浴	如出生后须沐浴以去污垢：喜新厌旧，不太安定，容易受外界影响，但个性颇为倔强，风流花俏
冠带	长大成人即将加冠：旺盛的进取心，乐观积极，有冲劲、斗志，不服输，名誉心、荣耀心强烈，喜玩弄权术、谋略
临官	具有独当一面的能力：心性旺盛，高洁、聪明、做事光明磊落，独立性强烈，喜外出谋生，不喜依赖家庭或祖业，满怀抱负，经过艰辛，获得成功
帝旺	人生之巅峰：功成名就，出人头地，心性上，会自傲自负，独断独行，好胜争强，喜冒险和投机
衰	步向衰老：秉性敦厚，稍欠积极性，保守妥协，不喜出风头，安于现状，喜安定生活
病	衰老而病，黄昏写照：消极苟安，身体与精神有点疲惫萎靡之象，富同情心
死	停止、静止，昏暗不明：心性焦虑不安，优柔寡断，经常自寻烦恼，急躁，喜钻牛角尖，少作为和进展
墓	埋葬、收藏：个性内向，生活朴素，不喜修饰外表，举止怪异，财运良好，略带吝啬，手足缘分淡薄
绝	漆黑、不明：焦躁不安，喜新厌旧，心浮气躁，没有耐心，常生性冲动，有头无尾，容易得意忘形，易受骗，也每每绝处逢生
胎	受气成胎，孕育另一新生命：充满好奇心，研究心，人情味，幽默之中有大智，好运常临
养	吸取养给，为长生之入门：代表发展、分家、创业、独立，心性敦厚，擅长交际，但容易满足于现状，缺乏奋斗意志和雄心，与生父母较缘薄

[1] 参阅陈柏谕《四柱八字阐微与实务》(上)“论十二运之寓意”。

然而，请注意，在天干生死旺衰历程中，阳干和阴干是不相同的（见表5.13），它们正好处于**相反的顺序**。

比如，甲木“长生”在亥，乙木则“死”在亥；甲木“死”在午，乙木则“长生”在午。这就是所谓“**阴生阳死**”，即阳干是顺着行走，从长生开始，沐浴、冠带、临官……，一直到养，再回到长生；阴干恰好是逆着行走，阳干的“死”正好是阴干的“长生”位置，然后，逆行，由长生开始，沐浴、冠带、临官……，一直到养，再回到长生。而阴干的“死”位，正好是阳干的“长生”位置。

这种阴生阳死的顺逆行走情况，在《李虚中命书》中已经提到：“阴生阳死，逆顺相因，甲气申方，乙绝酉位。”[1]这里，“申”正是阳干甲的“绝”，而“酉”是阴干乙的“绝”位。

此外，这十个天干周行十二个地支的旺衰过程中，五行中的火与土周行顺序是一致的。也就是说，阳干丙火与戊土所临十二地支的状况完全相同，阴干丁火与己土完全一致。这是命理学上所谓的“**火土同行**”。[2]

关于十天干在十二地支的生死旺衰历程，是命理学史上经常争论的问题。不少学者认为，只要有五行在十二地支的生死旺衰就行了，这样木不必再分甲、乙，火不必再分丙、丁，等等。于是，阴阳同生死，避免了同一个地支，阳干为“长生”、阴干却为“死”地的不甚合理的情况。

然而，当阳干和阴干在“死”与“绝”的位置上，“阳顺阴逆”又似乎可以给予更细腻的描写。比如，甲木死于午，绝于申。午中“藏遁”是丁火、己土，尽是泄耗之物。而申中，则藏有庚金、壬水、戊土。其中的壬水反倒可以用来灌溉甲木，这是“绝”地逢“生”。反过来，乙木死于亥，绝于酉。

---

[1]《李虚中命书》，《四库术数类丛书》（七），第809—17页。
[2]在西汉京房把五行的态势引进易卦的时候，采取的是“水土同行”。因此，早期命理学也是采取“水土同行”的。在《李虚中命书》中采取的也还是“水土同行”。到《渊海子平》，则完全是“火土同行”了。

亥中有壬水、甲木，“死”中有“生”。但酉中辛金，则真成了乙木的“绝地”。显然，阳干和阴干对于“死”和“绝”的不同性质，只有从“阳顺阴逆”的角度，才能更好地予以认识。[1]

我们仍以苏轼命造为例，以日干癸水为主，从表 5.13 中查出它所临的年月日时地支的盛衰状况：

命例 1（d） [宋] 苏轼命造

年	月	日	时
丙	辛	癸	乙
子	丑	亥	卯
临官	冠带	帝旺	长生

观察十天干生旺死绝历程表，实际上它把整个周而复始的过程划分为了三个阶段：从长生，经过沐浴、冠带、临官，到帝旺，这是第一个阶段，比喻新生儿从出生，一直到人生最旺盛的时候；然后，从衰开始，经过病、死、墓，一直到绝，这是第二个阶段，由强盛走向衰败；以后是胎和养，这是重新孕育新的生命的阶段。[2] 可以图示如右：

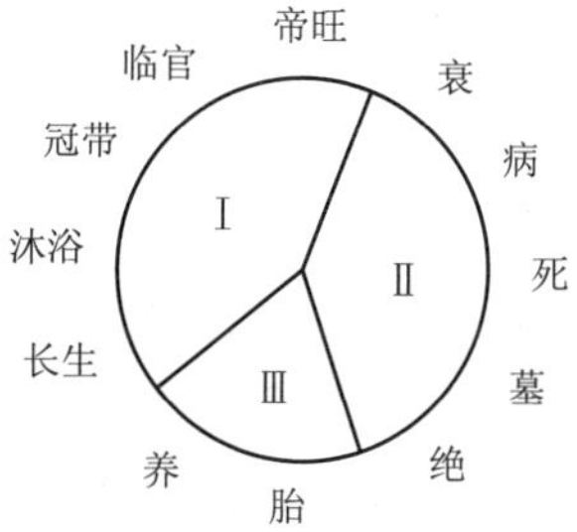

然而，在实际操作中，沐浴是强中之弱，

[1] 刘文元在《四柱命理正源》中认为：“十天干生旺死绝表所列的十二种状态，反映了某种天干五行的气数状态，不是衡量五行旺衰的标准。”“五行的旺、相、休、囚、死与五行的十二生旺死绝有着本质上的区别。旺、相、休、囚、死是以月令为基准来衡量每种五行旺衰程度的一种标准。而十二状态（长生、沐浴、冠带……）是确认某种五行气数状态的一种标志。”（第 7—8 页）

[2] 徐伟刚在《子平正解》中说：“大概而言，长生十二诀中以‘长生、禄、帝旺、库’为四吉为有气；以‘沐浴、病、死、绝’为四凶；以‘冠带、衰、胎、养’为四平；这种四吉四凶四平的运用法则极其重要。”（第 46 页）这是值得参考的意见。

而墓库是弱中之强。

在苏轼命造中，年支是临官，月支是冠带，日支是帝旺，时支是长生，对于日主来说，四个地支全都处于生旺死绝历程中的第一个阶段内，这是人生最有活力、朝气蓬勃的阶段啊！

再进一步对照天干十二运寓意（表 5.14），长生——新生，充满了希望；冠带——乐观进取；临官——满怀抱负，光明磊落，不辞辛劳；帝旺——出人头地，也有自傲自负。显而易见，我们这位性情洒脱的大文豪的生命力有多么旺盛啊！

地支藏遁

徐子平《珞琭子三命消息赋》注本中对五行四时分布作了充分肯定，[1]而且在此基础上进一步改变了古法，以日干、日支、以及支中所藏人元为“三元”，并对地支所藏天干的具体内容，即人元，或称“地支藏遁”，进行了建构。而建构的基础正是对五行在四时**周期性**变化中的深刻认识。

《渊海子平》则深化了这种认识，作出了更精细的分析，称为“月令五行分日用事”。[2]可以列表如下：

[1]《珞琭子三命消息赋》徐子平注“卷上”：“四气者，布木、火、水、金以为四时，各旺七十二日，土旺四季，各旺十八日，故为一年，五行之休旺也。”(《四库术数类丛书》(七)，第 809—159 页。)

[2] 见《渊海子平·又论节气歌》：

看命先须看日主，八字始能究奥理。假如子上十日壬，中旬下旬方是癸。丑宫九日癸之余，除却三辛皆属己。寅宫戊丙各七朝，十六甲木方堪器。卯宫阳木朝初旬，中下两旬阴木是。三月九朝仍是乙，三日癸库余戊奇。初夏九日生庚金，十六丙火五戊时。午宫阳火属上旬，丁火十日九日己。未宫九日丁火明，三朝是乙余是己。孟秋己七戊三朝，三壬十七庚金备。酉宫还有十日庚，二十辛金属旺地。戌宫九日辛金胜，三丁十八戊土具。亥宫七戊五日甲，余皆壬旺君须记。须知得一拟三分，此诀先贤与验秘。

表 5.15　月令五行分日用事

正月	二月	三月	四月	五月	六月
寅	卯	辰	巳	午	未
立春　雨水	惊蛰　春分	清明　谷雨	立夏　小满	芒种　夏至	小暑　大暑
戊 7 日　丙 7 日　甲 16 日	甲 10 日　乙 20 日	乙 9 日　癸 3 日　戊 18 日	戊 5 日　庚 9 日　丙 16 日	丙 10 日　己 10 日　丁 10 日	丁 9 日　乙 3 日　己 18 日
七月	八月	九月	十月	十一月	十二月
申	酉	戌	亥	子	丑
立秋　处暑	白露　秋分	寒露　霜降	立冬　小雪	大雪　冬至	小寒　大寒
己 7 日　戊 3 日　壬 3 日　庚 17 日	庚 10 日　辛 20 日	辛 9 日　丁 3 日　戊 18 日	戊 7 日　甲 5 日　壬 18 日	壬 10 日　癸 20 日	癸 9 日　辛 3 日　己 18 日

从表中可以看到，在正月，先是戊土主事七天，接着是丙火主事七天，再接下来是甲木主事十六天。接着是二月，承接正月甲木，继续主事十天，接下来是乙木主事二十天。接着是三月，承继二月乙木，继续主事九天，接着是癸水主事三天，接下来是戊土主事十八天。……

根据各月五行分日主事的具体内容，《渊海子平》用下面的《地支藏遁歌》概括了各地支内所含有的天干即人元的情况[1]：

子宫癸水在其中，丑癸辛金己土同。

寅宫甲木兼丙戊，卯宫乙木独相逢。

辰藏乙戊三分癸，巳中庚金丙戊丛。

午宫丁火并己土，未宫乙己丁共宗。

申位庚金壬水戊，酉宫辛金独丰隆。

戌宫辛金及丁戊，亥藏壬甲是真踪。

[1] 考察“地支藏遁”跟“月令五行分日用事”的差异，基本上是将一月中同类的五行予以归并，如卯月（二月）中有甲、乙主事，则仅取乙为“藏遁”地支。

于是各地支所含有的天干情况，可以制表如下：

表 5.16　地支藏遁表

子	丑	寅	卯	辰	巳	午	未	申	酉	戌	亥
癸水	己土 癸水 辛金	甲木 丙火 戊土	乙木	戊土 乙木 癸水	丙火 庚金 戊土	丁火 己土	己土 丁火 乙木	庚金 壬水 戊土	辛金	戊土 辛金 丁火	壬水 甲木

各支所藏的第一位是这个地支的**本气**，如寅中第一位所藏是甲木，为其本气，其他是附属之气。如果对照五行生旺死绝历程，地支寅、申、巳、亥为“四长生”。辰、戌、丑、未为“四墓库”，各藏三物，谓之**杂气**。具体而言，比如辰，内藏戊土、乙木、癸水。戊土是本气，乙木是余气，癸水是墓气。子、午、卯、酉为“四专气”（也称“四仲”、“四正”），因为各藏一物。至于午中之己，是附丁而生。

我们再作进一步分析，以木为例。在地支藏遁中有甲、乙木的，共有五个地支：亥、寅、卯、辰、未。它们分布可以图示如下：

地支寅、卯、辰，是春天正月、二月、三月。春天是木气旺的时候，地支自然都有木。亥是十月，亥中也含有木，因为亥是木的发生点。虽然在冬季，是水旺之时，因为母旺子相，水气孕育了木气，故亥是木气的“长生”。

未是六月，未中也含有木，是木气的归宿点。因为夏天是火旺之时，到了火走向衰的时候，木也完成了自己生火的使命，进入了“墓”地。亥、卯、未合木局，正是木气的发生点、最旺点和入墓点的会合。在木的最旺点卯之前，亥和寅，藏遁为阳木甲，正是木气向旺升发的过程；到了最旺点，则由旺极向衰转化，所以卯、辰、未所藏皆为阴木乙了。地支藏遁实际上扼要地展示了天地五行之气的周流的过程。

正因为寅、申、巳、亥是四个长生点，它们除本气以外，含有各自长生之气，长生点是生发点，因此，阳气充足，寅、申、巳、亥四个地支的本气、含气全为阳。

子、午、卯、酉是四个帝旺点，气专而强，但物盛则亏，器满则损，阳极反阴，所以子、午、卯、酉本气、含气俱为阴。

辰、戌、丑、未为四墓库点，本气为土，辰、戌为阳土；丑、未为阴土。但其中所含之余气、墓气，是物之终结，归葬于墓，故墓中所含之气皆为阴。

经过对地支藏遁的建构，传统命理学今法模型的所谓的“三元”也就齐备了。跟古法模型的“三元”(即年干为天元禄，年支为地元命，年干支纳音为人元身）不同，它直接把天干称为“天元”，地支称为“地元”，地支所藏称为“人元”。人元者，是指人处于天、地之间，虽由“阴地”孕育而成，但须受“天之阳气”始能为功，所以地支“暗藏”了天干之气，表征了天、地、人三者的统一。

有了“地支藏遁”的转换，对于八字结构内的符号就可以进行直接的比较了。比如，上面的苏轼命例，我们可以将地支中的人元标记出来：

命例 1（e）［宋］苏轼命造

	年	月	日	时
天元	丙	辛	癸	乙
地元	子	丑	亥	卯
人元（地支藏遁）	癸	己	壬	乙
		癸	甲	
		辛		

→

阴阳五行结构

＋火	－金	－水	－木
－水	－土	＋水	－木
	－水	＋木	
	－金		

通过将地支中的人元标记出来，八字结构中的阴阳五行成分可以统一于天干符号，这就为进一步的分析做好了准备。

然而，因为人元依附于地支，这就使地支的性质更加复杂了。比如六阳支的“子”和“午”，它们的本质是属阳，但其中所藏的人元却全属阴；六阴支的“巳”和“亥”，它们的本质是属阴，所藏人元却全属阳。此外，六阳支中的“辰”和“戌”，其中所藏的人元也并非全阳，而是阳中有阴。所以，如果以人元所依附的地支来论，真正全阳的只有寅、申、巳、亥四个，真正全阴的则有子、午、卯、酉、丑、未六个。阴阳混合的有辰、戌两个。当我们在讨论四柱纯阴或四柱纯阳的命造时，就要特别注意其中人元的情况了。

五、日主强弱

问题的提出

在早期命理中，往往注重于“官爵”。在吕才的《叙禄命》中，曾五次提到“法无官爵”。到《李虚中命书》时，则注重“禄”和“财”。论命从年柱干支出发，“干主名禄贵权，为衣食受用之基；支主金珠积富，为得失荣枯之本”，而断贵贱是主要的论命内容。比如“主本保和，未有贫贱之人；时日乖违，岂有久荣之理”[1]等。

但是，《李虚中命书》中出现过这么两句话：“过犹不及，游移颠倒；气数中庸，应期而发。(注文：五行喜刚柔得中，三命忌盛衰太过。)”[2]这是说，五行强弱，以中庸为贵。这可能是最早的命理学谈及命局中阴阳五行需要保持“中庸”或“中和”的地方。

徐子平初创今法模型时，也是注重财官。但他注意到五行在四时中的旺

[1][2]《李虚中命书》，《四库术数类丛书》(七)，第809—14页。

衰变化，五行在十二月中的旺衰变化，因此，命局结构中干支的强弱状态，包括财和官的盛衰情况，都需要放到出生时外部生态环境的五行盛衰中去考察。徐子平《珞琭子三命消息赋》注文说：

气者，四时向背之气也。假如六甲六乙生日，春生则无官，夏生则有财，秋生则向禄，冬生则生旺。……五行当权者，用之为福，不当权者，用之无庆。

这是说，日主若以甲乙木为例，春天出生，因为克制它的五行是属金的"官"，此时金正处于衰弱的状态，所以"无官"，即无官禄可言；夏天出生，因为木所克的土是"财"，夏天火旺土也旺，所以可以"有财"；秋天出生，这是金旺的时候，金是木的"官"，自然可以"向禄"，即得到官爵；冬天出生，则是自身旺。这里十分强调需要考察财和官本身所处的时令盛衰状况。

到了徐大升的《子平渊源》，作为命局中财和官的对立方面——日主自身的状态，即日干"强弱"，便正式纳入了论命的思考程式中。《定真论》说：

以日为己身，当推其干，搜用八字，为内外生克取舍之源。日干弱，则求气旺之籍；有余，则欲不足之营。

这是说，日干作为自身，需要在八字内外寻找它的根基。按照中和的原则，弱了，就需要扶持；如果太强了，则要求予以抑制，目标是求得平衡。

《继善篇》说：

是知五行不可偏枯，务秉中和之气；更能绝虑忘思，鉴命无差无误。

这是进一步说：人秉阴阳五行之气而生，五行之气不可偏枯，所以论命要查命局中五行之气是否中和，静心思考，然后判断吉凶，这样就不会发生错误了。

这里，提出了命理推断的第一个重点：**日主强弱**问题。

强弱的判断

如何来判断日主的强弱呢？

一般的原则是观察日主是否：(1) 得令，(2) 得地，(3) 得助。

所谓“得令”，就是指八字中月令地支属于日主旺相的季节。比如，日主甲木生于春冬，就是得令。得令自然强盛。

所谓“得地”，是指日主在年、日或时的地支上有根基。比如，日主甲木在年、日或时的地支上见到寅、卯或亥，因为亥为甲木之长生，寅为甲木之禄，卯为甲木之羊刃，日主见此根基，自然增强了自身的力量。

所谓“得助”，是指四柱多帮扶。比如日主甲木，四柱干支多见水和木。因为水可以生扶甲木；木可以比助甲木。

一般来说，(1) 既当令，又多帮扶，视为“最强”；

(2) 失令但多帮扶，可视为“中强”；

(3) 虽不当令，也少帮扶，但年、日、时支得根基，可为“次强”；

(4) 虽当令，但年、日、时地支无根基，为“次弱”；

(5) 虽当令，但四柱多克泄，则为“中弱”；

(6) 既失令，又多克泄，是为“最弱”。[1]

对于日主强弱比较明显的八字，这样的观察已经可以得到基本的强弱评估了。

当然，还可以作进一步的观察和比较：

首先，一个八字结构内的五行成分可以归为两大类：

一类称之为**“日主同方”**。它包括日主本身；跟日主同样的五行（“同我”）；以及生日主的五行（“生我”）。跟日主同类的五行，或是生扶日主的五行，当然跟日主是站在同一条阵线上的，体现了日主一方的力量。

另一类则称为**“日主异方”**。它包括克日主的五行（“克我”）；日主所克的五行（“我克”）；以及日主所生的五行（“我生”）。克日主者，即“克我”

[1] 参见韦千里《韦氏命学讲义》,《相命全书》, 第44—47页。

者，当然是日主的敌对势力；“我克”者和“我生”者，也都是要消耗“我”的能量，因此，它们都属于日主的对立面——“日主异方”了。

可以图示如下：

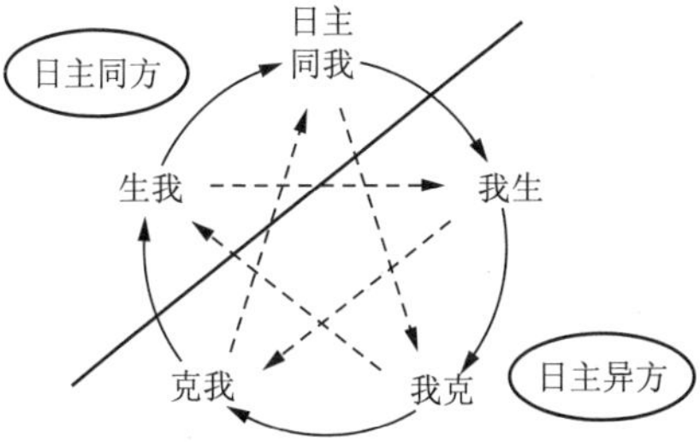

图 5.1　日主同方和日主异方示意

然后，比较双方的力量，便可以得到日主强弱状态的大致评估。

接着，还要将这样的评估，放置于**外部自然生态环境下**来考察。因为结构中的要素在不同的时令情况下，其旺衰程度并不一样。比如，同样是“木”，春天的“木”和秋天的“木”，前者“旺”，后者“死”，其强弱程度就大不一样了。这时，八字结构中的月令“提纲”就很重要，因为它联系着出生时外部自然生态的基本状况。经过这样的考察，然后可以得到相应的结论。

这里，我们以明朝抗倭名将戚继光[1]命造为例，来予以分析。袁树珊《命谱》记录戚继光生于明世宗嘉靖七年闰十月初一（1528 年 11 月 12 日）亥时，八字结构如下：[2]

---

[1] 戚继光（1528—1588），字元敬，号南塘，晚号孟诸，汉族，祖籍今安徽定远，山东登州人。明朝著名抗倭将领、军事家。率军之日于浙、闽、粤沿海诸地抗击来犯倭寇，历十余年，大小八十余战，终于扫平倭寇之患，被誉为民族英雄，卒谥武毅。世称其带领的军队为“戚家军”。

[2] 见袁树珊《命谱》，第 269 页。《三命通会》载戚继光八字，仅注“戚继光都督名将”七字。

命例 2（a）［明］戚继光命造

	年	月	日	时
天元	戊	癸	己	乙
地元	子	亥	巳	亥
人元 （地支藏遁）	癸	壬 甲	丙 庚 戊	壬 甲

→

阴阳五行结构

+土	−水	−土	−木
−水	+水 +木	+火 +金 +土	+水 +木

根据此命造的“阴阳五行结构”（天元，人元），我们可以作以下五行成分强弱比较的简略分析：

表 5.17　命造日主强弱分析

日主同方	日主异方
日主及同我—土：3（囚） 生我—火：1（死）	克我—木：3（相） 我克—水：4（旺） 我生—金：1（休）
共计：　4	8

这里，按照上文所述的分析方法，把阴阳结构中的成分按五行归类，分为“日主同方”和“日主异方”两大类，并将其同类相加数量分别置入表中，同时根据“五行四时用事”（表 5.11），把此月五行旺衰状况标记在数字后面。此命造生于冬季亥月，是水旺、木相、金休、土囚、火死。

根据上表情况，很明显，日主一方处于弱势（既不当令，数量又少）；而日主异方处于强势（处于旺、相、休，且多数量）。因此，此命造可以判断为：日主偏弱。

当然，这个比较还是比较粗陋的。（因为在地支藏遁中，各五行要素成分的“份量”并不相同，可以参考表 5.15“月令五行分日用事”进一步做细化分析。[1]）

［1］见拙作《又一种“基因”的探索》“10. 编码程式”。

还可以进一步把前面谈到的刑冲会合法则、十干生死旺衰历程、纳音等都放进去，加以考察：

命例 2（b）［明］戚继光命造

<table>
<tr><td>年</td><td>月</td><td>日</td><td>时</td></tr>
<tr><td colspan="2">合</td><td></td><td></td></tr>
<tr><td>戊</td><td>癸</td><td>己</td><td>乙</td></tr>
<tr><td>子</td><td>亥</td><td>巳</td><td>亥</td></tr>
<tr><td></td><td colspan="2">冲</td><td></td></tr>
<tr><td></td><td></td><td colspan="2">冲</td></tr>
<tr><td></td><td colspan="3">刑</td></tr>
<tr><td>绝</td><td>胎</td><td>帝旺</td><td>胎</td></tr>
<tr><td></td><td>空亡</td><td></td><td>空亡</td></tr>
<tr><td>霹雳火</td><td>大海水</td><td>大林木</td><td>山头火</td></tr>
</table>

基本上并没有改变以上日主偏弱的结论。

扶抑用神

有了基本的强弱评估，接下来的关键，就在于能否在八字结构中找到解决问题的机制。

戚继光命造，既然日主偏弱，自然应当采取**扶助**的手段，而不是采取**抑制**的手段，这样才能帮助日主求得平衡。“扶助”可以具体分为“扶”和“助”：“生我”的五行跟日主的关系是“扶”；“同我”的五行跟日主的关系就是“助”了。

那么，这个命局内部本身有没有“扶”或“助”的机制呢？——有。这一点非常重要，因为命局是内因，是根本。在这个八字中，日支巳火是承担这个任务的最佳选择。因为巳火可以生日主己土。同时，巳中有藏遁戊土，它又是日主己土之根（巳为己土之帝旺）。于是，这个“巳”字，在传统命理学分析中，可以被称为是“**用神**”。图示如下：

命例2（c）［明］戚继光命造

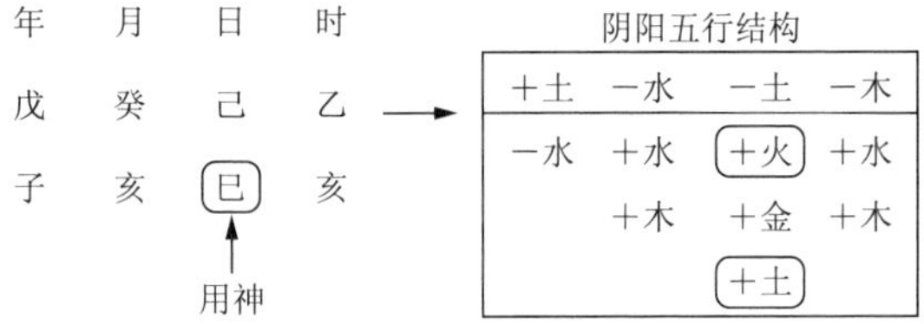

这里的“用神”是指**“有用之神”**（以区别于前一章所谈到的“用事之神”）。**它的功能是帮助命局恢复平衡**。因为它涉及命局的**日主强弱问题**，这类“用神”也就称为**“扶抑用神”**。

“不平衡”本是自然界中常见的现象。因此，八字结构中出现了不平衡的状态并不足虑。问题是八字结构内部有没有使之恢复平衡的机制。有恢复平衡的机制，比如，这个命例中的“扶抑用神”——巳火，有了它，整个八字就有了“生机”。

一般来说，具有“用神”的八字结构是一个比较良好的结构。《继善篇》说：“用神不可损伤，日主最宜健旺。”就是说，八字结构中既然有了“用神”，希望它不要受到“损伤”。若受到损伤，它就无法再承担起它应有的作用。这是十分重要的。

所以，作为八字结构分析的一个重要视角——**强弱分析**，主要是分析日主的强弱状态。依据强弱情况，以“中和”原则或平衡原理，来决定或“扶”、或“抑”的基本策略，同时寻找八字中是否具有完成这个扶抑功能的机制——扶抑用神。然后，根据强弱状态和扶抑用神的完备情况，可以给八字结构一个基本的评判。这就是强弱分析的主要内容。

我们若用同样的方法去考察前面提到的苏轼的命造，不难发现，它是一个日主很强的结构，恰与戚继光的八字形成了鲜明的对比。一般来说，衰者宜扶，强者宜抑。扶，即是扶和助；抑，也就是克制。但是，如果出现日主过强时，则反而是宜泄不宜克了。就是说，在**过强**的势力面前，顺其势，用宣泄的手段则比直接克制更为有利。所以在苏轼命造中，日主同方是一片强旺之水，而时干乙木恰是宣泄这旺水的上佳用神。(见命例 1（b））

扶抑策略：衰者宜扶，强者宜抑，过强者宜泄

六、大运和流年

如何排大运？

具体讨论运程，最初见于《李虚中命书》。文中提出了“三运九限”。所谓“三运”，包括了大运、小运、气运，以及“太岁”(即流年)。对于大运的推算方法，《李虚中命书》已经有了交代：

> 自生得节日为初，阳男阴女，顺而理；阴男阳女，逆而推。向者数之未来，背者用之以往。十干分之为月，三日成之一年。相背之数，须得其实。未来无日，谓当日得节也。

《珞琭子三命消息赋》更明确地说：

> 运行则一辰十岁，折除乃三日为年；精休旺以为妙，穷通变以为玄。[1]

在《渊海子平》“论起大运法”中则做了具体说明：

> 凡起大运，俱从所生之日，阳男阴女，顺行数至未来节；阴男阳女，逆行数已过去节，俱折除三日，以为一岁。阳男阴女顺运。……阴男阳女逆运。……[2]

可见大运是根据**阳男阴女顺行**、**阴男阳女逆行**的法则，从八字的**月柱干支**中推导出来的。这里，“阳男阴女”是指：男命生于甲、丙、戊、庚、壬年，名为“阳男”，即男命出生于年干为阳的年份；女命生于乙、丁、己、

[1] 见《四库术数类丛书》(七)，第 809—159 页。
[2]《渊海子平·论起大运法》。

辛、癸年，名为“阴女”，即女命出生于年干为阴的年份。相反，“阴男”是指男命出生于年干为阴的年份；“阳女”是指女命出生于年干为阳的年份。

阳男阴女，大运从月柱干支顺推；阴男阳女，大运从月柱干支逆推。然后，顺推者，按出生时间顺推数至未来的**节气**（不是“中气”），“折除乃三日为年”，得到大运的起始时间；逆推者，则从出生时间倒推、回到已过的那个**节气**，也是“折除乃三日为年”，得到大运的起始时间。无论大运是顺行还是逆行，每一柱干支管十年。[1]

比如，我们在第三章中提到2012年2月1日上午9至11时出生的八字结构：

年	月	日	时
辛	辛	壬	乙
卯	丑	辰	巳

如果在这个时间出生的是男孩，那么，他的大运是：

大运：（逆行）

月柱	9岁	19	29	39	49	59	69
辛	庚	己	戊	丁	丙	乙	甲
丑	子	亥	戌	酉	申	未	午

如果此时出生的是女孩，她的大运的起运时间及其方向就不同了：

大运：（顺行）

月柱	1岁	11	21	31	41	51	61
辛	壬	癸	甲	乙	丙	丁	戊
丑	寅	卯	辰	巳	午	未	申

[1] 在第三章最后一节的注解中已经指出，目前计算机网络上有不少“四柱八字线上排盘系统”可供免费使用。它们在排出八字结构的同时，一般也显现大运和流年。

因为出生于辛卯年，年干辛，属性为阴，所以是男命大运逆推，女命大运顺推。2012 年 2 月 1 日巳时，处于节气小寒与立春之间。小寒是 2012 年 1 月 6 日 6 时 41 分；立春是 2012 年 2 月 4 日 18 时 40 分。所谓逆推，是从出生当时逆数到前一个节气，即小寒的时间，然后除以 3（以足 3 为一年，余者折换成月日），得到起运的时间。这里实际时间是：命主于出生后 8 年 8 个月 21 天 0 小时开始起运。这里写作 9 岁起运。（起运岁数，目前一般都以**实岁**来记；而古代则以**虚岁**来记。）以后干支逆排，每一组干支作为相关的十年大运看待。

对于同时出生的女孩，则顺推：从出生时间数到未来的立春，再除以 3，得到起运时间为：出生后 1 年 1 个月 8 天 22 小时开始起运。这里写作 1 岁起运，大运干支则顺着排出，每一柱干支为十年。

目前计算机网络上有不少“四柱八字线上排盘系统”可供免费使用。它们在排出八字结构的同时，一般也显现大运和流年。但要注意输入正确的出生时间以及性别。**出生年份和性别是决定大运顺逆的关键**。

流年

至于流年，也称“太岁”、“岁君”，是按原局年柱干支顺序排列出来的。每组干支管一年。比如，对上述出生的孩子来说，出生时的流年就是年柱辛卯，过了立春后就是 2012 年壬辰，明年 2013 年是癸巳，以此顺推。或者，也可以直接查历书。比如，农历 2014 年是甲午，农历 2015 年是乙未等。

运、岁的优劣

关于大运，《渊海子平》指出：

子平之法，大运看支，岁君看干。……须随格局喜忌推之，不可执一。妙在识其变通，拙说如神。干旺宜行衰运，干弱宜旺运。正乃干弱则求气旺之籍，有余则不足之营，须要通变。[1]

显然，《渊海子平》的看法是：**大运重地支**，**流年重天干**，即“大运看支，岁君看干”。同时，大运须跟八字结构中日主旺衰相联系：“干旺宜行衰运，干弱宜旺运。”比如，日主弱，大运须行帮扶日主的五行；日主强，则大运须走抑制日主的五行，这样方才是好运。

万民英在《三命通会》中进一步说：

> 大运者，乃八字之表里也。凡行运在干，兼用地支之神，在支则弃天干之物；盖大运重地支，故有东方、南方、西方、北方之辩。损用神者，欲运制之；益用神者，欲运生之。[2]

这里，《三命通会》重申了“大运重地支”的看法。理由是“有东方、南方、西方、北方之辩”。这是因为在大运中，地支无论顺序或逆序，都会以构成三会方的三个连续成分出现，比如东方一气是寅、卯、辰，这样，载上天干，三柱就是三十年。三十年在人生的旅途中不是一个短暂的时间，而大运地支指示了发展的趋势，故值得重视。

《三命通会》还指出，大运的喜忌要跟八字内的**用神**挂起钩来：对扶持用神的成分，要尽量帮助；同时，对于“损用神者”，即破坏用神的成分，要做出抑制。这也是辨别大运优劣的原则。

下面就直接罗列《命谱》中给出的戚继光命造的大运来予以讨论：[3]

大运：

5岁	15	25	35	45	55
甲	乙	丙	丁	戊	己
子	丑	寅	卯	辰	巳

→

25	35	45
+火	-火	+土
+木	-木	+土
+火		-木
+土		-水

[1]《渊海子平·论大运》。
[2]《三命通会·论大运》，第127页。
[3]《命谱》是以虚岁标记的。以下也以虚岁论。

根据前述的戚继光的八字分析，日主偏弱。命造日主为己土，大运喜走火和土，因为火和土是帮扶日主的；不喜木、金、水，因为它们是抑制日主的。这是从命局内五行盛衰得出的认识。所以，大体而言，大运火、土是好运。

然而，如果我们确认其日支巳火是命局中的用神，那么，根据《三命通会》的提示，凡是帮助和支持日支巳火的大运，相对说，就是好运；抑制、破坏日支巳火的大运，就是败运。这样，又把分析引向了深处。

观察上面所列的大运，戚继光是比较幸运的，大部分人生走的都是好运。从大方面讲，中年是东方运，即地支为寅、卯、辰，它们是辅助用神巳火的。更庆幸的是，地支寅、卯上，载着丙、丁火，这样，丙、丁得地，木助火势，而火生日主己土，于是日主由弱而强，发挥自己的天赋才能，成就一代名将彪炳史册的功业。

再进一步分析，二十五岁至三十五岁丙寅运，是一步很好的运。丙火不仅生日主己土，而且还起着温暖冬令寒土的作用；寅木中藏有丙火，使干支同气，而且还能合绊月支亥水（寅亥六合），减轻它对用神巳火的冲克。所以自二十八岁——嘉靖二十四年（1555 年）调任浙江都司，任参军，镇守临海一带，开始编组“戚家军”，成为抗倭的军事主力。嘉靖四十年（1561 年），在台州、仙居、桃渚等处大胜倭寇，九战皆捷。次年奉调援闽，连破倭寇巢穴横屿、牛田、兴化，闽境倭寇主力被消灭殆尽。因功升署都督佥事。嘉靖四十二年（1563 年）再援福建，破倭寇巢穴平海卫（今莆田东南），进官都督同知，升福建总兵，是年三十五岁。戚继光曾为诗曰：“南北驱驰报主情，江花边月笑平生，一年三百六十日，多是横戈马上行。”保家卫国的壮士豪情，尽付笔下。

接着，丁卯、戊辰，也都是好运。平定倭寇之后，于四十岁——隆庆二年（1568 年），明朝政府特召戚继光为都督同知，总理北方蓟州、昌平、保定三镇练兵事，防御蒙古入侵。他加强战备，修筑御敌高台，修补增建万里长城，设立武学，训练将士，使防御巩固，京师（今北京）安全。可见连续的好运对戚继光完成其承担的历史使命是十分重要的。

关于流年，《渊海子平》说：

> 太岁乃年中天子，故不可犯，犯之则凶。经云：日犯岁君，灾殃必重。五行有救，其年反必招财。……大抵太岁不可伤之，相生者吉。乃五行有救，其年反必为财。犯岁君者，其年必主凶丧。[1]

这里十分强调“相生”、“相克”，或刑冲会合的关系。一般来说，不喜出现“冲克”流年干支的情况，因为流年是“太岁”，是“君”，不可侵犯，尤其是“日犯岁君，灾殃必重”。比如，某个命造的日柱干支是“戊戌”，遇到今年流年是“壬辰”，则构成“日犯岁君”，此年就可能成为“凶年”。但此时，其他干支中有“庚”或“辛”，因为金的出现，使土能生金，而金又能生水，这样就缓和了土和水之间的争战，于是“五行有救，其年反必为财”，因为水是日主戊土的财。

我们再来看戚继光的命例。戚继光的晚年不顺利，这在他的八字里是有所显露的：

命例 2（d）［明］戚继光命造

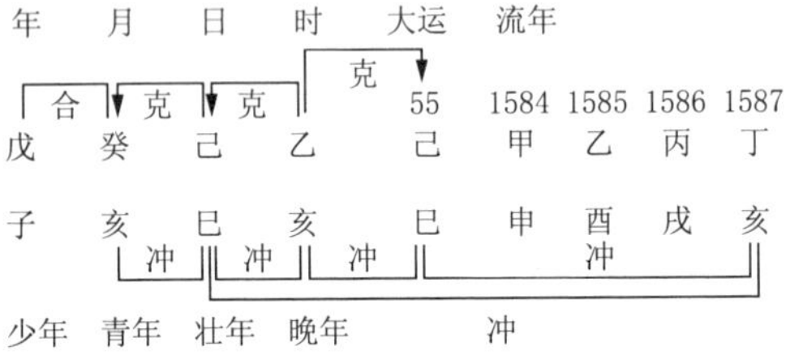

在此八字中，第二柱（月柱）癸亥与第三柱（日柱）己巳干支天克地冲；第三柱（日柱）己巳又跟第四柱（时柱）乙亥干支天克地冲。但年干戊土与月干癸水相合，羁绊了月干癸水，由此缓解了月柱与日主的天克地冲。可是

[1]《渊海子平·论太岁吉凶》。

日干支与时干支之间的冲克仍无法解救。

时柱主晚年，影射了戚继光晚年可能境况暗淡。而他最后一步大运己巳，又跟时柱乙亥天克地冲。事实上，在这段时间内，他被调职、罢官，妻子离异，最后郁郁而终。

再查其流年，当重用他的内阁大学士张居正[1]去世后，反对派群起攻击，戚继光受到牵连。万历十一年（1583 年）戚继光被南调镇守广东，这年是癸未。万历十三年（1585 年）再被诬陷夺职，回到家乡登州。最后贫病交加，[2]于万历十五年十二月十二日[3]（1588 年 1 月 20 日）逝世。这最后几年的流年是甲申、乙酉、丙戌和丁亥。甲申、乙酉、丁亥，或者合去八字内用神巳火（巳申合，巳酉半合局），或者是冲去八字用神巳火（巳亥冲），都是不利于命造的。尤其是六十岁丁亥年，合着命局中已有的两个亥水，变成三亥冲一巳，于是巳火用神被扑灭。“鸡三号”，[4]一代将星陨落，令后人为之叹息。

---

[1] 张居正（1525—1582），祖籍安徽凤阳，湖北江陵人。字叔大，号太岳，谥号“文忠”。明朝杰出的政治家和改革家。

[2] 见黄仁宇《万历十五年》：“戚继光死去以前，他的妻子已经遗弃了他，他以前统帅十万大军，素以慷慨著称，对朋友尤为豪爽。他不事私蓄，在被斥退以后，竟至一贫如洗，甚至医药不备。”（内蒙古文化出版社，1996 年，第 217 页）

[3] 这里按黄仁宇《万历十五年》的记载（第 187 页）。袁树珊《命谱》为“明神宗万历十五年十二月初一丑时卒”（第 268 页）。

[4]（明）汪道昆《太函集》内《特进光禄大夫少保兼太子太保中军都督府左都督孟诸戚公墓志铭》：“蜡日，鸡三号，将星陨矣。”

第六章　十神和格局

当历史的车轮驶进了北宋，李虚中的古法模型日益成形、正要取代外来的五星术“显学”地位时，徐子平异军突起，初创了命理学的今法模型。徐子平将论命的“核心”从年柱转移到了日干，而且“专主五行，不主纳音”，这是具有历史性意义的重要转变，它被《濯缨亭笔记》记录下来了，被万民英写进了《三命通会》。

其实，还有一个尚未被人充分注意到的地方，是徐子平突破了“喻象”分析层面，开始向“关系”分析层面转移。这就是“十神”概念的形成和设立。徐子平《珞琭子三命消息赋注》只是开始，徐大升《子平渊源》做了完善工作，由此开始了由十神到格局的全面研究。

传统命理学自从有了关系分析的武器，使它可以在更为抽象的层面上去刻画事物之间的内在联系，并通过建构不同的关系网络，去映射各种相关的社会现象，由此大大开拓了命理描写的广度和深度。当然，真正完成这方面进军的是明朝中叶的《三命通会》。《三命通会》标志了今法模型的基本完成，同时也宣告了命理学形成时期的终结。

一、十神

十干类象

今法模型把日干作为八字结构的核心，这样，日干自身的性质成了研究的起点。于是，就有了十天干的**喻象性格**或**十干类象**。《渊海子平》有“十干体象”诗，[1]这里把它整理为下表：

[1]《渊海子平》题：“醉醒子集”。

表 6.1　十干喻象及其性质

天干	阴阳	喻　　象	性　　质
甲	阳木	松柏，乔木，栋梁	刚健，正直，积极
乙	阴木	芝兰，灌木，花草	柔弱，巧变，韧性
丙	阳火	太阳	热情，结实，坦白
丁	阴火	月亮，灯烛	纤细，敏捷，慧黠
戊	阳土	城墙，堤岸	厚重，单调，高亢
己	阴土	田园，软土	平坦，博厚，谦虚
庚	阳金	顽铁，宝剑	坚硬，锐利，硬直
辛	阴金	珠玉，钻石	敏感，温清，秀气
壬	阳水	江湖，汪洋	明朗，清澈，爽快
癸	阴水	雨露，泉水	包容，婉转，变化

比如甲木，它的喻象是松柏，是乔木。“十干体象”诗说：

甲木天干作首排，原无枝叶与根荄，

欲存天地千年久，直向沙泥万丈埋。

成就不劳炎火煅，资扶偏爱湿泥佳，

斫就栋梁金得用，化成灰炭火为灾。

这里把甲木比喻为乔木，粗壮的栋梁木。它喜欢湿泥的资扶，需要硬金的砍凿，但不喜欢大火，大火会把它变成了灰炭。这些性质透露了与此相关的命局日主的个性特征以及它们的喜忌内涵。

根据对日干的观察，八字命造的个性状况可以得到初步的描写：

甲木：上进，积极，个性耿直，心地仁慈，是天生的领导人物；但有时缺乏敏捷的应变能力。

乙木：感觉细腻，有审美力；外表谦虚，内心占有欲强，善随机应变，适应环境能力强。多艺术家。

丙火：活泼，豪放，急躁，不拘小节，乐于服务，心地光明；有时缺乏耐性与坚实的毅力。多宗教家、科学家。

丁火：温和，敏锐，思想细腻；重牺牲，富同情心；为人守礼而多疑，有心机；多烈士、悲剧人物。

戊土：沉稳，厚重，重名誉，信实无欺；为人憨厚呆板，生活方式较为枯燥乏味。

己土：细心，多疑，常具双重性格；多才多艺，能伸能缩，重视内涵；做事精明而多变化。多政客。

庚金：干练，强硬；粗犷豪爽，具侠义心；个性好胜，爱出风头；多政治家、实业家。

辛金：温润，秀气；重感情而性不坚，爱面子，有虚荣心；有气质，缺乏魄力。

壬水：乐观，外向，热情，善于把握时机，允文允武，虽聪明却纵欲任性。多军事家、语言家、说客。

癸水：平静，和缓，柔情善感，好幻想，重情调，注重原则，不很实际，遇逆境也不馁，有坚忍的耐心。多文学家，智者、谋士。

天干十神表

确定了八字中日主天干的性质以后，接下来的推断程序，就是将这个日主跟八字结构中的其他三个天干、四个地支进行比较，从而决定日主的状态以及日主与周围干支的关系。

这时，《子平渊源》有“天干通变图”，完整地引进了十神的概念。十神是：比肩、劫财（败财）、伤官、食神、正财、偏财、正官、偏官（七杀）、正印、偏印。

以下是根据“天干通变图”整理的“天干十神表”：

表 6.2　天干十神表

十神 日干	比肩	劫财	食神	伤官	偏财	正财	偏官	正官	偏印	正印
甲	甲	乙	丙	丁	戊	己	庚	辛	壬	癸
乙	乙	甲	丁	丙	己	戊	辛	庚	癸	壬
丙	丙	丁	戊	己	庚	辛	壬	癸	甲	乙
丁	丁	丙	己	戊	辛	庚	癸	壬	乙	甲
戊	戊	己	庚	辛	壬	癸	甲	乙	丙	丁
己	己	戊	辛	庚	癸	壬	乙	甲	丁	丙
庚	庚	辛	壬	癸	甲	乙	丙	丁	戊	己
辛	辛	庚	癸	壬	乙	甲	丁	丙	己	戊
壬	壬	癸	甲	乙	丙	丁	戊	己	庚	辛
癸	癸	壬	乙	甲	丁	丙	己	戊	辛	庚

从表中，我们可以查到日干与其他任何一个天干之间的关系。比如，日干甲遇到八字或大运、流年中另一个甲，这个甲就是日干的比肩；遇到乙，是日干的劫财；遇到丙，是食神；遇到丁，是伤官；……顺序查找，便可以得到它们各自的十神名称。

事实上，第五章讨论日主强弱时，我们已经指出，按五行的**生克关系**，从日干出发，可以构成“生我”、“我生”、“克我”、“我克”和“同我”等五种关系。这里，《子平渊源》又把五行的**阴阳区分**放了进去，这样，五种关系就变成了十种关系。

上表罗列的就是这十种关系。十神就是这十种关系的代名词。具体来说，“生我”者，为**正印**、**偏印**；“我生”者，为**伤官**、**食神**；“克我”者，为**正官**、**偏官**；“我克”者，为**正财**、**偏财**；“同我”者，为**比肩**、**劫财**。它们之间的关系可以图示如下：

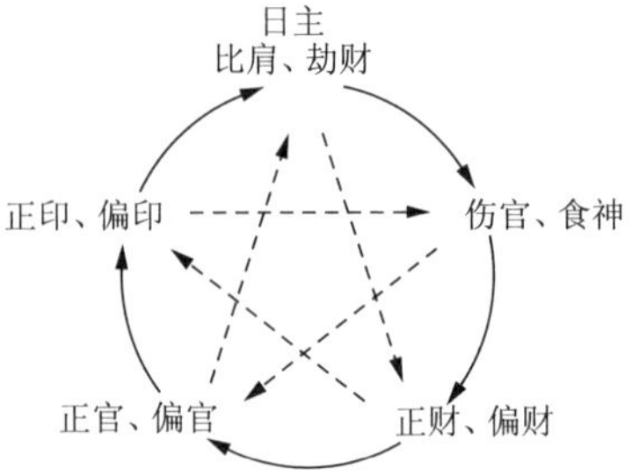

图 6.1　十神生克关系

（图中实线表示相生关系；虚线表示相克关系）

因为天干之间有阳见阳、阴见阴、阳见阴、阴见阳的分别，所以把“异性相遇”——阳见阴或阴见阳——归纳为：正印、伤官、正官、正财、劫财；把“同性相遇”——阳见阳或阴见阴——归纳为：偏印、食神、偏官、偏财，比肩。

例如，日干（我）为甲木，他干若是庚金。因为庚金是克甲木的，跟甲木构成“克我”的关系；同时，甲跟庚同为阳干，是“同性相遇”，所以，庚金为日主甲木的偏官（七杀）。若他干是癸水，癸水生甲木，是“生我”关系，而且，甲木遇癸水是阳见阴，是“异性相遇”，所以，癸水为甲木之正印。显然，这是根据日主跟各天干阴阳五行之间的生克关系，对已有的天干符号的**再一次符号化**。

于是，对一个已经排好的八字，就可以根据上表，把十神符号标记在各个字的上下。这样，各天干以及地支内所藏的人元，它们跟日主的关系便通过标记的十神符号而一目了然了。

例如，前一章举例的明朝戚继光的八字，就能标记如下（见下页）：

在八字命理学中，印有时也称“印授”，财也称“财帛”，偏官也称“七杀”，[1]

［1］“七杀”这个名称，在最初运用时跟“偏官”是有差异的。七杀带有“贬义”的色彩，即《渊海子平·论七杀》所说的：“生旺有气为偏官，身弱无制为七杀。”但在以后的命理学应用中，基本上成了“偏官”的通用语。

命例 2（e） [明] 戚继光命造

	年	月	日	时		劫财	偏财		七杀
	戊	癸	己	乙	⟶	戊	癸	己	乙
	子	亥	巳	亥		子	亥	巳	亥
（地支藏遁）	癸	壬	丙	壬		偏财	正财	正印	正财
		甲	庚	甲			正官	伤官	正官
			戊					劫财	

偏印也称“枭神”，[1] 劫财也称“败财”。

基本功能

对一个具体的八字，标记了十神以后，就可以运用十神的概念去考察它们对日主的功能。以下是十神的一些基本特征和功能：

1. 正官

正官是克制日主的。日干跟正官是阳见阴克，或阴见阳克，因异性相吸，阴阳和谐，刚柔相配，其情和洽，故是“阴阳配合成其道也”。[2] 官者，管也。但正官对日主的管束，一般是善意的，故认为正官是善神。

· 功能：卫财，生印，拘身，制劫。

因此，日主旺盛，则喜正官，因正官有拘身的作用，使自身不敢胡作妄为；日强财弱，更爱正官，因为正官能克制劫财、护卫财源；若日主既旺，再见劫财，则需要正官制劫，使日主能洁身自好。

倘若身弱财旺，遂怕正官，财强犹恐自身不能胜任，何堪正官引财伤身；日干虽弱但印强，也怕正官，因为母多子病，不堪正官再来扶助印星；日主

[1] “偏印”称“枭神”，一般是在八字结构中同时出现食神的情况下。因为偏印克食神，故称为“枭”（又称“倒食”、“退神”、“吞啖煞”）。枭是一种不孝鸟，长大后反食其母。

[2]《渊海子平·正官论》。

衰弱，当然怕见正官，身弱赖劫比帮助，自然不喜正官制去比劫了。

2. 偏官（七杀）

偏官是克日主的，并与日主同性，即阴见阴、阳见阳。因为由日干算起，正好相隔七位，而且，阴阳同性相斥，不能调和，故其情刚烈，其气暴戾，所以也称“七杀”。杀者，杀也，是日主的对头。若无制裁，必伤其身，即是地道的“杀”了。但若有制的话，则能借小人之力，护卫君子，以成威权，此时则称为偏官。

· 功能：耗财，生印，攻身，制劫。

因此，日主强，喜七杀；若印轻，更喜杀来生印；若财重的话，也喜杀来耗财生印；身强往往劫重，七杀正好可以发挥它制劫的作用。

如果日主弱的话，大多是怕见七杀的：身弱极需比劫相助，而七杀正好是克制比劫的。所以论命时，见到七杀，一般要先行处理，这就是所谓“有杀先论杀，无杀方论用”，[1] 也就是先看看结构中是否有制神能克制住七杀，或者有印绶来化解七杀。在早期命理中，因七杀暴戾，一般被认为是凶神。

3. 正财、偏财

日主所克，且与日主异性者，为正财；与日主同性者，为偏财。财无论正、偏，都是耗泄自身的，因此，自身必须强健，方堪任财。财虽为养命之物，但并非人人命中皆喜，关键在于自身的强弱。

· 功能：生官杀，泄伤食，制枭神，坏正印。

因此，日主强，则喜财。财不仅带来财富，而且会生出官杀，克制比劫，保护财源，提高社会地位。若身强食神、伤官旺的话，喜财来流通食伤的秀气，化为财帛可供享用。若身强印也重，更需要财来克制枭印，使自身不至于过旺而失去平衡。

倘若日主弱，就不再喜欢财来了。因为财能生出官杀，惹出祸害；同时财会破印，使自身失去依赖，变得更弱不堪扶了。

---

[1]《渊海子平·五言独步》。

4. 正印、偏印

生我者，为印绶。但异性相生，为正印；同性相生，则为偏印。印绶是生日主的，犹如父母，多施荫庇。在早期命理中，一般把正印看作是善神，偏印看作是凶神。这有点跟正官、七杀的情形相似。原因是：正印能克制伤官，保护正官，维护自身的地位；而偏印却会克倒食神。食神可以用来制杀，若食神被制，则七杀嚣张，日主自然就会受到威胁。这也是偏印遇到食神，被称为“枭神”的原因。

· 功能：生身，泄官杀，御伤，挫食。

日主弱，自然喜欢印绶来助身；若官杀力强，则更需印绶来泄官杀之气而生身。倘若身弱伤食重，也需印绶来挫伤食而扶弱主。在身弱用印时，偏印之力往往大于正印之力，此时用偏印较佳；如果身非过弱，不需要很大的生扶力量，则喜正印胜过偏印。因为正印之气纯，知所进退；而偏印之气乖，所谓“爱之欲其生，恨之欲其死”，常常不知其进退。

若日主强盛，自然就不喜欢印绶来帮扶了：日干强，财官力薄，印绶会进一步耗泄财官的势力；日干强，伤食轻，就怕印绶再来挫败伤食，使自身的秀气无法流转，失去生财的机会。然而，在身强无须用印时，正印的出现，还可无大害；偏印太盛，尤其在身旺宜宣泄时，危害较甚。

5. 伤官、食神

伤官、食神，同为我生，与我性异者为伤官，同性者为食神。在早期命理中，虽然伤食皆为我所生，但一般将伤官看作凶神，食神看作吉神。原因是：伤官会克制正官。正官是善神，能管束自身，使之循规蹈矩。然而遇上伤官，则被其所伤。日主失去管束，自然会放荡不羁，傲物妄为了。食神就不同。食神能克制七杀，七杀乃攻身之物，它若得制，日主便可安然自适，悠游裕余；而且食神能生财，使其宽裕不竭。

· 功能：泄身，生财，敌杀，损官。

因此，日主强，财官无气，这时最喜伤食，用伤食来流通自身的秀气；

若身强财弱，也爱用伤食来泄身生财；倘若官杀重而身轻，日主处处受制，也喜伤食来制官杀以存身。在制杀和生财方面，伤官之力不及食神之纯之大；但若从泄秀这点而言，伤官之力就远甚食神了。凡是身旺喜泄的命，用伤官者常比用食神者完善，因为伤官之气壮而厉，多谋善诈，只求实现目的，不择手段，不像食神拘谨保守，故往往伤官成就为大。这有点像七杀之于正官，若用得适当，七杀反见显赫。

倘若身弱，日主自顾不暇，自然就怕伤食来盗泄其气了。财旺身弱，也不宜伤食。因为体力已弱，既不能任财，伤食再来生财，则未见其利而先蒙其害。如日主强，官杀轻，此时也不喜欢伤食。官杀为权尊，伤食破之，则丧失贵气。食神过重，可用枭印挫之；伤官过重，则用正印为利。

6. 比肩、劫财、禄、刃

与日主同类又同阴阳者，为比肩；与日主同类而不同阴阳者，为劫财。

什么是“禄”呢？在“十天干生死旺衰历程表”（见第五章表5.13）中，对照日主天干，地支为“临官”者，为日主之“干禄”，简称为“禄”。比如，甲禄在寅，乙禄在卯，丙、戊在巳，丁、己在午，庚在申，辛在酉，壬在亥，癸在子。

什么是“刃”呢？“刃”是“羊刃”的简称。《渊海子平·论羊刃》说：“夫羊刃者，号天上之凶星，作人间之恶杀，以禄前一位是也。（如甲禄在寅，卯为羊刃。）……何谓羊刃？甲、丙、戊、庚、壬五阳有刃；乙、丁、己、辛、癸五阴无刃，故名阳刃。”具体来说，甲羊刃在卯，丙、戊在午，庚在酉，壬在子。[1]

不难发现，为禄的，地支中有日干的比肩；为刃的，地支中藏有日干的

[1] 一般认为，羊刃既是“禄前一位”，在阳干名“阳刃”；在阴干则为“阴刃”。《三车一览》解释说：“羊，言刚也。刃者，取宰割之义。禄过则刃生，功成当退，不退则过越其分，如羊之在刃，言有伤也。故羊刃常居禄前一位。”因此，阴干之刃则为：乙在辰，丁、己在未，辛在戌，癸在丑，即阴干的“冠带”之位。阳干之气以进为生旺，阴干之气以退为生旺，故阳干之羊刃在“帝旺”，阴干之羊刃在“冠带”。但《渊海子平》显然不主张阴干有刃之说。

劫财。早期命理认为，比肩和禄是吉神；劫财和刃是凶神。原因是：比肩之性正而纯，劫财之性恶而杂。禄虽旺，但旺犹未艾，因此性较平和；刃则是旺气到了尽头，瞬息之间将转衰败，故其性刚暴，其气如刀刃之锋利，这就颇具险象了。

· 功能：帮身，任官杀，代泄，夺财。

因此，当日主衰弱时，喜比、劫、禄、刃的帮扶，才有生发之机，因为它们能助日干而任官杀，能代日干而受伤食之泄。从帮身的角度讲，劫和刃的力量较盛。当日主本身强旺时，比、劫、禄、刃则毫无用处。这时，劫、刃之害则甚于比、禄。倘如身强财弱，尚忧财之不足，此时劫、刃出现，分财夺财，一扫而尽，则为害尤烈。

显然，以上**这些功能都是从十神相互之间的生克关系中引申出来的**。如果对于十神之间的生克关系熟悉的话，这些功能是不难理解的。它们成了八字命理推理的重要工具。

十神的性情

有了十神的工具，就可以从十神的角度来推断八字命造的性情。十神是从五行跟日主的关系推演出来的，因此，本质上还是由五行内容决定的。

以下是十神所反映的个性特征：[1]

1. 正官

· 正官：代表名望、地位、合作手段。

性情方面：代表正直、保守、负责任、重纪律。

优点：为人端庄、稳重，正直保守，秉公尚义；重信用，负责任，讲规范；安于本分，重视精神生活，有目标理想；肯为人群服务，易得群众爱戴、

[1] 以下根据吴怀云《命理点睛》和陈柏谕《实用命理学》等有关章节改编。

信任；有严于律己、宽于待人的君子风度。

缺点：往往不够积极，有时过于保守及优柔寡断，以致临事犹豫不决而坐失良机。

2. 七杀

· 七杀：代表权威、势力、竞争手段。

性情方面：代表叛逆、敌对、不信任、刚烈、偏激、严肃和好胜。

优点：为人有志气，富进取心，做事坚决果断，嫉恶如仇；见义勇为，抑强扶弱；不善虚饰，具有革命性和叛逆性；勇于突破恶劣环境，开创新机；举止威严，有领导能力，可得部属和子女之敬畏。

缺点：个性刚强，时而过于偏激，别人难以适应，故较少知心朋友，多年的友谊亦易于一日之间反目；由于好胜心强，对人猜忌而不信任，亦较易树敌招祸；又由于冲动，常致行事粗鲁凶暴。七杀过重者，有阴沉好杀之性，且有酒色之癖。

3. 正财

· 正财：代表固定性财源及一切不动产。

性情方面：代表节俭、憨直、谨慎、守本分。

优点：正财为人独善其身，不喜惹事生非，引人注目；思想行为皆力求合乎中庸之道；安守本分，努力工作，刻苦耐劳，任劳任怨，不做非分之想；珍惜金钱，重视生活之保障，对家庭及妻儿能负起应有之责任；生性勤俭，做事守信用，常有自觉满足之幸福感。

缺点：有时太过于重视金钱，变得刻薄寡情，容易被认为吝啬、守财奴；谨慎小心，往往导致魄力不足，虎头蛇尾，前热后冷，有始无终；过于守本分，略嫌刻板乏味；斤斤计较得失，常会因小失大而后悔不已；行事常不知变通，令人觉得憨直可笑。

4. 偏财

· 偏财：代表不定性之财源及一切动产。

性情方面：代表圆滑、干练、慷慨、豪迈、急躁。

优点：为人善于抓住机会以营谋得财；精力充沛，性情急躁，做事喜速战速决，不喜拖泥带水；举止轩昂，言行有威，对前途乐观；有不折不挠的精神，一生多机缘巧遇，经常有意外收获；尤其在金钱和女人方面，往往有戏剧性的离合、得失；有交际手腕，处理事务机智圆滑，待人豪迈而慷慨，外缘较佳。

缺点：由于性格豪迈、慷慨，久而久之养成一种对金钱较不重视珍惜的习惯，喜在外钻营谋财，不喜在家坐享现成；有圆滑的交际手段，女人缘多，易影响婚姻家庭生活；偏财旺的人，容易得到金钱或女人，也容易失去金线或女人，一生意外开销甚大。

5. 正印

· 正印：代表声誉、气质、涵养。

性情方面：代表温文、慈祥、重视名誉、爱惜面子、隐恶扬善。

优点：为人方正亲切，宽容仁慈，不计仇恨；重名誉，讲人情，能享现成之福气；重视内涵及气质，追求学问，自远小人；易得名誉，易接近宗教。

缺点：较有依赖心；思想天真不切实际；不善于察言观色，常因轻重不分，自讨没趣；有时因过于爱面子而尽量掩饰自己的缺点，打肿脸充胖子以求掩饰窘况；严重者甚至贪赃枉法。

6. 偏印

· 偏印：代表怪异、超俗、特殊领域。

性情方面：代表忧郁、疑虑、孤僻、重幻想、心意不定。

优点：为人有奇特的领悟能力，感觉敏锐，善于观察，警觉性高并能保密；喜创造，好学艺，擅长怪招奇术；思想细腻，行事老练，喜怒不形于色，能予异性安全感。

缺点：耐性不足，行事三心二意，常无事空忙；多学少成，思想奇特，喜标新立异，与世俗有时格格不入；性格内向多疑，喜钻牛角尖；偏爱独处，不喜群居及社会活动，常予人孤僻之感。偏印过多者，与亲人无缘。

7. 食神

· 食神：代表内在才华的发挥，福气。

性情方面：代表含蓄、保守、尊奉传统，温柔多情，聪明伶俐。

优点：为人聪明精细，秉性温和，通情达理，不善与人争执；气质清高，举止儒雅，重视精神与物质之协调；思想清新脱俗，追求精神目标；感性强，爱好文艺歌舞，凡事能从长远着想；亦主有口福，善烹调。

缺点：有时会理想和现实脱节；耐性虽有，体力不足，容易疲劳；喜幻想，不喜被拘束；思想清高，无形中会养成自命不凡的习性；在饮食方面较不挑剔，爱吃零食，容易导致身体发胖；如果肠胃弱，又会引起消化不良，身体清瘦；生活喜无拘无束，不免内心反觉空虚落寞。

8. 伤官

· 伤官：代表外在才华的发挥，才气。

性情方面：代表任性、乐观、活跃、骄傲、天真而具创造力。

优点：伤官有个特点，不是为人多才多艺，就是长相清逸秀丽，这两点都是值得骄傲的地方；对事物领悟能力强，理想高远，追求完美；有独裁倔强的个性，内心充满了活力和战斗精神，在自由事业、精密技术、演艺事业方面，易获得成功，容易成为奇迹似的英雄人物或令人崇拜的偶像。

缺点：由于兴趣太杂，博而不精，往往会因根基不固而做出超出自己能力之事而招致失败；有时因自己领悟能力强，博才多能，久而养成恃才傲物、目中无人的个性；有时为达目的，不择手段，致使以私害公，损人利己而不自知；如果伤官过重，没有财星引通，则终身奔波劳碌，虽巧却贫；如果财星太多，又会贪得无厌，永不知足；待人处世，能推己但不能及人，且好管他人闲事，常会把事情弄巧成拙；男人应注意克制私欲，避免违反伦常法律；

女人应注意内外兼修，防止因任性而影响婚姻。

9. 比肩

·比肩：代表坚定立场，强调自我价值。

性情方面：代表自主、冷静、自私心和自尊心，自我意识较强。

优点：意志坚定，一旦决定的事，不轻易改变；自尊心强，明分寸，知进退；自信心强，乐观进取；自我观念很重，与朋友虽保持距离，但重情义。

缺点：行事多以自我为中心，较不体谅别人；坚持己见，不能设身处地为他人着想，容易与人引起争执；交友虽多，知心较少；对待部属和亲人也较严厉刻薄，不通人情，因此不甚得人缘；有时口头称赞别人，内心却深不以为然。

10. 劫财

·劫财：代表人际关系，现实与理想之冲突。

性情方面：代表执拗、嫉妒、不认输、野心大、浮华不实、双重性格。

优点：个性强而突出，容易叫人刮目相看；口才很好，立论精辟，在社交场合会抓住重点，制造气氛；反应灵敏，应变力强；性情矛盾，自我冲突常情绪化，易得朋友，也易失朋友。

缺点：脾气执拗，野心大，不服输，浮而不实；嫉妒心强，具有双重性格（外表乐观，内心苦恼）；不善理财，往往使生活陷入窘境；男性易对女性多情，对妻子不够体贴，并易因兄弟朋友之事与妻子争执；对朋友慷慨。劫财太多，行事粗鲁，易有勇无谋。

以上是十神所透露出来的个性特征。它可以用来帮助推断八字命造的性情。主要是根据十神在命局中所处的地位：旺度强的，作为命局中的主导势力，或为月令本气，或贴近日干的，对命局影响较大，其特征自然就会表现得比较明显。同时，也可以依据日主的强弱，通过判断十神的喜忌，来彰显八字的个性特点。若为喜神，则优点方面较为突出，缺点部分较不明显；相反，若为忌神，则缺点部分较为突出，优点部分反倒不明显了。

我们来看一下戚继光的命造：

命例 2（f）［明］戚继光命造

劫财	偏财		七杀
戊	癸	己	乙
子	亥	巳	亥
偏财	正财	正印	正财
	正官	伤官	正官
		劫财	

→

阴阳五行结构

＋土	－水	－土	－木
－水	＋水	＋火	＋水
	＋木	＋金	＋木
		＋土	

首先，此命造日主为己土。根据前文十干类象，己土日主有以下特点：

细心，多疑，常具双重性格；多才多艺，能伸能缩，重视内涵；做事精明而多变化。多政客。

接着，观察这个命造，跟日主最接近的是月干偏财和时干七杀（偏官），而且，偏财和七杀在月令地支中都有强根，说明这两“神”代表了命局的主要势力，是构成命主个性的主要组成部分。七杀的特点是勇敢果断，不畏艰难，勇于开创新的局面。偏财的特点是精力充沛，善于捕捉机会，但性情急躁，做事喜速战速决。此外，偏财的人，有交际手腕，机智圆滑，待人豪迈而慷慨。

根据历史记载，戚继光是一个勇于创新、又非常注重实务的人。要抗击倭寇，必须组织一支新型的军队，但这跟明朝高度中央集权的文官集团的平衡原则是不相吻合的。在这样的历史条件下，要组建一支“个人”部队，绝非易事。而“戚家军”能成功组建并充分发挥其战斗力，一方面依赖于戚继光的精明务实的建军方略；另一方面，在人事上，戚继光始终能得到朝廷内有力者的支持。

在组军方面，戚继光的求实精神表现于革新与传统不至于相距太远。他在招募时，注意保留古老而朴素的农村作风，即用新的装备、新的战术，又用传统的、甚至迷信的宗教形式，如歃血为盟等，来凝聚部队的团队精神。而每次战斗，他都要把各种条件和可能发生的情况反复斟酌，始终以数量上的优势，速战速决，克敌制胜。[1]

戚继光的功名，也离不开他的支持者。首先是他的上司谭纶。[2]是谭伦支持戚继光的募兵计划，并不断地提供军需装备。接着是内阁首辅张居正。据传戚继光曾用重金购买称为“千金姬”的美女送给张居正。这固然无法证实，但戚继光让他的兄弟给张家“馈送”（送礼）却见于张居正书牍。[3]

因此，《明史》本传把戚继光与当时另一位抗倭名将俞大猷[4]做了比较，称“均为名将，操行不如而果毅过人”。它的意思是戚继光的操行不如俞大猷，却比俞大猷更加“果毅过人”。这是用委婉的言辞表明：“一个英勇的军人不一定同时就是廉洁的将军。”[5]

显然，命造所显示的个性特点是符合历史上的名将戚继光的。他是一个具有清醒的现实感的人，他“果毅过人”（七杀），他同时有交际手腕（偏财）。他是出身武举的将领，大半生在戎马倥偬之中度过，却能随口引经据典，写出很好的诗文[6]来，这又跟其命主己土相关。

---

[1] 1564年仙游之役或许是唯一的例外。仙游被围，戚家军驰援，血战于城外逾二旬，最后终于大败倭寇。

[2] 谭纶（1520—1577），字子理，号二华，江西宜黄县谭坊人。明朝抗倭名将、杰出的军事家、戏曲活动家。官至兵部尚书、太子少保。

[3] 张居正只象征性地收了其中的一小部分，把其余的“璧诸来使”。显然这是非常贵重的礼物，有“走后门”之嫌。（见《万历十五年》，第218页）

[4] 俞大猷（1503—1580），字志辅，又字逊尧，号虚江，福建泉州北郊濠市濠格头村人。明朝抗倭名将、儒将。

[5] 黄仁宇：《万历十五年》，第218页：“1584年戚继光被参劾的理由之中，有一条就是他在蓟州的账簿业已不知去向。更直接地说，就是没有账单可资交代。”

[6] 戚继光有诗文集《止止堂集》传世。

二、十神的映射网络

命理学有了十神系统，它的探角就可以伸向广阔的社会天地，并由此提高了它对现实人生的描写和推测能力。这主要表现在两个论命的网络映射系统上：一个是“六亲”网络系统；一个是“财官”网络系统。

六亲网络

这里先谈六亲网络。所谓六亲，指的是父母妻子兄弟，也就是主要的亲属关系。事实上，在早期的命理学中，六亲的范围要比这个大，它还涉及其他的亲属关系。

在徐大升的今法模型架构中，六亲的宫位分配是：

年柱——祖上

月柱——父母，兄弟

日干——己身；日支——妻

时柱——子息

具体分配可以图示如下：

	年	月		日	时
天干	祖父	父	兄	己身	儿子
地支	祖母	母	弟	夫／妻	女儿

图 6.2　六亲宫位图示

现在，有了十神系统，六亲就可以在**关系层面**上作新的界定和描写。《渊海子平·六亲总论》说：

> 夫六亲者，父母兄弟妻财子孙是也。用日干为主，正印正母；偏印偏母，及祖父也。偏财是父，乃母之夫星也，亦为偏妻。正财为妻，偏财为妾，为父是也。比肩为兄弟姊妹也。七杀是男，正官是女。（原注：阳为男，阴为女。）食神是男孙；伤官是女孙，及祖母也。
>
> 妇人命取六亲，与男命不同。取官星为夫星，七杀是偏夫。食神是男，伤官为女。
>
> 经云：男取克干为嗣，女取干生为子息及奴婢也。

这里点明了各十神所代表的主要的六亲内容。这样，对于男命来说：

正印——母	偏印——偏母；祖父
正财——妻	偏财——父；妾
正官——女儿	偏官（七杀）——儿子
伤官——孙女；祖母	食神——孙子
比肩、劫财——兄弟姊妹	

对于女命，除了跟男命相同之处，还有一些不相同的内容：

正官——丈夫	偏官——偏夫
伤官——女儿	食神——儿子
正财——姑（婆婆）	比肩——公（公公）

这里要注意有关代表儿子、女儿的十神符号。“原注：阳为男，阴为女”，这是指阳干为子，阴干为女。比如，男命，日主为甲，克甲木的是庚金七杀和辛金正官，因为庚金为阳干，因此为子；辛金是阴干，故为女。于是，七杀为子；正官为女。若日主为乙，克乙木的庚金为正官、辛金为七杀，根据庚、辛的阴阳属性，此时便是正官为子、七杀为女了。对于女命的子、女十神符号，《渊海子平》也作如是处理的。（然而，在**现代**命理中，往往不作这样的区分。对于男命来说，取七杀为子，正官为女；对于女命来说，则伤官为子，食神为女。）

我们把它们分别标记到五行生克网络中去（以甲、乙日主为例）：

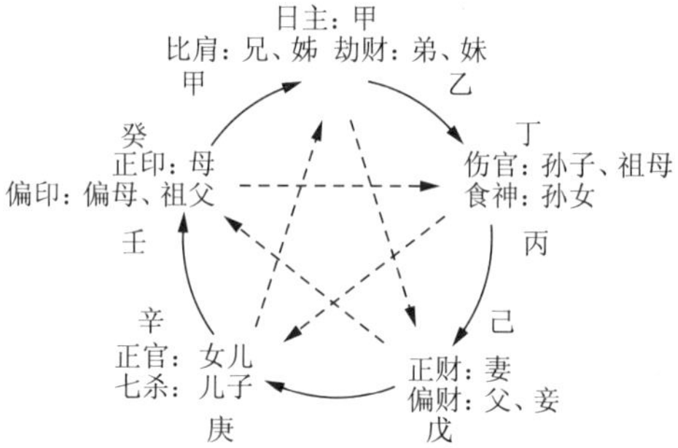

图 6.3 男命（甲日主）六亲网络

（实线表示相生关系；虚线表示相克关系）

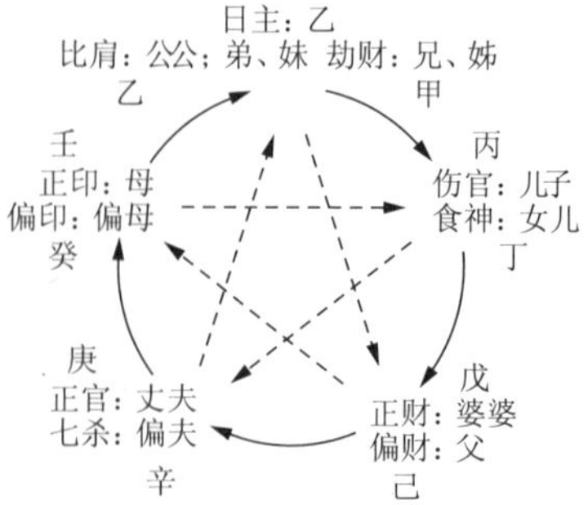

图 6.4 女命（乙日主）六亲网络

（实线表示相生关系；虚线表示相克关系）

六亲分配原则

观察这两个生克网络，不难发现，六亲的分配遵循着两个基本的原则：一是“子从母出”；一是“夫妻克合”。

“子从母出”首先是指印绶能生身，因此，正印代表母亲。比如，日主为甲木，癸水生甲木，且阴阳异性，故癸水为甲木的母亲。对于男命来说，正财是妻。根据“子从母出”，子女是由妻所生，所以子、女为七杀、正官，因为是财生官、杀。比如，男命日主甲木，己土是正财，为日主之妻。由妻生子、女，故庚金七杀为子（己、庚异性），辛金正官为女（己、辛同性），是土生金的缘故。对于女命来说，子、女是直接从日主推导出来，日主所生为伤官、食神。比如乙木日主，木生火，即丙火伤官和丁火食神。伤官为子；食神为女，因为伤官与日主是异性；食神与日主是同性。

“夫妻克合”是说男刚女柔，男女因克相合，而阳性克合阴性，两者阴阳相克相合以成家室，因此，男命以正财为妻；女命以正官为夫。比如，男命甲木日主，己土为甲木的正财，是日主的妻星，因为甲木克己土，同时甲（阳）、己（阴）又异性相合。反过来，女命日主若是己土，那么，其夫星就是甲木正官了。同样，正印是日主的母亲，克正印、同时跟正印阴阳异性的是偏财，所以父亲是日主的偏财。

这两条推导原则不仅适用于跟日主联系最紧密的“六亲”，而且还适用于六亲网络中的其他亲属人员。比如，男命的祖母是伤官，因为男命的父亲是日主的偏财，因为伤官生偏财，故祖母为伤官。那么，祖父呢？是偏印，因为克伤官的五行，同时又阴阳异性，则为偏印。同样，女命的婆婆（姑）是日主的正财，因为正官是夫星，生正官的是财星，故婆婆为正财。[1] 那么，克正财，并与正财阴阳异性的是比肩，所以女命的公公是日主的比肩。当然，值得注意的是：这些推论，在男命主要以阳干为出发点，在女命则主要以阴干为出发点。

下面我们以此对戚继光命例再做出分析：

---

[1] 这里，正财和正官是同阴阳。按照母子不同性别，应该取偏财为正官的母亲。可能是偏财已经为父，而正财在女命六亲中还是空位，于是将婆婆安置在正财的位置上。可见当时六亲的设置本身在逻辑上并不是非常严密的，尤其是处于较外圈的亲属。然而，《三命通会·兄弟》说：“婆是偏财，若是伤官当考寿；公为比劫，如逢财反得安康。”（第 591 页）似乎是对《渊海子平》说法的纠正。

命例 2（g）［明］戚继光命造

合（戊癸）			
劫财	偏财		七杀
戊	癸	己	乙
子	亥	巳	亥
	冲（亥巳）	冲（巳亥）	
偏财	正财	正印	正财
	正官	伤官	正官
		劫财	

→

阴阳五行结构

＋土	－水	－土	－木
－水	＋水	＋火	＋水
	＋木	＋金	＋木
		＋土	

八字结构中以偏财为父，同时以月柱为父母宫位。现在代表父亲的癸水偏财透露在月柱上，而且通根于月令亥水，可谓旺矣。因此，父亲应该不是寻常人物。但是，年干劫财，克合癸水，又是与本命离异的征兆。戚继光父亲戚景通，明朝高级将领，屡立战功，同时为官清廉，政声颇佳。嘉靖十九年，告老还乡。二十三年病逝。是年甲辰（1544 年），戚继光十七岁。辰为水墓，癸水入墓，丧父。

戚继光的婚姻是很有特点的。戚继光十三岁订婚，十八岁结婚，夫人是王万户的女儿。这年是乙巳年（1545 年）。八字以日支为妻宫，命造妻宫坐巳火，前文已经分析过，巳火是此结构中的用神。流年此用神出现，结成了好婚姻。

这位夫人的确很贤惠，初嫁时，戚继光并不富裕。有一次买了一条鱼，王氏早晨将鱼做好后，端上餐桌。戚继光一看，只有鱼头，以为王氏已经将鱼肉吃了，心中有点不高兴，但没有吭声，把鱼头吃了。中午时，王氏又给戚继光端上了鱼尾。戚继光心想，这一定是王氏将鱼的中间部分吃了，只给自己留下了鱼头和鱼尾，便埋头将鱼尾吃了。到了晚上，王氏将鱼腹端上，戚继光这时才知道，妻子一点鱼肉都没吃，不由大受感动。戚继光后来成为抗倭名将，确也有王氏的一份功劳。野史说王氏“威猛，晓畅军机，常分麾佐公成功”，可知王氏是一位不让须眉的巾帼豪杰。

但是，八字以财星为妻妾。戚继光命局中，财星众多，但日主偏弱。财旺身弱，戚继光“惧内”也出了名。同时，因为财星又偏、正交杂，在古时候这也是多妻妾的征兆。

戚继光因为王氏没有育子，三十六岁时（癸亥年）在外纳沈氏为妾，三十七岁（甲子年）又纳陈氏为妾，四十八岁（乙亥年）再纳杨氏为妾。居然把发妻瞒住了。但纸包不住火，后来终于被王氏知道了。这位性情激烈的夫人竟操起利刃，要杀戚继光。戚继光为防王氏真对自己痛下杀手，内穿铠甲去见她。见到王氏后放声大哭，解释自己娶妾实是为了生个儿子传宗接代。事已至此，王氏扔掉兵器，与戚继光抱头痛哭，表示原谅丈夫的过错。

但是，到了戚继光晚年罢官卸职以后，这位王夫人还是卷了家产，离开戚继光回娘家去了。这是戚继光命造日支夫妻宫巳火受到左右双亥冲克的缘故吧。[1]

我们再来看苏轼的婚姻情况：

命例 1（f）［宋］苏轼命造

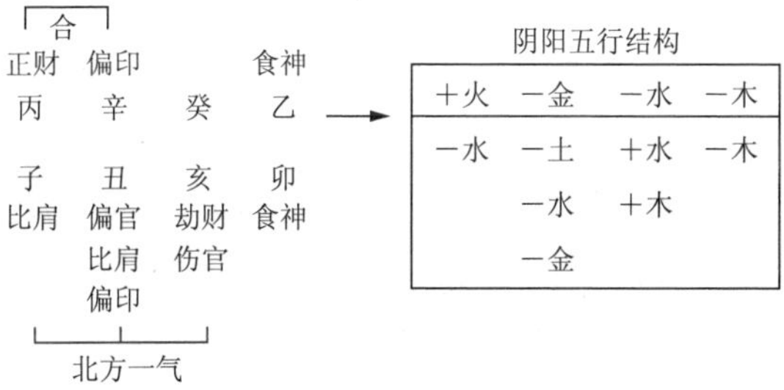

跟戚继光的命造形成对照，苏轼八字中只有一个代表妻星的正财——丙火，而这个丙火又被临近的辛金化合了。这是其一。其二，东轼八字的日支

［1］见（明）汪道昆《孟诸戚公墓志铭》：“一品鸷而张，先后有子皆不禄，少保阴纳陈姬，举祚国、安国、报国，沈姬举昌国，杨姬举辅国。御人露诸姬多子状，日操白刃，愿得少保而甘心。少保衷甲入寝门，号挑而愬祖祢，乃大恸。一品亦弃刃抱头痛哭，乃携安国子之。安国既受室而殇，一品解体，囊括其所蓄，辇而归诸王。少保岁散千金徇客，急归而暴折，即延医治病，且无资。丁亥，始及耆，蜡日，鸡三号，将星陨矣。”

妻宫坐亥水，内藏本气壬水，是克制妻财的劫财，同时又是妻星丙火的“绝”地。其三，冬月水旺，经过化合后，前三柱成了一片汪洋，日主身旺可知。身强比劫旺，财弱，自然容易“克妻”。这是八字的征兆。

考察事实：苏轼十九岁娶了比他小三岁的表妹王弗，是年甲午（1054年）。甲木生财星丙火，午又是丙火的帝旺。同时，午中藏有丁火、己土，苏轼妻宫亥水藏有壬水、甲木，两者正好各自相合（丁壬合，甲己合），即午火暗合了妻宫亥水，是为有情，所以此年结婚。然而，九年后王弗病逝，是乙巳年（1065年），巳、亥相冲，冲了妻宫。十年后，苏轼写下了感人至深的悼亡词绝唱——江城子（乙卯正月二十日夜记梦），表现了夫妻间生死不渝的恩爱之情：

十年生死两茫茫，不思量，自难忘。

千里孤坟，无处话凄凉。

纵使相逢应不识，尘满面，鬓如霜。

夜来幽梦忽还乡。小轩窗，正梳妆。

相顾无言，惟有泪千行。

料得年年肠断处：明月夜，短松冈。

苏轼三十三岁（戊申年）续弦，娶了王弗的表妹王闰之，王比苏轼小十一岁，苏轼五十八岁时（癸酉年）王氏去世。苏轼还有一位侍妾王朝云。苏轼贬官惠州，她虽有病却坚持同行，结果病逝在惠州，年三十四，是年苏轼六十一岁（丙子年）。纵观苏轼一生，前后二妻一妾，虽然都比苏轼年龄小好些，却都死在苏轼生前。但他们之间都情深意浓，这是冬月寒水需要温暖的阳光（正财丙火）的缘故吧。

财官网络

早期命理注重官禄（官爵），到了北宋后，基本上是财、官并重。财是指钱财；官是指官贵。

谭嗣同曾说过："二千年之政，秦政也。"这话很有见地。在中国历史上，秦王朝虽然很短暂，但它统一中国后所建立起来的一整套中央集权的君主专制制度，影响却十分深远。其中，由秦王朝确定的集权官僚制原则，基本上被保持下来，并在历朝历代的改革中逐步充实。

跟这种集权官僚政治制度相适应的文化，是**官文化**。它以儒家道统为主干，推崇官本位，用以维系官僚地主阶级内部的等级。同时，它明确和强化权力意识，将政治权力作为主体，并以此来控制经济、文化以及社会生活的各个领域。

古代的"民"划分为"士、农、工、商"。士，就是指"读书人"。在四民之中，位置最高，因为士是官的候选人，是"官"的来源，尤其是隋唐实行了科举制度以后。因此，在"民"的上层，和"官"之间，还有一个士绅阶层。

商，即商人，就原先的社会地位来说，是处于四民中的最下层，这是西汉以来封建王朝政府实行"重农抑商"政策的结果。但进入唐朝中叶后，情况有所改变。由于安史之乱，造成唐帝国的空前离乱，唐王朝不得不求援于粮盐转运，从而开始容忍商人更为活跃的发展。于是，商人阶层和商业资本迅速扩张，造成城市扩大，商业扩充，市民云集。到了两宋，已经出现了前所未有的城市商业的繁荣。这就使商人的社会地位有所改变。

因此，今法模型形成后，明确地**把"财官"作为了论命的主要课题。**

《渊海子平》说：

> 以日为主，专论财官。盖官乃为扶身之本，财为养命之原。故推天时，察地理，约太过而不及，以中和而为用。去留舒配而中理，轻重强弱而表正。先观节气之深浅，后论财官之向背。人之命内，皆不离乎财官。[1]

[1]《渊海子平·挈要捷驰玄妙诀》。

于是构成了命理学中的财官网络：

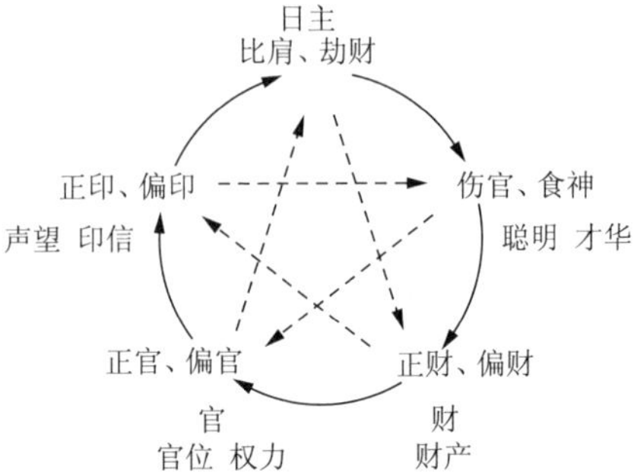

图 6.5 财官网络

（实线表示相生关系；虚线表示相克关系）

财官分析

那么，“财”与“官”之间，孰者为重呢?

在八字命理学中，**官是第一位的**。这是中国漫长的君主专制社会中“官本位”观念的直接反映。从网络中看，“财”则居于“官”的前一个位置，是滋生和扶持“官”的。相对于日主来说，它则是处于“我克”位置上的五行。而“官”则处于“克我”位置上的五行。在五行生克的循环网络中，这是一个重要的枢纽位置。因为它对此循环圈的运动具有“制衡”的功能。所以，在前面探讨六亲网络时，在男命六亲网络中，是“儿子”被置于这个位置。这是封建时代“无子不成家”的观念的反映。在女命六亲网络中，则是由日主的“夫星”(即其丈夫）来占据这个位置。这是出自“凡观阴命，先观夫主之盛衰”的传统认识，由此可见这个位置的重要程度。

这里，我们也看到“官”的**两重性**。官，就是“管”。为官者可以“管”人，但同时自己也被“管”了。可以说，中国社会的官文化，不仅是管民的，同时也是约束官员自身的。为什么一个人普通的读书人，一朝为官，则身价百倍？这是因为他掌握了政治权力。这个政治权力，是来自于制度，来自于位居统治地位的阶级所拥有的财富和武力。做此官，有此权。故官权、官位、官员三者是统一的，在位即为官，为官就有权。个人的价值、名誉、财富等等，也就都取决于这个官位。官位越高，权力越大，越是贵显。在古代社会中，官位俨然成了衡量人的社会地位和人生价值的唯一标准。

然而，还应当清醒地看到，官的设立和选任，都是由制度所决定的。它首先服从于维护集权官僚统治的总原则。只有在这个总原则下，才有官僚们自己的个体利益和意志。因此，中国专制时代的官，也并不是可以为所欲为的。制度本身对各级位上的官是具有约束性的。这种约束，首先就是“礼”，是儒家道统在意识形态上的制约。[1]所以，《三命通会》指出，官，取其“受制于人之义”，官与“棺”就有相通的地方了。也正是在这个意义上，八字命理学将“官”放置在“克我”的五行位置上。

在“克我”的五行位置上，根据阴阳不同的属性，有正官与偏官（七杀）的分别。对于正官，《渊海子平》说：

> 夫正官者，甲见辛之类，乃阴见阳为官；阳见阴为鬼。阴阳配合成其道也。……正官乃贵气之物，大忌刑冲破害。[2]

对于偏官，《渊海子平》说：

> 夫偏官者，盖甲木见庚金之类，阳见阳，阴见阴，乃谓之偏官。不成配偶，犹如《经》言：二女不能同居，二男不可并处是也。偏官即七杀，要制伏。盖偏官七杀即小人。小人无知，多凶暴，无忌惮。乃能劳力以养君子，而服役护御君子。……制伏得位，运复经行制伏之乡，此大贵

[1] 诚如刘永佶《中国官文化批判》中指出的：“在中国历史上，确实出现过一些自觉遵循儒家道统的官，他们或者尽职尽责，或者严守礼教，为官清廉。大多数官僚，也并非明目张胆地贪污腐败，这是官僚政治得以维系的重要条件。一旦这种约束失败，一个朝廷的统治也就结束了。取而代之者，又会记取前车之鉴，加强约束，明确官的职、权、位。”（中国经济出版社，2000年，第237页）

[2]《渊海子平・正官论》。

之命也。[1]

显然，古人是按照阴阳和谐的道理，将正官和七杀分成了“君子”和“小人”。同样是“克我”的关系，正官跟日主是阴阳异性，所以是和谐的，是“贵气之物”，不可损伤；而七杀或偏官，跟日主是阴阳同性，因此是不和谐的，故要“制伏”。在实际应用时，往往以正官为文贵，七杀为武贵。

同样，财也分偏正。对于正财，《渊海子平》说：

何谓之正财？犹如正官之意。是阴见阳财，阳见阴财。大抵正财者，吾妻之财也。人之女赍财以事，我必精神康强，然后可以享用之。……若财多则自家日主有力，可以胜任，当化作官。[2]

关于偏财，《渊海子平》说：

何谓之偏财？盖阳见阳财，阴见阴财也。……偏财主人慷慨，不甚吝财，惟是得地，不止财丰，亦能旺官。何以言之？盖财盛自生官矣。[3]

显然，无论是正财，还是偏财，都要日主强健，方能享用。实际应用时，往往把正财看作是比较固定的收入。因此正财的人比较重信守诺，相对较为保守；偏财常指流动的、不固定的、突发的钱财，故为人慷慨豪爽，有时轻财重义。

财官网络的重点是财与官，它们都跟日主都是**相克**的关系。在财与官之间，则是**财生官**。

“善神”与“凶神”

那么，网络中还有跟日主相生的五行，怎么处理呢？

从相生来看，正印、偏印生日主；日主生伤官、食神。如果继续贯彻阴

[1]《渊海子平·偏官论》。
[2]《渊海子平·论正财》。
[3]《渊海子平·论偏财》。

阳和谐的道理，正印和伤官应该皆属“善神”。因为，正印和伤官跟日主是阴阳异性，偏印和食神跟日主是阴阳同性。然而，早期命理并不这样认为。正印仍然是“善神”，而伤官，一般来说，则被定性为“凶神”。

为什么会出现这样的“例外”呢？《渊海子平》说：

> 伤官主人多才艺，傲物气高，常以天下之人不如己，而贵人亦惮之，众人亦恶之。运一逢官，祸不可言。或有吉神可解，必生恶疾以残其躯。……“伤官见官，为祸百端”。[1]

这里已经透露了伤官为什么不被看作是“善神”的原因：“伤官见官，为祸百端。”就是说，在阴阳五行生克网络中，**伤官是直接克制正官的**。在八字命理学中，尤其在早期，正官，作为“贵气之物”，作为君主庙堂上的“将相公侯”、“朝臣”[2]的直接象征，岂容受到侵犯？尽管伤官“主人多才艺”，但它“傲物气高”，藐视权威，不尊重现存的纲常秩序，岂能不落到“凶”的地步？

命理学一开始就把伤官看作是“凶神”，从本质上讲，是专制时代价值观的一种反映。前文已经谈到，在中国集权官僚制度下，“民”分为士农工商；士为四民之首。而士的唯一出路，就是科举、做官。也就是说，在于是否能取得“功名”。而且，个人的地位的高低，完全要看官做到哪一级。至于搞科学发明、学术研究、艺术创造，以及经商、务农、做工，都远不如做官高尚。对于把做官看作人生目标的儒家来说，更是如此。因此，如果遇上了伤官，不仅“伤”了“官”是大逆不道，“为祸百端”。就是具有这种潜在的个性，都是十分危险的。所以，无论从当时社会的现实出发，还是从维护纲常秩序出发，早期命理一反其阴阳和谐论的路线，把伤官置于了“凶神”的位

---

[1]《渊海子平·论伤官》。

[2] 见《渊海子平·正官诗诀》：“正气官星月上推，无冲无破最为奇。中年岁运来相助，将相公侯总可为。”“正官仁德性情纯，词馆文章可立身。官印相生逢岁运，玉堂金马坐朝臣。”

置，应该是不难理解的。

伤官定位后，食神就不难定位了。食神是直接克制七杀的。前文说过，“偏官即七杀要制伏”，食神正好具有制服七杀的功能，自然是“善神”。接着正印是克制伤官的，偏印是克制食神的。既然伤官是凶神，应当制约；食神则是善神，就不该克制，那么，制伤官的正印是善神，克食神的偏印（此时称“枭神”）则非善类，也是顺理成章的事了。[1]

此外，跟日主处于“同我”关系上的比肩和劫财。一般认为，比肩之性正而纯，劫财之性恶而杂。这种性质，当它们充当地支成为“禄”和“刃”时，就显露得更为明确了。

显然，今法模型草创之时，就逐渐用这样的“财官网络”来映射和推测个人的社会地位的。其核心是官与财（即“专论财官”），也就是，人在现实社会中的贵和富的状况。粗略地说，正官、七杀，代表了功名、权力、社会地位；正财、偏财，代表了财富；正印、偏印，代表了名誉、印信；伤官、食神，体现了自身的才华智慧；而比肩、劫财，则代表了自我。

若从“善”、“凶”性质的区分来说，早期命理一般认为：官星、财星、正印、食神，是“善神”；七杀、伤官、枭神、劫财，是“凶神”。但要注

---

[1] 关于这里讨论的“财官”网络中“生我、我生”和“克我、我克”的关系，《三命通会》有一段精要的论述，兹录于下：

……然生近乎身，克隔乎位，造化喜生恶煞，乃自然之理也。中间阴阳顺从，阴阳配合，各有至理存焉。生我、我生，如壬生甲，癸生乙，甲食丙，乙食丁，是阴生阴，阳生阳；阴食阴，阳食阳，为阴阳各从类。故甲喜壬生，死木滋死水中，则多年不坏；不喜癸生，死木被雨水淋漓，不踰年则朽。甲喜食丙，以丙能制庚煞，而甲始得安其身；不喜食丁，以丁能伤官，而甲不得成其材，此其义也。克我、我克，如辛克甲，庚克乙，甲克己，乙克戊，是阴克阳，阳克阴；阴匹阳，阳匹阴，乃阴阳配合之理。故甲见辛为正官，见庚为偏官。官喜正，不喜偏，掌印佐贰，职有不同。甲见己为正妻，见戊为偏妻。妻贵正，不贵偏，敌体侍立，分则有别，此其理也。至若官怕伤，被伤则祸；财怕劫，被劫则分；印怕财，贪财则坏；食怕枭，逢枭则夺。其理与人事无二，学者明于人事，斯可以言造化矣。（第 340 页）

意，**这并不是绝对的**。随着命理研究的深入，**“善”和“凶”本身是可以转化的**。“凶神”有制约的话，就可以成为“用”之物。《渊海子平》就明确指出：

> 官、印、财、食，无破清高；杀、伤、枭、刃，用之为吉。善恶相交，喜去杀而从善；吉凶混杂，忌害吉以化凶。[1]

这样的认识，为以后命理学者对于十神内涵的进一步开掘和深化提供了认识的基础。

总之，今法模型初创时的这个“财官”关系网络，既是命理学家苦心建构出来、用以对当时人的现实关系做出分析和描写的工具，其本身又是那个时代人生大舞台的一个缩影。

三、格局

我们在第四章里已经指出，命理学形成时期的重要成就是今法模型的格局理论的形成。

八字结构，就其组合的形式来说，有五十多万个。在如此众多的结构形式中，如何能够找到某种带有规律性的特征，来予以归类，这是分析和研究趋向成熟的前提。因此，寻找某些具有特征的组合格式，加以命名和归类，自然构成了早期命理学者研究的重要内容。

在《李虚中命书》注文中就出现了“格”。在《玉照定真经》里，也有“格”，比如，经文：“月胎岁合，祖立他门。注云：如月胎与岁合者，祖上立他人门庭也。凡排八字，当排胎月，方合此格，论之方见。”但尚未见格局两字。

古法模型到了南宋《五行精纪》中，就有了“论贵局”、“释日时凶中凶

[1]《渊海子平·玄机赋》。

格”等。到了明朝的《兰台妙选》时，则讨论了几十个格局。这些格局都是一些特殊的组合。

自从徐子平的新法模型产生以后，逐渐在“关系”层面上引进了十神符号，这就给命理结构的归类，提供了全新的分析视角。于是，**格局**，作为一种具有一定概括意义的特定的结构组合格式，开始正式进入了命理学的研究领域。

格局：具有概括意义的八字结构的组合格式

我们今天看到，徐大升原著《子平渊源》有十八格。《渊海子平》在此基础上，有“内十八格，外十八格”。然而经过西山易鉴先生“参透玄机，十八格吉凶，取六格为重”，于是出现了“六格”理论或正格（普通格）的八格系统。到了明朝中叶的《三命通会》，在十神基础上发展起来的格局理论就基本完成了。

如何取格局？

如何取格呢？

《渊海子平》已指出：“凡格用月令提纲，勿于旁求年日时为格。”[1]就是说，要从**月令提纲**中来取。

这里，我们以北宋易学家邵雍[2]的命造为例，来予以说明。邵雍的命造是：

[1]《渊海子平·宝法第一》。

[2] 邵雍（1011—1077），字尧夫，谥号康节，自号安乐先生、伊川翁，后人称百源先生。北宋哲学家、易学家，有内圣外王之誉。少有志，读书苏门山百源上。宋仁宗嘉祐及宋神宗熙宁中，先后被召授官，皆不赴。创“先天学”，以为万物皆由“太极”演化而成。著有《观物篇》、《先天图》、《伊川击壤集》、《皇极经世》等。

命例 3 [宋] 邵雍命造[1]

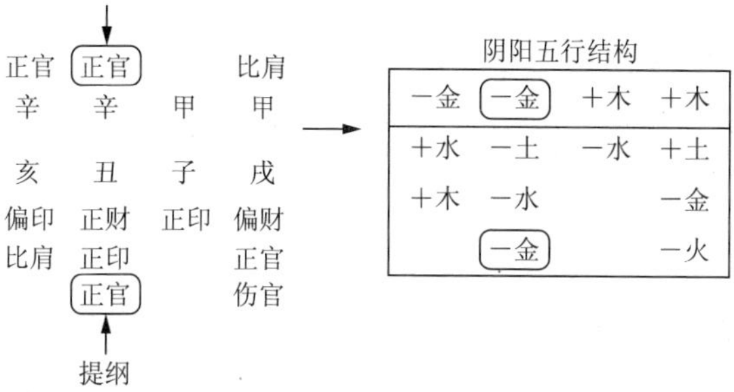

取格的具体方法是：

（1）首先观察月令地支，即提纲，若月支本气透出于天干的，应先取为格。

（2）如果天干上未透出月支本气，而透出月支所藏之神，即以该神取为格局。如果支中藏有两神，皆透出天干，则酌取其一为格。

（3）如果月支与其他地支构成三会方或三合局，即以此会方或合局为格。

（4）如果以上三个条件都不能满足，此时就酌取有力而无克合者为格。

我们来看邵雍的命造。

命造日主甲木，生于十二月，月令提纲是丑土。其本气为己土正财，此外还含有癸水正印和辛金正官。按照以上的取格方法，我们首先注意到的自然是月令本气——己土正财，但是它并没有透露在天干上；而属于地支丑土中人元的辛金正官，却成双地排列在年干和月干上。根据取格方法（2），此命造的格局应取为正官格。

那么，为什么要这样取格呢？《三命通会》已经谈到："以五行之气，为月令当时为最。"因为这是人出生的时候，外部自然生态环境中五行盛行的气息，它直接影响了人的生命机制。显然，从这里下手，就可以避免纷繁的现象，直接抓住要领。所以，月支称为"提纲"，——纲举而目张。

[1] 取自袁树珊《命谱》，卷二。邵雍生于宋真宗祥符四年（1011 年）十二月二十五日戌时。

从命理学早期纷繁的组合格式，到以十神为基础的八个“正格”（也称“普通格”）——正官格、七杀格（偏官格）、正财格、偏财格、正印格、偏印格、伤官格、食神格，这是命理学相对成熟的表现。

我们再看以下明朝商辂[1]的命造：[2]

命例4（a）［明］商辂命造

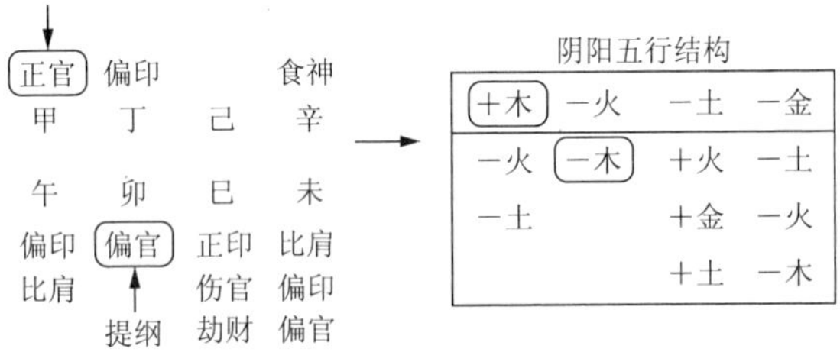

商辂的八字，月令地支是卯木，卯木是日主的偏官。但天干上并没有透出乙木偏官，却透出了甲木正官。根据以上取格方法（1），“月支本气透出于天干的”，应该是乙木偏官。因此，严格地说，似乎不能取甲木正官为格。

但本书作者认为，**取格的根本目的，是发现八字结构中除日干之外的主导力量**，因此，从月令去寻找，是符合这个目标的。因为月令反映当时节令的盛行之气。然而，就这个目标而言，不必完全拘泥于以上取格条件，即必须是跟月令之气五行的**阴阳属性**完全一致。此命造既然透出了甲木正官，月令卯木就是它在地支上的根基（卯为甲木之帝旺）。因此，有这样有力的根基，甲木正官就有条件成为这个八字结构中的主导势力，所以，虽然月令地支为偏官，但仍取为“正官格”。

若进一步分析：春月木旺土薄，日主是己土，显然不能胜任当旺之木的

［1］商辂（1414—1486），字弘载，号素庵，浙江淳安人。明朝首辅。仕英宗、代宗、宪宗三朝，历官兵部尚书、户部尚书、太子少保、吏部尚书、谨身殿大学士，时人称“我朝贤佐，商公第一”，卒谥文毅。著有《商文毅疏稿略》、《商文毅公集》等。（辂，音陆。）

［2］取自袁树珊《命谱》，卷四。商辂生于明成祖永乐十二年（1414年）二月二十五日未时。

克削，恰好月干透出丁火偏印，可以化解木与土的争战，它使木生了火，火再去生土，使土因之而获得能量。所以，在此八字中，甲木是“用事之神”，标志了这个八字的格局，而丁火是“有用之神”，即此八字的“用神”，于是形成了官印相生的良好局面。图示如下：

命例 4（b）［明］商辂命造

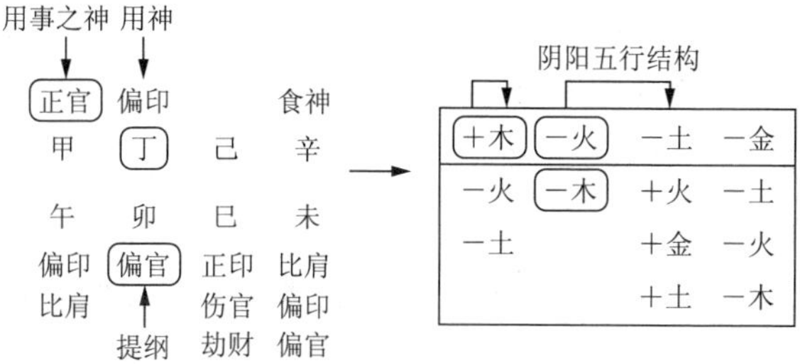

正官格的人端庄正直，重责任，讲规范，有理想目标。官印相生，更是奉公守法，有领导能力，容易得到人们的尊敬。据史书记载，中国自隋朝开始实行科举制度，到清末结束，共一千三百多年，其中能在乡试、会试、殿试中蝉联第一名的所谓“三元及第”者，前后文状元有十六人，商辂就是其中的一个。而且，商辂为人平粹简重，宽厚有容。但面临大事，恪守原则，不为他人所动。当时有得宠于皇帝的宦官在外专权，商辂却敢于直陈皇上，列数其罪状。从事实来看，取正官格是符合商辂的个性特征和实际经历的。

我们再来看明朝戚继光的八字：

命例 2（h）［明］戚继光命造

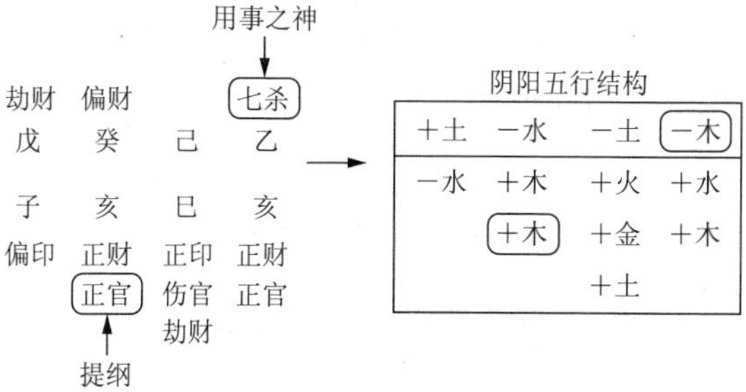

戚继光八字月令地支亥中，有正财和正官。它们在天干上都透露了出来：月干癸水偏财，时干乙木七杀。因此，可以取偏财为格，也可以取七杀为格。一般来说，是顺序取格，月令本气为财，即取偏财格。

但命理学中有这么一条："有杀先论杀，无杀方论用。"这是因为在十神中，七杀对日主的克害比较激烈无情，应先予关照。所以，一旦见到七杀透露，并通根月令时，可直接取为"用事之神"。这样，此命造就是"七杀格"了。这也符合此命造的特征的。前面谈到，正官是文贵，七杀（偏官）是武贵。故商辂是文状元出身，官至谨身殿大学士；而戚继光是武举出身，成为了一代名将。

至于十神中还有两神——比肩和劫财，它们一般被排斥在"正格"的选格之列。在《三命通会》中，当月令地支为日干之"禄"(即五行临官之位）时，比如，甲禄在寅，乙禄在卯，因此，日主甲木生寅月，乙木生卯月，则被称为"建禄格"；月令地支若为日干之"阳刃"者，因为只有甲、丙、戊、庚、壬五阳干有刃，故如甲日生于卯月，丙日或戊日生于午月，庚日生于酉月，壬日生于子月，就被称为"阳刃格"。但一般不把它们列入"正格"或"普通格"，而是置入"外格"(或"变格"）或"特殊格"来处理。[1]

确定格局是重要的推命步骤。一旦格局确定了，可以根据格局本身的状况，来做出优劣成败的评价；同时，进一步根据日主和格局的性质及喜忌，来选取用神（格局用神)。事实上，这两者是紧密联系在一起的。

八格的基本特征和成败条件

下面我们简述八格的一些基本特征和成败条件：

[1] 在一些现代的命理著作中，则直接把建禄格和阳刃格（或称月刃格）放在普通格中讨论。

1. 正官格

在古代，正官主要跟政府、官厅、官职、社会地位等相联系，表示尊贵、律己、保守、洁身自爱、温文儒雅等。正官格的人，一般具有领导资质和管理的才华，为人行事稳重，衡情量理，尽量按照上级领导的指示努力推行，容易受到群众的信赖和尊重。

正官格成格的条件：

（1）日主本身须健旺。

正官格，日主只有健旺，才能享受到正官的尊贵和福气。如果日主太弱，自顾不暇，那里还有余力去求发展呢？所以官强身弱者，纵有满腹经纶，也难登庙堂。因为正官终究是一种“约束”。日主健旺，而官星位置恰当，则其人必循规蹈矩，奉公守法，具有高雅气质和优秀的领导才能；反之，身弱而官旺，日主则会因受到过度的“约束”，变得庸懦无能，优柔寡断，做事顾虑太多，缺乏魄力和决断，生平自然就难成大业了。

（2）官星须“纯”，“只许一位，多则不宜。”

这正如上文讨论的，“约束”过度则不宜，所以“官多不贵”，往往政坛上空有名位，并无实权。

“破格”的情况：

（1）正官格以月令地支为根基。月令地支如果跟旁支出现了刑、冲、破、害现象，如甲生酉月，见卯为冲，见酉为刑，见午为破，见戌为害，显然危害了正官的根基，损害了官星的贵气，成为破格现象。

（2）正官最忌伤官来克破，尤其是在身强官弱的情况下，恐有种种的波折和困厄。

（3）正官喜纯真，不喜七杀来混杂。如用甲木正官，忌干头再见乙木七杀。如果不能“留官合杀”，即用庚金合去乙木七杀，那么，官杀混杂，不论是从政还是就职，都容易会有是非。

（4）“贪合忘官”或“贪合忘贵”，指的是官星被合去。命局中官星遭合，其意自然不纯了。即使在行运中，也忌官星被合去。这时常会出现罢官免职，或者自己辞去职位的事情，所谓“罢职休官，只为官星逢合”。

早期命理有“逢官看印”，可见印绶对于正官非常重要，尤其是在身弱官强的情况下。因为此时，印星可以转化官气来生自身，使人权高位重。事实上，不论身强或身弱，都喜正印贴近日主，因为印星不仅有保护日主的功能，更有护卫官星的能力，它可以阻挡伤官来破坏官星，所以“有官无印，难求清显之名；有印无官，发不在迅速之内。”

早期命理的另一条，称“逢官看财”。这是指在身强官弱的情况下，需要财来生助官星。身强而财来生官的人，大都能富贵双全，名利兼收。

由此可见，正官格跟财、印两者之间有较深切的联系。

2. **偏官格（七杀格）**

偏官或七杀是一种暴戾之气，对日干来说，是“不得不接受的打击”。因为打击的刺激，激起反抗的本能，象征了不服输，好勇斗狠，经过苦难的磨炼，去成就事业，获得权力和社会地位。因此，七杀象征着权威、势力、威望、权柄、实力，以及偏激、叛逆、斗志、破坏力等。在古代，跟偏官相联系的是“异途功名”，即不经过政府考试而晋升仕途的官吏，而且大多为武职。

由于七杀对日主是同性相克，十分激烈，也十分无情，故自古以来，看八字都非常重视七杀。所谓“有杀先论杀，无杀始论用”。

七杀格成功的条件：

（1）命局身强杀星亦旺，杀星对日主无害，但也难为日主所用。这时，若命中有食神来制杀，则杀星可以为我所用，任我差遣。这就是“食神制杀”格局。这样的命局，就好比一个凶悍的大盗站在面前，如果不能制伏它，则为其所害；但如果能制伏它，将它收为己用，则如虎添翼，去建立丰功伟绩。食神就是七杀的制伏之神。食神制杀成功，往往能大富贵。

（2）早期命理有“逢杀看印”。命局中杀旺而遇印星，尤其是日主弱而杀旺的情况下，见到印星，显得更为重要。因为印星可以化杀，同时生身，一举而两得。这种配制，也称“杀印相生”格。得此格局，亦是大富贵之人。而且，杀印两全的人，大都文武兼备，掌有实权。

“破格”的情况：

(1)“食神制杀逢枭，不贫则夭。”这是说，当食神制杀时，不可见到偏印。若见到偏印，则为破格。因为枭印会克制食神，而使食神的制杀功能顿失，形势就会变得非常危急了。

(2) 七杀格也喜纯粹，不喜正官来混杂。若有正官来混杂，最好能“合官留杀”，不然就破了清纯的局面。

总的来说，制与化，是用杀的两种途径。一般来说，身强杀旺，最宜用**制**的手段，即用食神来制杀；若身弱而杀旺，则宜见印星，用印来化杀而生身，即用**化**的手段，来求取平衡。行运也如此。当然，在命局身强杀浅的情况下，喜见财运。因为杀弱，这时不但不能制伏，反而喜财星来生扶弱杀。所谓“财滋弱杀”，指的就是这种情形。命中若能由财星扶起七杀来，则可名利双收。即使命中不见财星，行运逢之，也能享一时之尊荣。

3. 正财格

《三命通会》：说：“正财之格，主人诚实，行事俭约，赋性聪明，惟有悭吝。”这是对具有正财格命造的人的个性最简约的刻画。

因为正财，一般来说，代表着一切正常的收入，或相对固定的钱财，或辛苦赚来的钱财等。因此，具有正财格的人，比较刻苦耐劳，勤劳俭朴，爱惜金钱，并且重视家庭生活，对妻儿负责任。性格上，比较现实、信实，性情温和，脚踏实地，守正不阿，量力而行。由于他们对钱财的重视，患得患失，故容易被人视为守财奴。从另一个角度讲，正财格的人，比较安守本分，因此也就缺乏变化，缺乏魄力，缺乏前瞻性，故人生旅途相对平稳、平淡，缺乏戏剧性的表现和成就。

然而，一个成功的财局，首先要“得时乘旺”。正财通根月令，才能叫“得位”。“得位”才能“乘旺”。“乘旺”才能“有力”。因此，日主有力，财通“门户”，是正财格成功的基本条件。

其次，希望“不偏正混乱，不重叠多见”。可以说，这是对作为格局重心的任何一个“十神”的要求。比起前面讨论过的正官格和七杀格，这条要求对财格来说，倒并不那么紧要。因为财星在五行上终究是为日主所克的对象，所以关键仍在于日主是否强健。《论正财》主张“财宜藏，藏者丰厚，露者浮荡”。事实上，这是财星怕劫财来克的缘故。

此外，身强之财格，喜官星透露，一方面，财可生官以求贵；另一方面，官星可以制比劫以护财，使财源无损。

关于“破格”的情况：

（1）日主强旺的正财格，局内比、劫星重，若不见官杀来克制比、劫，或有食伤来流转比、劫之气的话，比、劫就跟财星直接对峙、对抗，必成“身旺财衰，怕劫分夺”的局面，这显然是破局。

（2）相反，若是身衰财旺，更见官星、七杀，这时，旺财生官杀来攻身，自然又是“祸深福浅”了。

因此，对于财格，在自身与财之间，自身的强弱就非常重要了。唯日主健旺，才有克制财的能力，才有赚钱的本领，才有享受财富的福分。如果自身衰弱，如同一个病人，美酒佳肴，都无法品尝。只有先治病，治好了病，才能去挣钱，去享受。不然的话，就是“财多身弱，反为富屋贫人。”那么，这个治病的药方是什么呢？就是扶身的印绶或比劫。所以财多身弱，最喜走身旺运，即走强身的道路。相反，如果身旺财衰的话，自然要入“财旺乡而发福”了。这时，最好有伤食相助，使生财有道。

4. 偏财格

早期命理以“六格”论格局时，财格不分正、偏，因为在要求日主健旺，方能任财（克制财）这一点上，它们是共同的。而且，在日主健旺的条件下，财不嫌多，“多多益善”。所以无论正、偏，同归“财格”。

其实，正财和偏财之间还是有很大的差别。偏财“非妻所带，乃众人之财也”。这里点出了偏财跟正财的根本差异。正是这个差异，决定了偏财格的人，在性格、处世态度、钱财来去方式、对钱财的处理等诸方面，跟正财格的人具有不同的特征。

偏财格的人首先是慷慨豪爽，乐观进取，机智权变，乐于助人。因此，颇获人缘。在生平之中，常有奇缘巧遇，而获得意外之收获。他们事业心重，做事干净利落，速战速决，善于利用时机，赚取钱财，故容易白手起家，独创事业，成为工商界之风云人物。

由于偏财代表着流动性较高的钱财，来去容易，因此偏财格的人，对金钱并不那么在意，往往一掷千金，容易得到机缘和异性的欢心，在金钱和女缘方面，常有喜剧性的离合得失。这跟正财格的人大都为人方正、诚实无欺不同，偏财格的人则懂权变，手段灵巧，善用计谋。

《三命通会》说：“偏财身旺，趋求商贾之人。”这点明了偏财格的人的职业趋向——容易成为商界人物。

由于偏财的性质——“众人之财”，所以最怕分夺。分夺者，劫财、比肩也，也就是“兄弟姊妹”。要避免这种情况的发生，只有靠官星。官星本来就是财星的护卫神，它可以克制比劫，保护财源。对偏财格来说，它的作用显得更为重要了。成功的偏财格，希望四柱内有官星。故“如柱中原带官星，便作好命看。”

5. 正印格

印绶，无论正、偏，具有同样的生扶日主的功能，因此，“六格”论者，把正印格和偏印格归为一类：印格。在《三命通会》中，有《论印绶》篇，把正印和偏印的共同性质，放在一起讨论。然后又有《论倒食》篇，专门谈偏印为格而局中同时又出现食神的情形。此时，偏印则称“倒食”。

正印，不论在男女命中，都代表母亲。在人际关系上，代表长辈、师长、贵人。因此，正印之人，常享有长辈的恩惠和荫庇。其个性内外向适中，气质高雅，富有人情味，追求学问，重视精神生活；为人慈祥，有耐性，讲究面子，不计较是非，有长者之风。由于知足长乐，饮食正常，平生少病灾，纵遇风险，也能逢凶化吉。只是正印也不能过旺，过旺者为人自负、吝啬，略有自私自利之嫌。

相比其他的命格，印绶之人最多父祖荫庇之福。但最好年月两柱印星显现，生旺有气。由于正印之人常得长辈照顾，也容易造成依赖性，不喜亲自动手，而且理想容易脱离现实，有时会因爱惜颜面而打肿脸充胖子。

正印象征着印鉴、权柄、文书、名誉、关防、契约等。它既是护官之星，又是印信关防，而有官有印，地位和权柄方能得以巩固。所以，早期命理有“逢印看官”这一条。正印格内若能官印相生，其为人则清高廉洁，多是好官。如果命局中有一点七杀，因杀能生印，也能发贵发福。

印绶最重要的功能是扶身，只有命局日主略弱，方能显现出印绶的扶身作用。这正是印绶格与其他格局不同的地方。但是，正印格遇到身旺而不见官星的情况下，《正印诗诀》云：“重重生气若无官，当作清高艺术看。官杀不来无爵禄，纵有技艺亦贫寒。”这是说，不易贵显。

正印格最忌的是财星。这主要是指正印为用的局面。正印为用，大多命局身弱。这时最怕财来伤印。所谓“用之为印不可破”，说的正是这种情况。

在用印绶的情况下，行运也忌见财星。因为财是印绶的克星。在杀生印的情况下，就更不能见财星了。因为财破了印，原先靠印来转化杀的功能顿时消失，七杀犹如凶鬼直扑日主，形势就会变得危险了。当然，若“身旺印多”，印星已经成了病神，此时就反而需要财星来伐印。此时若运行财乡，常有突发之兴。

印绶太旺，不论男女，都会因克抑食伤，而有伤子之嫌，故多有少子或无子的现象。

6. **偏印格**

偏印代表继母或偏母，也代表着亲族长辈。就个性而言，比较内向，有点儿怪僻，脱俗，怪异，忧郁，幻想力较强；有相当高的领悟能力，喜欢奇门异术，善于创造发明；能够保密，喜怒哀乐不显于形，做事讲究技巧；虽好学艺，但耐心不足，常半途而废；为人孤独，常会离群索居。

偏印也象征偏业之权柄，偏业之智慧，也代表文书印鉴、创造发明、著作等。

因为偏印是克制食神的，有偏印时就不喜见到食神。在早期命理中，食神被认作是善神，是“寿星”、“爵星”，不能受到损伤。因此，命局中偏印、食神并存，同柱或近邻无解救者，食神就会被克伤。于是就会出现：个性暴戾；求谋不顺，容貌猥琐；无论男女，都可能损子；行运遇之，也会灾祸连连。

偏印格跟正印格的差别在于：正印格用印则忌财；但偏印格则不同，在身强的情况下，可以用财来克制偏印，“弃印就财，舍轻用重”，反而能获得成功。但会“弃祖业”，自行创业。所以古诗曰：“印星偏者是枭神，柱内最喜见财星。身旺遇此方为福，身衰枭旺更无情。”

7. 伤官格

伤官，顾名思义，就是“伤”掉官星。十神是由区分它们跟日主之间的相互关系而产生的。因此，十神的命名，一般都以它们跟日主的关系来定义的。唯有“伤官”，**其名称则直接由它跟“正官”的关系（而不是跟日主的关系）来命名**。这充分显示了早期命理对于“正官”的推崇和对“伤官”的恐惧。正官是善神；伤官自然是凶神了。

伤官本身是日主能量的流露，因此伤官也代表了聪明和才华。正因为其内心洋溢着才智和活力，故喜欢表现，强出风头，锋芒毕露，好胜心强。而且容易不满现实，厌恶传统的约束，具有叛逆性，常恃才傲物，一意孤行。在昔日传统规范占统治地位的时代，这显然跟传统理则背道而驰，所以往往是“贬”多于“褒”了。

成功的伤官格要求——“务要伤尽”。所谓“伤尽”，就是四柱不见一点官星。局内没有官星，伤官就能扬长避短，反而能有所作为。

《三命通会》详尽地讨论了伤官格，并指出：日主是火或土成伤官格时，最不宜见官；而金、水、木者，或许可以不忌。理由是，在某种条件下，当伤官和官星同时出现时，它们各自都有自己应当发挥的作用，此时，克制的关系就显得不那么重要。比如，日主为金，在水冷金寒的冬季，希望有火的照暖。此时明知水伤官会克制火官星，但火的出现，要比不出现来得强，因为此时火已成了命局实现“调候”[1]的要素——而“调候为急”，所以“金水伤官要见官”，只有见官，才能“成既济之功”。

《三命通会》说：“秘诀云：伤官太重，子必有亏。又云：年带伤官，父母不全；月带伤官，兄弟不全；时带伤官，子息凶顽；日带伤官，妻妾不贤。”在六亲方面，伤官似乎显得处处是凶神了。

伤官格最宜见财，这样，可以流通伤官的秀气，用伤官的才智去生出财富来。伤官跟财的组合，称“伤官生财”格。此时虽然不能明见官星，但财暗中还是能生出官来，以求得贵气。

伤官格的另一个组合，是伤官跟印绶的相互配合。印绶是克制伤官的，这样，伤官的傲气得到抑制，伤官的才智却得到发挥，这种组合称为“伤官佩印”格，它是贵格。

但是，伤官用财，不宜见印；伤官用印，不宜见财。于是，财和印不相妨碍，便能最有效的发挥各自的作用。而且，最好是“身旺者用财，身弱者用印”。《三命通会》也提醒：“切不可见伤官伤尽，身旺，便作好命看”。若没有财来流通伤官的秀气，那可能只是孤芳自赏而已。

8. **食神格**

食神一般被认作是善神的道理：一方面，食神善于生财，使财星有源头，为我所用；另一方面，食神能克制七杀，使七杀不至于攻身，使我远离祸害。所以，冠之以“寿星”、“爵星”，食神的确当之无愧。

《三命通会》说：“此格要日主食神，俱生旺，无冲破，主人财厚食

[1] 调候，即调和气候。它是命理学中的重要内容，我们将在下一章内介绍和讨论。

丰，福量宽弘，肌体肥大，优游自足。有子息，有寿考。”这里点明了食神格以身、食俱旺为成功的前提，同时刻画了具有成功的食神格的人的体形心态——个性温和，心宽体胖，谋事容易，安享高寿，子息满堂。

《三命通会》又指出：“食神只宜一位，不宜太多，恐窃本元之气。”因为食神终究是宣泄日主之气的，而且是同性相泄，多了反而不宜。在“只宜一位，不宜太多”这一点上，正官、七杀、食神这三者，基本上是一致的。身旺带食神的人，大多身体肥满；但身衰食神多者，因为泄身太过，反而体弱多病。

在身食俱旺的条件下，又有财星透干，是食神格的最佳形态。食神见于年月者，有丰厚的祖荫，见于日时者，当得贤妻俊儿。同时，食神格天干露出财星，还可以保护食神不受偏印的危害。

从“破格”的角度讲，以食神为用的命局，最忌出现枭印（偏印），见枭则为破格——“枭印夺食”，因为枭印会克去食神。

四、结论

至此，对传统命理学形成时期，我们从发展线索到具体的操作程式的演化，都已经有了一个比较清晰的认识。它的源头自然是从阴阳五行学说开始的。

从阴阳五行说开始，传统命理学以具有反映自然生态内涵的干支符号系统为工具，在很长时期内，一直是顺着“喻象”的道路朝前探索。在古法模型中，主要是以干支的“纳音”喻象，作为推理的手段。然而，六十甲子构成的三十种基本的纳音喻象，要熟练的推演，并进而映射到复杂的社会生活现实中去，终属困难。所以宋朝徐子平异军突起，毅然放弃纳音，“专主五行”，这无疑是一个极其重要的转折。

随着日干作为论命核心的确立，今法模型把十天干的喻象作为纲要，纳入自然生态体系中。接着，十神关系的确立和应用，终于使传统命理学全面突破了喻象分析层面，在更为抽象的关系分析层面上建立起比较完整、更为丰富的推理网络，由此完成了今法模型的分析框架。

这个发展的脉络可以简示如下：

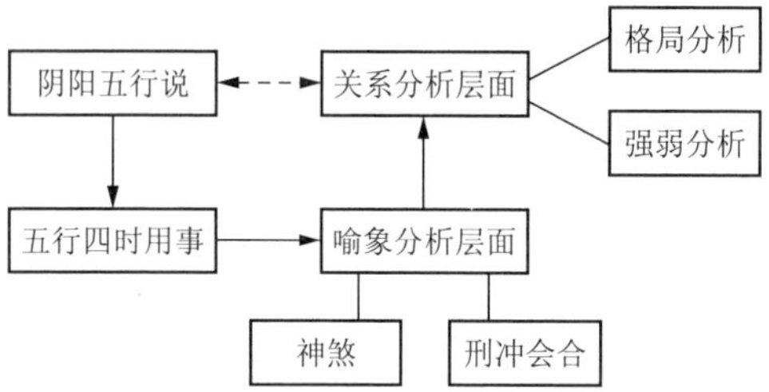

图 6.6　命理学形成时期发展脉络

从图中，我们可以看到，从阴阳五行说的抽象的关系模式，到具有喻象特征的五行四时用事，然后进一步到命理分析的“喻象分析层面”，然后再从喻象分析层面上升到较为抽象的“关系分析层面”。这里，喻象分析层面是关系分析层面的基础，而关系分析层面是喻象分析层面的“提升”。这个关系分析层面，终于在今法模型中建构起来了。

显然，今法模型已经同时具有了多种比较有效的分析和推理的手段。主要是“强弱分析”，以及由十神分析开始、进而到八字结构的“格局分析”。在图中，我们用虚线双向联结了“阴阳五行说”和“关系分析层面”，这是为了表明，经过由具体到抽象、由喻象到“关系”的发展过程之后，在表示抽象的关系网络方面，它们两者又紧密地联系在一起了。事实上，**阴阳五行说为传统命理学的建构提供了理论基础，而传统命理学自身的发展，又极大地丰富了阴阳五行说本身。**

明朝中叶以后，命理学进入了它的“深化时期”。这个新的“深化”的主要内容，正是分别沿着喻象分析层面和关系分析层面——这两个命理分析的主要方面——继续开拓。比起命理学的形成时期来说，这个深化时期并不长。但它已经不是“蹒跚学步”的童稚阶段了。从明朝中叶到辛亥革命，在不到三百五十年的时间内，命理学迎来了自己前所未有的丰硕成果。

第七章　命理学的深化时期

本章概述自明朝中叶以后、至1911年辛亥革命为止的命理发展进程。我们把这一时期称为命理学的“深化时期”。

作为这一时期的先锋人物是张楠和陈素庵，我们就从他们对当时命理学现状的认识谈起。深化时期研究的主要特点是出现了全方位、多视角的挺进：《滴天髓》是沿着喻象分析层面对于八字整体结构进行考察的新进军；《子平真诠》则是沿着关系分析层面，进一步拓展格局理论的精微脉络；而《穷通宝鉴》，原名《栏江网》，则进一步揭示日主跟月令所对应的“调候”要素之间的关系；来自民间的《命学玄通》反映了命理精细化的趋势。本章以及下一章，将对这一系列重要著作做出介绍和剖析。正是这些经典作品，把传统命理学推到了一个前所未有的理论和实践的高峰。

一、《神峰通考》和《命理约言》

对研究现状的认识

明朝中叶，《渊海子平》和《三命通会》标志了命理学形成时期的结束。对于当时的现状，陈素庵在《命理约言》中做过一个小结，大意是：谈到推命，旧书引用李虚中的学说，但很少有完整的方法。从徐子平起，方法开始确立；到了徐大升，则更具体了。但是，这两家的文章，往往头绪杂乱，道理阐述不清。其他人的作品，也有类似情况。因为他们“学非通儒，则见理不彻；笔非文士，则措辞不通也。”只有万民英是进士出身，著《三命通会》，够得上是“文士”资格。但他编撰的目的只是“蒐采”，“贵多而不贵精”，所以这篇宏著“能博而不能约”。[1]

陈素庵的批评确实有点儿尖锐，却是符合事实的。到明朝中叶，八字命理学的基本框架——今法模型，虽然建立起来了，但这一建立的过程，主要是民间人士代代相继的努力。徐子平、徐大升等，其实只是早期众多探索者中留下了名字的代表人物。他们既非“通儒”，也非“文士”。他们是从当时的实际经验中，积累起命理的点滴知识，然后运用阴阳五行学说，构建各种规则和理论。所以今天能见到的《渊海子平》本身的篇章，包括其中汇集到的各种诗赋，大多是头绪错综，理义芜杂。**这是命理学本身在俗文化中发展起来的实际状况**。当然，《三命通会》的编撰者——万民英，是例外。他是明朝嘉靖进士，但他编撰的目的是“蒐采”，所以这篇巨著“能博而不能约”，与教科书式的纲要性著作相去甚远。显然，命理学要继续大踏步地前行，摆在严肃的研究者面前的任务，首先在理论上要做一番存真去芜的清理和条分缕析的总结。

这时，自觉地挑起这副重担、并做出了重要贡献的，主要有两个人：一个是张楠，另一个就是陈素庵。他们称得上是“深化时期”的两位先锋人物。

去谬归正

张楠，字神峰，号逸叟，明朝江西临川西溪人。[2] 出身于传统的

[1]《命理约言·杂论》：“若推命之法，旧书间引虚中之说，而全文罕觏，其法未详。至徐子平，而法始定。至徐大升，而法益章。然二家所著，往往一篇之中，财官印食神煞之属，生克扶抑吉凶之理，错然并陈，观之者，目眩以乱。余诸家所著赋论，不越此体。间有区分条晰者，而头绪繁杂，文义俚拙。盖学非通儒，则见理不彻，笔非文士，则措辞不通也。……惟万进士民英，著《三命通会》，区分条析，文理朗顺，而意在蒐采，义无确一，贵多而不贵精，能博而不能约，然较诸术家，则胜远矣。”

[2] 根据《神峰通考命理正宗》“逸叟自命”：甲戌、庚午、乙亥、丁丑。（第 81 页）张楠当出生于明武宗正德九年（1514 年）五月十三日丑时。他是《三命通会》的作者万民英同时代的人。

耕读之家，自幼就有“青云志”，可惜早年“多蹇滞”，[1]功名未就。后潜心于命理研究四十余年，写成了命理专著——《神峰通考辟谬命理正宗》。[2]

在书名中，张楠用了“辟谬”两字，真有点当年东汉王充“疾虚妄”的架势。

张楠认为，第一，已有的命理著作，包括《渊海子平》在内，虽然“理出于正”，但是“无确然一定示人之见”。也就是，其论说芜杂，真正的道理并没有讲清楚，所以让学的人摸不着头脑，以讹传讹。

第二，市面上开业的算命先生水准太差，大多在招摇撞骗，没有几个是真正弄懂了命理学道理的。即使他所在的“穷陬僻壤”，也大有“招摇售术”者，居然没有一个是真正抓得住要领的。——看来，即使在算命成风的明朝，街头巷尾挂招牌的算命先生，也是挂羊头、卖狗肉的多！

于是，张楠潜心研究，终于悟到“其理有正途，断无旁出”。他动笔写了这本书，目的很明确：“辟诸谬说”，恢复“正理”，即在理论上做正本清源的工作。

他把当时命理学中存在的以纳音论命、以十二生肖论命、以神煞论命、以吕才所作的《合婚书》论婚姻、以及包括日贵格、日德格、魁罡格、六壬趋艮格、六甲趋艮、勾陈得位等在内的“外格”，统统归诸于“谬说类”，大加鞭挞。甚至说：“愚谓此等妄语，刊诸板籍，必须焚其板，火其书，而后可也。”[3]这是说，有“此等妄语”的，已经刻印成书，都要全部予以焚毁。——言辞何等激烈！冷静地探究他为何要做出这般严厉的批评，主要还是要求论命者需持全局的观念来看八字，绝不能“只把一字以定生死”。

[1] 见《神峰通考命理正宗》“逸叟自命”，第81页。
[2] 以下按通常命理学书籍中的习惯，简称《神峰通考》。
[3]《神峰通考·五星谬说类》。

“病药说”

张楠终究是有“破”、有“立”的人。在“辟谬”的基础上，他提出了一系列自己论命的主张。其中最重要的是“病药说”。这是张楠对八字命理学的一个重要贡献。

那么，什么是“病”？什么是“药”？张楠说：

> 何以为之病？原八字中原有所害之神也。何以为之药？如八字原有所害之字，而得一字以去之之谓也。如朱子所谓各因其病而药之也。故书云：“有病方为贵，无伤不是奇。格中如去病，财禄两相随。”命书万卷，此四句为之括要。盖人之造化，虽贵中和，若一一于中和，则安得探其消息，而论休咎也。[1]

这是说，“病”就是“八字原有所害之字”；而“得一字以去之”的那个“字”，则为“药”。比如，八字日干为壬水，而四柱多戊土，即是“杀重身轻”——七杀偏多而自身衰弱。这时，厚土为“病”，就喜用木来充当“药”，“以去其病”。换言之，这个八字要用食神、伤官（甲、乙木）为“药”，来医治旺杀（戊土）这个“病”。

那么，如何去诊断一个八字的“病”呢？张楠提出“从重者论”的方法：就是“先看了日干，次看月令”，找出八字中某一个最旺的五行为“看命下手法处”，以此为“病”，然后选择“去其病”的五行为其“药”。对于八字中可能出现的“病”状，张楠把它们归结为四类：雕、枯、旺、弱。同时，他又开出四帖治病的“药”：损、益、生、长。

从开出的“药”来看，有“损”有“益”。损益比较容易理解：“损者，损其有余也。”“益者，益其不及也。”[2]——这显然是针对八字中出现过旺或

[1]《神峰通考·病药说类》。
[2]《神峰通考·损益生长四药说类》。

过弱的病症来说的。治理的方法，就是“抑有余，补不足”——对于过旺的，予以抑制；对于过弱的，予以扶助。

至于“生”和“长”，前者是指十天干在“长生”位置上的处置；后者是指它们在“帝旺”位置上的处置。根据十天干生旺死绝历程的“阳顺阴逆”说，五阳干的“长生”，正是五阴干的“死”地；相反，五阴干的“长生”，又是五阳干的“死”地。因此，张楠认为：阳干的生地是“真为生也”，而阴干的生地“俱为弱”。同样，阳干的死地是“真为死”，而阴干的死地却“俱为生”。[1] 因此，要特别注意区别阴阳生死的不同情况。对于虽“生”实“弱”的，如乙木生于午（午是乙木的长生），要“贵济之以有生之药也。”而对于已处于“帝旺”之位的五行，由于已经发展到了极盛的程度，此时则应当予以“克之”。所以，“生、长二字，衰旺之不同，故运行有喜生、喜克之异。”[2]

显然，张楠的“病药说”，**着重强调了八字结构内部的不平衡性**，认为只有具有这种先天的不平衡性，才能因有“病”而得“药”，由此在动态中求得新的平衡，达到新的“中和”。这是今法时期“有病方为贵，无伤不是奇，格中如去病，财禄两相随”观念的进一步发展和具体应用。

作为命理分析的一个有效工具，“病药说”极大地丰富了命理学的宝库。然而，张楠在论说“病药”的同时，又表现出一定的偏颇倾向。

比如，他说：“若病重而得药，大富大贵之人也；病轻而得药，略富略贵之人也；无病而无药，不富不贵之人也。”[3] 这里变得有点像为“病”而求“病”，“病重”的胜于“病轻”的，不“病”则反而倒不是好八字了。这实在有点儿违背常理。后于张楠的陈素庵，对“病药说”做出了以下的肯定，但

[1]《神峰通考·损益生长四药说类》：“六阳生处，真为生也。如甲木在亥，亥有壬水，来滋甲木也。六阴生处，俱为弱。如乙木生于午也，午有丁火，泄木之精英，有已土为木之挠曲。又如六阴死处俱为生，如木死于亥，亥有壬水，反来滋木也。六阳死处真为死，如甲木死于午，且午中有丁火，泄木真精，已土为之挠曲。”
[2]《神峰通考·损益生长四药说类》。
[3]《神峰通考·病药说类》。

同时也给予了中肯的批评：

> 张神峰病药之说，其法甚善。然方取病伤，即求医药，仍归中和，非舍正理而尚僻耶。至所云八字纯然不旺不弱，财官无损，日主中和，断如常人之命，则其说尤偏矣。人命纯粹中和，安有不贵不富？特纯粹之中，暗藏驳杂，中和之内，嫌于浅露，仍是不纯粹不中和耳。尝见大富贵命，无病无伤，不旺不弱，运历五行而皆美，身备五福而无亏，岂非纯粹中和之确验，何必过拘于病药之说乎？[1]

这是要求在使用“病药说”时，不要过于拘泥。“中和”本是命理追求的理想目标，岂有先天中和的八字反而不好的道理？

在我们看来，张楠虽然对“病药说”做了很具体的分析，即开列了四种“病”和四种“药”，事实上，他的分析还是比较笼统。严格地讲，根据八字结构要素的强弱，通过扶抑的手段而求得平衡，并不一定都到了有“病”的地步。而真正出现“病”状，除了过旺或过衰的之外，恰恰是命局中用官星而见伤官、用财星而见比劫、用印绶而见财星、用伤食而见印绶这一类或是“破格”、或是“损用”（损害用神）的情况。这时，伤官、比劫、财星、印星，分别成了八字中真正的“病”根，非要用“药”来医治不可。**有这样的“病”，实在是不得已的事啊！**如同璞玉有瑕疵，此时非要去掉瑕疵，方能保持美玉的价值，而绝不是张楠在论说“雕”病时的态度——希望白玉有瑕疵，方可施雕琢之功。具体来说，比如，用官而见伤官——命局用官，自然最好不要见伤官；出现伤官，就是一种“破”的现象。这种“破”才是病。既然有病，就不能讳医求药了。这时四柱中若有印星，便可克制伤官。这就是有“病”得“药”。这印星就是“药”。事实上，这是一种“救援机制”，即“救援”用神。可见张楠的“病药”概念，还是在比较广泛的意义上来说的，尚欠精确。

---

[1]《命理约言·杂论》。

其次，在治“病”的方法上，张楠也过分强调了一个“去”字，即用**克制**的方法，“对着干”的方法，而对一个“化”字，即用**转化**的方法，没有予以足够的重视。比如，“身杀两停”，[1]应当用“制”的措施；但“身弱杀旺”，最好还是采取“化”的办法好，即用印星来转化七杀、扶助自身。这是在肯定“病药说”的同时，也应当注意到的情况。

除了“病药说”之外，张楠还有“动静说”、[2]“盖头说”[3]等。

“标准化”的精读本

继神峰张楠之后，陈素庵对自宋初以来的八字命理学作出了又一次理论上的全面清理。

陈素庵（1605—1658），名之遴，字彦升，晚号素庵老人。浙江海宁人。明崇祯十年（1637年）进士，官中允。入清后，擢礼部尚书，授宏文院大学士加少保兼太子太保。后以贿结内监吴良辅，因罪问斩，免死，流放尚阳

[1] 指日主自身与七杀之间强弱对比几乎相等。

[2] “动静说”是讨论八字中天干、地支的不同性质。天干透露于上，属阳，阳主动；地支隐藏于下，属阴，阴主静。张楠认为，天干容易攻击天干，比如八字中有天干甲木，能克运中天干戊土，但不能克地支巳中所藏之戊土。所谓“以动攻动为亲切，如男人之攻得男人也，不攻闺闱中所藏之女人也。”当然，甲木对地支中戊土也有“摇动震撼之意，但不能作实祸也。”同样，地支中有庚金，能克运中地支之甲木，而不能克运上天干之甲木。至于辰戌丑未四地支之物，“乃天地四方收藏之库，极牢固”，即使是地支之间也难破，只有用相互冲开的办法，好像是用钥匙开了锁，才能放出其中所藏之物来。“故曰：杂气财官喜见冲，正此意也。”这是张楠长期论命的经验之谈。（引文见《神峰通考·动静说》）

[3] “盖头说”，是把八字中上面四个天干比作“头”，下面四个地支比作“肚腹四肢”，而支中所藏之物，比作“五脏六腑”。张楠认为：“如肚腹秀气，发出在头面上来，便是英华发出外来，一生富贵贫贱，只从头面上见得。……看八字以此盖头字望见了，就识得人一生好歹，此是真传秘诀也。”这也是张楠论命的经验之谈，但似乎有点过分强调天干的作用了。（引文见《神峰通考·盖头说》）

堡，[1] 卒于徙所。他是海宁陈氏家族仕清的第一人，家藏甚富，后世许多术数类秘本都出自其家藏。陈素庵著有《命理约言》，以及对命理经典《滴天髓》做出注释的《滴天髓辑要》。

《命理约言》书成之后，很少流传。直到民国时代，由韦千里[2] 于 1933 年根据浙江绍兴蒋清渠提供的宣仲策家藏抄本选辑而成，名《精选命理约言》，刊行于世。全书共四卷。卷一：法四十八篇；卷二：赋二十篇；卷三：论四十八篇；卷四：杂论二十四则，并附有张神峰辟五行诸谬论十一则。

韦千里在“序”中对《命理约言》推崇备至。他写道：“余拜读至再，钦佩莫名，盖余所欲言者，陈书中已先我言之，余所不敢言不能言者，陈书中已振襟摇笔，侃侃而言之矣。且识见高超，议论透辟，诚为命书中唯一之杰作。不独文章典雅，考据详明已也。”

在我们看来，《命理约言》称得上是一本今法模型“标准化”的精读本。因为它对当时八字命理的一系列基本问题，都作了提纲挈领的回答。

看命总法

首先是“看命总法”，简而明确：“看命大法，不过生克扶抑而已。”具体的方法是：

> 列下四柱，先看日干是何五行，随看月支，或是生我克我，或是我生我克。如月支本气透于天干，寅透甲，午透丁，即取为格。系正官、食神、偏财、偏印，则宜生之助之；系偏官、伤官，则宜制之化之。若本气为透遭克，则寅不用甲，而用所藏之丙、戊，午不用丁，而用所藏之己。若所藏之神，又不透遭克，则不用月支，而用别干支之势盛力旺者为格。其禄刃比劫，无论在干在支，均不以取格，但用为日干之助耳。总之，以日干

[1] 今辽宁开原县东四十里。
[2] 关于韦千里，见本书第九章。

与财官等较其强弱，强者抑之，弱者扶之。局不能扶抑者，以运扶抑之。[1]这里强调了从月令地支下手的取格方法，即取月支中天透地藏者为格。在月令地支之物“不透遭克”的情况下，也可酌用“别干支之势盛力旺者为格”。取格之后，比较强弱，一般原则是“强者抑之，弱者扶之”。这是就正常的情况——“正格”来说的。所以说“看命大法，不过生克扶抑而已。”

若出现反常情况，即“其必不可扶者”或“必不可抑者”，那只能采取对前者“则弃之”，对后者“则顺之”的措施。事实上，这已经牵涉到“变格”（特殊格）的范围了。

《命理约言》指出：

> 五行之理，只是生我克我，我生我克。但不设名目，不便推详。故官、杀、印、财、食、伤之名，而六格出焉。然所谓官者，非诚官爵；所谓印者，非诚印章；所谓财者，非诚资财；所谓食者，非诚禄食；所谓杀者，非诚杀害；所谓伤者，非诚损伤。故得时得局，杀伤可以富贵；失时失局，官印可以贫贱。大抵成格则为上命；破格则为下命。[2]

这里明确地指出了，**十神只是表示相互关系的名称，并不是善神或凶神的代名词**。所以，“官”并不一定就得到“官爵”；“财”并不一定就得到“资财”。虽然《继善篇》中早有“小人命内，亦有正印官星；君子格中，也犯七杀阳刃”[3]的说法，但在早期命理学中，“专论财官”是论命不可争辩的重心。在当时的命理认识中，财与官，无疑象征着财富和官爵地位。现在，《命理约言》明白地说：“得时得局，杀伤可以富贵；失时失局，官印可以贫贱。”**这是一次彻底的正本清源的提法，由此把今法模型中的关系分析层面真正提高到了抽象关系的地位，完成了对格局系统性质的理论认识**。这为以后格局研究的进一步深化开辟了道路。

---

[1]《命理约言·看命总法》。
[2]《命理约言·看格局法二》。
[3]《渊海子平·继善篇》。

看用神法

接着是“看用神法”。这里的用神是“有用之神”的含义。又是十分简练而明确：“看命者，看用神而已矣”。

《命理约言》说：

> 看用神之法，不过扶抑而已。凡弱者宜扶。扶之者，即用神也。扶之太过，抑其扶者为用神；扶之不及，扶其扶者为用神。凡强者宜抑。抑之者，即用神也。抑之太过，抑其抑者为用神；抑之不及，扶其抑者为用神。如木弱扶之以水；水扶太过，制水以土；水扶不及，生水以金。木强抑之以金，金抑太过，制金以火；金抑不及，生金以土。至同类之相助，财气之相资，亦扶也；生物泄其气，克物杀其势，亦抑也。
>
> 是故有日主之用神焉，六神之扶抑日主者是也；有六神之用神焉，六神之互相扶抑之用神也；有行运之用神焉，运中补足之扶抑是也。行运之用神，即为原局之用神焉。
>
> 用神无破为吉；有助则更吉。用神有损为凶，无救则更凶。[1]

这里明确地把“看用神”提升到了命理学的中心地位——“看命者，看用神而已矣”。这短短九个字，斩钉截铁，掷地有声！这一提升，对后世命学的影响真是不可估量。至今不少命理学者，仍把这一句话奉为神明，不敢越雷池一步。

那么，什么是“看用神之法”？《命理约言》归结为“扶抑”两字，并简要地说明了使用“扶抑”用神的不同情况。同时，《命理约言》还进一步把用神区分为两类：“日主之用神”和“六神之用神”。可惜言之过简，没有进行充分的阐述，所以这个**重要的区分**，并没有为后世的命理研究者所重视。

[1]《命理约言·看用神法》。

不过，对“看用神法”，《命理约言》还作了以下的补充说明：

然取用神之法，虽当专一而不眩，亦宜变通而勿拘。如正偏官格，有时制化互用，甚或生制参用，况行运数十年，无俱木俱金之理。尝见大富贵之命，不恃一神为用。其专恃一神者，乃补偏救弊之命耳。[1]

这里指出，取用神也要注意“变通”。在一个命局中**可以选取不止一个的用神**。张神峰曾强调的“得一字以去之”的那种“药”，实际上仅是“补偏救弊”的用神而已。[2]显然，陈素庵对命理认识的视野，比起他的前人张神峰来说，要宽广得多。

同时，陈素庵还讨论了“体”和“用”关系。如果日主或六神本身出了大问题，则“体先不成，用于何有”。也就是古语说的：“皮之不存，毛将焉附？”由此可见，虽然前面说过“看命者，看用神而已矣”，事实上，辨“体”是看“用”的基本前提。因为“体先不成”，还能奢谈什么“用神”呢！

论命原则

再下来是论命的原则。《命理约言》说：

旧书论日主，或专主强旺，或反尚衰弱，盖以太强则得抑有力，太弱则得扶立效。此即“有病方为贵”之说，皆偏见也。凡日主最贵中和，自然吉多凶少。日主太强太弱，自然吉少凶多。惟可抑之强，可扶之弱，则存乎作用耳。……旧谓男命日主不嫌于强，然过强则亦取咎；女命日主不嫌于弱，然过弱则亦受亏。[3]

这里直接批驳了长久以来“有病方为贵”的观念。事实上，这也是对张神峰在提出“病药说”的同时，所掺杂着的“无病而无药，不贵之人”的偏

---

[1]《命理约言·看用神法》。
[2]上文中，我们把它称为“救援用神”，也正是这个涵义。
[3]《命理约言·看日主法》。

颇观念的再次批评，从而坚定地维护“日主最贵中和”的传统论命原则。

《命理约言》还对如何看正格（普通格）和变格（特殊格）的各种格局，作了十分精要的评说。而且，进而提出了看“贵贱”、“贫富”、“吉凶”、“寿夭”的方法。陈素庵接着指出：

尝考人命富贵贫贱，验者颇多。惟寿夭验者较少。盖一念之善，可以延年；一事之恶，足以夺算。苟恃命之生与永，而多行恶事；知命之死与促，而广积阴功，此则爱之不能使生，恶之不能使死，区区八字干支，何足道乎？[1]

这是说，命运的富贵贫贱比较容易预测，对于人的寿夭问题，则比较困难。这倒是经验之谈。

此外，《命理约言》还对八字结构要素、常见神煞等一系列问题作了扼要的评说。比如，对于阴阳属性不同的天干，陈素庵认为，应注意它们不同的特征：相对而言，阳干生他物力量大，但它经受不住他物的克制，也不容易他从；阴干生他物之力弱，但忍受得住他物的克制，并容易他从。[2]对于地支，他指出，要注意它们的阴阳体性。子、寅、辰、午、申、戌为阳支；丑、卯、巳、未、酉、亥为阴支。阳支性动，吉凶状况反应比较快；阴支性静，祸福反映则较慢，在八字或在运程中，都有这样的情况。[3]

总之，《命理约言》是传统命理学进入深化时期之后不久出现的一本十分重要的著作。可能是当年“藏之名山”，流传不广，人们对它的意义并不十分了解。事实上，经过陈素庵的认真发掘和精心清理，由宋明时代形成的今法模型，在这本书页不厚的《命理约言》中第一次得到了真正的“标准化”。如

[1]《命理约言·看寿夭法》。
[2]《命理约言·天干论》：“惟阳不甚受克，阴不甚畏克，阴易于他从，阳难于他从。”《命理约言》“杂论”：“阳干任克之力轻，而生物之力重，故阳日用印，有时喜偏，而丙、壬尤喜。阴干生物之力轻，而任克之力重，故阴日遇杀不畏其强，而丁、己尤不畏。”
[3]《命理约言·地支论》：“命家则以子寅辰午申戌为阳；丑卯巳未酉亥为阴。……至于阳支性动，吉凶之法恒速；阴支性静，祸福之应较缓。阳支气辟，光亨之义可观；阴支气翕，包含之理斯居，在局在运，均以此消息可也。”

果说，《三命通会》是一本广而博的命理学大百科全书，那么，《命理约言》堪称是一本非常精炼的八字命理学纲要。

皇家秘本

这里要提一下最近出版的作为故宫珍藏子平秘本——《御定子平》，[1]共五卷。点校者根据全书讳“玄”字，认为它是清康熙朝后成书的。全书没有收入清代的命理典籍，所以可以推断成书于清朝早期。清朝康熙皇帝雅好术数之学，在故宫的藏本中，冠以“御定”的清康熙内府抄本就有不少，如《御定卜筮精蕴》、《御定六壬直指》等。因此，此书当是康熙朝时由精通此术的学者们编写、由康熙审阅后仅供皇家使用的命理秘本。由于是学者们编写，取材精当，文字斐然。虽无甚独特见解，却是一份清初很好的八字纲要书。

此外，还有廖冀亨[2]编纂的《子平四言集腋》，成书于清雍正六年（1728年）。全书六卷，用四言诗诀的形式，将子平之法，分门别类地予以阐述，这对八字命学的流传有着一定的促进作用。

二、《滴天髓》和《子平真诠》

其实，在陈素庵写作《命理约言》的前后岁月里，命理学已经出现了多股向着深度挺进的激流。它们代表了八字命理学研究的新视角、新探索。其

[1]《御定子平》，郑同点校，华龄出版社，2011 年。
[2] 廖冀亨，字瀛海，号清溪逸叟，清初福建永定人。按《子平四言集腋》“自序”，他曾研究过五星术，辑《天官五星正传》八卷。后“羁困苏城，借星平糊口”，发现“子平之理，确有把握。较之五星，尤为深奥。”“安得专言五星而不参究子平哉？”于是“余参究子平，历有年所。缘书页浩繁，不惟难以记诵，亦且艰于检阅。因仿‘独步’之式，不揣固陋，纂著四言。”（“独步”指《渊海子平》中的“四言独步”诗诀。——作者注）现有徐乐吾先生在 1937 年重印的《子平四言集腋》本行世。

中最重要的著作是《滴天髓》、《子平真诠》和《穷通宝鉴》。

任铁樵与《滴天髓》

《滴天髓》最初见于《明史》。《明史·艺文志》录有刘基《三命奇谈滴天髓》一卷。清初顺治十五年（1658年）仲春，始有陈素庵点定的《滴天髓辑要》。

陈素庵在“自序”中说：原稿本“但命名未雅，其论次亦颇参错，且间有不达意者，余故釐正其篇目，而辞句则少点定之，然非有改于旧观，故仍其名。”

康熙时有黄虞稷“千顷堂”木刻本《命理须知滴天髓》，题京图撰、刘基注。至道光四年（1824年），由程芝云校订，收入“百二汉镜斋”四种丛刊之一，给予出版。程氏在序中说：“是书世少流传，顾耕石侍讲精命术，每奉为鸿宝，不以示人。”[1]

然而，《滴天髓》虽见闻于世，但其行文大多是极其精炼的诗赋句子，义理隐晦曲折，实不易为人所领悟。直到道光二十八年（1848年）前后，由任铁樵作了十分详尽的注解，“方能共晓其义”，[2]由此才得到真正的流传。在命理学史上，任铁樵可谓厥功甚伟。他是揭开《滴天髓》神秘面纱的第一个人。

任铁樵生于乾隆三十八年（1773年），[3]出身官宦人家。三十多岁时，家庭发生变故，家产荡尽，于是潜心命学，为生计而以算命为职业，七十五岁时仍在批命。[4]

---

[1] 转引自钟义明《现代破译〈滴天髓〉》，第30页。

[2] 见徐乐吾《滴天髓补注》“自序”。

[3] 袁树珊推测他是浙江人。见《滴天髓阐微》袁树珊“序”。

[4] 见李雨田校订、任铁樵注《滴天髓阐微》卷二：“乾隆三十八年四月十八日辰时，癸巳、戊午、丙午、壬辰，此铁樵自造。……且予赋性偏拙，喜诚不喜虚浮，无谄态，多傲慢，交友往来，每落落难合。所凛凛者，吾祖吾父，忠厚之训，不敢失坠耳。先严逝后，家业凋零，潜心学命，为糊口之计。夫六尺之躯，非无远图之志，徒以末技见哂。自思命运不齐，无益于事，所以涸辙之鲋，仅邀升斗之水，限于地，困于时。嗟夫，莫非命也，顺受其正云耳。”（第68—69页）

任铁樵是根据自己几十年从业的实际经验，并援引了大量命例（共512例），对《滴天髓》做出了批注。任注《滴天髓》在当时也只是传抄本，且内容、编次、文字均因传抄者不同而有差异。直到民国后，任注《滴天髓》经袁树栅校序，由孙衡甫（蘅园主人）于1933年斥资影印出版，书名为《滴天髓阐微》。1935年，同是任注的《滴天髓》，又经民国时期的命理大家徐乐吾编订，以《滴天髓征义》书名予以出版。而且，1937年春，徐乐吾自己也完成了《滴天髓补注》。这是在任铁樵注解的基础上，徐乐吾根据自己的研究的心得，重新增补了对《滴天髓》的注释。这又一次为后人阅读和理解《滴天髓》敞开了门户。

《滴天髓》的作者

关于《滴天髓》的作者，大致认为是明朝初年刘基[1]所撰。刘基，字伯温，封诚意伯，是中国文化史上著名的谋略家，在民间几乎是妇孺皆知的神奇人物。徐乐吾在《滴天髓补注》“自序”中说：

> 《滴天髓》一书，为明诚意伯刘基所撰，见于年谱。原署京图撰，刘基注。然细察之，文注出于一人之手。盖明太祖忌刻成性，诚意疾革，以观象玩占之书，封于石室，遗命亟上之，毋令后人习。殁之次年，上果命李铎就其家中取之，见诚意墓誌，可见洪武之猜忌。诚意早知之，假名京图，以示述而不作，所以避嫌而远祸也。

这是说，《滴天髓》的真正作者应该是刘基。原本题为“京图撰，刘基注”，是因为刘伯温深怕明太祖朱元璋猜忌，有意用“京图”作为原本的作者，而把自己放到注释者的位置上。

[1] 刘基（1311—1375），字伯温，浙江青田人。谋略家，文学家。元末进士。后助朱元璋建立明王朝，官至御史中丞兼太史令，封诚意伯。著有《诚意伯文集》等。

然而，《滴天髓》最早的整理者——陈素庵却不这样认为。在《滴天髓辑要》“自序”中，陈素庵指出：

《滴天髓》之书，乃一知命者所作，托于诚意伯刘基。其书穷干支之情，通阴阳之变，不拘格局，不用神煞，但从命理推求，愈入愈微，愈微愈显，诚此道之专精，术家之拔萃也。……嗟夫！高识渺论如此，何减于诚意杂撰，而顾附托命以求传后世，世之怀才而不得自见，若是君者，可胜道哉！[1]

陈素庵是自视很高的人，但对《滴天髓》却给予了很高的评价。不过，他认为，《滴天髓》是后来某个精于此道的命理学者的作品。原作者只是借用了刘伯温这个传奇人物的大名，想以此使自己的心血结晶能得以传世。陈素庵对这位匿名的作者发出了深深的感叹。这个看法的确也很难驳斥。究竟谁是《滴天髓》的真正作者，只能留待将来进一步的考证了。

《滴天髓》的地位

自清朝以来，绝大多数命理学家对《滴天髓》都推崇备至。民国时代方重审说：子平典籍“首推《滴天髓》和《子平真诠》二书最完备精审。后之言命学者，千言万语，不能越其范围，如江河日月，不可废者。”徐乐吾也说：“仆研究命理有年，生平所最服膺者，为《子平真诠》、《穷通宝鉴》暨《滴天髓》三书。”[2]他还进一步指出：

格局有正、有变。正者，五行之常规；变者，五行有所偏胜。然万变而不离其宗者：五行之理也。《子平真诠》明其常；《滴天髓》明其变。……孟子曰：“不以规矩，不能成方圆。”又曰：“能使人规矩，不能使人巧。”《真诠》者，命理之规矩也；《滴天髓》者，示人以巧也。[3]

[1] 见《滴天髓补注》内陈素庵《滴天髓辑要》“自序”。
[2] 徐乐吾《滴天髓补注》“自序”。
[3] 徐乐吾《子平真诠评注》“跋”。

“规”和“矩”，是木匠用来校正圆形和方形的工具。这里把《子平真诠》比喻为“规矩”，是指它给了人们用来“量裁”八字命造的具体杆尺。然而，懂得使用“规矩”的木匠，不一定是个“巧匠”。因为天底下的器物是形形色色的，不一定都“中规中矩”，这就要求一个“巧”字。这个“巧”包含了经验、诀窍、领悟能力。而《**滴天髓》正是“示人以巧”的作品**。这里，徐乐吾生动地点明了《滴天髓》在命理研究中所具有的地位和意义。因此，说它堪称八字命理学**“经典中的经典”，**[1]实不为过。

《滴天髓》有不同的编辑版本。陈素庵的《滴天髓辑要》是四十二“论”。《滴天髓阐微》则分为“通神论”和“六亲论”两大编，共四卷六十三章。[2]徐乐吾编辑、评注的《滴天髓征义》和《滴天髓补注》则为四卷四编。[3]这“四编”是：第一编“干支论”；第二编“形象格局；体用精神；四柱总论”；第三编“征验”；第四编“妇孺”。

在下一章里，我们将以《滴天髓阐微》中所引的《滴天髓》原文、原注为主，[4]具体讨论这本经典的主要内容。

《子平真诠》的作者

《子平真诠》出现在清朝乾隆年间。

作者沈孝瞻，名燡燔，浙江山阴人。清乾隆四年（1739年）进士。[5]沈孝瞻“天资颖悟，学业渊邃。其于造化精微，固神而明之，变化从心者矣，”[6]可见他是一位对传统学问颇有功底、对八字命学深有心得的人。

---

[1] 见钟义明《现代破译滴天髓》，第23页。
[2] 目录中在“奋郁”和“闲神”之间漏了“恩怨”一章。
[3] 全书编辑上略有差异，前者三十二节；后者归并为二十八节。
[4] 同时也参考陈素庵《滴天髓辑要》的原文、原注，以及徐乐吾《滴天髓征义》和《滴天髓补注》中的原文、原注。
[5] 乾隆四年己未科二甲第八十二名进士。
[6]《子平真诠》胡焜（倬空）“原序”。

《子平真诠》原是沈氏所写的一份自己研究八字心得的手稿，共三十九篇。当时并没有署书名，仅在士绅官宦之间抄录传阅。后为胡焜在宛平府中任幕府时所见。胡读后大为赞赏，遂将此文稿交他的命学同好章君安，章阅后“慨然叹曰：此谈子平家真诠也”。[1]于是以《子平真诠》为书名，在乾隆四十一年（1776年）刻版出书。今坊间流传的版本则是由赵舒翘[2]和李星科[3]在光绪二十一年（1895年）出版的，共四十五篇。

民国以后，徐乐吾在1936年出版了《子平真诠评注》，对该书作了非常详尽的评注。书前有前文提到的方重审的序言。方氏在“序言”中说：“所余‘子平’一派……，此中旧籍，首推《滴天髓》和《子平真诠》二书最完备精审。后之言命学者，千言万语，不能越其范围，如江河日月，不可废者。”对《子平真诠》予以极高的评价。

“用神”的误解

《子平真诠》一书是专论格局的。在“论用神”一节开始，沈孝瞻说：

> 八字用神，专求月令。以日干配合月令，而生克不同，格局分焉。财官印食，此用神之善而顺用之者也；煞伤劫刃，用神之不善而逆用之者也。当顺而顺，当逆而逆，配合得宜，皆为贵格。[4]

这一小段话，是沈孝瞻“格局论”的**纲要**。偏偏这个纲要，却被此书迄今最权威的评注者徐乐吾所**误解了**。关键在“用神”两字。请看徐氏对这段话的注释：

> 用神者，八字所用之神也。神者，财、官、食、印、偏财、偏官、偏印、

[1] 见《子平真诠》胡焜“原序”。
[2] 赵舒翘，陕西长安人，清同治十三年（1874）进士。
[3] 李星科，湖南湘阴人。
[4] 徐乐吾《子平真诠评注》，第83页。

伤官、劫刃是也。八字中察其旺弱喜忌，或扶或抑，即以扶抑之神为用神。故用神者，八字之枢纽也。所取用神未真，命无准理。故评命以取用神为第一要义。[1]

显然，沈孝瞻此处所谓的“用神”正是我们在第四章中提到的“用事之神”，即月令中所具有的反映当时外部生态环境季候性质的五行内容；而徐乐吾所注释的“用神”，正是他所说的“所用之神”，即目前命理学界通常用的“有用之神”。

由于将“用事之神”误为“有用之神”，一字之差，全盘皆非。沈孝瞻在命理学上的殚精竭虑的创造，经徐大师的注释，都化为乌有了。[2]这实在不是徐大师的初衷吧?

对此，我曾在《八字与中国智慧》一书中指出：

> 中国文化中一直有经学传统。自从汉武帝采纳了董仲舒的建议，罢黜百家，独尊儒术，于是开始了“经学时代”。一切以经典为依归，自己的思想见解，也都要以解释经典的面目出现，力求从经典中寻到立说的根据。这就常常发生从“我注六经”到“六经注我”的情形。这里，徐乐吾的评注也可以算上一例吧。由于徐乐吾的“评注”，沈孝瞻对格局的苦心探讨便付之东流了。人们把全部的注意力都倾注到用神上去了，于是，格局便在人们的视线里渐渐消失了。[3]

当然，传统命理学一直在**俗文化**中成长，并没有“权威”或权威性的“经典”来规范它使用的术语，这就造成了命理学作者之间、以及作者和读者之间在思想认识上的混乱。反过来，可能也正是因为它在俗文化中发展，没

---

[1] 徐乐吾《子平真诠评注》，第 83 页。
[2] 梁湘润先生在《滴天髓、子平真诠今注》中也指出：“‘沈氏’之著作，受了‘徐乐吾’的个人习惯，曲解了很多‘沈氏’的原意。……所以我们只宜对‘沈氏’的原文多予研究，不必多分心于徐乐吾氏的附笔架词。”（第 153—154 页）
[3] 陆致极《八字与中国智慧》（1998 年），第 203—204 页。

有出现过由政治当局者或大儒认可的具有权威性的“标准”著作（如朱熹的《四书章句集注》成了后来历代皇朝科举取士的标准经典），因此在近两千年的岁月中，它能始终保持蓬蓬勃勃向前探索的生命力。

然而，确实也不能低估徐乐吾评注“误解”的影响，这影响实际上一直延伸到今日。比如，二十世纪末出版的台湾李铁笔《子评真诠评注》中还说：“本文认为八字用神乃依月令来择取，根本是该摒弃之讹谬之论。”[1]“讹谬之论”，言之甚重。这正是从徐乐吾的“用神”概念上来说的。沈孝瞻进士若地下有知，真不知有多大冤屈！

关于《子平真诠》对格局的论说，将在下一章内予以专门介绍和探讨。

三、调候研究

什么是“调候”？

《穷通宝鉴》是以“调候”为主旨的。

调候，即调和气候。具体来说，八字结构是一个“小宇宙”。在这个结构中，日主通过跟它所处的环境要素的比较，除了自身“强弱”的问题之外，还有一个**环境要素对自身存在的“适宜”或“不适宜”的问题**。早在《渊海子平》中就提到：

> 天地阴阳二气，降于春夏秋冬，各生其时。有用者则吉；无用者则凶。是以泄天机之妙理，谈大道之玄微。[2]

显然，对于日主来说，环境本身存在着“有用者”和“无用者”。环境中具有的某些要素，若在自然属性和气候等方面跟日主的需求相一致，就是“有用者”；跟日主需求不一致的，就是“无用者”。

[1] 李铁笔《子评真诠评注》，益群书店，台北，1999年，第55页。
[2]《渊海子平·幽微赋》。

《五行生克赋》进一步指出：

> 大抵水寒不流，木寒不发，土寒不生，火寒不烈，金寒不熔。皆非天地之正气也。[1]

这里表现出对外部环境气候上的要求。如果环境太“寒”的话，无论是哪一种五行，都会丧失生机。《滴天髓》也指出：

> 天道有寒暖，发育万物，人道得之不可过也；地道有燥湿，生成品汇，人道得之不可偏也。

这里，天道、地道者，指天干地支。天干金水为寒，木火为暖；地支西北为湿，东南为燥。此就五行之方位言。秋冬为寒湿，春夏为暖燥，此就时令之气候言。暖燥太过，喜雨露以润之；寒湿太过，宜太阳以喧之。显然，对于一个八字来说，寒暖燥湿，不能偏枯。

调候：日主对出生时环境要素（寒暖燥湿）的特殊要求

事实上，这类要求，**可以归结为命局在环境气候的寒暖、燥湿方面希望达到某种平衡的需求**。在命理学形成时期，这个问题才刚见端倪。随着命理学研究的深入，这个问题日益得到更多的重视和探讨，后来逐渐成为命理学中专门称之为“调候”的问题了。它构成了命理推演的又一个重要视角。而《穷通宝鉴》正是这方面研究的经典作品。

《穷通宝鉴》的来历

《穷通宝鉴》原名《栏江网》，不知作者姓名和著作年代。从书中列举的不少明朝名人的命例来看，可以判断，此书作于明朝末年。然而，当时仅是

[1]《渊海子平·五行生克赋》。

以一种“私人密录式的抄本”，[1]在江湖上流传。到清初康熙年代，“入于日官[2]之手，易名曰：《造化元钥》”。[3]到了清朝光绪时代，有抄本落到了楚南余春台的手中，由余春台重新编辑，刊刻行世，改名为《穷通宝鉴》。余春台在“序”里说：

余于搜辑诗文之暇，亦颇涉猎命学诸书，乃友人持《栏江网》缮本谓余曰：某欲著简明确切之说，以为后学之楷，此本秘之行箧久矣。以此权量人之富贵，往往有验。子可为梓之，以为子平书之一小补。

余披阅一过，审其议论精详，取舍恰当，实有得五行生克，八卦错综之妙，因不揣简陋，细加编辑，视其繁者汰之，略者增之，去其鲁鱼亥豕之讹，使阅者了然若诸指掌。此命学之指南，子平之模范也，乃更其名曰《穷通宝鉴》。

这里叙述了余春台是怎么得到《栏江网》这个抄本的，又怎么经过了他的细心编辑，才始以《穷通宝鉴》之名而见行于世的。

然而，余春台的整理似乎并没有使徐乐吾感到满意。他在评注了《穷通宝鉴》之后，又再度对照原抄本，重新加以评注，七易其稿，于1941年冬完成，取名为《造化元钥评注》。在“序”中，徐乐吾说：

《栏江网》一书，以十干配十二月，察其生旺休囚，以定取用之准则，立一成以驭万变，秩然有序。命理书中，殆无其匹。顾以出于术者之手，义精理奥，词不达意，辗转传抄，鲁鱼亥豕，不可卒读。沉沦几五百年，不为世重。……

予于评注《宝鉴》时，奇其书，未能尽解其意，遍求善本不可得，疑其有误而不敢擅易。嗣由友人之介，于旧书肆中，购得真州吴氏有福

[1] 见梁湘润《余氏用神辞渊》，第12页。
[2] 日官指古时宫廷中从事占候、卜筮的部门。这里指钦天监——清朝掌观察天象、历法的官署。
[3] 徐乐吾《造化元钥》“序”。

读书堂珍藏精抄本，两相比对，相互校正，一字出入，义理悬殊。所列命造，亦多数百，则为有清日官所增附者也。复经数年之研究，在昔视为不可解者，今乃恍然有悟。盖熟习之余，始能旁通，实例入手，自然领会。其间盖有不可强求者，爰不揣浅陋，重为阐述，并以搜集之近代名人命造附后，名之曰《造化元钥评注》。

可见徐乐吾对此书的重视，并为此从编辑、注释到增加命例，花了大量的心血和功夫。

其实，在徐氏《造化元钥评注》完成之前的1937年，出版了任绥卿[1]（署名“四明白水青松”）著的《命理索隐》。此书中编《命理准绳》，也是以十干配十二个月的方式，来谈“调候”的喜忌。唯行文采取四六骈文赋体，词句华丽，多成语典故，而且后附有笺注。台湾地区梁湘润称之为“四明丁丑”版。[2]

梁先生指出：“这一个‘四明丁丑’版，内容虽然不敢保证与原抄本完全一样，至少可以证明‘丁丑’版是比余春台的润笔版本，更为接近原抄本。……此书的作者，可能也与徐氏的观点相同，认为《栏江网》书名俚俗，文笔简陋而有局部应验而已，因而代为做出词赋。此文并无书名，实际上即是没有标明‘栏江网’之‘栏江网’。”[3]

梁先生的话是有道理的。只要比较以下两者的内容，不难发现它们实际上来自同一个源头。比如，“正月甲木”，《穷通宝鉴》说：

正月甲木，初春尚有余寒。得丙癸透，富贵双全。癸藏丙透，名寒木向阳，主大富贵。倘风水不及，亦不失儒林俊秀。如无丙、癸，平常人也。……

“四明丁丑”版《命理准绳》说：

木生春季，有欣欣向荣之象；期届正月，犹凛凛凝寒之气。干有丙火，

[1] 任绥卿，浙江四明（今宁波鄞县）人。笔名白水青松。
[2]《命理索隐》出版于1937年，为“丁丑”年。
[3]《余氏用神辞渊》，第15页。

冠盖可比王谢;[1] 兼透癸水，鼎钟等于窦田。[2] 岁干癸而时干丙，厥是南宫[3] 名宿；年月丙而时见癸，可称东观[4] 英耆。……

对比一下，两者的行文虽然大不相同，但实际上说的是同一个内容：正月甲木的喜用之神是：丙、癸。

由此可见，《命理准绳》也同样可以追溯到《栏江网》抄本这个源头。显然，从明末《栏江网》抄本到《穷通宝鉴》、再到《造化元钥》，是一条从江湖到书房的线路；从《栏江网》抄本到《命理准绳》则是又一条从江湖到书房的路线。

2011 年春天，由于“方便面居士”购到一本署名甄松年著《栏纲网全集》的残缺手抄本，[5] 又引起了研究者对《栏江网》早期抄本的来源探究的兴趣。甄松年，字文森，号青圃，台山德行都（今中山乡石海村）人。乾隆五十四年（1789 年）己酉科进士，历任内阁中书典籍、刑部江西司主事。方便面居士指出：原书为“纲”而非“江”，在江西福建一带，此二字发音几乎相同，所以很有可能经历多次口述抄录后，“栏纲网”成了“栏江网”。梁湘润将这份抄本的“喜忌诗”录入了刚出版的《用神经史观》[6] 中，对“调候”的研究又多了一份新资料。

十干调候喜用提要

诚如前面徐乐吾所指出的，《穷通宝鉴》是“以十干配十二月，察其生旺

[1] 原笺注：《晋书》：“王导字茂宏，览之孙，群从弟子布列显要。谢安，字安石，谥文靖。两家至六朝犹盛，当时称为王谢。”
[2] 原笺注：《史记》：“窦婴平七国有功，封魏安侯，窦太后从兄子也。孝景朝，每朝议大事，诸侯莫敢与亢礼。田蚡，孝景后同母弟也，封武安侯，后为丞相。治宅甲诸第，诸侯奉完好，不可胜数。”龙门（司马迁）以二人皆贵戚，故合传。
[3] 原笺注：《汉书》：“建尚书百官府，曰南宫。”
[4] 原笺注：《后汉书·和帝纪》：“永元十三年，帝幸东观，览书林，阅篇籍，博选术艺之士，以充其官。”（即：洛阳宫殿，名南宫，有东观汉氏土籍所在。）
[5] 见网上“方便面居士的博客”。
[6] 梁湘润《用神经史观》，行卯出版社 2012 年，第 255—267 页。

休囚，以定取用之准则”。因此它的编排方式，是以十个天干分别对照十二个月，讨论其取用的准则和内容，共一百二十组。其调候喜用提要如下：[1]

表 7.1　甲木调候喜用提要：

月份	调候用神	提　要
正月	丙、癸	调和气候为要，丙火为主，癸水为佐。
二月	庚、丙、丁、戊、己	阳刃架煞，专用庚金，以戊己滋煞为佐。 无庚用丙丁泄秀，不取制煞。
三月	庚、丁、壬	用庚金必须丁火制之，为伤官制煞。 无庚用壬。
四月	癸、丁、庚	调和气候，癸水为主。 原局气润，庚丁为用。
五月	癸、丁、庚	木性虚焦，癸为主要，无癸用丁，亦宜运行北方。 木盛先庚，庚盛先丁。
六月	癸、丁、庚	上半月同五月，用癸； 下半月用庚丁。
七月	庚、丁、丙	伤官制煞。无丁用壬，富而不贵。
八月	庚、丁、丙	用丁制煞，用丙调候， 丁丙并用为佐。
九月	庚、甲、丁、壬、癸	土旺者用木，木旺者用庚金， 丁壬癸为佐。
十月	庚、丁、丙、戊	用庚金，取丁火制之。丙火调候。 水旺用戊。
十一月	丁、庚、丙	木性生寒。丁先庚后，丙火为佐， 必须支见巳寅，方为贵格。
十二月	丁、庚、丙	丁火必不可少，通根巳寅，甲木为助， 用庚劈甲引丁。

[1] 录自钟义明《命理准绳评注》，同时也参照梁湘润《余氏用神辞渊》中“调候用神表”略作修订。

表 7.2　乙木调候喜用提要：

月份	调候用神	提　要
正月	丙、癸	取丙火解寒，略取癸水滋润，不宜困丙。 火多用癸。
二月	丙、癸	以癸滋木，以丙泄秀，不宜见金。
三月	癸、丙、戊	若支成水局，取戊为佐。
四月	癸	月令丙火得禄，专用癸水，调候为急。
五月	癸、丙	上半月专用癸水，下半月丙癸并用。
六月	癸、丙	润土滋木，喜用癸水。柱多金水，先用丙火。 夏月壬癸，切忌戊己杂乱。
七月	丙、癸、己	月垣庚金司令，取丙火制之，或癸水化之。 不论用丙用癸，皆己土为佐。
八月	癸、丙、丁	上半月癸先丙后，下半月丙先癸后。无癸用壬。 支成金局，又宜用丁。
九月	癸、辛	以金发水之源。见甲，名藤萝系甲。
十月	丙、戊	乙木向阳，专用丙火，水多以戊为佐。
十一月	丙	寒木向阳，专用丙火，忌见癸水。
十二月	丙	寒谷回春，专用丙火。

表 7.3　丙火调候喜用提要：

月份	调候用神	提　要
正月	壬、庚	壬水为用，庚金发水之源为佐。
二月	壬、己	专用壬水，水多用戊制之。身弱用印化之。 无壬用己。
三月	壬、甲	专用壬水。土重，以甲为佐。
四月	壬、庚、癸	以庚为佐。忌戊制壬。无壬用癸。
五月	壬、庚	壬庚以通根申宫为妙。
六月	壬、庚	以庚为佐。

（续表）

月份	调候用神	提　要
七月	壬、戊	壬水通根申宫，壬多必取戊制。
八月	壬、癸	四柱多丙，一壬高透为奇。无壬用癸。
九月	甲、壬	忌土晦光，先取甲疏土，次用壬水。
十月	甲、戊、庚、壬	月垣壬水秉令，水旺用甲木化之。身煞两旺，用戊制之。火旺用壬，木旺宜庚。
十一月	壬、戊、己	气进二阳，丙火弱中复强，用壬水，取戊制之。无戊用己。
十二月	壬、甲	喜壬为用。土多，不可少甲。

表 7.4　丁火调候喜用提要：

月份	调候用神	提　要
正月	甲、庚	用庚金劈甲引丁。
二月	庚、甲	以庚去乙，以甲引丁。
三月	甲、庚	用甲木引丁制土，次看庚金。木盛用庚，水盛用土。
四月	甲、庚	取甲引丁，甲多又取庚为先。
五月	壬、庚、癸	火多，以庚壬两透为贵。无壬用癸，为独煞当权。
六月	甲、壬、庚	以甲木化壬引丁为用。用甲木不能无庚，取庚为佐。
七月	甲、庚、丙、戊	取庚劈甲，无甲用乙。用丙暖金晒甲。无庚甲而用乙者，见丙为杜草引灯。水旺用戊。
八月	甲、庚、丙、戊	取庚劈甲，无甲用乙。用丙暖金晒甲。无庚甲而用乙者，见丙为枯草引灯。水旺用戊。
九月	甲、戊、庚	一派戊土无甲，为伤官伤尽。
十月	甲、庚	庚金劈甲引丁，甲木为尊，庚金为佐。戊癸权宜酌用。
十一月	甲、庚	庚金劈甲引丁，甲木为尊，庚金为佐。戊癸权宜酌用。
十二月	甲、庚	庚金劈甲引丁，甲木为尊，庚金为佐。戊癸权宜酌用。

表 7.5 戊土调候喜用提要：

月份	调候用神	提　要
正月	丙、甲、癸	无丙照暖，戊土不生。无甲疏劈，戊土不灵。 无癸滋润，万物不长。先丙、次甲、次癸。
二月	丙、甲、癸	无丙照暖，戊土不生。无甲疏劈，戊土不灵。 无癸滋润，万物不长。先丙、次甲、次癸。
三月	甲、丙、癸	戊土司令，先用甲疏、次丙、次癸。
四月	甲、丙、癸	戊土建禄，先用甲疏劈，次取丙癸。
五月	壬、甲、丙	调候为急，先用壬水，次取甲木，丙火配用。
六月	癸、丙、甲	调候为急，癸不可缺。丙火配用。土重不能无甲。
七月	丙、癸、甲	寒气渐增，先用丙火。水多，用甲泄之。
八月	丙、癸	赖丙照暖，喜水滋润。
九月	甲、丙、癸	戊土当权，先用甲木，次取丙火。 见金，先用癸水，后取丙火。
十月	甲、丙	非甲不灵，非丙不暖。
十一月	丙、甲	丙火为尚，甲木为佐。
十二月	丙、甲	丙火为尚，甲木为佐。

表 7.6 己土调候喜用提要：

月份	调候用神	提　要
正月	丙、庚、甲	取丙解寒，忌见壬水。如水多，须以戊土为佐。 土多用甲，甲多用庚。
二月	甲、癸、丙	用甲，忌与己土合化。次用癸水润之。
三月	丙、癸、甲	先丙后癸，土暖而润，随用甲疏。
四月	癸、丙	调候不能无癸，土润不能无丙。
五月	癸、丙	调候不能无癸，土润不能无丙。
六月	癸、丙	调候不能无癸，土润不能无丙。
七月	丙、癸	丙火温土，癸水润土。 七月庚金司权，丙能制金，癸以泄金。
八月	丙、癸	取辛辅癸。

（续表）

月份	调候用神	提　要
九月	甲、丙、癸	九月土盛，宜甲木疏之，次用丙癸。
十月	丙、甲、戊	三冬己土，非丙暖不生。 初冬壬旺，取戊土制之。土多，取甲木疏之。
十一月	丙、甲、戊	三冬己土，非丙暖不生。 壬水太旺，取戊土制之。土多，取甲木疏之。
十二月	丙、甲、戊	三冬己土，非丙暖不生。 壬水太旺，取戊土制之。土多，取甲木疏之。

表 7.7　庚金调候喜用提要：

月份	调候用神	提　要
正月	戊、甲、壬、丙、丁	用丙暖庚性。虑土厚埋金，须甲疏泄。 火多用土，支成火局用壬。
二月	丁、甲、庚、丙	庚金暗强，专用丁火。借甲引丁，用庚劈甲。 无丁用丙。
三月	甲、丁、壬、癸	顽金宜丁。土旺用甲，不用庚劈。 支火宜癸，干火宜壬。
四月	壬、戊、丙、丁	丙不熔金，惟喜壬制，次取戊土，丙火为佐。 支成金局，变弱为强，须用丁火。
五月	壬、癸	专用壬水，癸次之。须支见庚、辛为助。 无壬癸，用戊己泄火之气。
六月	丁、甲	若支会土局，甲先丁后。
七月	丁、甲	专用丁火，甲木引丁。
八月	丁、甲、丙	用丁甲煅金，兼用丙火调候。
九月	甲、壬	土厚先用甲疏，次用壬洗。忌见己土浊壬。
十月	丁、丙	水冷金寒爱丙丁。甲木辅丁。
十一月	丁、甲、丙	仍取丁甲，次取丙火照暖。一派金水，不入和暖之乡，孤贫。丙丁须临寅巳午未戌支，方为有力。
十二月	丙、甲、丁	仍取丁甲，次取丙火照暖。一派金水，不入和暖之乡，孤贫。丙丁须临寅巳午未戌支，方为有力。

表 7.8　辛金调候喜用提要：

月份	调候用神	提　要
正月	己、壬、庚	辛金失令，取己土为生身之本。欲得辛金发用，全赖壬水之功。壬己并用，以庚为助。
二月	壬、甲	与正月同。
三月	壬、甲	若见丙火合辛，须有癸制丙。支见亥子申，为贵。
四月	壬、癸、甲	壬水淘洗，兼有调候之用。更有甲木制戊，一清澈底。
五月	壬、己、癸	己无壬不湿，辛无巳不生，故壬己并用。无壬用癸。
六月	壬、庚、甲	先用壬水，取庚为佐。忌戊出，得甲制之，方吉。
七月	壬、甲、戊	壬水为尊，甲戊酌用。不可用癸水。
八月	壬、甲	壬水淘洗，如见戊己，须甲制土。支成金局，无壬，须用丁火。
九月	壬、甲	九月辛金，火土为病，水木为药。
十月	壬、丙	先壬后丙，名金白水清。余皆酌用。
十一月	丙、戊、壬、甲	冬月辛金，不能缺丙火温暖。余皆酌用。
十二月	丙、壬、戊、己	同上。丙先壬后，戊己次之。总之，丙火不可少也。

表 7.9　壬水调候喜用提要：

月份	调候用神	提　要
正月	庚、丙、戊	无比劫者，不必用戊，专用庚金，以丙为佐。如比劫多，宜制之，一戊出干，名“一将当关，群邪自伏”。
二月	戊、辛、庚	三春壬水绝地，取庚辛发水之源。水多用戊。
三月	甲、庚	甲疏季土，次取庚金发水源；金多，须丙制为妙。
四月	庚、辛、壬、癸	壬水弱极，取庚辛为源，壬癸比助。
五月	癸、庚、辛	取庚为源，取癸为佐。无庚用辛。
六月	辛、甲	以辛金发水源，甲木疏土。
七月	戊、丁	取丁火佐戊制庚。戊土通根辰戌，丁火通根午戌，方可为用。

（续表）

月份	调候用神	提　要
八月	甲、庚	无甲，用金发水源，名“浊水三犯庚辛，体全之象”。
九月	甲、丙	以甲制戌中戊土，丙火为佐。
十月	戊、丙、庚	如甲出制戊，须以庚金为救。
十一月	戊、丙	水旺宜戊，调候宜丙，丙戊必须兼用。
十二月	丙、丁、甲	上半月专用丙火；下半月用丙，甲木为佐。

表 7.10　癸水调候喜用提要：

月份	调候用神	提　要
正月	辛、丙	用辛生癸水为源，无辛用庚，丙不可少。
二月	庚、辛	乙木司令，专用庚金，辛金次之。
三月	丙、辛、甲	上半月专用丙火；下半月虽用丙火，辛甲佐之。
四月	辛	无辛用庚。
五月	庚、辛、壬、癸	庚辛为生身之本。但丁火司权，金难敌火，宜兼用比劫，方得庚辛之用。
六月	庚、辛、壬、癸	上半月金神衰弱，火气炎热，宜比劫帮身，同五月。下半月无比劫亦可。
七月	丁	庚金得禄，必丁火制金为用。丁火以通根午戌未为妙。
八月	辛、丙	辛金为用，丙火佐之，名水暖金温，须隔位同透为妙。
九月	辛、甲、壬、癸	专用辛金，忌戊土。要比劫滋甲，制戊为妙。
十月	庚、辛、戊、丁	亥中甲木长生，泄散元神，宜用庚辛。 水多用戊，金多用丁。
十一月	丙、辛	丙火解冻，辛金滋扶。
十二月	丙、丁	丙火解冻，通根寅巳午未戌方妙。癸巳会党，年透丁火，名雪后灯光，夜生者贵。支成火局，又宜用庚辛。

为了便于查阅，我们把十日干“调候用神表”附下：[1]

表 7.11　调候用神表

	寅	卯	辰	巳	午	未	申	酉	戌	亥	子	丑
	正月	二月	三月	四月	五月	六月	七月	八月	九月	十月	十一月	十二月
甲	丙 癸	庚 丙戊 丁己	庚 丁壬	癸 丁庚	癸 丁庚	癸 丁庚	庚 丁壬	庚 丁丙	庚 甲壬 丁癸	庚 丁戊 丙	丁 庚丙	丁 庚丙
乙	丙 癸	丙 癸	癸 丙戊	癸	癸 丙	癸 丙	丙 癸己	癸 丙丁	癸 辛	丙 戊	丙	丙
丙	壬 庚	壬 己	壬 甲	壬 庚癸	壬 庚	壬 庚	壬 戊	壬 癸	甲 壬	甲 戊庚 壬	壬 戊己	壬 甲
丁	甲 庚	庚 甲	甲 庚	甲 庚	壬 庚癸	甲 壬庚	甲 庚丙 戊	甲 庚丙 戊	甲 庚戊	甲 庚	甲 庚	甲 庚
戊	丙 甲癸	丙 甲癸	甲 丙癸	甲 丙癸	壬 甲丙	癸 丙甲	丙 癸甲	丙 癸	甲 丙癸	甲 丙	丙 甲	丙 甲
己	丙 庚甲	甲 癸丙	丙 癸甲	癸 丙	癸 丙	癸 丙	丙 癸	丙 癸	甲 丙癸	丙 甲戊	丙 甲戊	丙 甲戊
庚	戊 甲丙 壬丁	丁 甲丙 庚	甲 丁壬 癸	壬 戊丙 丁	壬 癸	丁 甲	丁 甲	丁 甲丙	甲 壬	丁 丙	丁 甲丙	丙 丁甲
辛	己 壬庚	壬 甲	壬 甲	壬 甲癸	壬 己癸	壬 庚甲	壬 甲戊	壬 甲	壬 甲	壬 丙	丙 戊壬 甲	丙 壬戊 己
壬	庚 丙戊	戊 辛庚	甲 庚	壬 辛庚 癸	癸 庚辛	辛 甲	戊 丁	甲 庚	甲 丙	戊 丙庚	戊 丙	丙 丁甲
癸	辛 丙	庚 辛	丙 辛甲	辛	庚 壬癸	庚 辛壬 癸	丁	辛 丙	辛 甲壬 癸	庚 辛戊 丁	丙 辛	丙 丁

[1] 录自梁湘润《余氏用神辞渊》。

浏览以上的提要和列表，至少可以发现以下几个特点：

首先，《穷通宝鉴》是将“调候”作为一个**独立的研究视角**来提出问题的。它不依附于命理观察的任何其他角度，比如，日主的强弱问题，八字结构的格局问题等。在“调候为急”的旗号下，它倒成了八字结构常常需要**优先**做出处理的“头等大事”了。

其次，《穷通宝鉴》是以十个日干配十二月的方式，来讨论和安排“调候用神”的。所以韦千里说：“根据‘取用贵乎提纲’的宗旨，分论十二个月之十个日干，有条不紊，系统井然，读者略加用心，天下万千命造，即已胸有成竹矣。”[1]它扼要地道出了它所具有的条理性。

再次，在调候用神的配置上，《穷通宝鉴》完全**采取天干的形式**，而不取地支的形式，这一方面说明了天干在命理推演上的重要作用；另一方面也显示了来自于江湖的《穷通宝鉴》的**实用性质**。对于历来穿街过巷从事算命活动的人来说，简洁、明了，提纲挈领，具有提示作用，这是最重要的。

事实上，《栏江网》就是早期的“巾箱本”。所谓“巾”，是指一幅很大的方布巾。清朝四方游埠的职业命相人士，都是用一条中大型的方巾包裹着一些必备的用品，当然包括一些书籍抄本，这些书本就称之为“巾箱本”。它们大都是手抄本，属于比较实用的个人心得。如果用一种故弄玄虚的角度来说，就是“秘本”了。[2]当时，《栏江网》就是其中的一个“秘本”。有了这样一个大纲，对于任何一个命造，就很容易用“对号入坐”的方法，在极短的时间内找出推演的头绪来。

“调候为急”

《穷通宝鉴》是一本讨论“调候”问题的命理学经典。我们已多次提到，“调

[1] 见徐乐吾评注《造化元钥》：韦千里“序”。
[2] 见梁湘润《星相书简法卷》(天册、地册合订本)，行卯出版社，2003年第四版。

候”，就是调和气候，也就是调和人跟环境之间的关系。人生活在这个地球上，必须要有一个“寒暖燥湿”既不太“偏”、也不太“过”的环境。这是人能活动于天地之间的最起码的外界条件。没有这样的条件，人类如何维持生存呢？因此，当八字结构中出现调候的偏向时，“调候为急”就成了一条重要的原则。

事实上，**五行本身的生化也离不开环境条件的许可**。比如，金能生水，这是五行相生的正常规律。但冬月之金，形寒性冷，若要生水，必须要得到火的照暖，这样暖气上腾，见寒化为湿润，金由此得以生水。而春夏之金，就不需要这样的条件，因为外界气候本来就暖和的缘故。同样，水能生木，但冬木必须得火方有生意，因为此时外界的气候太寒冷了，寒水无法生木；夏木就不要这样的条件。

再如，木能生火，而夏木见火，反而自己被焚灭。因为干薪烈焰，玉石俱焚。此时必须有水，木根得到了水的滋润，方能有木火通明之象。同样，土能生金，但夏月火炎土燥，反而熔金，只有在水的润泽下，金方能获得盎然生机。所以燥土不生金。

显然，五行的正常生化依赖于正常的客观环境。没有正常的客观环境，五行的生化就会遇到障碍。这时，最重要的事，就是要克服这样的障碍，也就是说，必须采取“调候”的措施。

作为克服这类障碍的主要手段，对于“暖燥”太过的状况，最好是“雨露润之”——用癸水滋润；对于“寒湿”太过的状况，则莫过于“太阳暄之”——用丙火照暖。在一般的情况下，夏天是容易引起暖燥的季节，冬天则是容易引起寒湿的季节，因此，如果观察一下以上十日干“调候用神表”，癸水和丙火自然成了夏季三月和冬季三月中出现频率最高的天干。可以说，各个天干，**夏季基本上都离不开癸水，冬季都离不开丙火**。癸和丙，是《穷通宝鉴》中最重要的调候要素。[1]

[1] 其实，《滴天髓》也提出“五阳皆阳丙为最，五阴皆阴癸为至”，指明了丙、癸的性质。

所以，夏天出生的人，命局中有癸水；冬天出生的人，命局中有丙火，都可算得上是“得天独厚”的人了，至少其八字结构已经在相当程度上排除了“调候”偏颇的问题。比如：

命例 5 ［清］瞿鸿禨命造[1]

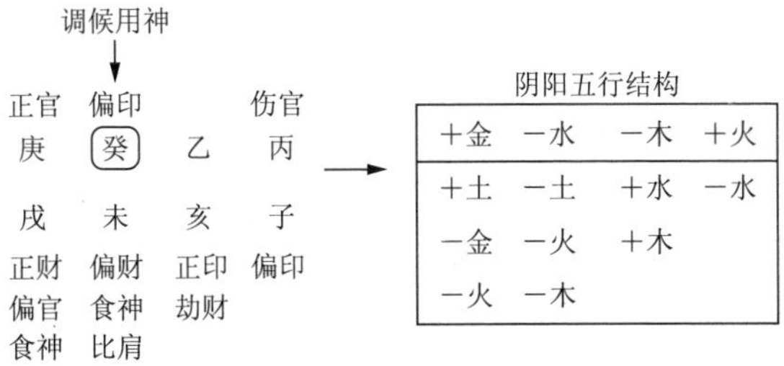

此命造日主乙木，生于六月，月干透出作为调候用神的癸水，而且此癸水又得到年干庚金的贴近相生，八字调候的机制可谓十分完好。同样，以下命造：

命例 6 ［宋］范仲淹命造[2]

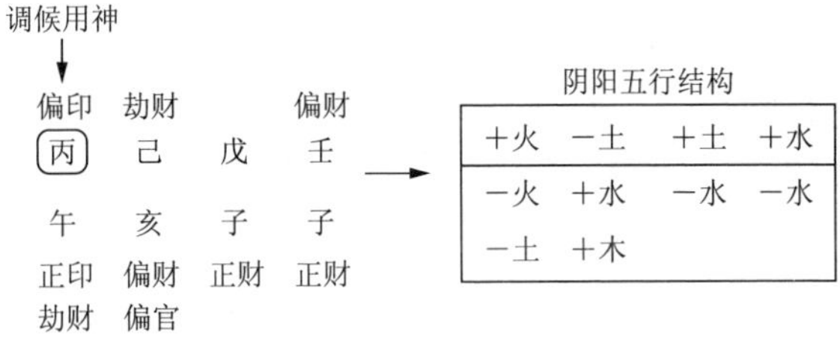

［1］见徐乐吾评注《造化元钥》，第 127 页：“瞿鸿禨命：生于大暑前五时，亥未会局，暗拱卯禄，癸庚并透，日时连珠夹贵，科甲出身，太平宰相，富贵寿考之命。或云丙子时。”钟义明《命理准绳评注》认为：“从命、运印证，瞿鸿禨的生时当是丙子时。”（第 204 页）这里从钟说。
瞿鸿禨（1850—1918），字子久（子玖），号止盦，晚号西岩老人，湖南善化（今长沙）人。清同治十年（1871 年）进士，官至尚书、军机大臣。

［2］见袁树柵《命谱》，第 82 页。
范仲淹（989—1052），字希文，苏州吴县（今江苏省吴县）人。北宋政治家、文学家。有《范文正公集》。

此命造日主戊土生于冬季亥月，正气候寒冷之时。年干透出丙火，得此阳光照暖，整个结构具有了寒谷回春的景象。这高悬的红日，不禁让人想起范仲淹“先天下之忧而忧，后天下之乐而乐”（《岳阳楼记》）这样的博大胸怀。

调候与要素配置

如果我们再进一步观察前面的十干“调候用神表”，或许会发现，《穷通宝鉴》所展示的不仅仅是调侯的问题，它还展示了各个日干对其他五行要素的选择问题。换句话说，这里有一个天干要素之间**最优化配置**的问题。我们若把上述在冬、夏两季中起调候作用的丙火、癸水暂放一边，再将“调候用神表”中与十日干关系最为密切的天干要素罗列出来，可以得到如下的一些重要配置：

甲——庚、丁

乙——丙、癸

丙——壬

丁——甲、庚

戊——甲、丙、癸

己——甲、丙、癸

庚——丁、甲

辛——壬、甲

壬——庚（辛）

癸——辛（庚）

首先，不难发现，天干甲、丁、庚三者之间联系异常紧密：对于甲，调候用神为庚、丁；对于丁，调候用神为甲、庚；对于庚，调候用神为丁、甲。甲、丁、庚，三者循环为用，体现了《穷通宝鉴》中的一个重要创见：用庚劈甲引丁。

为什么甲木喜庚、丁呢？《穷通宝鉴》说：“先用庚劈甲，方引丁火，始得木火有通明之象。”徐乐吾注中说：“有庚，木能成器；有丁，木火通明。

庚丁两透，科甲定许。”“木得庚以成器，得火而繁荣，庚喜丁制，裁抑不致太过，而得其中和。”这说明，甲是阳刚之木，犹如直立参天的松柏，属于硬木系列。当其自身处于强健的时候，它最喜欢庚金的砍伐，由此能引出丁火来，造就木火通明的形象。所以，庚金是甲木的良友。性刚直的甲木，经过庚金的雕凿，变得有胆有识，有仁有寿，成为了有用之器、栋梁之材。而丁火，除了“繁荣”、“通明”之外，还起着制约庚金的作用。这是说，它能煅炼庚金，使其锋利尖锐，对甲木有效地施以斧凿之功，但同时又限制着庚金，不至于“裁抑”过了头，伤害了甲木本身。

为什么丁火喜甲、庚呢？《穷通宝鉴》说：“非庚不能劈甲，何以引丁？姑用庚金。”“专用庚、甲，甲乃庚之良友。凡用甲木，庚不可少。无庚无甲，何能引丁？难云木火通明。”丁火通常被喻为人间照明的灯火，同时也喻为炼钢的炉火。甲木是生火的材料，当然不可缺。而庚金，在这里被看作是引火的重要工具，由庚金劈木，凿木生火，于是才有了熊熊的炉火。反过来，炉火又因煅造了庚金，显示出自己的独特的功用来。

为什么庚金喜丁、甲呢？《穷通宝鉴》说：“专用丁火。借甲引丁，借庚劈甲。”“七月庚金，刚锐极矣。专用丁火煅炼，次取甲木引丁光。”这是比较容易理解的。庚金为阳金，性质刚健，喻为钢铁。钢铁自然需要炉火的煅炼，方能成就其战剑的锋利。因此，庚金喜丁火，炉火长明，使顽金成利器。同时，庚金劈甲，使丁火之焰不息。

显然，《穷通宝鉴》通过“用庚劈甲，方引丁火”这样生活中浅显的常理，将甲、丁、庚三个要素联系在一起，成为命理学上一条重要的具有准验度的理论。

其次，天干乙木和丙火、癸水关系密切，这也是容易理解的。《穷通宝鉴》说：乙木“为芝兰蒿草之物，丙癸不可离也。春乙见丙，卉木向阳，万象回春；须癸滋养根基。丙癸齐透天干，无化合制克，自然登科及第。”显然，乙木是阴柔之木，犹如花草籐萝灌木，自然喜欢丙火阳光的暄暖和癸水雨露的滋润。因此，徐乐吾注说："丙火见癸，名为云雾蔽日，不雨不晴。然卉木得之，则不晴不雨，正好养花之天，日照雨润，天然培泽之用，丙癸两见，混合为一，成为一种性情，不可分离矣。……乙木之用，不离丙癸，不仅正月为然，十二月悉同此理。"徐乐吾还进一步指出：即使在三月木盛之时，"甲为阳木，春深木盛，宜用庚金裁抑；乙为阴木，虽在春季，亦不能用庚金，阳盛以癸水滋之，木盛以丙火泄之，此甲乙性质之殊也。"这里明确地指出了五行同属木的甲、乙之间的显著差别。

再次，天干丙火跟壬水的关系密切。《穷通宝鉴》说："三春丙火，秉象至威，阳回大地，侮雪欺霜，专用壬水，为水辅阳光，非克丙也，名曰天和地润，既济功成。""七月太阳转西，阳气渐衰，日近西山，见土皆晦，惟日照湖海，暮夜燃光，故专用壬水，辅映太阳光辉。"即使到了十二月，仍"应先壬为用"。徐乐吾注解说："丙火不畏水克而惧土泄，日照江湖，分为晶莹。"可见"水辅阳光"、"日照湖海"，以及"日照江湖"，说的是同一个涵义：丙为太阳，壬为湖海，通过万顷碧波的映照，反射出太阳的灿烂光辉来。所以，丙以壬水辅映，是丙、壬结合的特点。

再次，戊土和己土，无论是阳土还是阴土，若是火炎土燥，则为"旱田"，稼禾不长，必须要有雨露——癸水的滋润，所谓"稼禾在田，最喜甘沛"。相反，湿泥寒冻，又必须要有阳光——丙火的照暖，所谓"湿泥寒冻，非丙暖不生"。因此，稼禾在田，"无癸曰旱田，无丙曰孤阴"。对于土，阳光和雨露的重要性，是不言而喻的。然而，《穷通宝鉴》还十分强调甲木对戊、己土的作用。它指出："戊土厚重，非用甲木疏之，则土不灵。"而己土"令土暖而又润，复用甲疏之"。显然，土若没有甲木的疏辟，则土不灵。那么，乙木能否取代甲木而起疏土的功能呢？不能。徐乐吾注说："戊土以甲木为贵，四季皆同。乙木官星，无疏土之力，徒混杂耳。"总之，土跟甲、丙、癸三者关系最为密切。徐乐吾总结说："可见甲丙癸三者之用，土重先甲，暖燥先癸，湿润先丙，未可拘执先后也。"

再次，辛金跟壬水的关系，也极为密切。与庚金喜丁火煅炼完全不同，辛金喜壬水淘洗。因此徐乐吾说："庚金以克为功，辛金以泄为美，其性质殊也。"这是一个非常重要的区分。为什么会如此？因为辛金是阴金，性柔和，比喻为珠宝首饰。《穷通宝鉴》说："辛金珠玉，最怕洪炉。"也正因为是柔弱的金，故特别喜欢壬水的淘洗，就像采金者须用水去冲刷金砂上的污泥杂质一样。而且，又因为辛金有"乐水之盈"的特点，就害怕土来制水，土厚来埋金。为了防止这种状况的出现，辛金自然喜欢具有疏土功能的甲木了。因此，"用甲破土"，可以看作是辛、壬结伴关系的进一步延伸和保证。

最后，壬、癸水跟庚金、辛金之间的配置关系。事实上，这是水跟它们的源头之间的关系。《穷通宝鉴》说："水不绝源，仗金生而流远。"就是说，水依赖于金，方能源远流长。尤其是在春、夏季节，"如无庚金发其源，则有涸竭之虞，故必先以庚金为用。"到了秋季，特别是酉月，月令辛金司权，金水相生，名"金白水清"。此时，壬水"非旺非弱，但取其澄澈"；而"癸水清润，辛金虚灵，金白水清，相得益彰。"由此可见水、金之间的密切关系。

下面举一例来予以说明：

命例 7（a） ［清］刘镛命造[1]

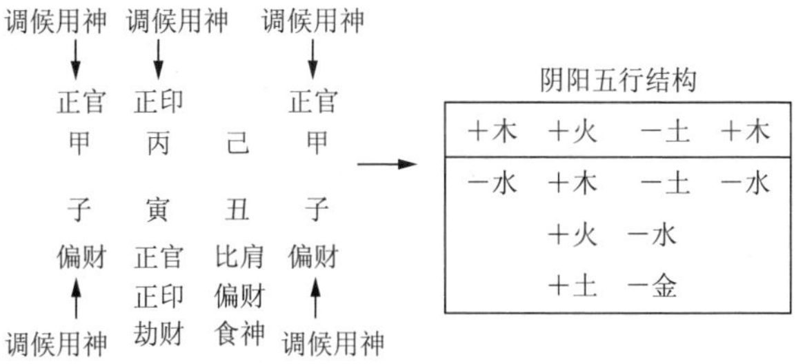

［1］见钟义明《现代破译"滴天髓"》："刘镛，嘉庆八年十二月二十八日（1804 年 2 月 9 日）子时生。"这个刘镛不是"连续剧《宰相刘罗锅》的主角——那个鸡胸、驼背的刘墉（山东诸城人，1720—1805）。此'镛'非彼'墉'也。"（第 215—216 页）

查以上日干己土的调候配置为：甲、丙、癸。此八字结构天干有甲、丙，为官印相生；地支有两子水，内藏癸水。可谓是调候用神齐全。仅从调候这个角度来看，此八字已具有十分好的格调。更不要说，子水生甲木，甲木生丙火，丙火生日主己土，连环相生。刘镛在清朝“仕致尚书”，确乎有其八字上的先天条件。

上文曾提到2011年春“方便面居士”得到一本题为《栏纲网全集》的残缺手抄本，有十日干“喜忌总纲”诗，其中“所喜歌”内容[1]跟上述《穷通宝鉴》没有多大差别；对于“所忌诀”，[2]内有一些不同于一般认识的表述，

[1] 十干所喜歌：（见“方便面居士的博客”：教材连载7——调候，十干对十二月。另附《穷通宝鉴栏江网》失传诗赋）
甲木挺生无根叶，庚金造作栋梁材。更爱丁火来吐秀，木火通明贵自来。
乙乃花木爱丙荣，向阳花木早逢春。癸水珠露滋根本，枝叶禾稼尽相生。
丙乃天边一太阳，甲乙之木喜能生。日逢湖海乾坤亮，专欣壬水辅阳光。
丁火灯烛无它爱，专取甲木接引光。次取庚金来劈甲，得令逢焰亦长生。
戊乃泰山至不灵，用甲疏劈有精神。
（后两句梁湘润《禄命法：千年沿革史》为：若是秋冬仍需火，避却透山不成林。）
己土田园爱丙荣，逢癸可作美田称。
（后两句《禄命法：千年沿革史》为：不愁木金水为患，四季逢丙皆为春。）
庚金顽钝可制熔，或用丙丁暖其身。更爱壬水来伤泄，土厚埋金甲有情。
辛金珠玉喜人淘，土厚还需用甲高。冬乐丙丁能解冻，己土湿泥酌用参。
（这四句，梁湘润《禄命法：千年沿革史》为：
辛金珠玉喜壬淘，己土湿泥酌用参，冬乐丙丁来解冻，厚土还需用甲高。）
壬乐戊土为堤岸，又喜庚金发水源。甲丙两般皆酌用，当分旺衰理亦明。
癸用庚辛无别取，辛金清秀又为隆。若逢水冷金寒侯，丙火解冻有奇功。

[2] 十干所忌诀：（见“方便面居士的博客”：教材连载7——调候，十干对十二月。另附《穷通宝鉴栏江网》失传诗赋）
甲木从来不怕金，支成金局有忧心。不怕土埋共火化，独愁壬水泛其间。
乙木微弱忌丁焚，不怕辛金只怕庚。贪合庚夫吉藏凶，运逢辛金残叶落。
（最后二句，梁湘润《用神经史观》为：贪化庚夫吉凶藏，运逢金库残此生。）
丙火太阳出自天，却愁雨露水来淹。逢辛生合化作水，运逢申酉落西方。
丁火风烛怕风雨，相逢癸水一场空。湿乙不生无焰火，逢壬化木却有功。
（第三句，《用神经史观》为：湿木不生此烛火）

（接下页）

整理如下，供研究参考：[1]

甲——忌地支成三合金局；也怕壬水多而无土。

乙——忌丁火（焚尽弱木）；怕行丑运（辛金库）有凶。

丙——忌会水透癸；丙辛逢合时忌入申酉西方运。

丁——忌癸水七杀；也忌乙丑或辰支，湿木难生火。

戊——忌己丑土多；也忌乙木。[2]

己——忌壬水冲散；也怕乙木。

庚——丙火可驱寒，并不熔金；冬生怕壬水寒滞；也忌土多埋金。

辛——忌己土通根；冬生忌寒湿。

壬——忌己土通根。

癸——忌丙火太盛，熬干癸水；也忌己土或厚土塞源。

（接上页）

戊土高岗洁且清，忌己湿泥污其身。又忌乙木多克破，逢癸化火反成祯。
己土田园本爱水，无癸却做旱田推。只怕壬水来兴波，生芽淹死作沙泥。
庚金从来不怕丙，丙火在天岂熔金。只怕壬水来寒滞，土厚埋金一场刑。
（最后一句，《用神经史观》为：土厚埋金亦伤刑。）
辛金珠玉清必贵，只恐己土蔽其光。三冬雨露非金爱，冻金困丙实堪伤。
壬水不愁泰山土，水旺用为堤岸防。江湖死水须清洁，却愁己土浊沧浪。
癸水怕丙熬干性，又愁己土塞根源。土厚无木来疏劈，却有庚金也不然。

[1] 梁湘润《禄命法：千年沿革史》对此归纳为：
甲日喜用：庚丁；忌用：三合金透庚、三合水透壬
乙日喜用：丙癸；忌用：丁、庚、丑
丙日喜用：壬；忌用：癸、申、酉
丁日喜用：甲、庚；忌用：癸、乙
戊日喜用：甲；忌用：己、乙
己日喜用：丙、癸；忌用：水局透壬
庚日喜用：丁、甲（壬）；忌用：三合水透壬、从土局
辛日喜用：壬、己；调候：丙丁；病药：甲；忌用：三己；调候冬无丙
壬日喜用：戊、庚；忌用：己
癸日喜用：庚、辛、冬丙；忌用：丙、己（第463—464页）

[2] 梁湘润《用神经史观》认为："五行自然生态——'己'是柔软的湿土，高山表面是一层很厚的软土，则会生长一层'杂草'，不符合'高山'之自然性。"（第261页）

四、《命学玄通》

在清乾隆年间，有钱塘“读易老人”编辑的《命学玄通》[1]流传。后来由虞泳源发现，在光绪十七年（1891 年）经李瑞芝校刊、“有福读书堂”刻板印行。[2]《命学玄通》主要有两方面的内容：

其一，是日主天干五行“定富贵贫贱寿夭亨困图”。共有五图，以八卦的八边形绘制。为了阅读方便，现制表如下：

表 7.12　日干五行富贵贫贱寿夭亨困

甲乙	木旺　逢厚土 木衰　逢盛木	必富	木旺　逢　木 木衰　逢　金	必贫
	木旺　逢金刚 木衰　逢活水	必贵	木旺　逢大水 木衰　逢烈火	必贱
	木旺　逢　火 木衰　逢　水	必寿	木旺　逢烈火 木衰　逢强金	必夭
	木旺　逢　金 木衰　逢　木	必亨	木旺　逢　水 木衰　逢　土	必困

丙丁	火旺　逢强金 火衰　逢旺火	必富	火旺　逢　火 火衰　逢　水	必贫
	火旺　逢盛水 火衰　逢盛木	必贵	火旺　逢旺木 火衰　逢厚土	必贱
	火旺　逢　土 火衰　逢　木	必寿	火旺　逢旺火 火衰　逢大水	必夭
	火旺　逢　水 火衰　逢　火	必亨	火旺　逢　木 火衰　逢　金	必困

[1] 根据《命学玄通》“例言七则”，此书完成于乾隆十二年（1747 年），编辑者“读易老人”时年八十八岁。
[2] 部分复印件见拙作《中国命理学史论》附录。

戊己	土旺　逢活水 土衰　逢厚土	必富	土旺　逢　土 土衰　逢　木	必贫
	土旺　逢旺木 土衰　逢盛火	必贵	土旺　逢烈火 土衰　逢强金	必贱
	土旺　逢刚金 土衰　逢　火	必寿	土旺　逢厚土 土衰　逢盛木	必夭
	土旺　逢　木 土衰　逢　土	必亨	土旺　逢　火 土衰　逢　水	必困

庚辛	金旺　逢旺木 金衰　逢强金	必富	金旺　逢　金 金衰　逢　火	必贫
	金旺　逢烈火 金衰　逢厚土	必贵	金旺　逢厚土 金衰　逢大水	必贱
	金旺　逢　水 金衰　逢　土	必寿	金旺　逢刚金 金衰　逢烈火	必夭
	金旺　逢　火 金衰　逢　金	必亨	金旺　逢　土 金衰　逢　木	必困

壬癸	水旺　逢烈火 水衰　逢大水	必富	水旺　逢　水 水衰　逢　土	必贫
	水旺　逢厚土 水衰　逢强金	必贵	水旺　逢强金 水衰　逢盛木	必贱
	水旺　逢　木 水衰　逢　金	必寿	水旺　逢大水 水衰　逢厚土	必夭
	水旺　逢　土 水衰　逢　水	必亨	水旺　逢　金 水衰　逢　火	必困

“读易老人”指出：

子平家云：太过宜剥削，不及喜生扶。此二语深得周易损益之旨，惜读者不察，不能辨荣枯于俄倾，判休咎于毫芒。此编悉本周易，阴阳相错，上下相综，及阳变阴、阴变阳。与夫阴阳内外相连属之义，更参以先圣致中和之理，提纲挈领，按五行列图于后，载明富贵贫贱、寿夭困亨。学者能于此而熟玩之，则于命学之道，思过半矣。

这里，编辑者指明了此图表在论命上，对于判断“富贵、贫贱、寿夭、困亨”有“提纲挈领”的意义。这里有明显的来自江湖算命的气息。

后来的命理学家如陈易庵则“简化其法”，[1]我们把它编制为下表：

表 7.13 日干强弱与富贵贫贱寿夭亨困

日主强	日主弱
逢旺财者富，逢旺克者贵。	逢旺助者富，逢旺生者贵。
逢旺助者贫，逢旺生者贱。	逢旺克者贫，逢旺泄者贱。
逢泄者寿，逢旺助者夭。	逢生者寿，逢旺克者夭。
逢生者困，逢克者亨。	逢财者困，逢助者亨。

其二，是关于“六亲”的判断。从十二个时辰来推。先把每一个时辰分为八刻，每一刻再分为十五分。然后，根据“刻”来定“父母、兄弟”；根据“分”，来定“妻、子”。比如“子时”有两图，我们把它改制为下表：[2]

表 7.14 “子时初四刻、正四刻定父母兄弟图”

子时	初初刻	父母寿	多兄弟	得乾中爻
	初一刻	丧母	少兄弟	得乾上爻
	初二刻	丧父母	兄弟四、五	得乾初爻
	初三刻	父丧母寿	多兄弟	得坤初爻
	正初刻	丧父母	无兄弟	得坤中爻
	正一刻	父母寿	无兄弟	兑离巽
	正二刻	父寿母丧	兄弟二、三	得坤上爻
	正三刻	丧父	无兄弟	艮坎震

[1] 见陈易庵《名人命诠》“编后”。
[2] 完整的十二图请见陆致极《中国命理学史论》附录文献 12。

表 7.15 “子时八刻每刻十五分定妻子图”

子时	☵	一分	妻偕	五子	夫强
		二分	克妻	少子	克夫
	☶	三分	妻和	四子	夫佳
		四分	丧妻	多子	丧夫
	☳	五分	有妾	无子	又再醮
		六分	妻贤	一子	夫偕
	☴	七分	无妻	无子	无夫
		八分	丧妾	多子	夫又丧
	☲	九分	克妾	少子	夫有
		十分	妻佳	二子	夫和
	☷	十一分	续妻	少子	再醮
		十二分	妻强	三子	夫兴
	☱	十三分	有妾	多子	又再醮
	☰	十四分	续妻	多子	再醮
		十五分	有妻	无子	夫又丧

表中的第二栏是八个基本卦；第三栏是“子时”八刻中的每一“刻”中的“分”；第四栏显然是针对男命的；第五栏是关于“子”的情况；第六栏是针对女命的（“再醮”是指“再嫁”）。

读易老人解释说：

人生年月日时，干支八字，间有相同而刻分必不能尽同。盖一时有八刻，曰初初刻、初一刻、初二刻、初三刻、正初刻、正一刻、正二刻、正三刻；而一刻又有十五分之别。以八刻记之，是一时有一百二十分。参伍错综，变化不一。论命者若囿于八字之形式，而不辨刻分之初正，判吉论凶，固难精确。而鉴别六亲，尤少准绳。此编本河洛奇偶之数，尊阴阳生克之理，视人生时刻，分辨其六亲，大概列图十二，最便检查。

这主要是揭示**出生时间跟六亲之间的对应关系**。显然，它还刚在“雏形”阶段——尚处于来自民间的算命实践而刚刚完成“对应规则”的“设计”阶段，十分简单明了，“对号入座”。《栏江网》早期的稿本或许也是类似的形式。这对江湖算命师来说，是很有实用意义的。不管准确性如何，至少可以帮助其“铁口论断”。

《命学玄通》的工作表明，随着时代的变化，人口的增多，以及算命活动领域的扩大，旧有的用“时辰”，即两个小时的间距，来定“八字”的方法已经过于“粗略”了，希望进一步把“时辰”分解到“刻”、到“分”，以此来提高预测的精确度。编辑者自己也说：“此编强于图而略于说，骤见之，似觉了无意味，其实，细针密线，重叠包裹，曲折变化，种种不同，要在阅者细心寻绎。”——“强于图而略于说”，正说明它有待进一步的验证和做出理论上的说明。

五、从《金瓶梅》到《红楼梦》

明清两代，算命之风已经风靡了整个民间，这也可以从反映世俗生活的小说中看到。清朝吴敬梓的《儒林外史》中有这么一段对话：

> 陈木南问道：“南京城里，你们这生意也还好吗？”瞎子道：“说不得，比不得上年了。上年都是我们没眼的算命，这些年睁眼的人都来算命，把我们挤坏了！”[1]

通过盲人（算命先生）的话，我们知道，至少在南京城里，清乾隆年以前，算命是盲人居多。乾隆年以后，已有“睁眼”的来“挤”盲人算命的生意了。[2]

著名的明朝世情小说《金瓶梅》和清朝曹雪芹、高鹗的《红楼梦》中，

[1]《儒林外史》，第五十四回“病佳人青楼算命”。
[2] 吴敬梓（1701—1754）约在他三十六岁时动笔写《儒林外史》，四十九岁前脱稿，正值清乾隆年代（1736—1795）前期。

都有比较详尽的算命描写，比较它们的内容，也可以了解到八字论命在明清的变迁。

李瓶儿八字

《金瓶梅》成书约在明朝隆庆二年至万历三十年（1568—1602）之间，作者署名兰陵笑笑生。书中有多次谈到算命问卦，其中第六十一回黄先生为西门庆娇妾、身患重病的李瓶儿算命，是个很典型的例子。书中写道：

> 西门庆随即使陈敬济拿三钱银子，径到北边真武庙门首黄先生家。门上贴着“妙算先天易数，每命卦金三钱。”陈敬济向前作揖，奉上卦，说道：“有一命，烦先生推算。”写与他八字，女命，二十七岁，正月十五日午时。这黄先生把算子一打，就说：“这个命辛未年，庚寅月，辛卯日，甲午时，理取印绶之格。借四岁行运。四岁己未，十四岁戊午，二十四岁丁巳，三十四岁丙辰，今年流年丁酉，比肩用事，岁伤日干，计都星照命，又犯丧门五鬼，灾杀作吵。夫计都星者，阴晦之星也，其象犹如乱丝而无头，变异无常。大运逢之，多主暗昧之事，引惹疾病，主正二三七九月，病灾有损，小口凶殃，小人所算，口舌是非，主失财物，或是阴人（女人），大为不利。”抄毕数，敬济拿来家。

这里，李瓶儿的八字是：

命例 8 《金瓶梅》李瓶儿命造

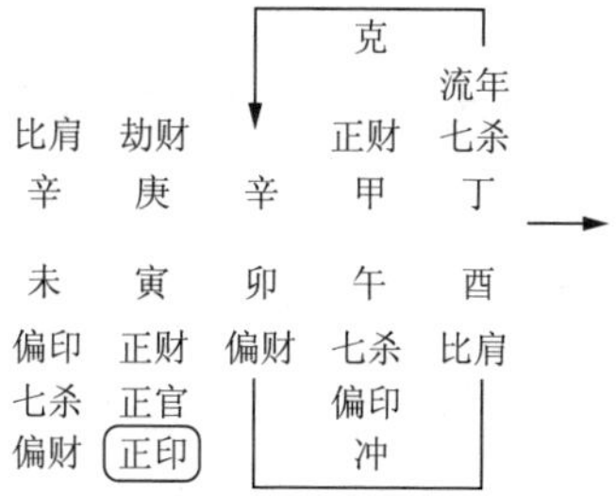

八字阴阳五行结构

－金	+金	－金	+木
－土	+木	－木	－火
－火	+火		－土
－木	+土		

首先，黄先生排出八字后，就说“理取印绶之格”，可见当时在推理上已经重视取格局了。可能因为月令地支中有戊土正印，故被取为印绶格。接着，排大运，[1]谈论流年。流年丁酉，黄先生说：“比肩用事，岁伤日干，计都星照命，又犯丧门五鬼，灾杀作吵。”这里，“比肩用事”，是指流年年支酉金，为日主辛金的比肩。比肩是十神符号，已经使用于日常算命之中了。“岁伤日干”，是年干丁火克伤日干辛金。丧门、五鬼、灾杀，都是神煞，是八字年支“未”，见流年地支“酉”而取得的。[2]唯有“计都星”，这是属于唐朝“五星术”或后来的“果老星宗”的内容：计都，为土星之余气，实际上是黄道（太阳的运行轨道）与白道（月亮的运行轨道）两个交点中的“南方交点”，与日食、月食相关，为凶星。因此黄先生说这是“阴晦之星”，尤其是女人遇上了，十分不利。

从这一段算命的描写中，我们可以窥见，八字推命已经使用了今法模型的格局分析。对于流年推断，既注意到干支的冲克，但也重视应用神煞，而且唐朝盛行的五星术的残余依然融合在民间算命中。《金瓶梅》的成书年代正是命理学形成时期的终结和深化时期的开始之时，反映了明朝中期民间算命的一些特点。

贾元春八字

《红楼梦》第八十六回。作者通过薛宝钗的嘴，谈了贾元春（元妃）八字的算命情况：

> 前几年正月，外省荐了一个算命的，说是很准。那老太太叫人将元

[1] 这里大运排错了。阴命阴年出生大运应该顺行，这里逆行了。可能是传抄的失误。
[2] 见梁湘润编著《神煞探原》，行卯出版社，2003年第五版，187页、193页、198页。

妃八字夹在丫头们八字里头，送出去叫他推算。他独说这正月初一日生日的那位姑娘只怕时辰错了，不然真是个贵人，也不能在这府中。老爷和众人说，不管他错不错，照八字算去。那先生便说，甲申年正月丙寅这四个字内有伤官败财，惟申字内有正官禄马，这就是家里养不住的，也不见什么好。这日子是乙卯，初春木旺，虽是比肩，那里知道愈比愈好，就像那个好木料，愈经斫削，才成大器。独喜得时上什么辛金为贵，什么巳中正官禄马独旺，这叫作飞天禄马格。又说什么日禄归时，贵重的很，天月二德坐本命，贵受椒房之宠。这位姑娘若是时辰准了，定是一位主子娘娘。这不是算准了么！我们还记得说，可惜荣华不久，只怕遇着寅年卯月，这就是比而又比，劫而又劫，譬如好木，太要做玲珑剔透，本质就不坚了。

这位给贾府带来荣耀的大小姐贾元春的八字是：

命例9（a）《红楼梦》贾元春命造

	月德		
劫财	伤官		偏官
甲	丙	乙	辛
申	寅	卯	巳
正官	劫财	比肩	伤官
正印	伤官		正官
正财	正财		正财
		禄	驿马

→

阴阳五行结构

＋木	＋火	－木	－金
＋金	＋木	－木	＋火
＋水	＋火		＋金
＋土	＋土		＋土

在元春八字的评说中，已经没有“五星术”的影子了。一开始就谈到“伤官、败财”，可见今法模型的十神已是论命的主要手段。“初春木旺”，这是谈论日主跟出生时令之间的关系，对日主的性质和喜忌有重要意义：“就像那个好木料，愈经斫削，才成大器。独喜得时上什么辛金为贵。”实际上，这已经是“调候”的应用了。而“财官”是评判命局优劣的主要指标，所以反复强调年支“申”和时支“巳”中有“正官禄马”(正官和正财)。至于时支“巳”是日柱之驿马，巳中含有庚金正官和戊土正财，可以称之为“禄马”，

但并不是“飞天禄马格”[1]或“日禄归时”，显然是作者“套”上去的。“天月两德坐本命”，这是神煞的应用。寅月出生的八字，见天干丙火为月德，见丁火为天德。这里只有月德，并没有天德。整个评说，跟上述《金瓶梅》中李瓶儿的评说有显著的差别，它重视十干类象和财官的分析，神煞则居于了次要的地位，反映了在清朝今法模型分析已完全占有了主导地位。

《红楼梦》第八十六回是高鹗续作的。曹雪芹（1716？—1763）[2]仅完成八十回，就贫病交加而早逝了。《红楼梦》初名《石头记》，最初以手抄本形式在社会上流传的。到乾隆五十六年（1791 年），程伟元把曹雪芹原著和高鹗续写的四十回合在一起，用活字排印后，《红楼梦》便从北方到南方大量地流行起来了。

显然，贾元春的八字是出自高鹗之手。但在书中，元春的生卒年月是自相矛盾的。第八十六回中提到，她是甲申年正月初一出生，但第九十五回说：元春死于甲寅年。“是年甲寅年十二月十八日立春，元妃薨日是十二月十九日，已交卯年寅月，存年四十三岁。”若是甲申年生，到甲寅年殁，她终年应该是三十一岁。[3]如果是“终年四十三岁”，则应是丙寅年十二月十九日去世。显然，书中所说的去世之岁有问题。

贾元春八字考证

然而，我们认为，高鹗在写贾元春的算命内容时，手上确有一份所批此八字的命书。或者说，在现实中确有一个小说原型人物的八字存在，而不是随意杜撰的。高鹗只是根据《红楼梦》故事情节的需要作了一些改动。

首先从元春的出生年月日下手做考证。在高鹗续书之前，年干支属甲申

[1] 关于“飞天禄马格”，在本书第十一章里有阐述。
[2] 一说卒于 1764 年。
[3] 这里以虚岁计年。

的，是乾隆二十九年（1764年），这正是曹雪芹逝世后一年，时间太近。再往前推六十年，则是康熙四十三年（1704年）。查此年甲申农历正月初一是辛丑日，不是乙卯日；但农历正月十五元宵节恰是乙卯日。若出生于此日上午巳时，其八字与书中贾元春八字——甲申，丙寅，乙卯，辛巳——完全相符。

因此，我们可以假定这位小说贾元春的原型人物是出生在康熙四十三年（1704年）农历甲申正月十五元宵节。“元春”这个名字跟元宵节正好吻合。而《红楼梦》中元妃省亲也正是在元宵节。高鹗为了小说情节的缘故，只是把甲申年“正月十五”改成了“正月初一”。

《红楼梦》第九十五回说，贾元春病逝的日子是甲寅年十二月十八日立春以后的第二天。然后我们查元春三十一岁——雍正十二年（1734年）甲寅年十二月十八日，或者元春四十三岁——乾隆十一年（1746年）丙寅年十二月十八日，都不是立春日。只有乾隆五年（1740年）庚申年末，恰恰是农历十二月十八日（公历1741年2月3日）为立春节气。第二日，农历十二月十九日则为：辛酉年，庚寅月，乙卯日，元春是年三十八岁。[1]

我们以为，这不是巧合。因此，可以认为这位原型人物是在三十八岁时，于1741年立春后第二日去世的，是寅月、卯日。而高鹗在书中则把它说成了卯年、寅月，既吻合了曹雪芹原著第五回出现的贾元春判词“虎兔相逢大梦归”，[2]也的确是这个原型人物的死亡日子的信息。同时，判词中第一句

---

[1] 段建业《段氏理象学》中“《红楼梦》元春四柱趣谈”一节提到和分析了贾元春的四柱，作者认为：“我完全相信，曹雪芹所录此四柱，确有其人，且死在43岁。”（第203页）关于出生时间，作者认为是1704年2月19日（正月十五日元宵节），跟本文所述相同。但是，作者没有注意到农历丙寅年十二月十八日（1747年1月28日）并不是“立春”日，第二日（农历十二月十九日）就不是丁卯年壬寅月了，所以“当死于丁卯年，是丙寅年立春之后”的结论就很难成立了。

[2]《红楼梦》中贾元春判词是“二十年来辨是非，榴花开处照宫闱。三春争及初春景，虎兔相逢大梦归。”第四句也作“虎兕相逢大梦归”。但后来的通行本写的都是“虎兔相逢大梦归”。虎为寅，兔为卯。“大梦归”指亡故。

“二十年来辨是非”，若认为这是暗示了元春在宫内的时间，那么，元春十六、七岁进宫，[1]到去世正是二十来年，这跟判词也是十分吻合的。《红楼梦》中之所以出现贾元春生卒年月的自相矛盾，正是高鹗在按故事情节发展摘取八字命批时出现的差错。

再来看，这个假定原型人物的八字（康熙四十三年农历甲申正月十五巳时）及其病逝时间（乾隆五年农历十二月十九日），是否能有命理上的合理解释？

命例9（b）《红楼梦》贾元春命造

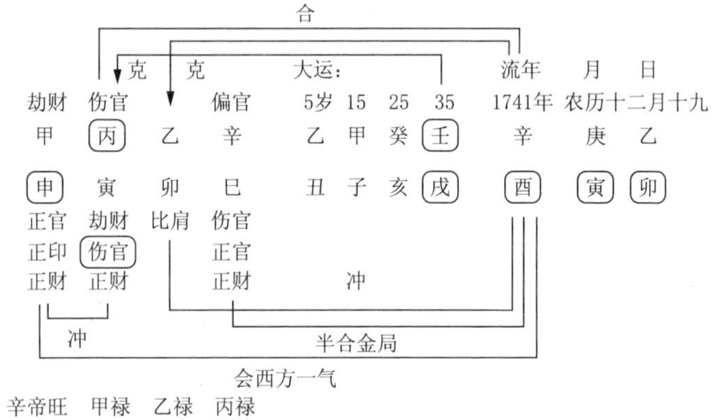

从这个八字看，月令地支中丙火伤官透出，命造是伤官格。日主乙木，当令有根，又有天干甲木辅助，身强。初春之木有丙火照耀，既可暖局，又可泄秀。故丙火是这个八字的用神。此八字的主要特点是四柱“互禄”：年干甲以月支寅为禄，月干丙以时支巳为禄，日干乙自坐日支卯禄，而时干辛以年支申为帝旺（庚金以申为禄）。四个天干全部都通根于地支临官（禄）或帝旺位，同时木火通明，其人必聪明清丽，充满了才气和春的活力。因此，命造本人的确很可能就是送进皇宫内的佳丽，可惜皇家高高的宫墙遮断了明媚

[1]《段氏理象学》认为：“如按此四柱推，元春当在庚子年（17岁）出嫁。”（第203页）录此供参考。

的春光。[1]而年支申与地支寅相冲，也符合书中算命先生所说的“家里养不住的”的评断。

此命造三十八岁，大运壬戌，壬水克制八字用神丙火；流年辛酉，跟日柱乙卯正好天克地冲。八字内本身年月地支寅、申相冲，现在卯、酉再冲，日主乙木顿时失去了根基。同时，流年天干辛金合去用神丙火，丙火之禄巳火，又被酉金合去（巳酉半合金局），遭到大运壬水所克的丙火也没有了根基。最后，八字年支申、流年地支酉、大运地支戌，命、岁、运正好会合成西方金气，初春木嫩，如何经得起此埋根之铁的克削？因此，命造进入辛酉年，身、用俱遭克损，佳人香消玉殒，是可以得到合乎命理的解释的。

所以，可以得到这样的结论：《红楼梦》高鹗所写的贾元春八字并非凭空杜撰，而是确有现实生活中原型人物的八字做依据的。也可能正是因为有这样的原型人物存在，使高鹗续写的元春结局似乎偏离了曹雪芹原来的构思。[2]

六、结论

命理学的深化时期，始于明朝中叶，终于1911年的辛亥革命，是中国专制皇朝统治的最后阶段。其中“康乾盛世”，是中国君主宗法社会的回光返照。它起于康熙二十年（1681年）平三藩之乱，止于嘉庆元年（1796年）川陕楚白莲教起义爆发，持续时间长达115年。这或许也是中国古代命理发展

[1]《红楼梦》中元妃省亲时，把皇宫大内说成是“终无意趣”的“不得见人的去处”。

[2]根据《红楼梦》第五回，关于贾元春除了判词以外，还有一首《恨无常》曲，这样写道：“喜荣华正好，恨无常又到，眼睁睁，把万事全抛，荡悠悠，把芳魂消耗。望家乡，路远山高。故向爹娘梦里相寻告：儿命已入黄泉。天伦呵，须要退步抽身早！”这曲似乎明白地告诉我们，贾元春不是正常病死，而是突然死亡，并且是死于离家乡（祖籍金陵）很远的荒郊野外。因此，曹雪芹原来的构思，似乎不会像高鹗所写的因为“圣眷隆重，身体发福”，由于多痰，受了风寒，引起旧疾，很太平地病逝在凤藻宫里了。

历史中最好的时期。沈孝瞻的《子平真诠》、任铁樵注的《滴天髓》、康熙朝的《御定子平》等，包括《命学玄通》的最初流传，都出现在这个时期。相对安定的社会环境和比较充裕的经济生活，为命理学研究提供了一定的物质条件和研究背景。经过众多探索者的潜心研究和广泛实践，传统命理学已经成为了一门具有高度思辨性的成熟的学问了。

这一时期的重要人物和主要著作的概况可以图示如下：

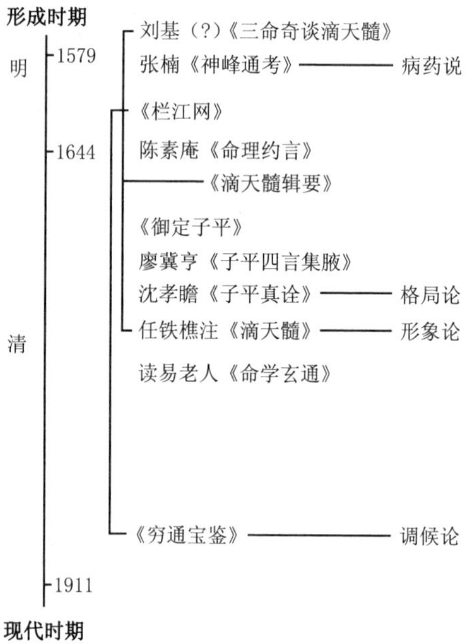

图 7.1　命理学深化时期的历史示意图

第八章　从普通格到特殊格

命理学深化时期，在全方位、多视角的深入探索方面，获得了很大的成功。上一章我们概述了它的发展过程，并介绍和探讨了“病药说”和“调候”等方面的研究。本章将重点讨论《子平真诠》和《滴天髓》中对普通格的研究、对特殊格的研究，以及进而对八字形象的研究。这些研究展现了传统八字研究的高度思辨性，闪烁着中国传统智慧的光芒。

一、普通格（正格）

在本书第一章里，我们提出命理学的对象是一个打不开的“黑箱”；命理学的探索，本质上是一种猜测和验证的活动。命理学的发展历史，就是试图从各个不同的角度，去建构这个“黑箱”功能的历史。它的目标，是通过各种途径和手段，以较高的效率去描写已经发生的事实，并在这个基础上去预测尚未发生的事情。

前文中，我们讨论过“日主强弱”问题。这是通过分析日主同方与其异方的力量对比，从而了解八字内部日主的强弱状态，确定是扶助、还是抑制的策略，进而选择扶抑用神。

在上一章里，我们讨论了“病药”问题，这是明朝张楠提出来的。这是通过分析八字结构内的诸要素，发现其有损结构功能的“病”，同时找到能恢复其功能的“药”。有“病”有“药”，便是良好的结构。

接着，我们又讨论了“调候”的问题。调候所涉及的是八字日主跟其出生时外部气候环境之间的关系。对于可以充当日主的十个天干，每一个出生月份都有适合其自身环境的最佳选择，这个被选中的阴阳五行要素若出现在八字结构中，就是调候用神。具有调候用神的八字，自然在先天上就得天独厚了。

现在，我们回过来讨论沈孝瞻《子平真诠》中对格局的理论认识。

八字内部环境的研究

还是那段具有纲领性的话：

> 八字用神，专求月令。以日干配合月令，而生克不同，格局分焉。财官印食，此用神之善而顺用之者也；煞伤劫刃，用神之不善而逆用之者也。当顺而顺，当逆而逆，配合得宜，皆为贵格。[1]

首先，“八字用神，专求月令”。这个“用神”，是指“用事之神”，或者说，是“格局之神”。**它是指八字结构内的一个主导力量**。它分析的基本前提是：以日干为一方，以除日干之外的其他七个字为另一方。前者是日主本身，后者是八字结构内部日主所处的“环境”。沈孝瞻实际上要做的，**是把这“环境”作为独立的单位来加以研究**，看看这个环境是否是一个先天的“良好”的环境，或者是否能构成一个“良好”的环境。

打个不很恰当的比喻：这除日主之外的七个字，构成了一栋“房子”，而日主就是住在这栋房子里的主人。我们要了解房子主人的社会地位，可以先观察一下这栋房子的状况。它或是气势雄伟，富丽堂皇，或是破旧零乱，墙颓瓦残。你对这建筑的感受，大致可以告诉你这屋子主人的境况了。沈孝瞻想做的就是对这个“建筑”做出分析，即对八字内部“环境”做出分析，然后再跟日主本身的分析参合起来，以期对整个八字结构有一个比较全面的认识和评估。这“环境”的研究，就是“格局”的研究，体现了传统命理学在关系分析层面上研究的深化。这也是沈孝瞻对命理学发展的重大贡献。

[1]《子平真诠》“论用神”。

八字结构本身是自然之气的状态在时间序列上的“缩影”。**八字中的内部“环境”是出生时外部自然生态环境的反映**。月令地支显然是这方面信息的最重要的标记。因此，要了解“环境”中的主导力量，当然首先要到月令中去找。所以，沈孝瞻说：“八字用神，专求月令。”

这里，十分明确，月令是取格的枢纽（提纲）。可以图示如下：

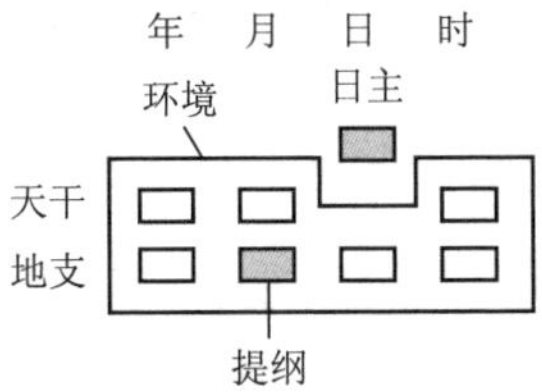

图 8.1　八字结构示意

然后，“以日干配合月令，而生克不同，格局分焉。”这是说，将这个月令中的主导力量取出来，对照它跟日干的关系，就知道它的名称，进而用它来命名格局，这个八字的格局就可以确定下来了。到这里为止，沈孝瞻还是沿着前人的足迹在行进。

在“用事之神”(或“格局之神”）确定之后，也就是把格局定下来以后，沈孝瞻接着说：“财官印食，此用神之善而顺用之者也；煞伤劫刃，用神之不善而逆用之者也。”**这是沈孝瞻在前人研究基础上的发展或创新了**。

“善”与“不善”

我们可以回顾《渊海子平》中西山易鉴先生对格局的见解：“取六格为重，用相生”，[1]即提出“官”、“印”、“财”、“杀”、“食神”、“伤官”六格，并采用相生的方法：“逢官看财，逢财看杀，逢杀看印，逢印看官”，使其发挥

[1]《渊海子平・宝法第二》。

作用。

沈孝瞻与之不同，他首先把“格”或代表格的“用事之神”分为两类：“善”者和“不善”者。前者“用事之神”是财、官、印、食神，即：财格、官格、印格和食神格；后者“用事之神”是七杀、伤官、建禄和羊刃，即：七杀格、伤官格、建禄格和羊刃格。（现在一般把七杀、伤官、枭印和羊刃四者列为“不善”者。）接着，对于“善”者，他的**处理法则**是“顺用之”；对于“不善”者，处理法则是“逆用之”。所以“当顺而顺，当逆而逆，配合得宜，皆为贵格。”

显然，这里的“善”和“不善”，虽然在分类上，跟当年《渊海子平》中的“善神”和“凶神”是一脉相承的，但它们并不真的具有“善”或“凶”的实际内涵。它们只是分类的不同名称罢了，其目的是为了适应不同处理法则的需要。至于能否成为“贵格”，不在于“善”和“不善”；关键在于“配合得宜”四个字上。

那么，什么又是“配合得宜”呢？简单说，就是“善”类格局要符合“顺用”法则；“不善”类格局要符合“逆用”法则。不难理解，这里，除了“用事之神”之外，还得有一个能跟这个“用事之神”配合的“神”，不然何来“配合得宜”呢？沈孝瞻把八字结构“环境”中这个能跟“用事之神”配合的字，称为“相神”。《子平真诠》“论相神紧要”中说：

> 月令既得用神，则别位亦必有相。若君之有相，辅我用神者是也。如官逢财生，则官为用，财为相；财旺生官，则财为用，官为相。煞逢食制，则煞为用，食为相。然此乃一定之法，非通变之妙。要而言之，凡全局之格，赖此一字而成者，均谓之相也。

“相神”，这里又多了一个容易引起误会的术语！因为在传统论命中，在确定了“用神”（不是这里的“用事之神”，而是通常所谓的“有用之神”）之后，凡能起到辅助“用神”的那个字（或一些字）称为“相神”。所以徐乐吾在评注中解释道：“相神又名喜神。财官食印，互相为用，必有所主，主为用，佐其主者为相。”[1]显然，沈孝瞻的“相神”并不是徐乐吾所注释的那个“相神”，它实际上是跟“用事之神”配合的那个“字”，即此格局的真正“用神”（有用之神）——所谓“赖此一字而成者”。因此，读《子平真诠》时，必须时时注意到沈孝瞻所用的“用神”和“相神”的实际含义：

“用神”= 用事之神，即取格之神；

“相神”= 有用之神，即现代常用的“用神”

对“顺逆”的具体用法，《子平真诠》做了以下解释：

善而顺用之：如财喜食以相生，生官以护财；官喜透财以相生，生印以护官；印喜官煞以相生，劫财以护印；食喜身旺以相生，生财以护食。

不善而逆用之：如煞喜食以制伏，忌财印以资扶；伤喜佩印以制伏，生财以化伤；刃喜杀以制伏，忌官煞之俱无；月劫喜透官以制伏，利用财而透食以化劫。

此顺逆之大略也。[2]

根据这段话，我们分别以“顺”、“逆”两类不同情况来讨论：（以下实线带箭头表示“生”；虚线带箭头表示“克”）

第一类：“善而顺用之”

	用神 （生格功能）		格 用事之神			用神 （护格功能）
官格	财	⟶	官	官	⟶	印
财格	食	⟶	财	财	⟶	官
印格	官	⟶	印			
食格				食	⟶	财

此类包括官格（正官格）、财格（正财格、偏财格），印格（正印格、偏印格）和食格（食神格）。中间是所取之格，左右是与之相配合的可选用神。比如前文曾举例的清朝刘镛命造：

[1] 徐乐吾：《子平真诠评注》，140 页。
[2]《子平真诠》“论用神”。

命例 7（b）［清］刘镛命造

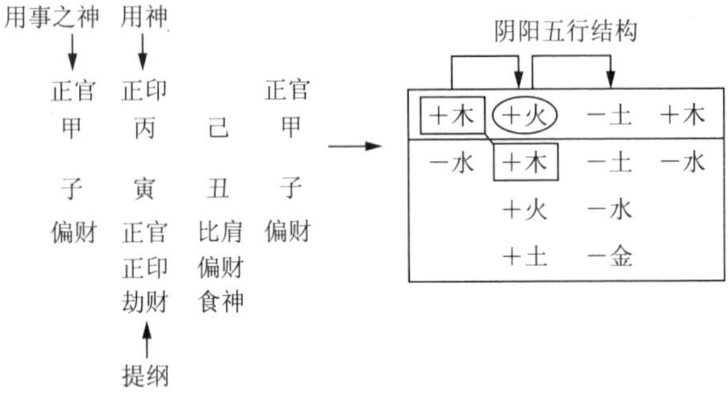

先看月令提纲，其中本气是甲木正官，它透出于年干，所以取为正官格。也就是说，在这个八字结构中，除日干之外，甲木正官是此环境中的主导力量，也就是用事之神。根据“善而顺用之”法则，与之相配合的“用神”可以有两种选择：(1) 取财来生官；或者 (2) 取官来生印。这时，就要了解日主本身的强弱。如果日主身强，则取 (1)：用财来生官，加强用事之神，即起到“生格功能”。此时，正官为格，财为用神。如果日主身弱，则取 (2)：正官为格，正印为用神。用官来生印，印再生自身。这就是通过印来宣泄官的能量，即是发挥正官力量，强化自身；同时也起到它的“护格功能”。因为印能克制伤、食，保护正官。

观察这个八字，己土生于正月，是木旺土衰之时，八字中只有丑土为其根基，势力孤单，显然属于第 (2) 种情况。所以，当取月干丙火正印为用神。于是，构成了官印相生的良好顺生格调。这是成功的官印相生格。

第二类：“不善而逆用之”

	格 用事之神		用神 （制格功能）
杀格	杀	←--------	食
伤官格	伤	←--------	印
建禄格	禄（月劫）	←--------	官
羊刃格	刃	←--------	杀

第二类是“不善而逆用之”，包括七杀格，伤官格，建禄格（即沈孝瞻所谓的“月劫”）和羊刃（“刃”）格。比如以下这个八字：

命例 10　近代张敬尧[1]命造

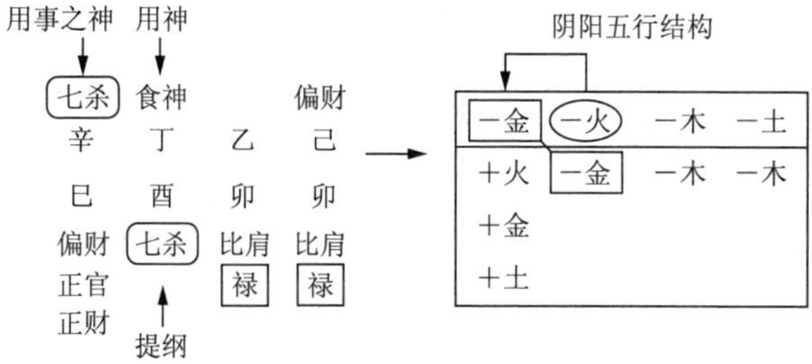

也是先观察月令提纲，酉月本气是辛金七杀，透出年干，自然是七杀格了。七杀是“不善”之神，有攻身之虞，根据“不善而逆用之”法则，则取月干丁火食神为用神，遂成“食神制杀”格调。此八字日主乙木，虽生酉月，但日支、时支皆为其禄，日主也不弱。显然，它是成功的食神制杀格。

格局的成败

那么，在什么样的情况下，格局会出现失败的状况？

第一类：“善”者

	用事之神		同时出现
官格	官	◄------	伤官
财格	财	◄------	比（财轻比重）
印格	印	◄------	财（印轻逢财）
食格	食	◄------	枭

[1] 张敬尧（1881—1933），北洋皖系军阀。字勋臣，安徽霍丘人。为皖系军阀首领之一。

第二类："不善"者

	用事之神		同时出现
杀格	杀	←------	逢财无制
伤官格	伤	←------	官
建禄格	禄	←------	无财官透杀印
羊刃格	刃	←------	无官杀

第一类，就是官格出现伤官，财格出现比劫，印格出现了财星，食神格出现了偏印，它们都是对八字内"善"类主导势力的破坏。比如下例：[1]

命例 11 "伤官见官"例

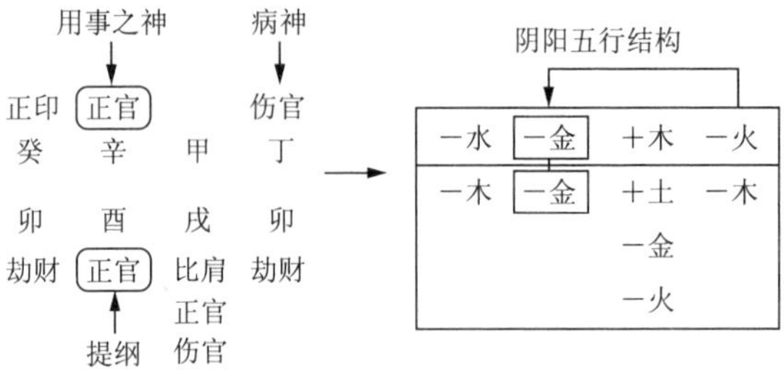

这个八字月令提纲内有辛金正官，它透出月干，为环境中的主导势力，所以为正官格。正官在月，正印在年，本来可以构成很好的"官印相生"格调，但是时干上透出了丁火伤官，反过来克制月干上的"用事之神"，破坏了正官的秀气，而此时处于年干上的癸水正印，又远水救不了近火，无法发挥它的"护格"功能，于是，功败垂成。格局遭到了破坏。

[1] 以下二例取自梁湘润编著的《沈氏用神例解》。

第二类是“不善”者得不到制约，甚至反而起破坏作用。比如下造：

命例 12 “七杀无制”例

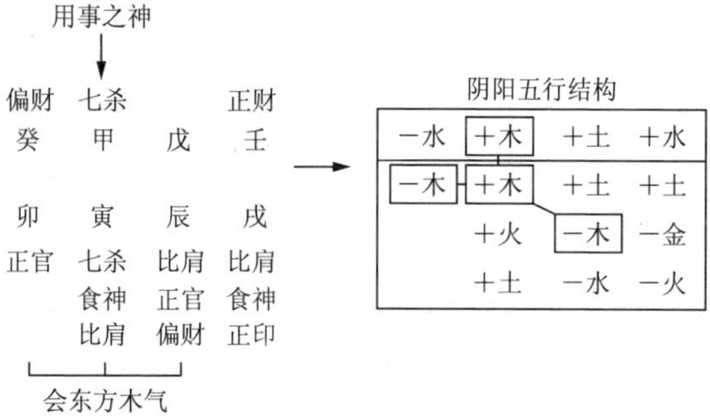

此命造月令寅木，会年支卯、日支辰，成东方一气，并且透出月干，为七杀格。左右天干壬癸水，又皆为财星，财生旺杀而无任何制约，因此《子平真诠》说：“七杀逢财无制，七煞格败也”。[1]

不难发现，上述第一类格局，在正常情况下是不能“逆用之”的，因为它们是“善”类，一旦发生克制“用事之神”的现象，格局就进入了“失败”的状态。但第二类格局，由于“不善”的性质，故**强调**“逆用之”，所以首先去找能发挥克制功能的用神，找不到这类用神，格局往往也难以成功。但是，这类格局并不是一定不能“顺用之”。比如在下面的情况下，也可以具备成功的条件：

	用事之神	同时出现	
杀格	杀 →	印	
伤官格	伤 →	财	
建禄格	禄	食伤 →	财
羊刃格	刃	财 →	官杀

［1］《子平真诠》“论用神成败救应”。

例如下面这个命造：[1]

命例 13 “七杀用印”例

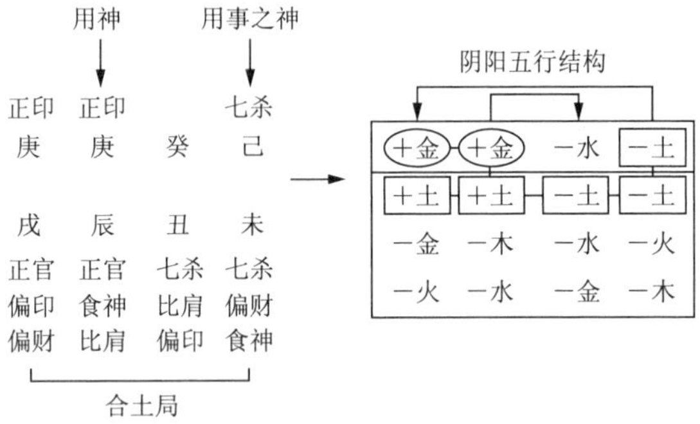

这个命造地支辰戌丑未四土，时干透出己土七杀，“用事之神”为七杀，可以取为七杀格。然而，日主失令，身弱。年干、月干正好透出庚金正印，用印来转化七杀的能量。这样土生金，金生水，构成了“杀印相生”的顺生格调。尽管“用事之神”为七杀，属于“不善”者，但其内部却构成了很好的顺序相生的结构，也就具备了格局成功的条件。对“不善”类的格局，要注意这种配合的灵活性。

小结

通过以上对构成格局“成败”条件的对比，我们可以看到，沈孝瞻对八字内部环境的具体要求：(1) 首先要有明确的主导势力，它构成了格局；(2) 对这个主导势力，根据其性质（“善”或“不善”），或采取相生，或实施制约，条理清晰可辨，没有丝毫杂乱，由此选择格局用神。这是格局成功的基本条件，也就是《子平真诠》所说的：

[1] 此例取自钟义明《命理用神精华评注》，第 145 页。“乾造江苏谢长荣先生，宣统二年（1910 年）三月初九未时生。”

> 纯则吉，杂则凶。何谓纯？互用而两相得者是也。……何谓杂？互用而两不相谋者是也。[1]

显然，“纯”者，即格局中“用事之神”与“用神”处于“互用而两相得”的状况，这是“吉”格，是成功的格局；“杂”者，即格局中的“用事之神”受到伤害，属于“互用而两不相谋”，便成了“凶”格，属于失败的格局了。

因此，《滴天髓》提到了“财官印绶分偏正，兼论食伤八格定”。[2]这八个正格是：

(1) 官印相生格	(2) 财旺生官格
(3) 杀印相生格	(4) 财滋弱杀格
(5) 食神制杀格	(6) 食神生财格
(7) 伤官佩印格	(8) 伤官生财格

事实上，这八个用格才是“完整”的格局形式，体现了八字结构内部环境的纯洁性和条理性。符合这些格局程式的，自然是成功的八字，便可以论富或论贵了。

以上是对正格或普通格的格局研究，《子平真诠》代表了这方面理论探索的高峰。

二、特殊格（变格）

在第七章中，我们提到民国时代命理大师徐乐吾的一段评论：

> 格局有正、有变。正者，五行之常规；变者，五行有所偏胜。然万变而不离其宗者：五行之理也。《子平真诠》明其常；《滴天髓》明

[1]《子平真诠》“论用神纯杂”。
[2]《滴天髓》“八格论”。

其变。[1]

这是指出，八字格局可以分为两大类：正格和变格，或称普通格和特殊格。正格反映的是五行常规的变化；如果五行出现了“偏胜”，就落入了变格的范畴。《子平真诠》揭示了正格的操作特点；《滴天髓》则揭示了变格的特征。

《滴天髓》是怎样讨论变格的呢？它是从形象出发，根据八字总体结构的形象特征，把八字归为以下几大类：

1. 独象　2. 偶象（两气成象）　3. 从象　4. 化象　5. 全象

其中“全象”是相对于“独象”和“偶象”而言的，是指八字结构中至少有三种、或有四种、五种五行成分构成。“全象”在八字总体数量中占绝大多数，因此，属于正格或普通格。而前四类，由于构成条件的特殊性，属于变格或特殊格。

专旺格

首先，什么是“独象”？**“独象”是指一个八字结构基本上是由某一种五行（包括日干在内）所组成**。由于此五行特别旺盛而且数量甚多，故通常把“独象”称为**“专旺格”**（也称“一行得气格”）。因构成的五行内容不同，专旺格有以下五种：

1. **曲直格，**或曲直仁寿格。任铁樵注：“木日，或方或局全，不杂金，为曲直。”这是说，日主为甲、乙木，生于寅、卯、辰月，而且命局中地支或成方（寅卯辰）、或成局（亥卯未），或干支五行木独旺，而且不见金来克破，则成为曲直格。因为《尚书·洪范》中称“木曰曲直”，这里“曲直”就是木的代称。例如：

[1] 徐乐吾：《子平真诠评注》“跋”。

命例 14 [清] 李鸿章命造[1]

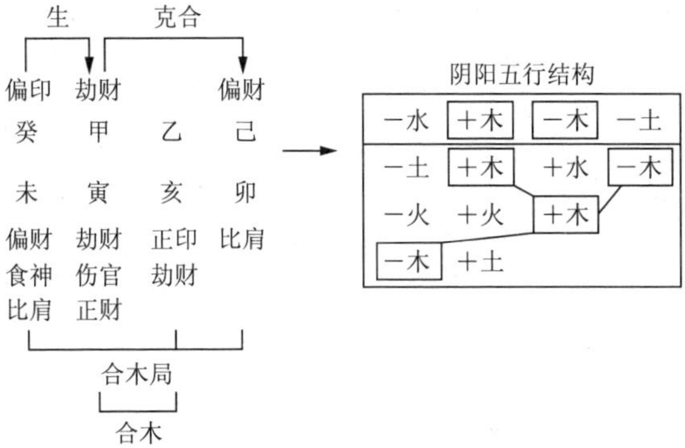

徐乐吾批注："李鸿章造。曲直仁寿格也。地支亥卯未全而生寅月，时透己土，甲木制之，印绶无伤。水木相生，格之纯粹者也。"[2]观察其八字，可以清楚地看到，由天干甲乙、地支亥卯未（合木局）以及寅（寅亥合木），凝聚成完整的木的"形象"。年干癸水，为木之印绶；水生木，水木气势，同声相应。时干己土，为日干乙木偏财，是整个结构中唯一"不和谐"的地方。所幸者，月干甲木，克合己土，使结构重归"纯真"。因此，徐乐吾将此命造称之为"格之纯粹者也"，是有道理的。

2. **炎上格**，或率性炎上格。任铁樵注："火日或方或局全，不杂水为炎上。"这是丙、丁火为日主，生于巳、午、未月，而且命局中地支或成方（巳午未）、或成局（寅午戌），或干支火星独旺，但不杂水（水为克星），为炎上格。例如：

[1] 见徐乐吾《滴天髓补注》，第 81 页。李鸿章（1823—1901），字少荃，安徽合肥人。清末淮军军阀，近代洋务派首领。

[2] 徐乐吾进一步批注："印透，行金运，官杀生印，化金气以生木。官印为权，封侯拜相，均在金运中。如无印透，何能行金运反吉乎？"

命例 15　炎上格命造[1]

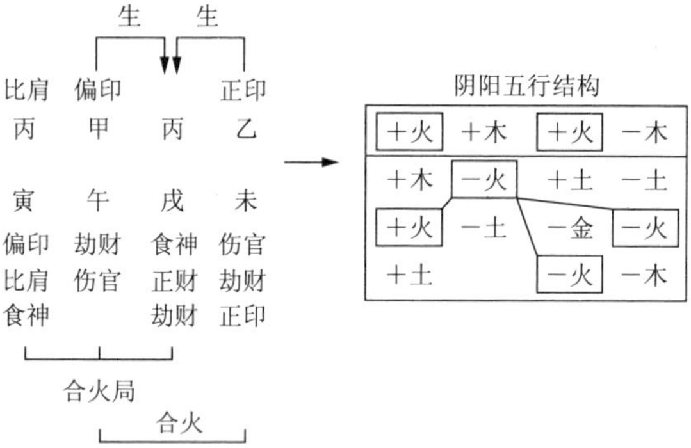

此命主生于午月，地支寅午戌合火局，午未又合火；天干除两个丙火外，甲、乙木又来生火，烈火炎炎，整个八字就是一个火象。因此为火的专旺格。

3. **稼穑格**，或稼穑笃实格。任铁樵注：“土日，四库皆全，不杂木为稼穑。”这是日干为戊、己土人，生于辰、戌、丑、未月，而且命局中土星独旺，不杂木（木为克星），为稼穑格。例如：

命例 16　张真人命造[2]

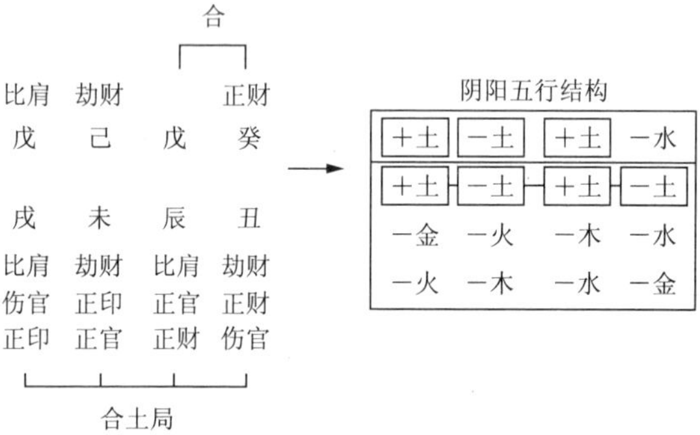

[1] 见任铁樵注《滴天髓阐微》卷一。任铁樵批：“支全火局，木从火势，格成炎上。惜木旺克土，秀气有伤，书香难就。武甲出身，仕至副将。”

[2] 见《神峰通考》“稼穑格”，第 147 页。

八字日干戊土，年月天干透出戊、己土，地支辰戌丑未合土局，唯一透出的时干癸水，也被日主合去（戊癸合），全局是一个纯粹的土象。所以构成土的专旺格。

4. **从革格**，或金刚从革格。任铁樵注：“金日，或方或局全，不杂火为从革。”这是庚、辛金日主之人，生于申、酉、戌月，而且命局中地支或成方（申酉戌）、或成局（巳酉丑），或干支金星独旺，不见强火来克损金局，则为从革格。例如：

命例 17 ［清］某参将命造[1]

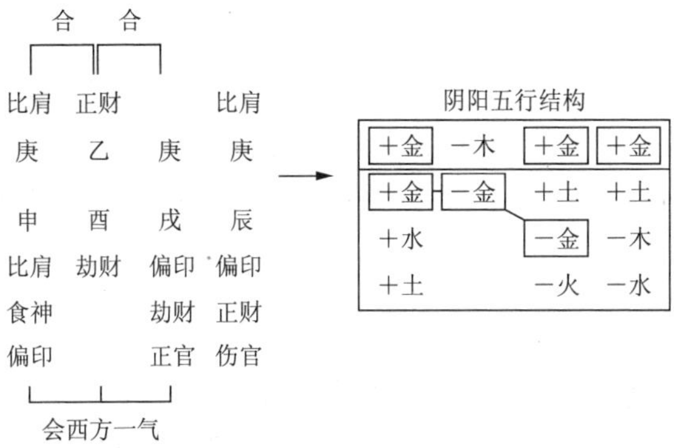

5. **润下格**，或润下灵秀格。任铁樵注：“水日，或方或局全，不杂土为润下。”这是壬、癸水日主之人，生于亥、子、丑月，而且命局中或成方（亥子丑）、或成局（申子辰），或干支水星独旺，不见土克，则为润下格。例如：

［1］见任铁樵注《滴天髓阐微》卷一。任铁樵批：“此造天干乙庚化合，地支申酉戌全，格成从革。惜无水，肃杀之气太锐，不但书香不利，而且不能善终。行伍出身，官至参将。”

命例 18 [明] 王守仁命造[1]

劫财	偏印		比肩
壬	辛	癸	癸
辰	亥	亥	亥
正官	劫财	劫财	劫财
食神	伤官	伤官	伤官
比肩			

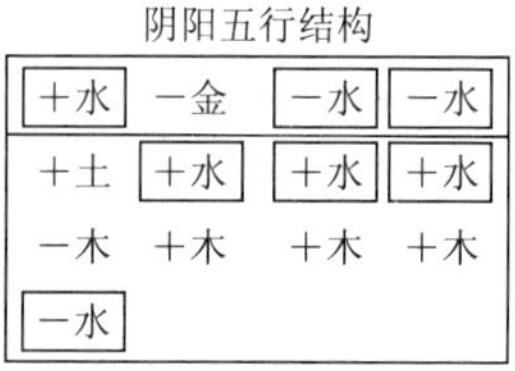

诚如任铁樵所指出：专旺格“皆从一方之秀气，不同六格之常情，必要得时当令，遇旺逢生。但体质过于自强，须以引通为妙，而气势必有所关，务须审察其情。”[2]

专旺格：曲直格（木）、炎上格（火）、稼穑格（土）、从革格（金）、润下格（水）

可见，专旺格的特点是八字中某一五行得时当令，特别旺盛，因此就取这最旺之物为格，取旺神（比肩、劫财）与旺神所生之物（即食神、伤官）为用神，同时也取生旺神之物（即印星）做喜神。由于命局一行独旺，最好有食神、伤官来宣泄日主的旺气。因此，《滴天髓》强调说：“独象喜行化地，而化神要昌。”这化神就是食神、伤官，通过食伤来流通其旺气，使其源远流长，从而造就富贵之高峰。如果命局中没有食伤来宣泄其气息的话，往往富贵也就有限了。[3]

[1] 取自袁树栅《命谱》，第 251 页。王守仁（1472—1528），字伯安，余姚（今属浙江）人。世称阳明先生。明朝哲学家、教育家。

[2] 任铁樵注《滴天髓阐微》卷一，第 78 页。

[3] 在《神峰通考》中，张楠根据自己推命的经验指出：“从革格，谓庚辛日干，见申酉戌全，或巳酉丑全，此多剥杂，原非纯粹可观，与壬癸润下格理同。此二格吾见多矣，未尝有富贵者，但当以别理推之。止有曲直、稼穑两格，多富贵。火全巳午未格，亦未见其美。由是尊其所正，而辟其所谬也。”（第 150 页）录此供参考。

“乌台诗案”

在了解了专旺格之后，我们再来看前文曾讨论过的苏东坡命造：

命例 1（g）［宋］苏轼命造

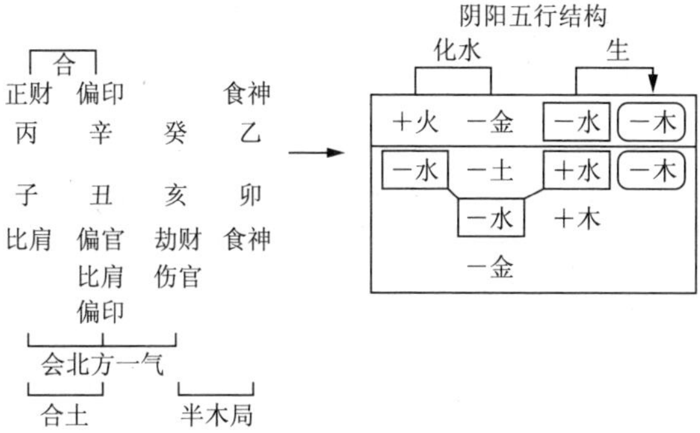

大运	4 岁	14	24	34	44	54	64	流年	
	壬	癸	甲	乙	丙	丁	戊	己	
	寅	卯	辰	巳	午	未	申	未	乌台诗案

“乌台诗案”是苏东坡一生中颇为惊心动魄的事件。乌台指的是御史台，[1] 汉朝时御史台外柏树上有很多乌鸦，所以人称御史台为乌台。

宋神宗元丰二年（1079 年）三月，苏东坡奉调湖州军州事，他在到任谢表中说了几句牢骚话，于是朝廷的御史们就摘取苏轼上表中的语句以及他此前所作的诗句，以诽谤新政的罪名逮捕了苏轼。从八月十八日关进乌台监狱，审讯很久，经历了六七周，牵连了好多人。幸亏北宋在宋太祖赵匡胤年间定下了不杀士大夫的国策，苏轼才得免一死，直到十二月二十九日出乌台狱，

［1］自秦朝开始，御史专门为监察性质的官职，一直延续到清朝。御史台即御史官府。

贬为黄州团练副使。这是北宋年间的一场文字狱。苏轼生命中发生的这件大事，能否在他的八字中找到痕迹呢?

对比上述润下格的成格条件，苏轼的八字是符合的。他生在冬天丑月，同时地支亥子丑会成北方一气，干支水星独旺，不遭土克。唯一的丙火正财，也被辛金偏印合去，化合成水。这样，前三柱成了一片大水。由于时柱上下皆乙木食神，流通其水气，所以才华横溢，诗文书画，独步古今。

因为是润下格，最忌土来克水，破了格局。乌台诗案发生在乙巳大运末尾，流年己未。巳运冲日支亥水，本身使亥子丑会方不甚稳定。现在流年天干己土再来污水，尤其是地支未土来冲月支丑土，把土冲旺，使亥子丑三会方解体，出现了**破格**的凶象。这是发生“乌台诗案”在苏东坡个人命理上的解释。

其中还有一段有趣的插曲。儿子苏迈每天到狱中来探望东坡，为他送饭。他们约定，平时只送蔬菜和肉食，万一有坏消息，则送鱼来。不料有几天，苏迈被迫出京借款，叫一个朋友代他送饭。但他忘了告诉朋友这个密约，朋友给苏东坡送来了一条熏鱼，这下可把我们的诗人——东坡先生吓坏了。他以为事情已经恶化，难逃一死。在极度悲恸下写了两首“绝命诗”，诀别他的弟弟苏辙。[1]诗中感谢皇恩，一切只怪自己，希望弟弟能帮助抚养他余下的一家十口人。谁知狱吏按照规矩，将诗篇呈交神宗皇帝。宋神宗读了苏轼的这两首绝命诗，也颇为感动，遂下令对苏轼从轻发落。终究只是流年“破格”，轰动一时的乌台诗案就此销结。

查苏轼大运，五十九岁后行未运，又是未土冲丑土，但这次是大运属土（燥土）了。是年为宋哲宗绍圣元年（1094年）甲戌，因新党重新执政，苏轼

[1] 其一：“圣主如天万物春，小臣愚暗自亡身。百年未满先偿债，十口无归更累人。是处青山可埋骨，他年夜雨独伤神。与君世世为兄弟，更结来生未了因。”其二：“柏台霜气夜凄凄，风动琅珰月向低。梦绕云山心似鹿，魂飞汤火命如鸡。额中犀角真君子，身后牛衣愧老妻。百岁神游定何处？桐乡应在浙江西。”

贬惠州。绍圣四年（1097 年）丁丑，六十二岁，再贬儋州，于是渡海到海南。直到元符三年（1100 年）庚辰，宋哲宗崩，东坡六十五岁方遇大赦。第二年，苏轼度南岭，北返，七月二十八日病逝于常州，是年六十六岁。此时大运已在戊土，流年辛巳。足见专旺格气盛，只能顺势引导，而不能面对克制它的五行，克制即为破格。破格则凶多吉少。我们诗人的命运就是一个印证。

从旺格

那么，什么是“从象”呢？

“从象”是指八字结构中，全局气势偏旺一方，而独有日干逆其旺气，而且无生无助，于是不得不舍身迁就，**弃命向从，**由此构成了**“从旺格”**（也称“从强格”或“弃命从强格”）。以全局气势为主体，其形象大致有以下四种类型：

1. **从杀格，**又称“从官杀格”：日主异常虚弱，命局中官杀独旺，例如：

命例 19　从杀格例[1]

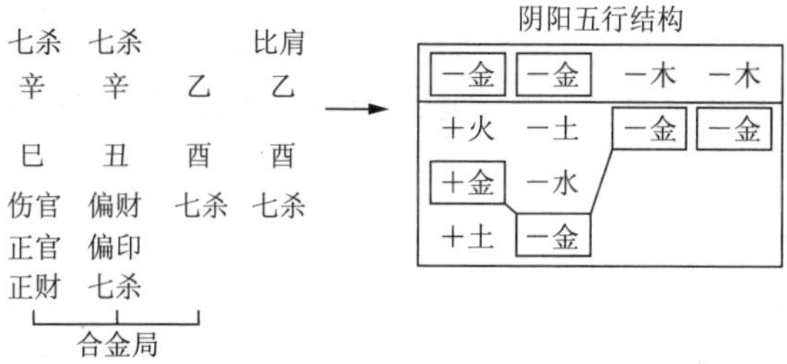

[1] 见任铁樵注《滴天髓阐微》卷三。其大运为：

大运：庚　己　戊　丁　丙　乙
　　　子　亥　戌　酉　申　未

任铁樵批：“乙木生于季冬，支全金局，干透两辛，从杀斯真。戊戌运连登甲第，置身翰苑。丁酉、丙申，火截脚而金得地，仕版连登。乙未运，冲破金局，木得蟠根，不禄。”

在这个命造中，日主衰弱，毫无根气，满盘都是七杀，地支巳酉丑又三合成金局，而且四柱中没有食伤来克破七杀。这是七杀成象，[1]日主只好弃命而从杀，为从杀格。

2. **从财格：**日主异常虚弱，而全局都是财星或食伤生财，日主只能弃命从财。例如：

命例 20　从财格例[2]

正财	伤官		伤官
戊	丙	乙	丙
戌	辰	未	戌
正财	正财	偏财	正财
偏官	比肩	食神	偏官
食神	偏印	比肩	食神

→

阴阳五行结构

＋土	＋火	－木	＋火
＋土	＋土	－土	＋土
－金	－木	－火	－金
－火	－水	－木	－火

这个八字结构中，地支皆为财（土），年干又透出正财，而月干、时干皆为丙火伤官，伤官又生财，其财势何其旺也，日主乙木，只能弃命从财。若进一步分析，辰月为乙木余气，木还是有根的。好在年支戌土正好冲月支辰土，把土冲旺了，拔去其微根，于是只能从旺，从财格得以圆满成功。

3. **从儿格：**日主异常虚弱，而全局都是食神、伤官，因此，日主只能弃命从其儿。例如：

---

[1] 虽然时干有一个乙木比肩虚露，但遭周围辛金克制，失去了帮助日主的功能。

[2] 见任铁樵注《滴天髓阐微》卷三。其大运为：

大运：	丁	戊	己	庚	辛	壬
	巳	午	未	申	酉	戌

任铁樵批：“乙木生于季春，蟠根在未，余气在辰，似乎财多身弱。但四柱皆财，其势必从。春土气虚，得丙火以实之，且火乃木之秀气。三者为全，无金以泄之，无水以靡之，更喜运走南方火地，秀气流行，所以第发丹墀，鸿笔奏三千之绩；命题金榜，鳌头冠五百之仙。”

命例 21　从儿格例[1]

伤官	劫财		食神
己	丁	丙	戊
未	丑	戌	戌
伤官	伤官	食神	食神
劫财	正官	正财	正财
正印	正财	劫财	劫财

→

阴阳五行结构

−土	−火	＋火	＋土
−土	−土	＋土	＋土
−火	−水	−金	−金
−木	−金	−火	−火

这个八字结构，满盘伤官、食神（土），仅日干、月干丙、丁（火）孤悬，日主只能弃命从其儿，其儿即伤官、食神也。

对于“从儿”的现象，《滴天髓》专门有诗曰：“一出门来只见儿，吾儿成气构门闾。从儿不论身强弱，只要吾儿又得儿。”[2]原注：“此与‘成象’、‘从象’、‘伤官’不同，只取我生者为儿。如木遇火成象，不论日主强弱，但看火能生土，又成生育之势，是为顺用，必然富贵。”

古代以年为祖屋，月为屋之门户，日为屋之坐向，时为死后归葬之墓穴。因此，第一句“一出门来只见儿”中的“门”，指的是月支。此句的意思是：食神、伤官要见于月令提纲。闾：指里门，即巷口的门。古代二十五家为一闾。“吾儿成气构门闾”，是指食神、伤官已构成了强大的气势。最后两句，明确点明“从儿格”的关键在于“儿又得儿”——食神、伤官又生出财星来。显然，成功的从儿格是要求见到财星的。[3]

---

[1] 见任铁樵注《滴天髓阐微》卷四。其大运为：

大运：丙　乙　甲　癸　壬　辛
　　　子　亥　戌　酉　申　未

任铁樵批：“丙火生于季冬，满局皆土，格成火土从儿。丑中辛财为用，谓一个玄机暗里存也。所嫌丁火盖头，通根未戌，忌神深重，未能显秩。妙在中运走癸酉、壬申，喜用齐来，宦途顺遂。”

[2]《滴天髓》“顺局”。

[3] 从儿格并不一定都是佳构。徐乐吾曾指出：“此类格局，须看干支性质，未可一例论。如水木、土金、金水从儿皆美。如木火，则木被火焚；火土，则土多火晦，母旺为美，子旺反伤其母。”

4. 从势格：日主无根虚弱，满盘尽是克泄之物，日主只能弃命相从。然而，其克泄之物——财、官、伤食，又彼此难分上下，自然不能入从杀、从财格或从儿格，于是另设一种格局，叫“从势格”。例如：

命例 22　从势格例[1]

正财	劫财		伤官
丙	壬	癸	甲
戌	辰	巳	寅
正官	正官	正财	伤官
偏印	食神	正印	正财
偏财	比肩	正官	正官

→

阴阳五行结构

+火	+水	-水	+木
+土	+土	+火	+木
-金	-木	+金	+火
-火	-水	+土	+土

在这个命局中，日主衰弱，而其克泄之物——伤官、财、官三者皆旺，任铁樵认为：“须从官星之势”，故格成从势格。

关于从势格，任铁樵指出：“从势者，日主无根，四柱财官、食伤并旺，不分强弱，又无劫、印生扶日主，又不能从一神而去，惟有和解之可也。视其财官食伤之中，何者独旺，则从旺者之势。如三者均停，不分强弱，须行财运以和之，引通食伤之气，助其财官之势，则吉。行官杀运次之，行食伤运又次之。如行比劫印绶，必凶无疑。试之屡验。”

从旺格：从杀格、从财格、从儿格、从势格

对于以上四种“从象”类型，《滴天髓》说：“从得真者只论从，从神又

[1] 见任铁樵注《滴天髓阐微》卷三。其大运为：

大运：	癸	甲	乙	丙	丁	戊
	巳	午	未	申	酉	戌

任铁樵批：“癸水生于季春，柱中财、官、伤三者并旺，印星伏而无气，日主休囚无根。惟官星当令，须从官星之势。所喜坐下财星，引通伤官之气。至甲申午运，会成火局生官，云程直上。乙未出仕。申酉运，有丙丁盖头，仕途平坦。戊戌运仕至观察。至亥运帮身，冲去巳火，不禄。所谓弱之极者不可益也。”

有吉和凶。”“真从之象有几人？假从亦可发其身。”这里，一方面指出了，在从格中，日主所迁就、所从的那个强势主体，构成了八字的主体形象，所以日主只能跟随这个强势主体，以强势主体为自己的用神。由于原局的纯粹度、干支性情、时令的宜忌及行运的顺逆情况，还得十分慎重地判断其利弊。

同时，它又指出，纯粹而完美的从格，事实上是很稀少的。常见的富贵命，大都是带有瑕疵的从财格、从杀格等八字。这种八字，只要在行运中消除缺点，也能表现出极大的成功来。[1]比如，徐乐吾在《滴天髓补注》中所举的一个命例：

命例 23　假从杀格：近代吴星垣命造

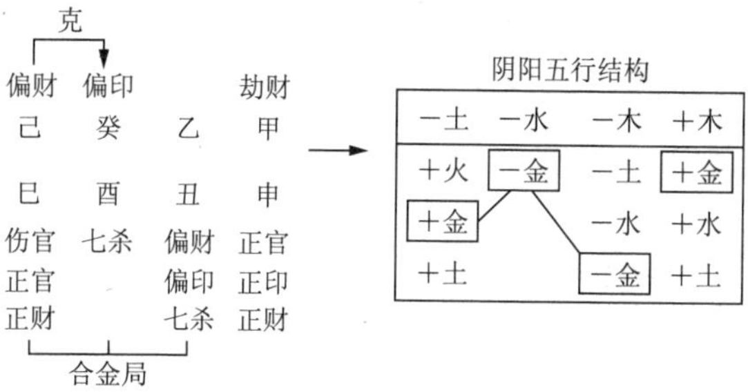

大运	6岁	16	26	36	46	56
	壬	辛	庚	己	戊	丁
	申	未	午	巳	辰	卯

此命造地支巳酉丑三合金局，而且时支又为申金，这样，四个地支皆属金，而天干甲、乙都无根基，所以不能不从杀（月支酉金为七杀）。但是，月干透出癸水偏印，生助日干乙木，使日干又不能从杀。然而，年干己土又紧贴着克制癸水，使之再从。但因癸水在地支上有根基，己土终不能克尽癸水，

[1] 陈柏谕《四柱八字阐微与实务》指出：“从统计资料来看，得真从格局之人，大都出生于富贵家庭，而假从格之人则出生于普通家庭，甚至贫寒家庭。”（上册：第 189 页）

所以格局就成了“假从”，称为“假从杀格”。若见戊土，合去癸水，则可以由“假”变“真”，成为“真从”了。

徐乐吾批注：“运行南方，逆金旺气，商业失败，几至破产。戊辰十年，重振旗鼓，致富数十万。交入丁运逝世。”[1]这是说，当命造走到“戊辰”运时，戊合癸水，消除了命局中癸水这个“瑕疵”，于是由“假”入“真”——“致富数十万”。这是“假从格”通过大运帮助而得到成功的例子。

小结

在以上专旺格（“独象”）和从旺格（“从象”）的讨论中，我们可以看到，从日主强弱出发，它们正好处于八字内部五行分布的两个极端。可以用下图来表示：

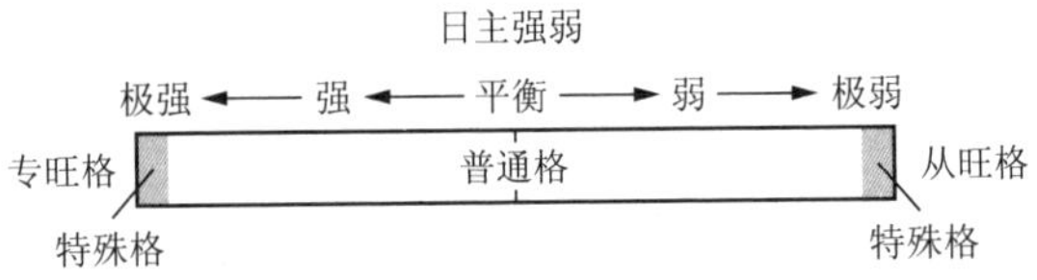

图 8.2　日主强弱与专旺格、从旺格的关系示意

显然，正格或普通格是占了八字格局的绝大部分，它们内部日主或强或弱，但都没有到十分偏颇的地步。当日主独旺，四柱已经没有丝毫克制它的力量时，便成了“专旺”；或者，当日主独衰，四柱已经没有丝毫扶持它的力量时，便成了“从旺”。

对普通格的处理，通常采取“中和”原则，扶弱抑强，使八字归于平衡或趋于平衡。对于“专旺”和“从旺”这样的特殊格，就不能采取常理手段了。

[1] 徐乐吾：《滴天髓补注》，第 125 页。钟义明《现代破译“滴天髓”》指出：此命应为九岁起运。（第 285 页）

对于日主极强者，不能“抑”或克制，而只能采取“泄”的方式，顺势引导；对于日主极弱者，则不能“扶”，而只能“从”，即跟从八字中的强势方。这正是徐乐吾所说的“变者”。所以论命时，首先要观察八字是否属于这种五行偏胜的情况，若符合这些“偏胜”条件的话，就要把它们当作特殊格或变格来处理。若不符合特殊格条件，这时再以普通格局推命。

化气格

接着，什么是“化象”？**“化象”**是指**化气格**。化气格的形象有以下五种：

1. 甲己化土格
2. 乙庚化金格
3. 丙辛化水格
4. 丁壬化木格
5. 戊癸化火格

《滴天髓》说：“化得真者只论化，化神还有几般话。”[1]原注：“如甲日主生于四季，单遇一位己土，在月、时上作合（在年干不是），不遇壬癸甲乙庚（庚能克甲），而有一辰字，乃为化得真。又如丙辛生于冬月（化神要通月令）；戊癸生于夏月；乙庚生于秋月；丁壬生于春月。独自相合，又得龙（指辰而言）以运之，此为真化矣。又论化神，如甲己化土，土阴寒，要火气昌旺；土太旺，又要取水为财；木为官，金为食伤，随其所在意向，合其喜忌。再见甲乙，亦不作争合妒合论。盖真化者，如烈女不更二夫。岁运遇之，皆闲神也。”

这里首先指出了“化象”的构成：甲、己合化成土；乙、庚合化成金；丙、辛合化成水；丁、壬合化成木；戊、癸合化成火。

---

[1]《滴天髓》“化象”。

就此五种“化象”而言，日主无论属于何干，只能与月干或时干之天干形成五合之时，而且又要在某种规定的环境和条件下方可论“化”。这里“化”的条件是相当严格的。其先决条件是月令之气。就是说，天干有五合，同时又是化神当令的月份，才可以列为化气格。

比如，甲日干逢己月或己时，[1]要生于辰戌丑未之月份。诚然，最好是戊辰月（逢辰而化），戊即是土星。当然，命局中还要有足够的土星来助旺，而同时不能出现木星来克破化神（土）。既然忌木星，自然也不甚喜生木的水星，所以注文中将“壬癸甲乙”皆列为破坏之物。在不见这些破坏之物的前提下，尚喜时支再有益于化神，这样，甲己化土格便能成立。这是第一步，确定化气格是否成立。

如果化气格成立，第二步，确定全局的用神。一般来说，以助化神者为用神。如上述甲己化土格，当以火为用神。尤其是“土阴寒，要火气昌旺”。但若火土势旺的话，也可取金为用神，流通土气，为引其性情。但绝不可逆其气势。故行运切忌木运，克破“化象”；或庚辛乙之流年，克破五合之甲或己。

以下是化气格的命例：

命例 24　甲己化土格[2]

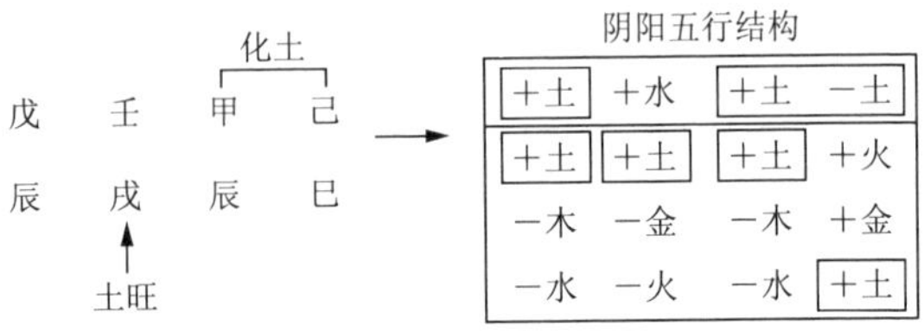

[1] 或者，己日干逢甲月或甲时。

[2] 见任铁樵注《滴天髓阐微》卷三。其大运为：

大运：癸　甲　乙　丙　丁　戊
　　　亥　子　丑　寅　卯　辰

任铁樵注：“甲木生于季秋，土旺乘权，克去壬水，又无比劫，合神更真，化气有余。惜运走东北水木之地……。至丑运丁酉年，暗会金局，泄化神而吐秀，登科。戊戌年发甲，仕至州牧。”

命造日主甲木与时干己土合化为土，生在土旺之月，而且柱中土盛而不见木，所以化土成功。甲己既合化为土，此时，甲为阳土，己为阴土。

命例 25　丙辛化水格：[清] 清太宗皇太极命造[1]

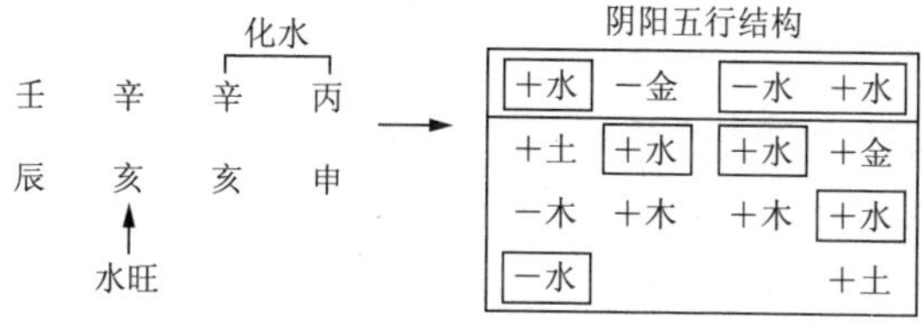

此命造“辛日生于亥月遇丙时干，四柱金水多来助化，故丙辛合化为水。全局不见强土克水，日主虽健旺，却乃化神之助神而不忌，所以化格甚真。”[2]

如同从旺格有“真从”和“假从”之分，化气格也有“真化”和“假化”之分。《滴天髓》说：“假化之人亦多贵，孤儿异姓能出类。”[3] 原注：“日主孤弱而遇合神真，不能不化。但暗扶日主，合神又虚弱，及无龙以运之，则不真化。至于岁运扶起合神，制伏忌神，虽为假化，亦可取富贵。虽是异姓孤儿，亦可出类拔萃。”这是说，即使“假化”，遇到运助，由“假”入“真”，也能成功。比如：

命例 26　假化水格：[清] 骆秉章命造[4]

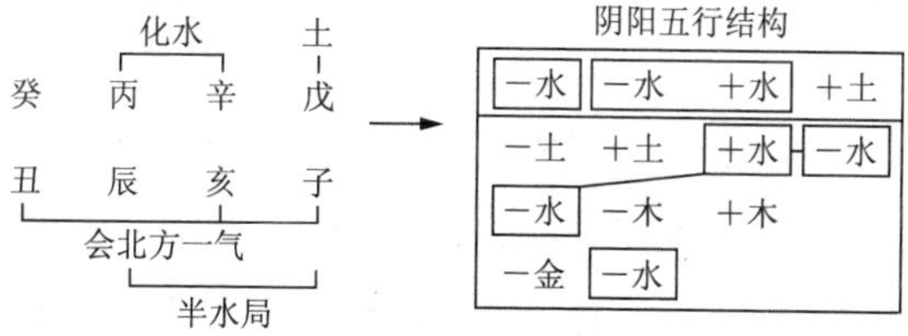

[1] 清太宗皇太极（1592—1643），姓爱新觉罗。天命十一年（1626 年）继位后金汗。天聪十年（1636 年）改后金为清，称皇帝，年号崇德。

[2] 吴怀云：《命理点睛》，第 245 页。

[3]《滴天髓》“假化”。

[4] 见徐乐吾《滴天髓补注》，第 125 页。骆秉章（1793—1867），清末广东花县人。道光进士。官至四川总督。

大运	3岁	13	23	33	43	53
	乙	甲	癸	壬	辛	庚
	卯	寅	丑	子	亥	戌

北方一气

徐乐吾批注："此前清骆秉章命造。丙辛化水，支全子亥辰丑，化气成矣。时干透出戊土，逆其旺势，格成假化。妙在运逢癸丑、壬子、辛亥，一路北方金水旺乡，助其气势，勋名鼎盛。"这里指明了此命造之所以称"假化"的原因，是时干戊土，克制了化神，成了丙辛化水格的"瑕疵"。但其运势，一路金水浩荡，鼎助化神，还是成就了命造的功名。

"化象"提出较早，《渊海子平》中"神趣八法"就谈到"化象"。在张神峰的《命理正宗》里，也有"十干从化定诀"、"十段锦"、"十段化气"等关于化气格的诗赋。陈素庵对化气格也有比较具体的辨别方法：

> 若辨化局之假真，全察地支之情势：先观月气，乃化神根本之乡；更重时支，必化神生旺之地；时趋绝地，化必不成；月属他神，化尤难冀；年支稍远，亦须与化无乖；日支较亲，更求于化有济。[1]

可见月支之气是关键所在，时支也是判断的重点，其他方面也要照顾，不能有违背"化"的条件。显然"化气"的条件是比较严格的。

然而，一旦于化气格成立以后，八字周围的要素如何看待，却一直没有确定的一致看法。它们仍按原先的五行——正五行——来认识，还是应当按照化气后的五行性质来认识？比如八字中日干与月干丙辛化合成水，时干出现了戊，戊是作为土，还是作为丙火来看（因为戊癸合化为火）？（上例徐乐吾是以正五行来处理的。）也就是化气成格以后，其他成分是否要随化气而

[1]《精选命理约言》"化局赋"。

改变？可见对于化气格，至今仍有许多尚待研究的问题。[1]

两神成象

最后是“偶象”。**“偶象”是指八字结构由两种五行所组成，**即“两气合而成象”，故称为“两神成象格”或“两行成象格”。当八字干支由两种五行平分所组成，此两种五行不是相生，就是相克。因此，可以分为相生、相克两种类型：

一、相生类型：

1. 木火成象，即木火各占两干两支，又名“木火交辉”，忌见金、水夹杂破象。

2. 火土成象，即火土各占两干两支，又名“火土夹杂”，忌见水、木夹杂破象。

3. 土金成象，即土金各占两干两支，忌见木、火夹杂破象。

4. 金水成象，即金水各占两干两支，又名“金白水清”，忌见火、土夹杂破象。

5. 水木成象，即水木各占两干两支，又名“水木清奇”，忌见土、金夹杂破象。

二、相克类型：

1. 木土成象，即木土各占两干两支，喜火，忌金神破局。

2. 土水成象，即土水各占两干两支，又名“土局润下”，喜金，忌木神破局。

---

[1] 关于化气格，陈柏谕《四柱八字阐微与实务》指出：“化学是很深的学问，同样地化气格也是很深很难懂，而且很难正确判断的一种命格。从《渊海子平》一书中即收录化气十段锦一文来看，可知化气在很早以前就被理解与认识了。可是很遗憾地，化气格至今仍然尚有许多尚待解明之问题。先贤们对于化气格之看法也颇不一致，至今依然没有百分之百的一致见解。”（上册：第 210 页）这确是实事求是的看法。

最近国内“新派”命理认为“古人所说的化格根本不存在”。（祝国英：《人生轨迹的干支解读：新派命理简论》，第95页）

3. 水火成象，即水火各占两干两支，又名“既济未济”，喜木，忌土神破局。

4. 火金成象，即火金各占两干两支，又名“火金铸印”，喜土，忌水神破局。

5. 金木成象，即金木各占两干两支，喜水，忌火神破局。

关于相生类型，比如：[1]

命例 27　金水成象：[明] 明神宗（万历）命造[2]

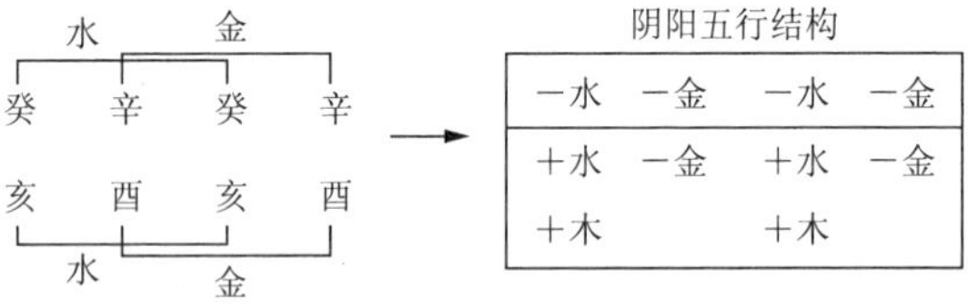

这是金、水各占两柱，呈金水相生的“两气成象”局面。再如：

命例 28　木火成象[3]

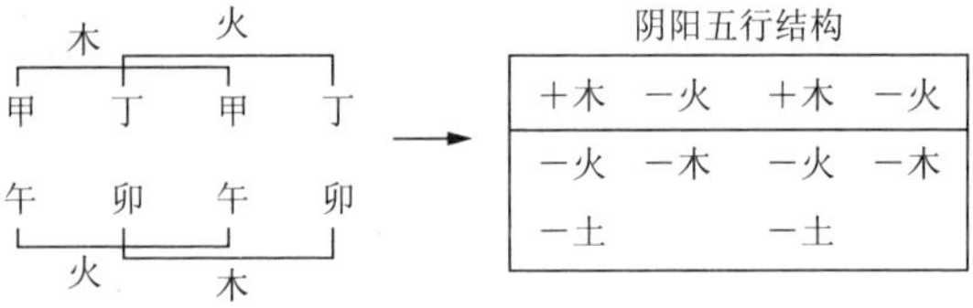

这是木和火各占两干两支，形成“木火交辉”之象。

关于相克类型，比如：

---

[1] 下面命例 27（金水成象），两柱金、两柱水，这种排列形式可称为两柱局；命例 28（木火成象），木火呈交叉排列形式，可称为“半壁局”，合称之为“双清格”。当然，也是“两神成象格”。

[2] 见韩雨墨《中华帝王名臣命谱》，第 57 页。明神宗朱翊钧（1563—1620），年号万历，在位四十八年（1572—1620）。

[3] 见任铁樵注《滴天髓阐微》卷一。其大运为：

戊　己　庚　辛　壬　癸
辰　巳　午　未　申　酉

任铁樵批：“此造木火各半，两气成象。取丁火伤官秀气为用。四柱金水全无，纯粹可观。巳运丁火临官，南宫奏捷，名高翰苑。庚运官杀混局，降知县。夫南方之金，尚有不足，将来西方之水，难言无咎。”

命例 29　水土成象[1]

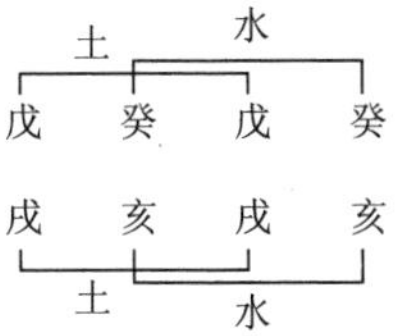

阴阳五行结构

+土	−水	+土	−水
+土	+水	+土	+水
−金	+木	−金	+木
−火		−火	

这是水、土各占两柱，呈土水相克的“两气成象”局面。

任铁樵注：“相生要我生，秀气流行；相克要我克，日主不伤。相生必欲平分，无取稍多稍寡；相克务须均敌，切忌偏重偏轻。若用金水，则火土不宜夹杂；如取水木，则火金不可交争。木火成象者，最怕金水破局；水火得济者，尤忌土来制水。格既如此，取运亦倣此而行。一路澄清，必位高而禄重；中途混乱，恐职夺而家倾。故此格最难全美，而看法贵在至精。若生而复生，乃是流通之妙；倘克而遇化，亦为和合之情。”这里点明了《滴天髓》所说的“两气合而成象，象不可破也”。[2]

以上从“独象”到“从象”，再从“化象”到“偶象”，都是讨论变格或特殊格的内容。虽然变格占八字总数的很小部分，但也值得研究。这是《滴天髓》对命理学发展的重大贡献。它从“形象”的角度，第一次对以前出现的各类不属于“八格”范围的八字结构，做出了系统的归类和讨论。同时，又根据它们的特殊情况，分别提出了不同于通常“正格”的处理方法。

[1] 见任铁樵注《滴天髓阐微》卷一。其大运为：

甲　乙　丙　丁　戊　己
子　丑　寅　卯　辰　巳

任铁樵批：“此水土各半，两气成象，喜其通根燥土，财命有一。然气势稍寒，所以运至丙寅，寒土逢阳，连登科甲。更妙亥中甲木暗生，仕至郡守，宦途平坦。”

[2] 钟义明在《现代破译“滴天髓”》中说：“‘两神成象’、‘两行成象’的八字，李叔还先生的经验心得是：不论逢何种五行之运均有喜无忌，只怕大运、流年与原局四柱刑冲。（按：《玉井奥诀》注云‘冲而无义，刑而不归，为散。’）”（第 176 页）录此供参考。

三、形象研究

源流和通关

《滴天髓》不仅对八字结构的“形象”做出了以上的归类，而且还进一步提出了一系列观察的角度和评判的原则。比如，“源流”和“通关”。

什么是“源流”？《滴天髓》说：

> 何处起源流，流到何方住？机括此中求，知来亦知去。[1]

这是说，看一个八字结构，要注意观察其中的气运，就是说，要发现五行之气是由哪个地方开始出发的，这个出发处即是“源”；然而它又“流”（即顺生）到了哪里。只有弄清了这种气运的来去，方能解读其所表示的以前或以后的命运轨迹。

任铁樵所注《滴天髓》给了这样一个案例：

命例 30 “源流”例[2]

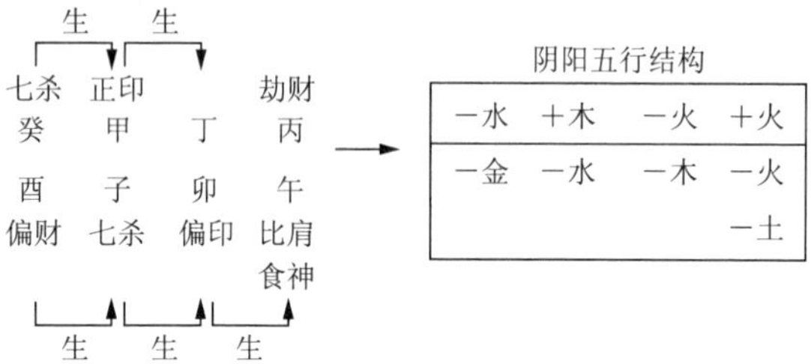

[1]《滴天髓》“源流”。对此，原注作了解释：“不必论当令不当令，以取最多、最旺，可为全局祖宗者为源头，看此源头，流到何方，流去之处，若是所喜之神，即在此住了为妙。如辛酉、癸巳、戊申、丁巳。以火为源头，至金水方即住，所以富贵。若再流到木地，则气泄为乱。如未曾流至去方，中间遇阻，看其阻在何地？阻住何神？可以知其吉凶。如癸丑、壬戌、癸丑、壬子。以土为源头，流至水方，只生得一个身子，而戌中火土之气，无从引助，所以为僧也。”

[2]《滴天髓征义》，第 260 页。

这个八字，天干是癸水生甲木，甲木生丁火；地支是酉金生子水，子水生卯木，卯木生午火。五行的出发处在年支酉金，酉金就是根源。然后，它流到水，再由水到木，再由木到火，火是它的归宿，也是日主自身以及时干支。整个结构内部，有源有流，活泼生动，十分流畅，没有任何阻隔之处。原本卯酉遥冲，子午遥冲，都被这生生不息之流消解了。“所以秋闱早捷，仕至观察。”也就是，早年就中了乡试，官一直做到道台级别。[1]

然而，如果八字结构中出现了阻隔，这个时候就需要“通关”了。《滴天髓》说：

关内有织女，关外有牛郎。此关若相通，相邀入洞房。[2]

说得何等形象！这里把五行之间的阻隔，比喻为一道天河，牛郎和织女，一个在内，一个在外，只能隔岸相望。只有等到喜鹊在天河上搭起一座鹊桥来，有情人方能终成眷属。显而易见，阻隔，就是“关”，消除阻隔，就是“通关”。

徐乐吾注解说：“通关有二：一为两神成象，势均力敌，必须引通其气。一旺一弱，亦须有以调和之。如官煞旺而日主弱，用印以通关；日主强而财星轻，用食伤以通关。即使原局无通关之神，亦必运程遇之，方能遂其志。此一点通关之神，即精神之所在也。……二为用神之间，气势对峙。如两神对立，不能并用，又不能去一留一，必须以通关之神调和之。如官伤并立，必须用财；财印交错，须用官煞；财逢劫刃，必用食伤；枭印夺食，劫为恩星。”[3]

任铁樵所注《滴天髓》也给了以下一个案例：

[1]“观察”是清朝对道员的尊称，大致相当于副省级干部。
[2]《滴天髓》：“通关”。
[3]《滴天髓补注》，第 148 页。

命例 31 “通关”例[1]

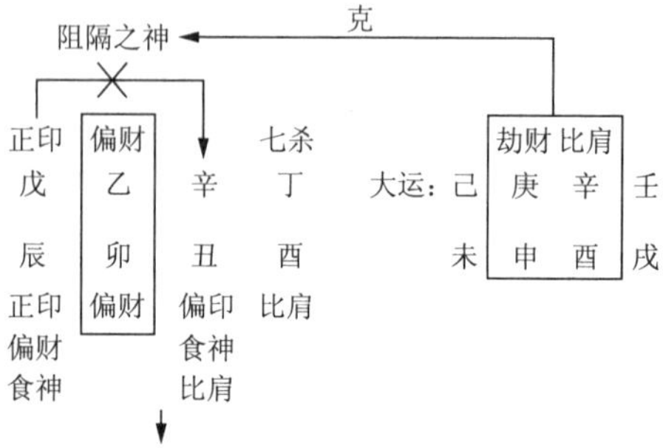

阴阳五行结构

+土	－木	－金	－火
+土	－木	－土	－金
－木		－水	
－水		－金	

任铁樵注解说：“此春金气弱，时杀紧克，年逢印绶，远隔不通，又被旺木克土坏印。”这是说：日主辛金气弱，又逢时干丁火紧贴相克。此时最需要有土来通关：因为土可以泄火生金。八字中有戊土，可以完成这个工作，可惜戊土在年干上，又被月干乙木阻隔了。而命局本身没有清除这个阻隔的机制。然而值得庆幸的是，当大运走到庚申时，“交庚申克去木神，得奇遇，分发陕西，屡得军功，及辛酉二十年，仕至副尹。”观察上图，月柱乙卯是阻隔的地方。而庚申、辛酉大运，正好冲破了这个阻隔之“关”，即：庚金克合乙木，申克合卯；辛酉克去乙卯，这样使结构重新恢复了活力，遂使命主“得奇遇”，“屡得军功”。由此可见“通关”的重要意义。

八字本身是自然界气运的一个片段。既然是气运的反映，八字结构内部的**流通**就很重要。我在《八字与中国智慧》中把“流通”作为八字评价的原则之一。流通就要有源、有流，而通关则是**保证流通**的一种重要手段。

[1]《滴天髓征义》，第 261 页。

清和浊

什么是“清浊”呢？这涉及八字结构形象所透露出来的“精神”或“灵魂”。讨论“精神”或“灵魂”，就好像是谈论一幅中国水墨山水画的“气韵”，或某个人的“气质”，可以感受，却很难言传。因此任铁樵说：“命之最难辩者，‘清浊’两字也。”[1]

《滴天髓》说：

> 一清到底有精神，管取平生富贵真，
>
> 澄浊求清清得净，时来寒谷也回春。[2]

事实上，八字结构内部配置的合宜性，只是求“清”的基础，更重要的还是它的纯粹度和完美度，在纯粹完美中显出一种“精神”来。比如：

命例 32　［清］林则徐命造[3]

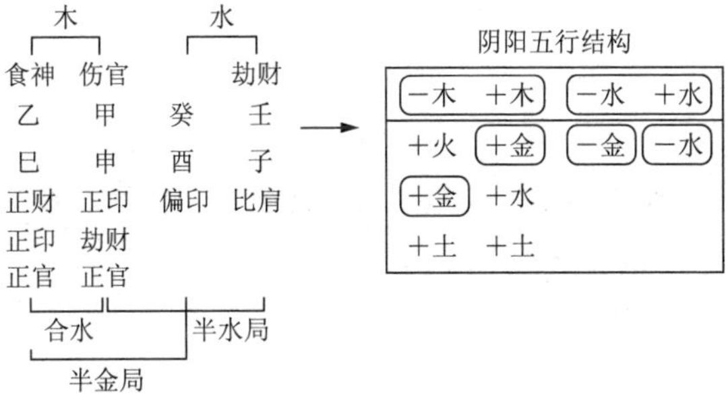

此命造地支申、子遥合半个水局，巳、酉遥合半金局，巳、申合水，真是一片旺金、旺水。天干是壬、癸、甲、乙，连珠顺列。全局金白水清，没

[1] 见任铁樵注《滴天髓阐微》卷二。
[2]《滴天髓》“清气”。
[3] 林则徐（1785—1850），字元抚，一字少穆，福建侯官人。嘉庆进士。官至两广总督、钦差大臣，以及云贵总督。他是近代历史上的重要人物，鸦片战争中的悲剧英雄。

有丝毫浊土的搅浑。而且甲、乙并立，泄其金水旺气。木在天干，金藏地支，两不相碍。于是，金生水，水生木，气势浩荡，何等清奇的景象，正是贵秀天成！具有这样结构的人，其个性必然是才华横溢，豁达脱俗。

据林崇墉《林则徐传》记载，林则徐仅九、十岁时，老师领着学生们登上福州城外的鼓山，眺望大海。老师一时兴起，便出了“山”和“海”两字，叫学生做一对七言联句。起先做出来的都不能让老师感到满意。轮到年纪最小的林则徐，他念道：

海到无边天作岸，山登绝顶我为峰。

这样小的年纪，就有这样大的口气，把老师都惊到了。可见林则徐从小就有高超的志趣和惊世的才华。

林则徐的性格首先具有恬淡的一面。他喜梅、鹤，三十多岁就有“梅鹤因缘已渐深”的吟唱。正是这种淡于名利的个性，使他一生任事不牟利，临难而不退避，受屈而不怨尤，毕生尽瘁于人之所以不能为、不敢为的事业。

林则徐的诗句：“花从澹处留香久，果为酸余得味甘。”这诗句道出了他淡泊的节操，旷达的胸襟；终于得味犹甘而留香最久！这正好可用来为此命造的结构特征——“清”气——作最合宜的注脚。

如果八字中有了“浊”气，但若能去此浊气，“澄浊求清”，那么，还是能够“寒谷春回”的。比如以下八字：

命例 33 “合官留杀”例[1]

合	合		
食神	正官		七杀
戊	癸	丙	壬
申	亥	午	辰
	七杀 偏印		

→

阴阳五行结构

+土	−水	+火	+水
+金	+水	−金	+土
+水	+木	−土	−木
+土			−水

[1] 见任铁樵注《滴天髓阐微》卷二。

此命造天干出现了正官和七杀的混杂，这就是“浊”的表现。因为正官或七杀，透露天干，都不喜混杂。任铁樵批注：“此造日主虽坐旺刃，生于亥月，究竟休囚。五行无木，壬癸并透，支逢生旺，各立门户。”这里指出：壬和癸，都透露出来，各立门户。任铁樵接着说：“喜其合去癸水，不致混也。更妙运走东南木火，乡榜出身。宠锡传来紫闼；承宣协佐黄堂。”这是说，由于年干戊土合去了月干癸水正官，合官留杀，解救了“官杀混杂”之“病”。于是，命局由“浊”变“清”，再加上大运的帮助，居然也成了达官贵人。这正是《滴天髓》“澄浊求清清得净，时来寒谷也回春”的写照。

真神和假神

《滴天髓》还提出了“真假”。什么是“真假”？它是指八字结构中的真神和假神。《滴天髓》写道：

> 令上寻真聚得真，假神休要乱真神。
>
> 真神得用平生贵，用假终为碌碌人。
>
> 真假参差难辨论，不明不暗受迍邅。
>
> 提纲不与真神照，暗里寻真也有真。[1]

任铁樵注解说：“真者，得时秉令之神也。假者，失时退气之神也。言日主所用之神，在提纲司令，又透出天干，谓聚得真，不为假神破损，生平富贵矣。”比如前文曾列举过的刘镛命造：

[1]《滴天髓》“真神”、“假神”。

命例7（c）［清］刘镛命造

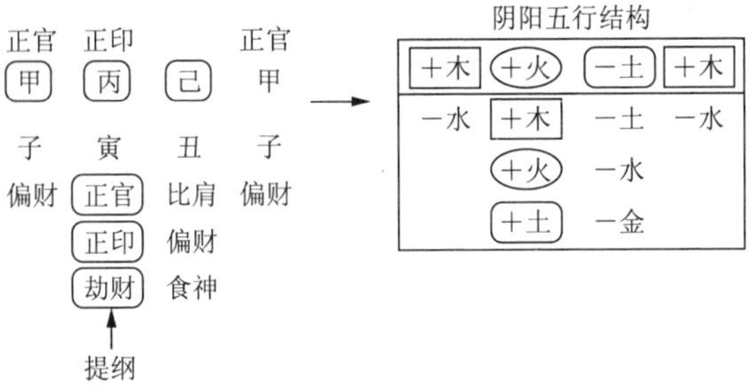

大运：丁　戊　己　庚　辛　壬
卯　辰　巳　午　未　申

《滴天髓》注解说：“己土卑薄，生于春初，寒湿之体，其气虚弱。得甲、丙并透，印正官清，聚得真也。柱中金不现而水得化，假神不乱。”[1]事实上，月令提纲为“寅”，寅中藏有甲木、丙火、戊土。现在，甲木透出于年干、时干，丙火透出于月干，这是“官印相生”的命造，官、印都通根月令提纲，同时又透出天干，这就是所谓“真神”得用。其实，这个八字的日干己土，也通根于寅中所藏戊土。四个天干在月令中皆有位置，说明它们都是当令有力的真神。

显然，真神就是“得时秉令之神”，即“在提纲司令，又透出天干”者；而假神是“失时退气之神”。如果命局所聚用的是真神，自然格高一筹。

然而，《滴天髓》也说：“提纲不与真神照，暗里寻真也有真。”这说明，真神也有不在提纲的时候。因此，徐乐吾指出：

> 何谓真假？一极有研究之问题也。任氏以得时秉令者为真神，失时退气者为假神，似不甚确。如得时秉令为真，则月令之神极易辨认，何以有‘真假参差难辨论’之句？……窃谓真神者，合于日主之需要，真

[1] 徐乐吾《滴天髓征义》，第270页。

正得用之神，即十干在十二个月之中所喜用之神也。如春木以火为真神，夏木以水为真神，秋木以金为真神，冬木亦以火为真神。真神得用，无有不贵。假神者，虽非日干之喜用，而在四柱配合上，不能不取以为用，乃假神也。如甲木生寅月，而透金水，四柱无火，不能不用金水，但非日主所喜，如明崇祯造：

命例 34（a）［明］崇祯皇帝命造[1]

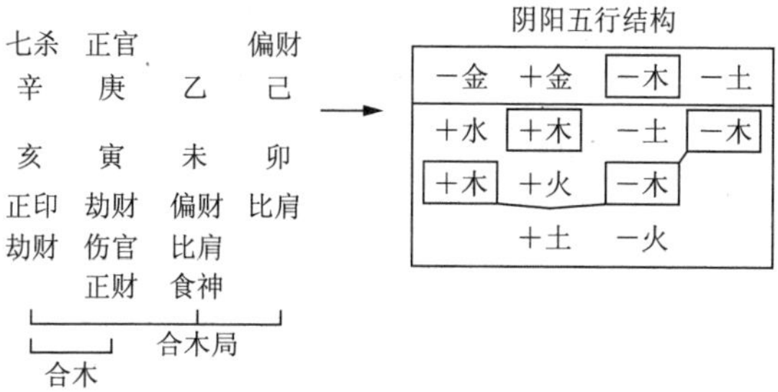

徐乐吾评论说：明崇祯造“不能不用金水，乃假神得用。”[2]按徐乐吾的意见，此造应以火为“真神”（如上文中所说的：“春木以火为真神”），但地支构成木局，却遭年干庚金和月干辛金盖头，只能弃火而用金水，因此成了“假神”得用。

不难发现，任铁樵强调的是**格局**方面所用之神的“真假”，而徐乐吾强调的则是**调候**方面所需之神的“真假”。对《滴天髓》所谓的“真假”，他们从不同的角度予以了诠释。

简而言之，真神的本质是**有用**、同时又**有力**。得之于月令当旺之气，当然是一种“真”；若能跟日主所需要的调候用神一致，这又是另一种“真”。无论哪一种，符合了，都可以称得上“真神得用”。

［1］明思宗朱由检（1611—1644），明朝皇帝，年号崇祯，1627—1644 年在位。崇祯十七年（1644 年），李自成率领的农民起义攻克北京，他在煤山（今北京景山）自缢，明亡。

［2］《滴天髓补注》，第 154—155 页。

一个八字结构若具备了“清”和“真”的特点——或者说：配置合宜、单纯，用神有情、有力，自然就有一种“精神”。作者曾在《八字和中国智慧》中，根据《滴天髓》的议论，把对这种“精神”的评判概括为“清纯”原则。清纯原则是八字结构评价的重要标准之一。[1]

阅读《滴天髓》，常会叫人不断思考，探隐索颐。它提示，对于八字结构内部的关系，只有全方位地、从各个不同的视角“切入”，做出认真地考察和比较后，才能真正领悟到其中的“五行之妙”。它把命理分析提升到了一种哲理的境界。这正是《滴天髓》作为“经典”，在立意上高于大多数命理著作的地方。

[1] 见陆致极《八字和中国智慧》第二章第三节“论命的主要原则”。

第九章　命理学的现代时期

1911 年 10 月，武昌城楼的炮声，终于使风雨飘摇中的清王朝分崩离析了，中国两千年的中央集权君主专制制度也随之画上了句号。由此，在宗法农业社会内部形成和发展起来的传统命理学，进入了一个新的时期。

当命理学蹒跚地跨过这个新时期的门槛时，跟其他具有悠久历史的中国传统文化形态——比如，中医、中国书画、传统戏曲、武术等一样，呼吸着扑面而来的新鲜气息，也不可避免地面临着随之而来的新的挑战。

首先，中国社会整个地出现了激烈而深刻的变化——这是从旧的漫长的宗法专制社会向完全不同于过去的新的社会形态转变的历史时刻，这是不可抗拒地从原先的封闭的农业社会向现代开放的工业社会转型的时刻，这是旧的文明向新的文明转变的时刻。在这块古老的土地上，从经济形态、社会结构，到意识形态、生活方式、价值观念等各个方面，都已经发生、并正在发生巨大的变化。如何适应新的社会变化状况，使这门传统的学术延续下去，这已是不可回避的“生存”问题了。

实际上，这就是“近代化”、并紧接着“现代化”的问题。

它包含着两个不同层次上的“近代化”和“现代化”。一种是论命的“言语”，它本身的近代化和现代化。经过“五四”新文化运动以后，随着社会结构的变化，社会风俗本身已经发生了极大的变化。在俗文化中栖身的八字命理学，它的不少观念已经不能适合急剧变化的社会现实。作为一种传统的预测学，八字命理学的根本的生命力在于它的预测能力。随着社会结构的演变，随着中国人生活和接触的时空的扩大，原先的描写功能不可抗拒地在逐渐丧失，这是无可推诿的事实。若要使它“残存”下来，至少首先要修正它的许多“表述”。也就是，在观念上、言词上，要跟得上正在变化着的社会风俗习惯。若连这一点都做不到的话，那它很快就会成为“化石”，丢进历史文化的博物馆。

当然，这还只是“表面”层次上的近代化和现代化。更重要的，是论命“内容”上的近代化和现代化。这是从“深层”方面来讲的。这个现代化，绝不是一件容易的事了。诚如本书前文所叙述的，八字命理的许多“核心”的论命法则和推演网络，都是来自于宗法农业社会内部“凝固”的社会层级结构和人际关系。一旦这样的社会结构和人际关系发生了深刻的变化，八字命理学是否能调整或建构新的“映射”网络，去适应自封闭的农业社会向开放的现代工业社会转变的历史现实，这无疑将是一次脱胎换骨的“重生”。

能否出现和完成这样的“重生”——真正由“传统”而转变为“现代”，对于这个具有千年历史的、并仍然在今天的世俗中活动着的学术，轻易下断言是没有意义的。从辛亥革命到今天，虽然已经一百年了，但要下一个结论，**至少还为时过早**。因为现今中国社会本身还在急剧变迁的过程中，尚未完成它自己新时期的历史形态，如何来谈论命理学对它的较为完整的“映象”呢?

2011年是辛亥革命一百周年。我们把命理学这一百年来的近现代研究称为它的“现代时期”。跟命理学经历过的“形成”和“深化”这两个历史时期相比，这一百年的现代研究是短暂的。它充满了坎坷、艰辛，但也表现出生生不息的活力，体现着中国传统文化在新时期**再造的可能性**。

这个现代研究时期大致可以分为三个阶段：

1. 从辛亥革命到1949年中华人民共和国成立为止，称为“民国阶段”；
2. 从五十年代到九十年代后期，称为“港台阶段”；
3. 从九十年代后期到今天，称为“大陆阶段”。

下面我们概述这三个阶段的发展状况。

一、民国阶段

袁树珊《命理探源》

辛亥革命后，出现最早的具有影响的命理著作，大概要数袁树珊[1]编著的《命理探原》。原书出版于1916年，一时洛阳纸贵。1952年，作者又重加整理，以《新命理探原》书名，再版于香港。在原序中，作者写道：

唐以前之命书，吾不得见之矣。唐以后之命书，如徐子平、徐大升、刘青田、万骐、王铨、张神峰、万育吾、陈素庵、沈孝瞻、沈涂山诸先贤之著述，吾得见之读之矣。然其中有有起例而无议论者，有有议论而无起例者，有失之繁芜，而不精确者，有失之简略，而不赅博者，非惟初学难以入门，即久于此道者，亦多不明其奥义。余之所作，由浅入深，分门别类，採撷众长，屏除诸短。间有古人理义未明，起例未备者，则妄参管见以补足之。非敢谓羽翼先贤，要不过为知命之君子，尽忠告焉耳矣。

这里明确地说明了作者写本书的目的是“由浅入深，分门别类”。原书共八卷，可谓是匠心剪裁。前五卷以“本原”、“起例”、“强弱”、“神煞”、“宜忌”、“用神”、“化合冲刑”、“评断”、“六亲”、“妇幼”、“杂说”等为纲领，然后将古代命理典籍中的有关议论，一一择录、镶嵌其间。不易理解之处，再加上作者的按语，予以说明，既表现了作者尊崇古贤的严肃态度，又为初学者提供了明白的进阶途径。第六卷为“先贤命论”。第七卷“润德堂存稿”，

[1] 袁树珊（1881—1968），江苏镇江人。八字为：辛巳，丁酉，乙巳，戊寅。生于医卜世家。二十岁前，竞争科名，不第。乃潜心研究术数，卖卜江湖，名满当时大江南北。晚年移居香港。还著有《大六壬探原》、《选吉探原》、《述卜筮星相学》等。

收录作者所批的三十多则命造，“兹为便利初学”。第八卷为“星家十要”、“星家事实丛谈”。八卷之后，尚有“补遗事实丛谈”。此书称得上是近代第一本有价值的命理通论著作。

袁树珊还著有《命谱》八卷，1940 年出版。书中共评论了历代六十四个命造，上自春秋时代的孔子，下至清末人物，有帝皇将相，有乞儿寒士。袁氏的命批，可以见仁见智。[1]然而，作者在每一个命造后，都附录了有关的历史、诗文、嘉言、楹联、甚至传闻轶事、医药秘方，引证书目竟达 176 种，充分表现了他对中国古代文化所具有的深厚根底。此外，还有袁树珊校勘、李雨田校补的清朝任铁樵注《滴天髓阐微》传世。

命理大师徐乐吾

民国时代的最重要人物当推徐乐吾。徐乐吾（1886—1948），[2]江苏东海人。早年从政。后潜心于命理数十年，先后完成了《穷通宝鉴评注》、《子平真诠评注》、《滴天髓征义》、《滴天髓补注》、《造化元钥评注》、《命理寻源·杂格一览》等一系列命理典籍的整理和注释，并且著有《子平粹言》、《命理一得》、《子罕言（古今名造闲评）》、《子平一得》等。

我们知道，1919 年前后出现的五四新文化运动，使中国传统文化，尤其是儒家思想，一古脑儿地受到了空前的抨击。当时，著名学者如梁启超就认为，阴阳五行思想是中国两千年“迷信思想的大本营”。然而，作为俗文化中阴阳五行思想的嫡传者——八字命理学，却并没有被窒息。当然，它原来

[1] 尤达人在《达人命理通鉴》中对《命谱》有这样的批评：“袁树珊论命，每泥于‘先论从化后论用神’之语，一切命局，多以化气为根据，勉强推论，十有九错，是为其最大缺点也。”（第 393 页）

[2]《命理一得》中载有徐乐吾命造自评，出生时间为 1886 年（清光绪十二年）4 月 6 日申时，八字为：丙戌、壬辰、丙申、丙申。徐乐吾 1948 年以心脏病逝于香港。

就不是封建庙堂中供奉的偶像，自然没有遭遇到跟孔家店一起被“打翻在地”的厄运。相反，明清两朝重要的命理经典作品，却被一一收集起来，经过精心校勘，细心注释，先后得以出版。从上面所列书目就可以看到，这项对命理学**承前启后**、具有历史性意义工作的扛鼎人物，正是命理大师徐乐吾先生。

作为整理者和评注者，徐乐吾对于历代命理典籍曾有过一段十分精炼的批评，摘录如下：

> 命理之书，以《三命通会》收罗最为广博，惜体例不精，文字芜杂，非初学所能读，仅可供参考之用，实为一类书也。《栏江网》（即《穷通宝鉴》）义理最精，而词不达意，出于江湖人手笔，其十干十二月用法，似乎繁复，理实一贯，提纲挈领，全在五行总论。硬记无益，非熟习之不能领会而应用也。《子平真诠》与《命理约言》，出于文人手笔，文义畅达，惜失之太浅，不够应用。初学读之，最为善本。《滴天髓》文词优美，义理亦精深，略于普通，而注重变局，非初学所能领会。且其文字，故意藏头露尾，亦为识者所不取。《子平四言集腋》，作者颇思将纷如乱丝之命理，为有秩序之整理，顾未脱窠臼，文字也太简略。《星学大成》，详于星而略于平，名不符实。其择录《滴天髓》各条，实为任铁樵《征义》之蓝本，非无一阅之价值者也。此外如《星平会海》、《子平渊海》之出于书贾之手，《神峰通考》之浅陋芜杂，等而下之，不足道矣。（《渊海》为《子平渊源》、《子平渊海》两书合并而成，失其精华独到之点，故不足观矣。）[1]

《子平粹言》

徐乐吾的《子平粹言》是继袁树珊《命理探源》以后的一本重要的命理

[1]《命理一得·命学新义》，第 72 页。

通论著作。是书完成于1938年。方重审在序中说：

（乐吾）今又以斯编行世，荟萃各家精义，作一有系统之编述，由浅入深，秩序井然，纲举目张，有条不紊，俾后之学者以津梁宝筏，不致有歧路亡羊之感，其功可谓伟矣。余每叹世之谈命者，非失之肤浅，即失之穿凿。乐吾披荆斩棘，独往独来，康庄日辟，彼岸可登，其苦心孤诣，非庸流所可及矣。

徐乐吾在“自序”中说：

仆读书无成，壮不能用，老而无闻，病没世而名不称也。爰不揣简陋，遍集命理术数之书，撷取子平学说，重为编次，三易寒暑，屡更稿本，方始成书，名之曰子平粹言。语虽异乎流俗，义皆本于旧籍。复以古法一编附于后，以见渊源所自。虽未敢侪于科学，庶冀后之学者易于入门，不为歧路所惑。或能精益求精，发扬光大，进而入于科学之林，亦我国学术之光也。

显然，这是徐先生的精心之作，希望给读者一个条理明白的“系统”的命理框架。全书分六编。前三编为“入门初步”的基本知识。第四编“明体立用”，是本书的“核心”内容。作者说：

今人咸知论命以用神为枢纽，而苦于用神之难取，不知用从体出。未知其体，焉知其用？体者，格局也。从来命理书，格用不分，所以混淆难辨。本编先明其体，从体立用。了了清楚，自有一定之标准可循，为本书之一大特色。[1]

这里明确地指出：“体者，格局也。”“格局乃用神之先决问题”，只有明确了格局，才能定出用神来。

格局又怎么来“取”呢？《子平粹言》说：“格局从月令出。如甲木日元而言正官格，则知其必生于八月。”“由是观之，格局者，日干与时令气候之

[1]《子平粹言》“子平粹言再版本提要”。

交织，即体也。格局限于月令，而用神不限于月令。若月令之神，即是用神，名真神得用。”[1]

可能徐先生太熟悉、并且晚年一直专注于研究《穷通宝鉴》的十干配十二月的调候用神系统（在《子平粹言》再版本中索性“加入了十干选用法”一卷），情不自禁地又把天干的“四时体性”作为了“体”。这样，原先定义的“格局”为“体”，便跟日干本身的“四时”之“体”，常常混淆在一起了。因此，谈到取用神，时而指格局之用神，时而指十干对于十二月之“体性”之用神，也就是调候用神。比如，书中举了以下一个命造：

命例 35　近代林森命造[2]

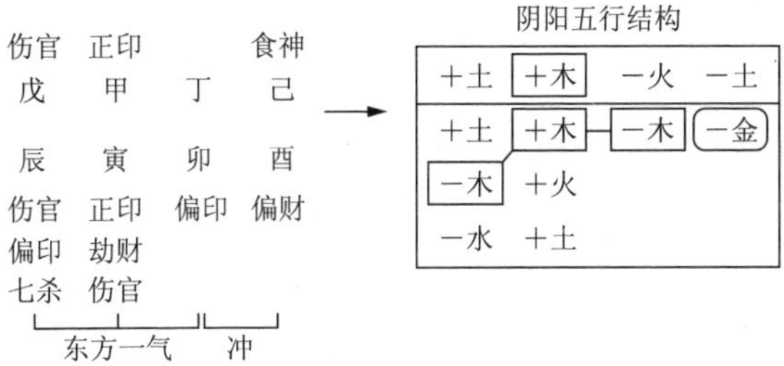

《子平粹言》作了这样的评说：“印旺用财格：丁火生于正月，不旺不烈。甲木禀权，寅卯辰气全东方，有木多火塞之象。印成象而太强，取财破印为用。”接着又进一步解释道：“春火为体，取财破印为用。”[3]即取时支酉金为用神。事实上，此八字应该是甲木正印为“体”，即正印格为“体”，才符合

[1]《子平粹言》，第 105 页。

[2] 林森（1867—1943），字子超，福建闽侯人。早年参加同盟会。辛亥革命后曾任南京临时参议院议长和国会非常会议副议长。1932 年起，任国民政府主席。

在《子平粹言》中，徐先生用“戊申”时。但徐先生也说：“此造或云己酉时，取用相同。”（第303页）我们这里用“己酉”时，不用戊申时，因为“酉金偏财被卯冲，二十六岁癸巳年妻郑氏去世，终身未再娶。原局无官杀，大运又不逢官杀，无子女，过继弟之子为嗣。”（钟义明《现代破译“滴天髓”》第307页）

[3]《子平粹言》，第 303 页。

“体者，格局也”的定义；而不是“春火为体”。这是我们在阅读此书时要小心注意的地方。

对于如何取用神，《子平粹言》作了比较系统的阐述，分为（甲）扶抑日元之取用法；（乙）扶抑用神之取用法[1]；（丙）通关之取用法；（丁）病药之取用法；（戊）调候之取用法。这为以后命理书中出现的用神分类，即扶抑用神、病药用神、通关用神和调候用神，提供了理论分析的依据。

《子平粹言》第五编“鉴别等差”，对“论格局高低”提出了六条标准：（一）真假；（二）虚实；（三）清浊；（四）有力无力；（五）有情无情；（六）团结。这是综合了《滴天髓》和《子平真诠》两书的观点，而作出的概括。后来的命理著作，基本上沿用了徐氏在这里所提出的这类评价标准。

第六编“古法论命”，作者指出：“子平源于五星，而古法论命，为子平与五星间之过渡。”因此，此编追溯了子平论命和五星论命之间的关联，认为“唐李虚中就五星之术而变其法，去星盘而专用年月日时，以年为主，推算禄命。”因此，古法推命，“则创自李虚中”。[2]本编是研究“古法论命”的重要文献。

如果说，命理学在明朝中叶出现过一个“整合”时期，出现了像《三命通会》这样的巨著。那么，经过三百多年深化时期的多视角的深入研究，民国时代自然又进入了一个新的“整合”时期。从这个角度来看，《子平粹言》无疑是回应这个“历史任务”的第一本重要著作。看得出，在尝试将深化时期的研究成果“整合”到一个新的“通论”性的框架中去，作者所付出的心力。非常可惜，在如何处理“格局”和“调候”的关系上，徐先生把它们“搅混”了，不禁令人扼腕叹息。以徐先生的深厚功力以及对研究的执着精神，或许是能走出一条路子来的。

---

[1] 这里的“用神”两字，实际上指的是“格局”。——引文者注。
[2] 见《子平粹言》，第456页。

韦千里《命学讲义》

差不多徐乐吾在写作《子平粹言》的时候，韦千里[1]出版了《韦氏命学讲义》。[2]这是作者为命理函授所准备的讲义。共九卷。[3]这本讲义的最大特点是简洁明了，条理分明。诚如作者在“自序”中说的：“因欲初学者易于了解，故力求浅显，凡陈言荒僻，及迂回曲折之论，一概捐除。”

《讲义》从日主强弱下手，进而谈六神（即十神），谈格局，谈取用神，再进而谈行运，谈流年，再接下来是谈六亲，谈女命，谈富贵吉寿、贫贱凶夭，最后是命造评断。真是层层解析，环环相扣，步步深入，表现了作者十分清晰的理路，以及学以致用的目标。可以说，这本“讲义”为以后出现的命理入门或命理概论之类的著作奠定下了一个表述的基本架构。

因为此讲义的对象是“初学者”，自然没有必要像《子平粹言》那样刻意去反映“深化”时期的研究成果。可是，因为过于“简单”，也会造成某种“误导”。比如，对于“格局”，作者说：“凡人禀命，必有一格。八字之有格局，如人之有姓名。上自达官贵人，下之贩夫走卒，无人无之也。”[4]因此，“格局”也就成了具体八字结构的一个“名字”。正因为如此，《讲义》只是机械地按照古人“先观月令所得何支”来引申出一整套格局系统来，并没有交代为什么要以月令为参照点来取格？取格的目的又何在？于是，**辨认格局**

---

[1] 韦千里（1911—1988），据其《命理谈屑》中“千里自造”：八字为辛亥、辛卯、庚子、庚辰。祖籍浙江嘉兴。父亲“逊道人”，为上海职业命师。毕业于复旦大学文学系。职业命理学家。晚年旅居香港。还著有《八字提要》、《相法讲义》、《占卜讲义》、《知命识相五十年》、《命理谈屑》等。

[2] 初版于1934年。

[3] 1980年修订，名《命学讲义新编》（上集），载《知命识相五十年》（第五册）。此本去掉“卷”编，直接用篇名。

[4]《韦氏命学讲义》，第68页。

就成了一个“贴标签”过程，每一个八字都只要有一个标签或“名字”就可以了。

事实上，**它造成的后果是非常严重的**。自《讲义》问世以来，大多数命理研习者**不再重视格局本身成败的探讨，只把它作为一种选取“用神”的途径而已**。这种近代以来“轻格局、重用神”的风气，不能不说，是深受了韦千里《讲义》的影响。

在命理古籍方面，韦千里校刊了清代陈素庵的《精选命理约言》，还和尤达人一起校订了明朝张楠的《神峰通考命理正宗》等。

潘子端《命学新义》

在二十世纪三十年代初，出版了潘子端[1]（署名“水绕花堤馆主”）的《滴天髓新注》。[2] 1937 年冬，他又完成了《命学新义》。《命学新义》内共有四个部分，第一部分为“水花集”。在“水花集”中，潘先生运用了当时西方精神分析派心理学的研究方法，来探讨八字命理中的“六神”和“八格”。可以说，这是命理学史上出现的第一次尝试将现代心理学分析引进八字研究领域。（在第十章内将专门予以介绍和评价。）

《命理用神精华》和《命理索隐》

在同一时期，先后有两本命理著作面世。一本是《命理用神精华》，作者王心田。[3] 他是因为经商失败，对命运产生疑惑，一头栽进命理书籍中去寻

[1] 潘子端，号水绕花堤馆主，安徽泾县人。
[2] 此书后经修改，置入《命学新义》，作为第二部分。
[3] 王心田，生于 1887 年（清光绪四年）7 月 11 日（农历六月十二日）丑时，浙江四明（宁波鄞县）人。《命理用神精华》出版于 1935 年。

找答案。看了两年的命书，就以研习的心得为人推命，成为了一名职业命理师。此书是他十六年开业生涯后的著述。另一本是《命理索隐》，[1]作者任绥卿（署名“四明白水青松”）。是书分上中下三编。第七章介绍“调候”时曾谈到“四明丁丑”版《命理准绳》，正是此书的“中编”内容。

这两位作者都是浙江宁波人。“两人家世不同，所学迥异。王氏属**江湖派，重实验**；任氏属**书房派，重理论**。旨趣攸分，各有所长。”[2]的确，自南宋以来，江浙地区一直是人文荟萃、术数盛行的地方，许多术数大师皆产于此。就命理学而言，年代远的有徐大升、释昙莹、刘伯温、陈素庵、沈孝瞻，近的有袁树珊、徐乐吾、韦千里等，堪称薪火相传、人才辈出。

此外，还有林庚白[3]的《人鉴》、不空居士的《鸿福齐天》等。

二、港台阶段

中国大陆自五十年代起，由于算命被看作是一种迷信活动，属于被取缔的对象，较有系统的研究自然就销声匿迹了。有关命理学的探讨，只能是在台湾、香港地区以及海外华人地区展开。因此，五十年代以后进入了现代命理发展的港台阶段。在这一时期，台湾命理学家的研究起着主导作用。

台湾早期从事命理研究的知名人物是白惠文和邹文耀。白惠文[4]在二十世纪三十年代将日本熊崎健翁的姓名学引入台湾，创立“兴运阁”白惠文姓名学。1936年编著《命学速成》，1955年重编，易名为《命学秘解》。

[1] 出版于1937年。
[2] 钟义明:《命理用神精华评注》，14页。黑体为引文者所加。
[3] 林庚白（1896—1941），原名学衡，字凌南，又字众难，自号摩登和尚，闽侯县螺洲镇（今福州市仓山区螺洲镇州尾村）人。诗人，同盟会员，国民党左派。1941年12月19日死于香港九龙日军枪下。
[4] 白惠文（1887—1972），原名玉光，台南嘉义市人。创立“兴运阁”白惠文姓名学。

邹文耀《命学寻真》

邹文耀[1]出版的命理著作主要有《子平命学考证》、[2]《命学真源考证（附徐大升命学考证）》、[3]《命学寻真》、[4]《时空制命书》等。邹文耀教授原是留学英国的航空工程师，由于现代科学教育的背景，他对命理学早期文献都做了非常认真而详尽的考证。《命学真源考证》对“吕才禄命篇”、“遗文命书”、[5]“珞琭子三命消息赋”诸篇及注文做了考证。《子平命学考证》又对“珞琭子三命消息赋”徐子平注文，以及“明通赋”和“玉照神应真经”做了考证。要了解早期命理文献，读一读邹教授的这些作品是很有益处的。

《命学寻真》是一本非常有特色的著作，它开始了现代命理学的**疑古思潮**。由于作者是受过现代高等教育的人，对于传统命理文献中经常出现的模棱两可、甚至相互矛盾的说法，认为有必要予以澄清。

《命学寻真》列举了160项同一标题下有正反两说的情况。比如，“两不冲一有正反两种说法”：[6]

> 《渊海子平》“五言独步”：二子不冲午，二寅不冲申。
>
> 《命理约言》“支冲论”：旧说谓二不冲一，夫两不相能，则多助者愈肆侵伐，譬之仇家相值，岂必各一人则操戈，多一人反袖手乎？
>
> 《滴天髓阐微》“战局”：天战犹自可，地战急如火。【任氏曰】如谓两不冲一，此谬言也，两寅一申，冲去一寅，存一寅也。

---

[1] 邹文耀（1895—1988），字任华，别号“活齿居士”，祖籍湖南省衡阳县。航空工程师，教授。创办台湾“星相学会”，任创会会长。
[2] 其前言作于1965年9月。台中瑞成书局1982年再版。
[3] 其前言作于1967年9月。台北：人生性命学研究社，1968年出版。
[4] 台北，集文书局，1982年。
[5] 即《李虚中命书》。
[6]《命学寻真》，第49页。

再如“四库喜冲或不宜之正反两说”：[1]

《渊海子平》“论杂气”：杂气者，盖谓辰戌丑未之位也……但库中物皆闭塞，须待有以开其局钥，方言发福，所以开局钥者何物也，乃刑冲破害耳。

《命理约言》“支冲论”：辰戌丑未，旧说概云喜冲，然有宜有不宜，其理多端，详在看杂气格中。

《命学寻真》还列举了142项“同一标题而有不同之各说”。比如，“土之长生处有各种不同之说法”：[2]

(1) 土长生于申 《神峰通考》“五行发用”：“四生，水、土长生于申。”

(2) 土生于卯 《五行大义》“论生死所”：“土受气于亥……生于卯。”

(3) 土生于未 《五行大义》“论生死所”：“高堂隆以土生于未，盛于戌。”

(4) 土生于巳 《五行大义》“论生死所”：“五行书云，土虽有寄王于火乡，生于巳，葬于辰。”

(5) 土长生于寅 《三命通会》“论天干阴阳生死”：“四行有一生，独土长生于寅，又生于申，一物而有两生。”

按上述五种不同的说法，究以何者为真，须用大多数实例，统计分析归纳以求之。

再如“五行有四大长生与八大长生两说”：[3]

(1) 五行长生说有二 《三命通会》“论天干阴阳生死”：古人只有四大长生之说，今分阴阳为二，所以有阳死阴生，阴生阳死之辨。

(2) 四大长生 《神峰通考》“五行发用”：四生，火生在寅，金生在巳，水土长生在申，木生在亥。

---

[1]《命学寻真》，第42页。
[2]《命学寻真》，第130—131页。
[3]《命学寻真》，第131—132页。

(3) 八大长生 《渊海子平》“论天干生旺死绝”:“甲木生亥……死在午;乙木生午……死在亥;丙火戊土生寅……死在酉;丁火己土生酉……死在寅;庚金生巳……死在子;辛金生子……死在巳;壬水生申……死在卯;癸水生卯……死在申。

作者认为:“究以何者为是,实非玄说所能决定,必须实验求证,以寻其真。”[1]

在这样的基础上,《命学寻真》进一步对八字是否是“真命式”产生了怀疑。作者指出:

因为八字相同的人太多,彼此命运多不相同,且人生命运,不止与时间有关,且与空间有关,八字只是一个疏而不密、缺而有漏之命式,故八字不可为真命式。[2]

显然,作者**否定了现存的八字命式**,认为它不是“真命式”。

邹教授接着提出了自己的方案——“时空制命式”。他说“补偏救弊之法,自宜将生人之时间与空间两者并用,组成时空制命式,依照科学学理及科学方法以组成之,其命式之组织较周密,其理论之依据亦较确实。”[3]具体方法,将时间从四柱扩展为七柱,即:期、周、年、月、日、时、刻;将空间定为六柱,即:经节、区、段、纬节、区、段。这样,“二度空间时空制十三柱命式”就有:

命式 = 265,017,589,773,926,400,000

作者自己说:“其数之大,不可言喻。”

这里,真有点北宋易学家邵康节当年著《皇极经书》的气概。诚如后来台湾地区梁湘润所指出的:“至于邹文耀对命理的看法,他是轻视徐乐吾氏之《穷通宝鉴》,而是自己提出一套‘时空制命书’。……这种新的观念,不易为

[1]《命学寻真》“自序”。
[2]《命学寻真》,第1页。
[3]《命学寻真》,第284页。

人所接受。”[1]

吴俊民《命理新论》

二十世纪六十年代初出版的台湾吴俊民[2]的《命理新论》，标志了通论性著作由“近代”向“现代”的转变。

此书跟韦千里的《命学讲义》相隔不到三十年。跟韦氏讲义一样，《命理新论》原来也是一份“命理函授讲义”。从整本书的架构上来看，它确实是韦氏讲义的进一步扩展。日主强弱和格局是全书的主要脉络。但它的特点是，完全用白话文以现代教材的方式来叙述，是一本“现代”的命理通论。

全书共三十二章，约六十万字。重要的章节前，总是先引录历代“诸贤”的“议论”，然后予以归纳、解说，同时列举若干实例来加以说明和验证。章节后面还附有作业题。

诚如“凡例”中所说：本书“均以现代教育原理及方法，编撰而成；大小单元环节相通，前后呼应，由浅入深，对各种推理法均附有实例，初学者耐心细读，可以无师自通。”因此，这本著作，对八字命理学的**现代普及**，并由此开启了七十年代后台湾命理研究“兴旺”的风气，有着重要的历史贡献。

冬至换年柱

在《命理新论》一书中，吴俊民提出了“千古命理的一个突破”——**八字年柱必须自冬至点开始更换**。这是继邹文耀之后的又一个“疑古”的命题。

---

[1] 梁湘润：《细说子平六十年》。
[2] 吴俊民，笔名若萍，1917 年生，福建晋江县人。1945 年赴台湾从事教育工作，为警校教官。五十年代开始从事业余命理函授教学。著有《命理新论》、《命理新论实例》。

自《渊海子平》以来，传统命理学虽然在理论方面有了重大的发展，但就今法模型框架而言，基本上没有发生过任何大的变动。现在，吴先生提出了八字年柱必须自冬至点开始更换，如果成立的话，这是对已有命理框架的一个重大更改。他说：

> 年柱干支必须自冬至点开始更换——千余年来古今命书，有一个很大的错误，就是以立春点（寅始）为年柱干支更换的终始点（这是一个算命不准的重大原因）。须知干支创设及与天地定位早在四千多年前，以后历代因历法不同，正月有时建亥，有时建子，有时建丑，有时建寅，这不过是一种行政上的法令，它只能使一般人四时作业更能与气候适应，并不能改变太阳和地球的运行，所以对原来与天地配合的干支和其运转流行，实在没有什么改变的理由。我为纠正千余年来的错误，经十余年的反复思维与求证，认定从今以后，年柱干支必须自冬至（正子）点之时辰开始更换，千万不可拘泥旧说，仍以立春点之时辰，为年柱干支更换的终始点。

吴先生接着举例说明，冬至点作为年柱的更换点，比如，1960年的太岁干支为庚子，这个年柱庚子，应该始于1959年12月22日（农历十一月二十三日）夜子时（冬至），而终于1960年12月22日（农历十一月初五）卯时（冬至）。这不同于原来年度是自本年立春节气始、至第二年立春节气结束的计算方法。至于月柱，仍按原来的方法按序逐月变化。[1]

---

[1] 吴先生用了以下十一条理由来支持关于冬至换年柱的说法：（见了无居士《八字的世界》（增订版），第241页）

一、“岁始”于冬至，系就北半球而言，乃自然历也。“年始”为行政历，乃人为也。世界各地古今不尽相同，如夏朝建寅，商朝建丑。周朝建子，秦朝建亥，其他各国也有此情况。

二、学术界以“冬至一阳生”乃后天八卦易学之说。习俗中，不论本省、外省同胞及海外华侨，均知“冬至拜祖后多一岁”，即基于此。周朝建子历，又称皇历。

（接下页）

吴先生的提议得到了一部分命理学家（比如台湾吴怀云等）的支持，但是并没有为大多数人所接受。黄忠霖[1]（笔名“了无居士”）发表了《冬至不可更换年柱》[2]的论文。

首先，黄忠霖先生通过考证一些资料，“来证实八字禄命法是李虚中、徐居易师徒发明的，而不是唐宋以前的一个人发明的”。“李徐发明的禄命法，自有固定的推演格式，这个格式属于一种独立事件，无论黄帝以来建寅历如何变更，都丝毫不受影响，我相信李徐师徒早已把类似的差异考虑在内。”

接着，他说：“我们也许不必太执著新法与旧法，谁对谁错；应该拿出证据，用事实证明‘冬至更换年柱’是对是错。”他对采用“冬至更换年柱”说的书籍和文章中的大量命例，一一予以检讨。比如吴怀云赞成冬至换年柱所列举的陈诚命造：

（接上页）三、岁日周行轨迹，同始同终，唯大小不同而已。《三命通会》论干支源流曾加引述，谓最初八字可能为“四甲子”，岁日均以“子正”为交换点。

四、冬至后一个月又半，为建寅历正月立春借。

五、河图、洛书配后天卦，均从坎宫起数。各种神煞，亦多从子位起数。

六、地球北极圈及南极圈，一岁为一日，六个月白昼，六个月夜晚；唯南北相反而已。

七、周朝王历为建子历，各地年建不尽相同，故诗经有：“六月飞霜”之句。

八、阳历冬至后十天为元旦，类似建子历也。

九、每岁春夏秋冬与每日朝夕昼夜之“温度曲线”，亦大体类似。

十、每岁冬至后年柱改变，阳变阴，阴变阳，大运阴阳顺逆，亦必改变。

十一、三元东、西命卦，其计算法，亦必须以冬至点为始终点，始免差错。

[1] 黄忠霖，笔名“了无居士”，1947 年生，台湾高雄县路竹人。高雄师院英语系毕业。曾任报社采访主任、副总编辑。现任高职教师，并从事命理、宗教的研究和写作。著有《八字的世界》、《紫微论命不求人》等。

[2] 载了无居士《八字的世界》（增订版），第 239—284 页。

命例 36　陈诚命造[1]

（A）以立春换年柱，命造为：

比肩	正官		正印
丁	壬	丁	甲
酉	子	卯	辰
偏财	七杀	偏印	伤官 偏印 七杀

大运：	10 岁	20	30	40	50	60
	辛	庚	己	戊	丁	丙
	亥	戌	酉	申	未	午

（B）以冬至换年柱，命造为：

伤官	正官		正印
戊	壬	丁	甲
戌	子	卯	辰
伤官 偏财 比肩	七杀	偏印	伤官 偏印 七杀

大运：	1 岁	11	21	31	41	51	61
	癸	甲	乙	丙	丁	戊	己
	丑	寅	卯	辰	巳	午	未

前者（A）为通常排法；后者（B）**更换了年柱**。

对比这两种命式，前者是官印相生，后者是伤官见官，两者之优劣，稍有点命理知识的人都能看出。黄忠霖的评论是：“戊戌年柱是伤官见官，拆散丁壬之合，无财通关，甲木远隔，贵气全无，”岂能有“权高位重的官职吗？”[2]

显然，八字命理学就是到了现代，仍不脱“玄学”的气息，常常会是“仁者见仁，智者见智”。

在我们看来，从先秦到两汉，曾有过两条描写路线：一条是**阴阳八卦**路线；一条是**阴阳五行**路线。阴阳八卦模型是以阳光对地球的照射为主要对象的，因此“冬至一阳生”，自然可以作为一年循环周期的起始点；而阴阳五行模型，则是兼

[1] 陈诚，字辞修，浙江青田人。保定军官学校毕业。历任国民党军政要职，为蒋介石嫡系。陈诚生于 1898 年 1 月 4 日（清光绪二十三年农历十二月十二日）辰时，卒于 1965 年 3 月 5 日戌时。

[2] 了无居士：《八字的世界》（增订版），第 250 页。

顾天地，考虑到“天有阴阳，地有五行”——阳光的照射，对于中华大地特殊的地形地貌，有一个积寒、积热的过程，也就是有一个转化为生存在这块土地上人所能感受到的寒热、燥湿的过程。因此，阴阳五行模型最终以**四季**的循环为主要对象。**选取立春节气作为一年循环周期的起始点，是其逻辑的必然**。[1]

吴俊民关于“冬至更换年柱”的主张，实际上是要在年柱的转换点上，回到阴阳八卦的描写路线上去。这跟八字命理学说的出发点是相抵触的。如果同意这样的改动，势必要整个地改动自“四时五行用事”为起点的一系列体系架构问题。黄忠霖强调“我相信李徐师徒早已把类似的差异考虑在内”，还是有道理的。尽管唐朝的李虚中跟宋初的徐子平并不具有严格意义上的“师徒”关系，因为他们所构建的理论模型实际上并不一样。

梁湘润的古籍评说

此时，出现了新一轮的古代命理著作的注释、评论和白话讲解的工作。这跟民国时期徐乐吾、袁树珊、韦千里等的古籍诠释工作相距也不太远。这现象本身就体现了时代文化风俗变迁之速，以及白话作为书面语言的空前普及。这项工作的扛旗人物，当首推梁湘润先生。

梁湘润，1930 年生于上海，2013 年 7 月 27 日在台北逝世。祖籍广东中山县。自学成才。曾任台湾“星相学会”副理事长、代理事长。梁氏研究命理学五十余年，著作甚丰。他不仅著有对古籍作注释的《李虚中命书》、《渊海子平诗集解》、《子平赋集注》、《五行大义今注》、《滴天髓・子平真诠今注》等，而且有介绍古代命理学方法的《神煞探原》、《沈氏用神例解》、《余氏用神辞渊》、《金不换大运详解》、《四角方阵刑冲会合透解》等。

此外，梁先生还在《子平母法・大流年判例》、《流年法典》等著作中专门探讨了早期命理法则。这是因为，他发现：

[1] 参见陆致极《中国命理学史论》第三章。

“命理”自清代以来，文人力主“中和、调候、扶抑”之一说。这一种推理，当然是有它的相当成就。然而，经过二百年来的演变，这一种颇为良好的法则，遭遇到历代以来每一个阶段之循环过程之相同现象，就是达到“瓶颈”的困惑。……所以希望在清代雍、乾年间以前之法则，是不是尚有些什么法则可以弥补这一些缺点的方式。[1]

因此，他深入挖掘和细心整理出早期子平术的对应规则，称之为“子平母法”。比如，在《子平母法总则》中，他从早期命理典籍中归纳出“母法160总则”等。这是梁先生对古典命理研究的重要贡献。

关于传统命理学的发展历史，梁先生有自己独特的看法。他认为：

任何一种学术，一种民俗文化，都有著自己本身的“锐变”周期性。“禄命法”的周期性，约以“大、中、小周期”而认知。

一、大周期——是以“理论性”为主，但以“子平法”而言，“汉”以“卦五行”为主，“唐、宋”以“纳音五行”为主，“明、清”是以“河图五行”为主。三百年为大周期。

二、中周期——是以“社群文化”为主，六十年为中周期。

三、小周期——是以“禄命行”中之“名人”而言，一家一派，以“人”为准。[2]小周期，平均是二十年，是属于“当代禄命”。[3]

梁先生认为：“通过‘大周期’的人，不超过五位——即是张神峰、万育吾、任铁樵、沈孝瞻”。“任何一位‘禄命’宗师，平均而言，是很难超过六十年。能有三十年之盛誉，已经很难能可贵了。……以最近之‘禄命史’中，只有‘徐乐吾’一个人，可以通过‘中周期’。……民国以来，‘命书’之出版，不可谓之不少，能通过‘中周期’的，只有寥寥一、二本而已。”[4]

这是一种对历史观察的经验说法，值得深思。根据这种说法，目前正值

[1]《命略本纪》，第104页。
[2]《禄命法：千年沿革史》，第716页。
[3][4]《细说子平六十年》，载《金不换大运详解》，第258—260页。

三百年的大周期与六十年的中周期相交的时候，命理学的发展是否会有新的突破，我们只能拭目以待了。

梁氏的著作，内容丰富，表现了作者宽广的阅历和深厚的命理学功底。但可能其书多系“讲义”的性质，往往有点儿零乱。与此相比，钟义明对古籍的注释和评说，显得更为严谨，同样体现了对古典命理的深刻理解。

钟义明的命理研究

钟义明[1]对中国传统“五术”（包括堪舆（风水）、八字命理、紫微斗数、择日等）有着广泛深入的研究，其知识面开阔，见解深刻，著作丰硕。有关命理典籍的现代评注，他著有《命理用神精华评注》、《命理准绳评注》、《现代破译“滴天髓”》等。在现代命理研究方面，有《命理鸿爪》、《命里乾坤》、《命理脑筋急转弯》、《现代命理实用集》等。

钟义明还著有《现代命理与中医》，这是一本用命理方法对疾病研究的重要作品。（我们将在下一章里介绍此书。）

这时期对古籍做出评注的，还有孔日昌的《滴天髓新解》、《神峰通考命理新解》，黄忠霖（了无居士）的《用神精华现代评注》，李铁笔《八字古论今解》、《滴天髓辑要评注》、《子平真诠评注》等。

“流年秘诀”和“流年法则”

上世纪八十年代初出版的司萤居士《八字泄天机》（上册）[2]里，最后一节名为“论流年秘诀”。作者写道：流年问题，“这是自古以来，最难突破的症

[1] 钟义明，1949年生，台湾省南投县人。台湾国立师范大学美术系毕业，曾任教省立竹山高中。1989年辞去教职，成为专业作家、命理学家、书画家。
[2] 司萤居士：《八字泄天机》（上册），希代出版社，台北，1983年。

结所在，一般以神煞、岁君谈论者居多，又论每年为立春到次年立春；或天干论上半年，地支论下半年；或只论天干及子、午、卯、酉月等地支；可是愚曰：都不是。”于是，作者提出了自己的流年起迄法则。

比如，1980年（庚申年），庚金：起于庚辰月，终于丙戌月或丁亥月。申金：起于甲申月，终于辛酉年庚寅月，或癸巳月，或甲午月。1981年（辛酉年）：辛金：起于辛卯月，终于丙申月或丁酉月；再起于辛丑月，终于壬戌年的丙午月。酉金：起于丁酉月，终于壬戌年癸卯月或丙午月。

作者的“理论解说”是：“庚年起于庚月，申年起于申月，各终于丙或丁月及次年巳或午月。”理由很显然，年干庚见庚月，年支申见申月，为年干支作用的各自起始点。运行到丙、丁月，丙、丁火克庚金，于是成了庚金作用的终止点；同样，申金运行到寅月，寅申相冲，申金受阻，到巳、午月，则巳、午火克去申金，于是作用结束，“此即流年之逼进法。”

三年后出版的《八字泄天机》（中册）和（下册）中，司萤居士又进一步修正和完善了他的“流年秘诀”，并把它推演到流年、流月、流日等不同的时间段上。

司萤居士的学生光莲先生在《活断八字特别函授讲义》“五行神机起迄”一章中，对其老师的“流年秘诀”又做出了新的发展，称为“流年法则”。其主要内容为：

（1）天干流年的起止。比如，甲年：起于前一年癸年的甲子月，行经癸年乙丑月，再经甲年丙寅、丁卯、戊辰、己巳月，到庚午、辛未月。原局有庚冲甲、辛克甲的，此二月有事。（冲克是吉则为吉，冲克是凶则为凶。）甲木进行的事，至此会起变化，因而受到“阻碍停顿”。至壬申、辛酉月，甲木之事又有非全面性的延续。甲戌月则为甲木的终止月。乙亥月，乙木接班。如果甲戌月尚无办法一下子就结果的事，会延展到乙年的庚辰、辛巳月结果。乙年的甲申月则是甲木的完全结束月。

（2）地支流年的起止。比如，子年：子水的子气，进气于前一年亥年的子月。动气于子年午月。接着的未月，是子水之事萌芽后遇阻，收到考验暂停的时刻。于申月后又继续。子年的子气，旺盛作用于子年子月。结束于后一年丑年的五月。一时无法结果的，延至丑年子月安全结束。子水进行须知：子水从开始到结束，每逢丑、辰、未、戌之土克水的月份，子水所属事项的进行，都会有阻碍。

钟义明在《现代破译“滴天髓”》中，将光莲先生的“流年法则”或“五行神机起迄”的具体内容整理为下表：[1]

表 9.1　天干五行神机起迄

天干	开始	进行	变化 转机 阻碍 停顿	拖延	终止	延续	完全 结束
甲	甲子	乙丑 丙寅 丁卯 戊辰 己巳	庚午 辛未	壬申 癸酉	甲戌	庚辰 辛巳	甲申
乙	乙亥	丙子 丁丑 戊寅 己卯	庚辰 辛巳	壬午 癸未	乙酉	庚寅 辛卯	乙未
丙	丙戌	丁亥 戊子 己丑 庚寅 辛卯	壬辰 癸巳	甲午 乙未	丙申	壬寅 癸卯	丙午
丁	丁酉	戊戌 己亥 庚子 辛丑	壬寅 癸卯	甲辰 乙巳	丁未	壬子 癸丑	丁巳
戊	戊申	己酉 庚戌 辛亥 壬子 癸丑	甲寅 乙卯	丙辰 丁巳	戊午	甲子 乙丑	戊辰
己	己未	庚申 辛酉 壬戌 癸亥	甲子 乙丑	丙寅 丁卯	己巳	甲戌 乙亥	己卯
庚	庚午	辛未 壬申 癸酉 甲戌 乙亥	丙子 丁丑	戊寅 己卯	庚辰	丙戌 丁亥	庚寅
辛	辛巳	壬午 癸未 甲申 乙酉 壬辰 癸巳 甲午 乙未	丙戌 丁亥 丙申 丁酉	戊子 己丑 戊戌 己亥	辛卯 辛丑	丙午 丁未	辛亥
壬	壬寅	癸卯 甲辰 乙巳 丙午 丁未	戊申 己酉	庚戌 辛亥	壬子	戊午 己未	壬戌
癸	癸丑	甲寅 乙卯 丙辰 丁巳	戊午 己未	庚申 辛酉	癸亥	戊辰 己巳	癸酉

[1] 见钟义明:《现代破译“滴天髓”》，第 73—74 页。

表 9.2 地支五行神机起迄

地支	进气	动气	受阻暂停	继续进行	旺盛	结束
子	亥后之子	子后之午	子后之未	子后之申	子后之子	丑后之午・子
丑	子后之丑	丑后之未	子后寅卯	子后之辰	丑后之丑	寅后之未・丑
寅	丑后之寅	丑后之申	丑后申酉	丑后之亥	寅后之寅	寅后申、卯后寅
卯	寅后之卯	寅后之酉		寅后之亥	卯后之卯	卯后酉、辰后卯
辰	卯后之辰	卯后之戌	辰后寅卯	辰后之未	辰后之辰	辰后戌、巳后辰
巳	辰后之巳	辰后之亥	辰后亥子	巳后之寅	巳后之巳	巳后亥、午后巳
午	巳后之午	巳后之子	巳后子丑	午后之寅	午后之午	午后子、未后午
未	午后之未	午后之丑	未后寅卯	未后之辰	未后之未	未后丑、申后未
申	未后之申	申后之寅	申后巳午	申后之未	申后之申	酉后之巳・申
酉	申后之酉	酉后之卯	酉后巳午	酉后之未	酉后之酉	亥后之辰・戌
戌	酉后之戌	戌后之辰		巳后之戌	戌后之戌	亥后之辰・戌
亥	戌后之亥	亥后之巳	亥后之未	亥后之申	亥后之亥	子后之巳・亥

钟义明认为："'五行神机起迄'，是推算流年的法则，但也可以活用于年月日时干支进行历程的推算。"[1]

显然，光莲先生的"流年法则"比起他的老师司萤居士的"流年秘诀"，在逻辑上显得更加完备。至于它是否可以应用到命理实践中去，还需要大量的案例来予以验证。但它的确反映了现代命理研究者对命理动态的流年、流月、甚至流日的"应期"的细微探究。

实务研究著作

二十世纪七十年代以后，在台湾地区出现了不少具有实务性的命理作品以及通论性的著作。比如，李居璋《现代八字实录》、《现代八字粹言》，陈品

[1] 钟义明：《现代破译"滴天髓"》，第 73 页。

宏《预言命律正解》，陈品宏、梁友铭的《命理特诀》，梁湘润《子平基础概要》，卢清和《逻辑八字命理学》，吴怀云《命理点睛》，光莲《八字机缘点巧》，蓝传盛《八字实务研究》，陈柏谕《实用命理学》，李铁笔《四柱八字命运学》，宋英成《八字真诀启示录》(风、火、雷、电集)，胡一鸣《命理精论》，许羽贤《子平命学精囊》、《子平也疯狂》等。

其中吴怀云的《命理点睛》是很有特色的作品。虽然是一本入门书，但对八字的分析很有见地。比如格局的成败和高低、六神的征象等，都能深入浅出，分析精到。而钟义明的《命理脑筋急转弯》，将没有公开发表过的吴怀云《命理授学笔记》和光莲《八字气数研究》放在一起，分成一个个单元，进行深入细微的解析。这是一本不可多得的研究佳作。

这里还要提一下胡一鸣的《命理精论》。在实务论命方面，胡先生提出了“保护神”的概念。比如以下男命（“肺病逝世之命”）：[1]

保护神	用神		保护神
七杀	偏印		比肩
己	辛	癸	癸
丑	未	卯	丑
七杀	七杀	食神	七杀
比肩	偏财		比肩
偏印	食神		偏印

→

阴阳五行结构

一土	一金	一水	一水
一土	一土	一木	一土
一水	一火		一水
一金	一木		一金

大运：	1岁	11	21	31	41
	庚	己	戊	丁	丙
	寅	卯	辰	巳	午

作者解说道：“癸水生于未月，己丑年、丑时，土旺，官杀重。癸水又坐卯木，形成克泄交加，身弱矣。幸好月干辛金化土生水，时干癸水比肩来助。”显然，辛金偏印是本命造的用神。用印之人，最怕的就是财来破印。命造三十一岁进入丁火大运，这正是丁火克辛金用神之时。然而，命造有天干己土引化，癸水回克，财无法制印。因此，己土和癸水就是命造的“保护

[1] 胡一鸣：《命理精论》(1、2、3册)，台南大孚书局，2003年，2004年。“肺病逝世之命”(载第1册)：男命，生于1949年6月17日丑时。

神”。但是，遇上了流年乙丑，乙木出来，时干癸水生乙木，乙木克己土。由于“保护神”被彻底破坏了，“辛金大门洞开，没有护卫，丁火于是攻入。”辛金属肺，命造在此期间患了肺癌，至丙寅年乙未月病逝。胡先生指出：“大家算命都是抓喜用神，而我却用保护神。”“研习命理若能以保护神的观念，许多问题自然能引刃而解。”的确，在实务中，确定“保护神”，而灾难的“应期”往往是用神和“保护神”同时被克制的时候。这是颇有见地的认识。[1]

通论性著作

在通论性作品中，陈柏谕在其《实用命理学》的基础上，扩展而成的《四柱八字阐微与实务》(上、下册)，或许堪称近十几年来通论著作中的代表。陈柏谕在“序文”中说：

> 随着工商企业的发达，人们的活动空间，活动领域大为增加，人与人的关系更是日趋复杂。在这样变化莫测的社会里，人们无法藉着教育水准的提高，学问知识的丰富，而过着无忧无虑的生活，反而因为环境变化太快，而变得前景模糊而不知所措，使人们陷于更彷徨的处境。同时，复杂的环境，使人们需要更多清楚的各种生活必须的情报资讯。也因此，“论命”不再像农业时代“命好命坏”或“贫贱富贵”等简单概括的评论便能满足。因此，命理的研究也必须配合时代的需要，不仅要兼顾大格局的正确判断，更须细腻研究各种现代社会容易发生的种种事象，予以正确的阐述与判断，才能满足时代的需求。

这里明确地指出了**命理学应该跟上时代的脚步**。在此书中，陈先生以他实务的丰富经验（原先在日本神户开业），在叙述命理学的一般原则下，着重于不少现实状况的分析和判断，比如“论事业和雇佣”、“论学历和考试”、

[1] 事实上，这也是对《子平真诠》讨论的“论用神成败救应”的应用和发展。

“各种灾难之判断方法”等，而且还列举了日本数位世界级的企业家以及二十余位中小企业老板的命例，甚至试图说明命运与企业经营的关联。这无疑是传统命理“现代化”需要做出的基础工作。

《八字与中国智慧》

二十世纪九十年代中叶，在台湾出版了陆致极的《八字和中国智慧》(《八字命理新论》增订版)。[1]这是本书作者，对传统命理学历史发展所要求的在论命框架上做出新的“整合”的一次尝试。

在书中，作者运用系统论的观点，提出八字命造具有**两个结构网络**的理论，试图将明清以来的探索成果（格局理论、调候理论等）有机地组合进一个统一的论命框架中去。

作者认为，在一个八字结构中，有两个“字”至关重要：一是日干，即日主；一是月支，即提纲。分别以日主和月支为**主要参照点**，可以发现有两个不同性质的**结构网络**。这两个结构网络，是紧密地联系在一起的，相互依存，又有区别。命理的初学者，甚至徜徉于命理很久的人，在具体命局分析的时候，往往感到困惑，无从下手。其中一个重要的原因，就是没有区别开这两个结构网络。因此，论命伊始，若能在分析理路上，首先分清这两个网络，分别予以评价，然后再统一起来，就能对命局的高低成败有一个比较清晰而全面的认识了。

具体来说，首先，以日主为出发点的结构网络，称为“日主网络”。这个网络观察的重点是：日主的强弱，以及相关的扶抑机制；寒暖燥湿情况，以及相关的调候机制；结构的流通情况，以及通关机制。实际上，这涉及八字结构内部的强弱问题、调候问题、要素的配置问题、以及通关的问题。

---

[1]《八字命理新论》，台北益群书店，1996年。《八字与中国智慧》(《八字命理新论》增订版)，台北益群书店，1998年。

另一个是以月支为出发点的网络，称为“格局网络”。这个网络主要是展示命局的结构特征或结构倾向。

事实上，结构问题，就是传统命理学中的“格局”问题。所谓取“格局”，就是找出八字中除了日干之外的一个**主导力量**。找到了这个主导力量，也就是确定了格局。然后以这个主导力量为枢纽，进而分析和检讨这个结构内部的其他势力及其相互关系。如果结构中的其他势力，跟主导势力能够形成良好的配置，相互作用，使结构发挥最大程度上的效用，这就是一个成功的结构。相反，如果不能正常地配合，相互抵触，一团乱麻，便是一个失败的结构。

在分别考察了日主网络和格局网络之后，再将它们放回到命局中去，重新考察这些机制的相互配合，从命局的总合方面来调整它们之间的关系，确定命局的总体倾向及其喜忌。最后，再进一步联系大运和流年，从静态分析到动态分析，做出比较完整的评断。

作者试图通过这样的分析程序，融合明清以来发展出来的不同的分析视角以及它们的研究成果，使传统八字分析和推理的过程明确化、条理化。

《八字和中国智慧》还讨论了作为一种文化和民俗现象的八字命理学，它所含有的我们先民骨子深处的中庸思想、平衡哲学，以及辩证智慧。

《达人命理通鉴》

1949 年以后，民国时代的一些命理界知名人士如袁树珊、韦千里都移居香港，于是香港也成了命理学传承延绵的一个重镇。从五十年代到七十年代，除了韦千里之外，还有尤达人、陈心让等。

尤达人，广东汕头人，著有《达人命理通鉴》、[1]《达人知命四十年》等。作者在《达人命理通鉴》(第一册)“自序”中说：

---

[1]《达人命理通鉴》(第一册)“自序”所署时间为 1961 年。

命理学为我国"术数"之一种，或称之为哲学，或谓之为科学，以鄙见则以为皆有未妥；盖命学虽集哲学、科学、物理之大成，然此为术数之一种，乃数学也。命学与相学虽运用方法之不同，然其观察辨别固殊途而同归。相学者，几何学也；命学者，代数学也；运用不同之方式以求其得数，此非数学之云何？研究命理之方法，首重求证，又有类数学中之统计学。格局者，统计之分类名称也；用神者，分类统计之结果也。

于是，《通鉴》第一册为"通之部"，第二册以后，为"鉴之部"。"通"是"通论"；"鉴"是"鉴别"。"鉴之部"以十天干分类，分述每一个天干在十二月中用神使用的情况，此为每月总论。接着，每一个月又分为不同的当旺时间段。比如，甲木在寅月，根据分日用事，第一阶段，自立春起至七日内，为戊土司令；第二阶段，立春后八日至十四日，为丙火司令；第三阶段，自立春后十五日至惊蛰前，为甲木司令。每一个司令阶段，先作分论，然后通过收集到的大量命例予以印证说明。比如甲木寅月，就举了78个命造。作者尝试通过案例统计求证的方法，使命理学能"精益求精，发扬光大"。[1]

可惜，"鉴之部"仅出版了一册："甲木鉴别法"，[2]再没有见到下续的部分。尤达人的工作是很有意义的。然而，命理学大案例的统计求证工作毕竟是一个"工程"，个人恐难独力完成。

"大运一律顺排"说

陈心让[3]著有《命理真迹》。在《命理真迹》中，作者提出了"大运一律

[1]《达人命理通鉴》(第一册)，"自序"。
[2] 即《达人命理通鉴》(第二册)。
[3] 陈心让，别号酉钥，道号金石老人，浙江慈溪人。二十世纪五十年代后在香港开业。《命理真迹》前有应昌期所写"作者小传"，说"彼著《命理真迹》近二十年，与人推算，从无不验。今将次数秘籍，付印出版，以供世人。"作序时间是1978年5月。

顺排”说，这是疑古思潮中又一种新设想。

我们知道，八字命理学对大运的设置，是根据命造人的性别和出生年柱的阴阳来确定的，即：阳男阴女，大运自月柱干支顺推；阴男阳女，大运自月柱干支逆推。陈心让认为，这个已沿用了千年的“旧法”有所不妥。他说：

> 五行之生旺休囚，不论阴阳，无逆行倒走之理。所以四季有序，先春次夏，而后秋冬也。顺序渐进，从无先冬次秋，而后夏春也。所以《滴天髓》曰：“阴阳顺逆之说，洛书流行之用，其理信有之也。其法不可执一。”由此可见，早在数百年前，已知阴阳顺逆之说，无倒行逆走之法。而今数百年后，命家尚不及时改正，而犹沿用旧法，则中国之命学，食古而不化，实很难有所进步矣。[1]

接着，陈先生列举了不少命例来支持他的“新法”。比如以下胡适命造：

命例 37　胡适命造[2]

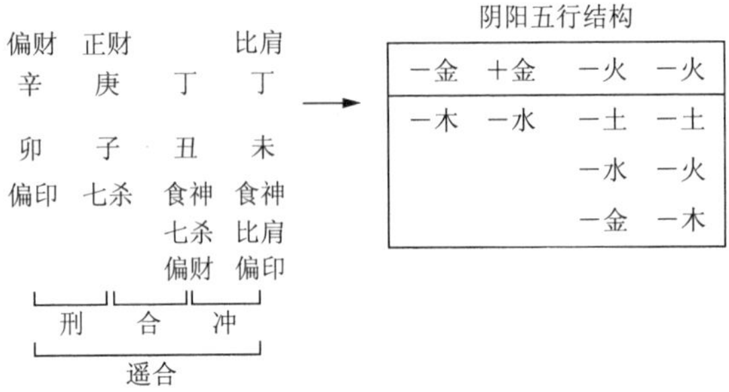

[1]《命理真迹》，第 5—6 页。

[2] 胡适，现代学者。字适之，安徽绩溪人。1910 年赴美，先后就学康乃尔大学和哥伦比亚大学，为实用主义哲学家杜威的学生。1917 年回国，任北京大学教授，曾提倡文学改革，为当时新文化运动的著名人物。1938 年任国民党政府驻美大使。1942 年任行政院最高政治顾问。1946 年任北京大学校长。1949 年去美国。1957 年任台湾地区“中央研究院”院长，1958 年赴台就职。1962 年以心脏病突发而逝世。胡适生于 1891 年（光绪十七年）11 月 17 日未时，卒于 1962 年 2 月 24 日酉时。

A 大运：

旧法（逆行）

4岁	14	24	34	44	54	64
己	戊	丁	丙	乙	甲	癸
亥	戌	酉	申	未	午	巳

B 大运：

新法（顺行）

7岁	17	27	37	47	57	67
辛	壬	癸	甲	乙	丙	丁
丑	寅	卯	辰	巳	午	未

陈心让的评说是：

> 此造日主，虚弱已极。四柱克泄交加，五行木火失令，似乎八字偏倚，精气神枯，非为佳造。其实不然。细究之，好处不少。第一，丁为阴火，虚弱是其本性，无患也。第二，丁火得比肩帮身，喜其水不出干，则比肩不损，可制庚辛之金，有绝处逢生之意。第三，丑未之冲，可解子丑之合，则子水流动，可以泄金生木，以木生火，气势流通。且冬至一阳生，木气转进，水气将退，其繁衍兴旺势，远无止境。自十八岁至七十八岁，一路东南，补其不足，所以享誉终身。若以逆运而推，戊戌十年，已不好走，况丁酉、丙申之运，火死水生金旺木凋乎？[1]

如果仅以对胡适八字的推敲看，似乎并不能得到陈先生“大运一律顺排”的结论。因为胡适的实际经历，按“旧法”阴男大运逆行，是可以得到解释，根本不必勉强作顺行。

林庚白在《人鉴》中曾评胡造：“二十四岁交丁运，三丁并透，宜享盛名。”胡适正是在丁运中学成回国，1917年（二十七岁）任北京大学教授，成为当时新文化运动的著名人物。徐乐吾在评注《造化元钥》中也论及胡适之命：“月令偏官当旺，财星生之，丑未相冲，解丑子一合。至乙未运，丁火得气，荣膺驻美大使，但未为华盖，终以文学蜚声也。”[2]这里徐乐吾是说，胡适1938年（四十八岁）曾任驻美大使，恰在乙运中。同时也预

[1]《命理真迹》，第30—31页。
[2] 徐乐吾评注《造化元钥》，第293页。

言，胡适终非政界人物。陈易庵《名人命诠》中评论胡适八字："丁火生仲冬，水不出干，虽庚辛并透于年月，卯未得会以泄水生火，此时见丁未之可贵。丑乃金之根，未乃木之库，地支虽似刑冲而实暗合，各有所归。是其为学，亦复如此，乃禀赋所使然。……行运一路木火之乡，均足以扶助日元而不衰。行见老而弥笃，黄菊晚香。现行癸巳运，煞之元神透出，丁酉年，出任中央研究院长，戊戌年归国就职，一冲一合，何其巧合耶！"[1]可见多位对胡适命造做过评注的命理学家，都没有感到其大运逆行会有什么不能解释的地方。

因此，台湾李居璋[2]对"大运一律顺排"说提出了异议。他认为"古法"大运排列法是基于阴阳有别，男女有异，而有阴阳顺逆的不同。若大运一律顺排，显然是"阴阳不分"、"男女不分"了。依李先生的意见，阴阳还是要判分的。因为命理学本身是"阴阳"和"五行"的结合。就六神而言，官与杀同是克日主的五行，但官是阴阳伏制，杀则阴阴或阳阳相战，性质不同，结果自异，这是尽人皆知的事。因此，他质疑地说："若不分官杀、食伤、印绶枭神、劫财比肩，何以一物名而为二，而吉凶祸福迥然不同耶？"[3]

从上面的讨论，我们可以看到，陈心让提出"大运一律顺排"说，在理论上并没有任何有力的根据。相反，在实践上，贸然取消男女差别、阴阳差别，势必会因"阴阳不分"、"男女不分"，而取消全部可能出现的命造（包括大运）的半数之多。这样牵动全局的修改，必须十分慎重。至少到目前为止，很少有人仿效，可见其终不足取。

[1] 陈易庵：《名人命诠》，第62—63页。
[2] 李居璋，1933年生，台湾台南市人。少年从商，中年投入命相行业。著有《现代八字粹言》、《现代八字札记》等。
[3] 转引自《现代人的八字》，第281—282页。

何建忠的“心系学”

二十世纪八十年代初，香港出版了何建忠编著的《八字心理推命学》和《千古八字秘诀总解》。作者说，他是受了潘子端（水绕花堤馆主）《命学新义》的启发，提出了一系列“创新”的理论。何建忠认为命理学是一种**“心系学”**，因为他在学习八字的过程中，“结果发现八字**算心比算命准确**，并发现一套分析心灵的方法及原理”。[1]

作者把“命运事象”归为两类：一类为“涉及心态的命运事象”，一类为“不涉及心态的命运事象”。前者包括心性、能力、恋爱、婚姻、赚钱能力、社交能力、团体中地位的高低、与家人相处情况、作何种职业等等；后者包括生几个孩子、动产和不动产的多寡、官至几品、六亲何年刑克、何年死亡等。

作者强调：“八字的确可以算命”。但是，“以八字来分析‘与心态有关的命运事象’准确率甚高，但若来分析‘与心态无关的命运事象’则准确率较低。”[2]因为“‘不涉及心态的命运’常是要环境的配合造成的”，不然无法解释世界上同年、同月、同日、同时辰出生的人命运的确存在着很大的差异。所以“千万不要随意的推算‘不涉及心态的命运’。”[3]

这种对八字的实际推算范围的划定，表现了现代研究者对传统命理的实际功能的思考和关注。这是命理学在今天求得生存所不可回避的问题。

至于作者如何从心理因素下手来探讨八字命理，我们将在下一章里予以介绍和探讨。

---

[1]《八字心理推命学》，第6页。黑体为引文者所加。
[2]《八字心理推命学》，第254页。
[3]《八字心理推命学》，第9页。

鹊桥命理

朱鹊桥[1]是二十世纪九十年代后较有影响的香港命理学家，出版的命理著作有《鹊桥命理》(1—5 册)。作者在“自序”中写道：

我在学习过程中，经过了长期的摸索，浪费过不少时间，最后选定以变通星（伤财官印劫）为主，统一运算方法，去芜存青，效果很好，以此授徒，并获得弟子们的赞赏，因此决定笔之于书，以供同好。

可见变通星（即十神）是“鹊桥命理”的核心内容。

朱鹊桥主张将格局分为正格（普通格）和外格（特殊格）两类，所谓正格，就是“同时存在着自党和异党两个对立面的命造”。变通星有十粒：伤、食、正财、偏财、官、杀、正印、偏印、劫、比，故正格就有十个格局。朱先生主张将建禄格和羊刃格归入正格。建禄就是比肩司令，羊刃就是劫财司令。

朱先生认为，八字命理学是以**平衡理论**为根据的一种哲学，因此，对于正格，要区分身旺和身弱。命局中自党强过异党叫**身旺**；命局中异党强过自党叫**身弱**。喜用原则是：(1) 身旺喜克泄，即喜用异党伤食、正、偏财、官杀；(2) 身弱喜生扶，即喜用自党劫比、正、偏印。[2]

除了正格之外，还有外格（即变格或特殊格），因为喜忌与正格相反。朱先生主张，外格只有两种：**专旺格**和**从格**（弃命从势格）。

典型的专旺格是自党独旺，八字除了日主之外，其余七个字尽是自党——尽是正、偏印、比、劫而不见异党。若命局天干只见**一粒**异党而虚

[1] 朱鹊桥，1922 年生，祖籍广东新会。教员。退休后于 1983 年首办命相班。1994 年七十三岁，开始整理自己授徒讲稿，陆续写出《鹊桥命理》及《带眼识人》、《荣华富贵指掌间》等。

[2] “鹊桥命理”强调官杀是“两头蛇”，在命局中作异党看；在岁运中，命局有印，官杀为自党，命局无印，官杀仍为异党。

浮，或地支只见一粒而遭夹克夹泄，名曰**假专旺格**。这是专旺格成立的条件。

与专旺格相反，八字除日主外，没有自党（正、偏印、劫、比），全都是异党（伤、食、正、偏财、官、杀），则为从格。从格中，除日主之外，只能允许出现**一个**自党，而且必须是虚浮无力，否则不从。这是从格的成立条件。

外格的喜用原理是：物极必反。专旺格是一面倒——身旺到极点的时候反而喜再行旺运；从格也是一面倒——身弱到了极点的时候反而喜再行弱运。

所以，在朱先生看来，**格局只有四种**：正格身旺、正格身弱、专旺格和弃命从势格。

"鹊桥命理"对于初学者来说，的确是很好的启蒙课本。正如朱先生自己所说的——"本书并非什么秘籍，也没有新发明，只系一本平平实实的、适宜于初学者阅读的启蒙课本。若因此能帮助初学人士少走我曾经走过的弯路，余愿足矣"。老人谦逊平实的话语，令人肃然起敬。

然而，我们不得不指出，"鹊桥命理"中有一个严重的**误区**。诚如朱先生说的：

> 一个命造，叫做什么格，其实并不那么重要。……只要知道命局中那一颗变通星（是自党还是异党）的影响力最大，就可以分出命局是身旺还是身弱，也可以进而定出命局中什么是喜神、什么是忌神。这样，阁下已经把打开命运之门的钥匙拿到手里了。[1]

这跟上文谈到的韦千里《命学讲义》的讲法是一致的：格局只是选取用神的途径，本身只是一个标签而已。这样，明清以来对**格局的高低成败**所做的深入细致的研究（尤其是沈孝瞻《子平真诠》的研究成果），就完全丢失在实务论命的视线之外了。

此外，香港还有林国雄的《八字精解》、李居明的《四柱算命术》、朱鹊桥的弟子罗量的"点算八字系列"丛书等。

[1] 朱鹊桥《命运推算法则与操作》(第一册)，第108页。

三、大陆阶段

洪丕谟、姜玉珍《中国古代算命术》

二十世纪八十年代末，洪丕谟、姜玉珍著的《中国古代算命术》一书，是中国大陆自“文化革命”后出现的第一本介绍命理学的著作。

洪丕谟[1]对中医、书法、古籍等，无一不精通。一生勤奋笔耕，著作有百种之多，人称“江南才子”。洪先生是我年轻时的挚友，曾为拙作《八字与中国智慧》作序。[2]可惜天不假年，不然我们的案头将更添几种新作。洪先生对中国传统文化的继承和传播，有不可磨灭的功绩。

洪先生伉俪在序言中指出：

> 作为一种民俗文化，一种学术课题，我们对此自有批判性研究的必要。可以这样说，不了解我国传统的命理文化，就不可能真正了解我国古代的民俗，真正读懂读通我国的优秀传统学术名著。

这里指出了，古代算命作为一种民俗文化，有研究的必要性。此书比较系统地介绍了“四柱算命”的基础理论和一些具体方法。在九十年代，国内许多人都是读此书而学会算八字的。《中国古代算命术》起到了某种“启蒙”的作用，以后一再增补重版，可见其影响之大。

《中国古代算命术》之后，对于命理文化做出介绍的，还有张明喜《神秘的命运密码》、腾德润《神秘的八字》、张荣明《方术与中国传统文化》等。

[1] 洪丕谟，1940年11月生于上海，2005年5月22日因病在上海逝世。1958年就读于上海市卫生局中医大专班。从事中医临床工作近20年。1981年弃医从文，到上海华东政法学院语文教研室执教，1986年在该院古籍整理研究所从事古代法律文献研究、副教授。中国书法家协会会员、学术委员，曾任上海书法家协会副主席。

[2] 洪丕谟序：“写在《八字与中国智慧》前头”，《八字与中国智慧》，第1—3页。

邵伟华《四柱预测学》

二十世纪八十年代后期中国大陆出现的“周易热”，也带来了八字命理学在内地的“复苏”。1993 年出版了邵伟华的《四柱预测学》，以后有陈园《四柱预测学释疑》、邵伟中《四柱预测例题剖析》等。

邵伟华[1]在《四柱预测学》中把八字命理纳入了《周易》系统，认为“四柱预测学是在《周易》的基础上发展起来的信息预测科学上的一个分支”，“四柱预测学是我国古代劳动人民在信息预测科学上的又一重大发明。”[2]因此，八字命理学作为信息预测科学的一个分支，自然就脱掉了“迷信”的帽子，可以跨进庄严的“科学”的殿堂了。这是在大陆特定环境下，为八字命理的研究争取“合法”的地位。

《四柱预测学》一书的特点是“突出应用，改变了古代重格局、重理论和结论式的预测方法”，而“根据四柱储存的有关信息，把人们想知道的有关命运方面的信息列了十一个专题，在每个专题中都首先列出吉凶两方面的信息标准断词，然后一事一测，一事一断，有理论，有实践，有事例，有方法，有结论，有依据。”[3]这种“一事一断”的特点，可能跟邵先生首先从事周易占卜预测有关，它也直接影响了以后大陆命理作品的写作程式。事实上，“一事一断”更接近传统“江湖派”论命的方式，它开启了近二十年来大陆内地命学研究的“占卜化”风尚。[4]

---

[1] 邵伟华，著名易学专家。生于 1936 年 12 月，祖籍湖北鄂州。从事过工、农、商、兵、当过干部，二十世纪八十年代后从事易学、相学、四柱、建筑风水等学科的研究。著有《周易与预测学》、《周易预测例题解》、《四柱预测学》、《周易预测学讲义》等。

[2][3]《四柱预测学》“前言”。

[4] 即采用六爻卦、大六壬等古代占卜方法作为辅助手段来尝试提高八字的预测功能。

邵先生《四柱预测学》的价值并不在于它的具体内容，而是在当时的环境下，有了这样一本概论性的著作，对于命理学在大陆的“复苏”具有重要的时代意义。

《四柱预测学》之后，大陆有关八字命理的作品有郭耀宗《四柱命理预测学》、李洪成《具体断四柱讲义》、王吉厚《八字索秘》、白宝全《命理解真》、王庆《命理精髓》、李涵辰《八字预测真踪》、李后启《八字精析》、李顺祥《四柱玄机》、《四柱详解》和《四柱集锦》、曲炜《四柱祥真》、李洪陵《解命律典》、凌志轩《四柱博观》等。[1]

本世纪以来，大陆的命理学研究经过一段时间的蹒跚摸索，开始有了较大的进展。就近年来正式出版的作品而言，有代表传统格局研究的《八字正解》、《命理格局》等，有代表“盲派”命理研究的《段氏理象学》，以及代表“新派”命理的《人生轨迹的干支解读：新派命理简论》等。

徐伟刚《八字正解》

作为传统格局派的代表，是徐伟刚[2]的《八字正解》。[3]作者指出：

> 当今的术学研究不在于如何创新而在于如何继承，只有继承的本领与古人中的最高水平者“并起并坐”之后，方有资格来说发展谈创新。而今天绝大多数的研究者们连如何好好继承都说不上，又何以谈起搞“发明”“创造”什么新体系呢？[4]

[1] 关于大陆近二十年来命理作品的介绍和评析，可参阅凌谢冰《中国八字学通论》(2008年)。

[2] 徐伟刚，江苏常熟人，大专学历。1989年开始研习易学，倾心于大六壬、子平命学、相学和地理。著作有《袖里乾坤：大六壬新探》、《八字正解》、《子平实战指引》等。

[3] 贵州科技出版社，2004年。五年后，作者做了修订，更名为《子平正解》再版（中国商业出版社，2009年）。

[4] 《八字正解》，第20页。

显然，徐先生是注重传统的。他认为，只有在继承的基础上才能谈创新。这对当今中国命理学界存在着的浮躁心理，无疑是一贴清醒剂。

在传统命理的基础上，作者强调，十神要分成吉凶两大类：正官、正印、正偏财、食神皆为吉神；偏官、倒印、伤官、羊刃、劫财皆为凶神。“当今许多命书俗书不究八字本源，往往会徒以日主强弱为唯一标准，将官杀、印枭、伤食、禄刃来混合着讲，不分青红皂白和稀泥是犯了原则性错误。”[1]

而十神、格局的判定基础“就在于月令此一字上”。作者指出：“月令就是上司当权者发号施令的具体内容，就是‘天命’的体现。”“月令中的司令之物就是影响人生命运的最主要的决定者。”因此，“正统用神观就是指月令中的当权人元，也就是‘天赋之命’的主要内容。论命论格就是主要围绕日主与此用神之间的轴心关系来展开的。”[2]作者在书中详尽地探讨了传统命理的“六格大义”。

在《八字正解》中，徐伟刚也谈了自己对命理经典著作的看法。

他把《渊海子平》、《神峰通考》和《三命通会》称为“前三本”，把《子平真诠》、《穷通宝鉴》和《滴天髓》称为“后三本”。徐先生说，据他所知，清朝道光以前，中国传统研究命理的人士大致分为“渊海派”和“神峰派”两大流派。前者主要依《渊海子平》为推命的基本依据；后者则依《神峰通考》为论命的主要根据。但此两派则又公认《三命通会》为八字推命中最重要的“集大成”之作。换言之，在清朝中叶之前的术界并没有《子平真诠》、《穷通宝鉴》和《滴天髓》这三本书的市场与影响。只是后来在陈素庵、任铁樵、袁树珊、徐乐吾等人的极力渲染下，这三本书居然后来者居上，超于前三本古老命书的。

徐伟刚认为，就“前三本”而言，他们基本上属于同一传统主流论命体系的，皆特别重视月令在全局内的中枢地位。而“后三本”中的《子平真诠》

[1]《八字正解》，第 33 页。
[2]《八字正解》，第 43—45，60 页。

则是直接对“前三本”的核心部分——正格部分研究的最为清晰的说明系统，深得传统主流论命的精神实质。而《穷通宝鉴》就全书的论命思想来看，是一本偏离正格经论的另类书。它所提出的八字成格成局所对应的成功人士形态基本上都是一些枭雄式的人物命格。它的一些基本看法都是比较偏激和不够圆融辩证的。因此，徐先生说：若不能真正了解正格（六格）的意义，死执《穷通宝鉴》一书必然会错误百出。

对于任铁樵所注《滴天髓》，徐伟刚认为，它的论命的基本思路已经抛弃了传统格局专重月令这个核心了。“它完全是依日主强弱作为唯一标准而分喜忌，从而将八字命学庸俗化成搞平衡的‘跷跷板’‘空理’‘玄理’，在八字评判的规范性方面实在不足叫人难于把握；它彻底抛弃传统格局、神煞、外格、地支刑害等一些主要阐命理论，否定传统女命和六亲的一些经典看法，将传统八字命学主流体系颠覆，在民国以后的命学界产生了巨大的消极影响。”[1]

徐伟刚指出：“后三本”的发展也是从“前三本”为基础走过来的。脱离“前三本”来直接谈“后三本”基本上是空中楼阁。在古今这六本较公认的经典命书中，徐先生最推崇的是《三命通会》。“这本书真可以说的上源远流长、博大精深了，成为古今所有命学中当之无愧的‘集大成书’和‘辞典书’了。”[2]

虽然我们并不完全赞同徐先生以上的看法，但徐先生对命理学经典著作的独特见解的确是经过深思熟虑的。[3]

---

[1]《八字正解》，第237页。

[2]《八字正解》，第238页。

[3] 徐伟刚先生近年的研究已经改变了他过去对《穷通宝鉴》的看法。在《子平实战指引》(中国商业出版社，2009年)中，他指出：《穷通宝鉴》“所提出的调候论，是以天人合一之道论命的杰出典范。”“格局论是研究四柱的基础性理论评判体系，调候论同是研究四柱干支特殊性情关系的理论体系，此两论互补又可以统一，这也是我近年力推调候论的原因之一。”(第280—281页)徐先生是一位勤于思考的命学研究者，作者深信，随着他研究的进一步深化，他终会认识到命理经典《滴天髓》的理论价值的。

凌志轩《命理格局》

2012年出版的凌志轩[1]《古代命理学研究：命理格局》，是又一本传统格局研究的重要著作。作者认为："严格地说，命理格局是古人在长期实践中规范出来的四柱基本分类框架。有了这种结构框架，就能有条不紊地进行演绎，把人生经历中比较重大的事件凸现出来。"作者指出：

当前，在命学界，尤其是一些所谓新派，对格局持否定态度。其实，命理格局才是传统命理学的精华。有些人根本不知道继承与创新的相互关系，动不动以新派自居。我不反对创新，而且我一再提出命理学必须与时俱进，但创新应该建立在继承的基础上，否则，所谓创新便是乱凑一通！[2]

《命理格局》十分详尽地探讨了命理格局的划分、命理格局的实践应用，本篇后还有"杂格总汇"，显示了作者皓首穷经的执着和深厚的命理学功底。

陈宝良《渊龙命学》

在谈论"盲派"之前，先介绍一下2010年在台湾出版的《渊龙命学》。这是上海命理学家陈宝良先生的作品。

陈宝良，字洪钜，号澹若散人，学名渊龙。1928年生，浙江奉化人。五岁双目失明，十五岁研习命理，先后师从浙江四明名家舒才扬、金振富夫子。十八岁操业，三十岁后赴上海开业，不久就声名鹊起，饮誉申江。而今已届耄耋之年，仍潜心研究不辍，精于五行旺衰较量以及神煞的分析。

---

[1] 凌志轩，1948年生，深圳人。原籍广东梅州，中医世家。中山大学毕业，在特区长期研究中国传统文化。著有《生命密码》、《易经解读》、《四柱博观》等专著。

[2]《古代命理学研究：命理格局》"引言"。

《渊龙命学》共四章。第一章命学基础，第二章命理心得，第三章命理格局，第四章命籍评注。其中《命理心得》章节中如“用法辩证”、“细推八法”、“渊龙十八论”等均体现作者以中和为本、细究四柱旺衰辨证的学术思想。

此书从 1991 年新春口述起草，到 2010 年新春重新定稿，前后近二十年，期间五易其稿。它汇集了盲士口授秘诀、古籍精华，以及作者近七十年实务经验的结晶。诚如其子陈业孟教授在“后记”中所说：“如今命理书籍众多，但父亲之著作可谓稀罕。盲童随盲师学命理即将成为历史，盲士算命也将成为最后之绝响，父亲是那个年代的年轻者，现已寿高八十有余，其著作之价值可想而知。”

《渊龙命学》确为命学之瑰宝，处处有“真金”闪烁。比如，对历代传下来的命理经典，作者不仅发其底蕴，而且还以盲士秘传，加以进一步概括。例如《渊海子平》中对“五行生克制化”有以下经典论述：

> 金能剋木，木坚金缺；木能剋土，土重木折；土能剋水，水多土流；水能剋火，火多水热；火能剋金，金多火熄。
>
> 金衰遇火，必见销镕；火弱逢水，必为熄灭；水弱逢土，必为淤塞；土衰遇木，必遭倾陷；木弱逢金，必为砍折。

对此，作者解释道：

> 此言太过与不及两者之间相克。所传秘诀则概括为：“金能剋木，木坚金缺，**金多木废**；木能剋土，土厚木折，**木多土疏**；土能剋水，水多土流，**土多水绝**；水能剋火，火多水热，**水多火灭**；火能剋金，金多火熄，**火多金脆**。”故微金克强木，金不及、木太过，则木坚金缺；若强金克弱木，金太过、木不及，则金多木废。[1]

这样，言简意明，把相克两行之间“太过”和“不及”两种情况都刻画出来了，由此对《渊海子平》的论述做了很好的诠释。

[1]《渊龙命学》，第 164 页。

再如，关于八字中常见的“相冲”情况，作者说：

古书中有两者不冲一的说法。以我之见，两者冲一，两者不受伤，而一者必定受伤。如两寅冲申，寅不伤，申伤。两者都是喜神则吉；两者若是忌神，则忌神不伤是凶。两冲一，缓。如三冲一，一者必伤无疑。[1]

作者还根据自己对现代社会命理现象的敏锐观察，提出不少独特的见解。例如：

现代社会与古代差别甚大。聚余多年经验，正官、正印以教授、专家为多，名利双辉，而位居高官者，其八字有正官者甚少。[2]

这些都值得读者细细去品味。而卷首提出“益命诗”、“助命诗”，更显示了作者警世、劝世的大智者的宽广襟怀。

我有幸与陈先生相交三十余年，先生一直待我如子弟。每当我有问题请教，他总是悉心指点，毫无保留。蒙陈老先生不弃，在《渊龙命学》出版前，我为之写了序言：“出于‘江湖’，入于‘书房’”。

段氏“盲派”

2011年出版的段建业[3]《段氏理象学》是大陆“盲派”的最新代表作。段建业在“自序”中说：

盲师一派的论命方法，一直是口传心授，是只传盲人不传明眼人的断命绝学。……我有缘于丁丑年结识盲师郝金阳先生，并亲领其断命之神奇，甚为惊叹，决意拜师学习。然因受“盲师绝学不能外传”之师训，故他在世时所学甚少。

[1]《渊龙命学》，第163页。
[2]《渊龙命学》，第173页。
[3] 段建业，祖籍山西五台，毕业于长春光机学院（现名长春理工大学）。现任广州卜文信息咨询有限公司董事长。

盲人预测，不看衰旺，不论用神，不讲格局，与所有现成之命学相左。然其能做到金口铁断，必有其奥秘。我于2000年以后，始进入盲派命理的研究，之后所著的作品俱是研究之心得。……

郝金阳、夏仲奇两位盲派宗师的相继故去，使得真正的盲派命理已近消亡，留给我们的除了惋惜之外，就是那无尽的追索。本书称《段氏理象学》，是想通过对二位先师留下的断例的研究，找到全新的认知命学的新方法，匡正命学之谬。

这是说明段先生的研究为什么称之为“盲派”的缘由。至于盲师论命是否都是“不看衰旺，不论用神，不讲格局，与所有现成之命学相左”，只要读一下“盲派”硕果仅存的陈宝良先生的《渊龙命学》，就知道：**事实并非如此**。因此，既然是探索，就没有必要囿于“门户”的限制，更不必在事前就设定这种种研究“禁区”。

段氏“盲派”命理中有一个重要的概念，就是“追捕”原理。这是指：

当命局出现制局做功的情况下，被制的一方因相对孤立，而制方成党成势十分强大，这种情况下我们一般称这类制局为净制。制方称捕神，被制方称贼神。就像警察抓小偷一样，警察特别强的时候，如果小偷特别少，或者没有小偷，警察就没有用武之地。他就希望小偷出现，一出现正好就被他抓住，就可以体现他的价值。这是追捕的原理。[1]

如果熟悉命理典籍的话，这个追捕原理，是从传统命理中发展出来的。在《滴天髓》中有“众寡论”：

强众而敌寡者，势在去其寡；强寡而敌众者，势在成乎众。[2]

[1]《段氏理象学》，第77页。

[2] 钟义明《现代破译“滴天髓”》对此“语释”为：“八字中，与主体相生助的五行因力量很大、数量很多，形成一个集团，而与这个集团对抗的五行只有一、二点极微弱的气力时，必须顾全大局，把气力微弱的对抗五行消除（克泄）。相反的，主体气力微弱，而对抗的五行力量很大、数量很多，形成一个强盛的反对集团时，必须顺从，放弃主体，去生助反对集团的五行。”（第456页）

徐乐吾先生在《子平一得》中对此做了解释：

四柱气势偏旺一方者，以顺其旺势为用，如有一二点逆旺气之神，必以去之为美。此逆气者在日干，即是从格；在年月时干，则为强众敌寡，势在去其寡。其理一贯相通也。[1]

仔细琢磨《滴天髓》的原意和徐先生的解释，我们可以体会到：

《滴天髓》的原意是：（1）我方为强势，对方为弱势，则“去其寡”——制尽对方；（2）我方为弱势，对方为强势，则“成乎众”——顺势相助对方。

那么，具体落实到八字命局的情况是怎样的呢？

（1）可为专旺格。但出现个别跟专旺相反的成分（这个成分虚浮而没有根），成为格局之“病”。这时原则上要“去”其病。命局中要有克制或合去这个成分的“字”。

（2）可为从旺格。我为弱势，即日主。故从旺，原则上要顺从旺势。

（3）既非专旺格，也非从旺格，而是在八字**形象**上出现了两个集团：一方为强势集团，另一方为弱势。同时，强势集团跟弱势部分要有“制”或“制净”的关系。这时，以**全局气势**为主，不再以日主为主。

徐乐吾举了近代张謇的命例：

命例 38　张謇[2]命造

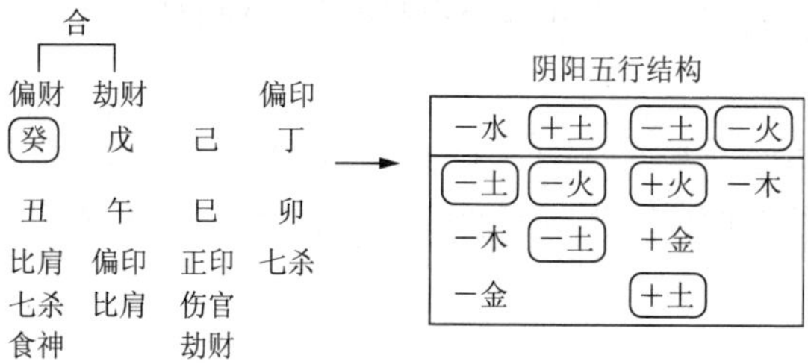

[1]《子平一得》，第 17 页。载徐乐吾《命理一得》。
[2] 张謇（1853—1926），字季直，江苏南通人。出身农家，光绪二十年（1894 年）殿试中状元。一生从事实业建设，是清、民交替之际，政坛上的枢纽人物之一。

此命造中火土成旺势。年干出现癸水，由月干戊土克合之，因此全局的火土形象并没有被破坏，仍从火土旺势为用。这也就是“强众而敌寡者，势在去其寡”。事实上，这正是八字“形象”研究的成果。

显然，段氏“盲派”正是从这里开始讨论“制局”的。而构成“制”的关系，主要是：在天干是合或克；在地支是刑、冲、穿、破、或合克、合制等。《段氏理象学》举了美国克林顿总统的命造作为例子：[1]

命例 39　美国克林顿总统命造

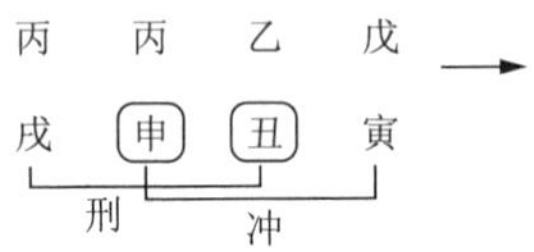

阴阳五行结构

+火	+火	−木	+土
+土	+金	−土	+木
−金	+水	−水	+火
−火	+土	−金	+土

段先生解释说：“克林顿命局是个围制结构，即寅与戌之火局，加两丙透干，围制局中申与丑，这种组合就像一个围猎场一样，我们将这类结构的制局称为包制。……行辛丑运，原局中代表权力丑土官库到位，连任两任总统。”[2] 这的确是很好的解释。段氏追捕原理对解释像这样具有特殊形象的八字，的确有说服力。可以说，这是段先生对八字形象研究的**创造性**应用和发挥。（不过，对于克林顿的具体出生时间，似乎还需要进一步确证。[3]）

然而，《滴天髓》“论众寡”所涵盖的八字结构究竟是有其特殊性的，如果不顾它应用的条件和范围，任意扩大使用，就会出现问题。比如《段氏理

[1]《段氏理象学》，第 87—89 页。
[2]《段氏理象学》，第 88 页。
[3] 根据美国出版的星占学的书籍以及星占网站，克林顿总统的出生时间是 1946 年 8 月 19 日上午 8 点 51 分（美国中部时间），出生地为美国阿肯色州霍普（93W35；33N40）。这跟以上《段氏理象学》所用八字的时辰不一致。

象学》作为举例的蒋介石命造：[1]

命例 40　蒋介石命造

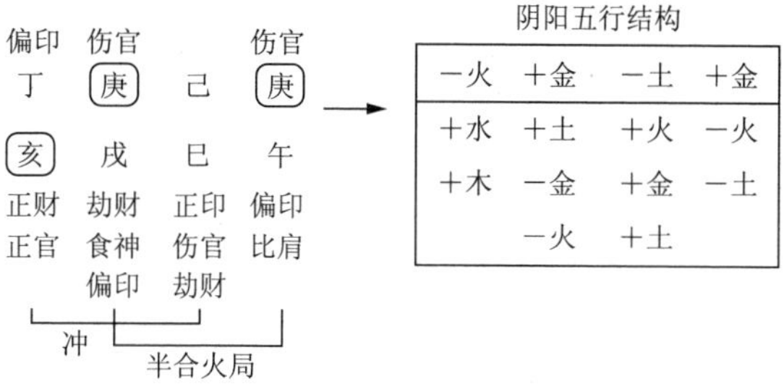

段先生解释道："原局有火与燥土成势，意在制亥水。亥本身是财星，却是官星长生，中含旺官。有戊克亥、巳冲亥、丁亥自合，官与官的原神被制，制之干净，两层功量；主位巳、午同入戌墓，墓加一层功。再加之局中伤官庚金作为亥水的原神也在制当中，只是制之不尽，达不到四层功。"[2]段先生认为此命造的失败在于"伤官制之不净之故"。

事实上，在我们看来，此命造已不属于《滴天髓》"论众寡"所划定范围之内了，原本就不是十足的"制局"。徐乐吾在解释"论众寡"时曾列举过明朝崇祯皇帝的命造：

命例 34（b）［明］崇祯皇帝命造

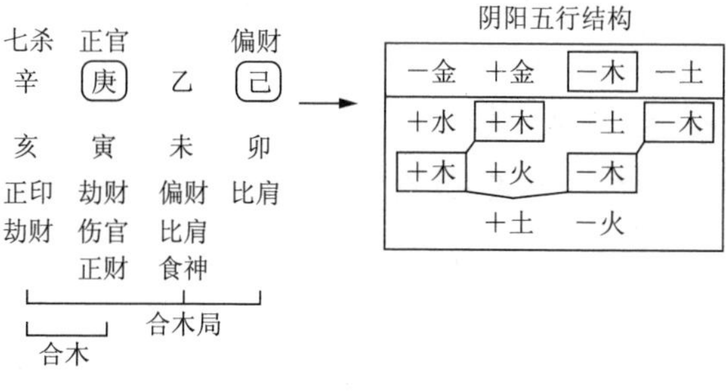

[1]《段氏理象学》，第 88 页。
[2]《段氏理象学》，第 88 页。

徐乐吾分析说："地支亥卯未全，而生寅月，曲直仁寿格成也。而透庚辛破格。天干无火，不能去之。既不能去之，则唯有用庚辛，以亥中壬印化煞为用。"[1]这里已明确地指明，命造中透出的庚辛，既然在命局中无法制约，就不能再按专旺格看，也**不再构成**可以"制净"的制局来分析它了。上面的蒋介石命造，其实也是如此。如果说地支亥水，可以通过巳亥冲、丁亥自合来"制净"，那么，天干上两个庚金，无论如何靠一个丁火是无法"制净"的。

事实上，对此命造，传统的**格局理论**可以做出十分妥帖的解释：这是一个成功的伤官佩印格局。[2]同时，月令地支中藏有的土、火、金都透出天干，是为"真神"得用。成功的伤官佩印格调本身就是贵征，这跟命造的经历是吻合的。由此可见，划定追捕原理的使用范围很重要，不然任意扩大使用的话，终有捉襟见肘的时候。

为什么会发生这样的情况？如果追究下去，它跟段氏"盲派"的基本架构的设定有关。段先生追求"盲派"体系，实际上是存有恢复早期命理"专用财官"的思想。我们注意到，段先生建构的"盲派命理体系"有重要的"体用"概念。《段氏理象学》说：

> 体用概念是从十神角度分"自我主体"与"外物客体"，即我们把四柱中的十神分为"体"和"用"。体是什么？体是我自己以及我使用的工具，或者说我操纵的工具，就像你干活的时候总得拿个工具才行，比如日主、印、禄都是体。那么用是什么？用是我的目的、我的追求，也是我要得到的东西，比如财、官是用，是我追求的东西。……
>
> 我们把日主、印星、禄神、比劫当体，财星、官杀星当用。食神与

[1]《子平一得》，第18页。载徐乐吾《命理一得》。
[2] 凌志轩《古代命理学研究：命理格局》指出："本造伤官伤尽，四柱无本气的木（官），亥中一点甲泄于丁火，且亥为空亡不计，所以纯清。四柱以伤官佩印（丁印坐巳、午、戌的旺根）为贵，更妙日支巳为羊刃，又是丁之根基，可合而称'伤官佩印'、'伤官有刃'的贵局。"（第381页）

伤官既可以是体，也可以是用，……如果一定要区分它们，则食神更近于体，伤官则接近于用。[1]

对此，可以图示如下：[2]

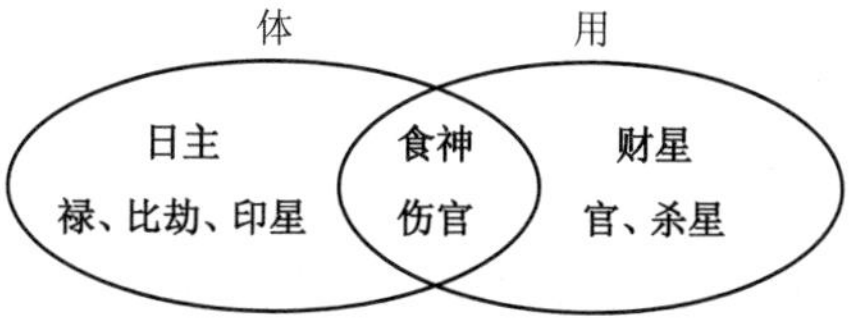

可能是受了大多数盲人算命往往需要明确的指标，财和官自然就成了唯一显现的“富贵”征兆，所以把“财星、官杀星当用”。因此，段先生对蒋介石命造的解释时，也就专门从年支“亥水”入手，因为在这个八字结构中，只有亥水中有正财、正官，不抓住它，何以解释其“用”、来说明此命造的富贵呢？

然而，诚如台湾钟义明在《命理脑筋急转弯》中所说：

> 一般初学命理的人，多以财官看富贵，这是肤浅的。明·张楠《神峰通考命理正宗》说：“如《珞琭子》专以财官为主，据其为说亦谬矣。虽人身以财官为依据，然财官太旺，日主太弱，则身主不能任其财官。苟日主太旺，财官气轻，则财官不足身主之理。当以财官、日主参看。……若《珞琭子》所言：只要财官生旺，不看日主旺弱，岂不甚谬乎？”[3]

这里，钟先生明确指出，不能仅看财官，“不看衰旺”，就来决定命造的富贵。[4]这样做显然是“肤浅”的。这是其一。

[1]《段氏理象学》，第 73—74 页。
[2] 见《段氏理象学》第 74 页，我们仅标记了“体”和“用”。
[3]《命理脑筋急转弯》(武陵出版有限公司，1998 年)，第 22 页。
[4] 事实上，《段氏理象学》里也有盲派“不看衰旺”的例外：“注意：合财的时候要看身强身弱。只有合财的时候讲身强身弱。”(第 97 页)

其二，清朝沈孝瞻的《子平真诠》就提出：财官印食为“善”神，杀伤枭刃为“不善”之神。“善”者则顺用；“不善”则逆用。“当顺而顺，当逆而逆，配合得宜，皆为贵格。”[1]可见命理学的发展已经扬弃了早期“专用财官”的主张，而强调“配合得宜”。

当然，不能否认“财官”是八字结构中涉及富贵的重要标志，但仅将它们作为标志，作为“用”，自然会遇到许多难以解释的地方。这里提出来，是希望段氏“盲派”理论能更加成熟些，解释能力能更广泛一些。在我们看来，它是当前命学界**富有开拓性的一种理论**。

它的开拓性还表现在将“刑冲会合”法则跟八字动态大运流年的“应期”联系在一起。这或许是真正继承和发扬“盲派”论命技巧的地方。这里借用《段氏理象学》中段先生的弟子言明女士所批的案例来做简单的分析：[2]

命例 41　男命（1984 年 2 月 4 日丑时生）

合（癸—戊）		合（戊—癸）	
正财	正官		正财
癸	乙	戊	癸
亥	丑	辰	丑
偏财	劫财	比肩	劫财
七杀	正财	正官	正财
	伤官	正财	伤官

大运：	10 岁	20（2003）	30
		正财	
	甲	癸	壬
	子	亥	戌
		偏财	
		七杀	

流年	2002	2003	2005	2008
	偏财	正财	正官	比肩
	壬	癸	乙	戊
	午	未	酉	子

我们把言明女士解说的大运和流年都显示在上面了。事实是：此命造（1）学历不高，中专毕业。2002 年、2003 年从老家出来工作。（2）2005 年换

[1] 沈孝瞻：《子平真诠》“论用神”。
[2]《段氏理象学》，第 129—132 页。

工作，做了高管。(3) 2008 年从原公司辞职，跟朋友合伙投资开公司，是小股东。

因为 20 岁开始癸水正财运，流年是癸未，引动年干正财（年柱主早年），戊癸合入日主（“主位”[1]），所以出来工作。

2005 年乙酉，乙引动月干乙木正官，酉丑半合金局，酉辰六合，如下图：

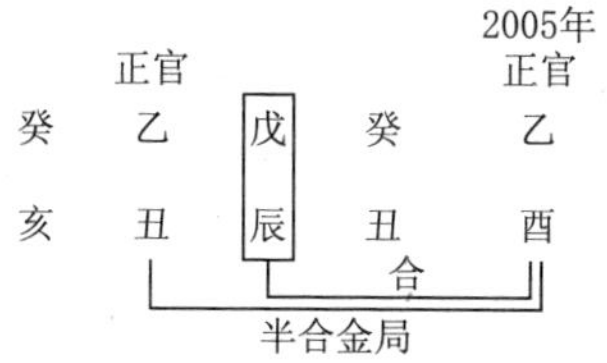

这样，通过地支相合，把官星跟日柱“主位”联系起来了，于是此年换工作，并升了高管。

2008 年进入亥运，亥中有偏财、七杀。2008 年流年戊子，流年天干戊土，跟八字年干、时干癸水正财相合，流年地支子水，跟年支亥、月支丑，会成北方一气，皆为财，同时又跟日支辰半合水局，见下图：

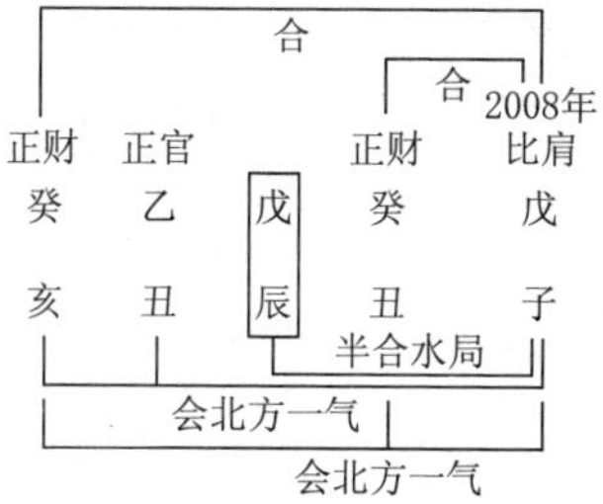

这就把年支、月支，还有时支，都跟日柱“主位”联系起来了。于是它们所载的正财、正官都跟“主位”相关联，所以是年辞职，跟人合伙开公司，成

[1]《段氏理象学》中提出“宾主”的概念，“这个概念在盲派命理中有特殊的意义。宾主就是告诉我们什么东西是自己的，什么东西是别人的。”“宾主是一个分层次的概念。”（第 72 页）

了股东之一。[1]

从中我们可以体会到，将日主或日柱干支看作是“主位”，日主之外或日柱之外的八字财、官等信号，由大运和流年通过刑冲会合等方式的**引动**，跟“主位”发生了联系，此时往往是事情发生的“应期”。所谓“**合者主到，冲者主动，墓者主收，穿者主伤**”，这些跟“应期”有关的刑冲会合法则，是对八字动态变化细腻观察的结果。

《段氏理象学》中的确有许多引人入胜的地方，值得进一步研讨。

“新派”命理

作为“新派”命理最新的代表作是2009年出版的祝国英[2]《人生轨迹的干支解读：新派命理简论》。（以下简称《新派命理简论》）

“新派”理论的目标是“化繁为简”，设置一整套技术性操作规范，因为“技术规范无论对初学者还是提高者都具有根本性的意义”[3]

如同上述“鹊桥命理”所做的那样，新派也把“格局”简化为两类四种。两类，就是扶抑格和从格。扶抑格再分成身旺和身弱两种；从格再分成从强和从弱两种。“定格局，实际上就是分析日干这个字的旺衰，然后找

[1] 以下是书中言明的解释：(《段氏理象学》，第239页)

他20岁就走财运，肯定读书不会多，所以学业就结束了，走财运一定是参加工作挣钱的信息。他2005乙酉年换工作这是个应期的看法，听过段老师课的同学都知道，乙木是代表辰土，乙坐着酉金合动辰土，肯定是动工作的意思，而且乙木是官星虚透的象，合到主位，意思就表明他有了管理职位。但2008年我没有想到他辞职，走亥运戊子合财这是要投资的意思，因为原局财都入墓，流年戊子年的象是自己坐着财来的，所以他是不打工了，跑出来合伙投资自己干了。大运流年是引出库中的财合上身，所以是要投资的意思。

[2] 祝国英，山东德州人。做过多年的新闻工作，后专心于中国古代预测术的研究与实践。进入二十一世纪后，成为圈子内公认的新派命理领军人物之一。

[3]《新派命理简论》，第239页。

出本命局的用忌神。”[1](请注意，这里“新派”命理又重蹈了上文曾指出的“鹊桥命理”的误区：把格局仅仅看做是求取日干旺衰、进而找到用忌神的途径。)

接着，将十神也分成两类：“一是生扶日干使日干增力的印比类，二是克制日干使日干减力的财官伤类。”[2]这样，对于扶抑格，身旺的组合中用神是财官伤，忌神是印比；身弱的组合中用神是印比，忌神是财官伤。对于从格，从强的组合中用神是印比，忌神是财官伤；从弱的组合中用神是财官伤，忌神是印比。[3]可以图示如下：

格局		用神	忌神
扶抑格	日主强	财官伤	印比
	日主弱	印比	财官伤
从格	从强	印比	财官伤
	从弱	财官伤	印比

为了达到这样的目标，新派首先“化繁为简”，丢弃了传统命理学的十天干体性，取消了地支的“藏遁”，也就是只取本气，丢弃地支中所含有的其他“人元”。

《新派命理简论》说：“实践证明，根本用不着去查什么地支藏干。至于中气余气之说也无意义。只要把地支的四土区分开就行。”[4]不知新派是在怎样的“实践”基础上产生了这样的结论？我们知道，地支藏遁的设置，是八字命理趋于成熟的表现，因为它反映了五行在四时中的周流过程和相互联系。[5]比如，地支寅，寅中除甲木本气之外，还含有丙火和戊土。这是因为

[1]《新派命理简论》，第25页。
[2]《新派命理简论》，第45页。
[3]刘文元《四柱命理正源》批评说：“用神的选取并不是日主身旺时以食伤、官杀、财为用神，日主身弱时以印、比为用神之类的想当然。”(第20页)
[4]《新派命理简论》，第16页。
[5]见本书第五章“地支藏遁”一节。

寅是春季正月，有盛行的五行木气，但同时它又是五行火、土的“长生”，即火、土之气的生发点。不知新派是否意识到，取消地支藏遁，事实上也就割裂了五行在四时中流转的相互联系。

接着，新派取消了“会方”（如寅、卯、辰东方一气）和“会局”（如亥、卯、未三合木局）；再接着，又基本上取消了传统命理中地支之间各种“相刑”关系。新派认为：“只有地支中的丑戌互刑，辰未互刑，也就是干湿土的作用关系，”[1] 才予以使用。显然，前文谈到的“盲派”命理，十分重视应用传统分析中刑冲会合规则的“武器”，却在“新派”命理中，弃之如敝屣。

传统命理中唯有“空亡”，受到了新派的青睐。新派有“空亡论”。但新派却认为，“空亡出现在月支时支此字就等于没有。分析日干旺衰时不予考虑。年支空亡不为空。**月令空亡时，以年支论日干旺衰**。”[2] 这又是令人摸不着头脑的奇谈了！月令原本是八字结构外部时令的标记，因为入了空亡，就弃而不用，若此时年支是水的话，夏令出生的人岂不都要按冬季出生来谈论日干的旺衰？

限于篇幅，这里暂且不去推敲这些对传统命理基本构成内容的任意“砍伐”所带来的严重后果。

那么，如何来确定格局呢？在“三秒定格局”一章中，作者分析说：

> 分析日干旺衰、确定格局就是通过分析生扶和克制日干双方力量的大小，最后确定出某四柱到底属于身旺还是身弱，是从弱还是从强。日干旺是指命局中生扶日干的力量大于克制日干的力量，但克制日干的力量又能**成体系**的组合；反过来，日干弱是指命局中克制日干的力量大于生扶日干的力量，但生扶日干的力量又能**成体系**的组合；日干从弱是指命局一片克制日干的力量，生扶日干的力量极小，小得**不能成体系**的组合；日干从强就是命局一片生扶日干的力量，克制日干的力量极小，小

[1]《新派命理简论》，第 60 页。
[2]《新派命理简论》，第 82 页。黑体为引文者所加。

得**不能成体系**的组合。[1]

这里，所谓“**成体系**”成了操作的重要概念。作者列举了九条规则来说明什么是生扶或克制的力量能够“**成体系**”。这九条规则是：

(1) 年支生扶月干为成体系；

(2) 时支生扶时干为成体系；

(3) 日支对日干的作用成体系，日支两次受伤时作用日干就不成体系；

(4) 月令无论受伤与否对日干作用都能成体系；

(5) 月干得月支生扶为成体系；

(6) 天干印比一气扶日干成体系，天干财官伤一气克制日干为成体系；

(7) 时支生扶天干不成体系；

(8) 年支生扶年干，年干生扶月干成体系；

(9) 年干生扶月干，月干生扶日干，时支也生扶日干成体系。[2]

为了做出比较深入细致的分析，我们把这些关系标记在下图中：

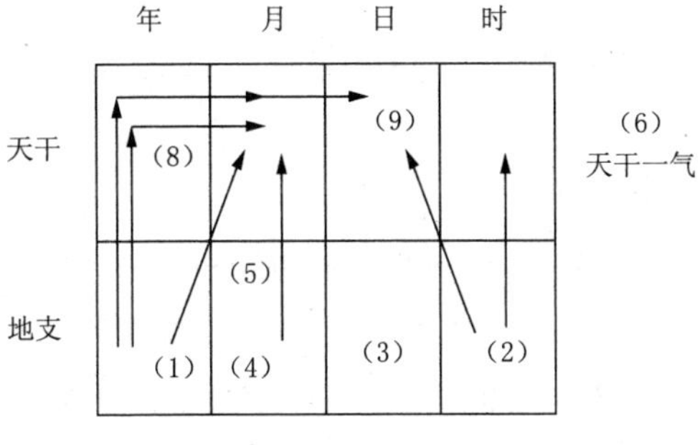

图 9.1　新派强弱理论中“成体系”情况示意

[1]《新派命理简论》，第 97 页。黑体为引文者所加。
[2] 见《新派命理简论》第 97—99 页。

在这九条规则中，第（7）条没有标记上去，因为“时支生扶天干不成体系”。事实上，这里表现了新派对八字结构内部关系的基本认识。从这里，我们可以看到两个**“死角”**：一个是**时支**位置，如果不出现第（2）或第（9）条的情况，它的五行内容对日干或格局强弱没有影响。第二个是**年干**，因为按新派认识，它只作用于月干，如果它没有第（8）或第（9）条所述的状况，它的五行内容对日干或选取格局也不发生影响。

有了这两个“死角”，我们在读《新派命理简论》时，会发现许多**格局误判**的命例。

比如书中的一个命例：（这一节以下命例图中，左侧八字结构内部关系仅按“新派”的认识来予以标记，因为“新派”取消了地支藏遁的内容；右侧“阴阳五行结构”仍按传统命理的认识标记，供读者参考。）

命例 42　“从强格”（?）[1]

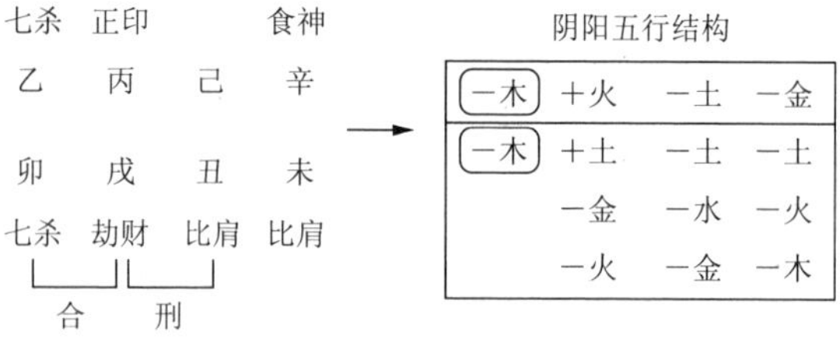

一个稍有点命理经验的人，不会认同这是从强格（或专旺格）吧？这里我们就直接引用一下上述“鹊桥命理”对专旺格的判别条件：“典型的专旺格是自党独旺，八字除了日主之外，其余七个字尽是自党——尽是正、偏印、比、劫而不见异党。”[2]显然此例不符合这样的条件。年柱乙卯，干支上下都是七杀。七杀是异党。

[1]《新派命理简论》：“此四柱己土日干生在戌月，时干辛金泄身但不成体系，日干从强。”（第 72 页）

[2]《命理推算法则与操作》（第二册），第 12 页。

那么，能否归为“假专旺格”呢？“鹊桥命理”说：“命局天干只见一粒异党而虚浮，或地支只见一粒而遭夹克夹泄，名曰假专旺格。”[1]此例也不符合。年干乙木直接坐在自己的“禄”位上，不能算作“虚浮”吧？其实，若说卯戌相合，那么，卯与未还遥合半个木局呢。

显然，将此例归为“从强”是误判。因为根据从强格，用神将是“印比”，对这个命造来讲，这样取用是不会符合事实的。

再举个在书中被判为“从弱格”的例子：

命例 43　青岛刘某：从弱格（?）[2]

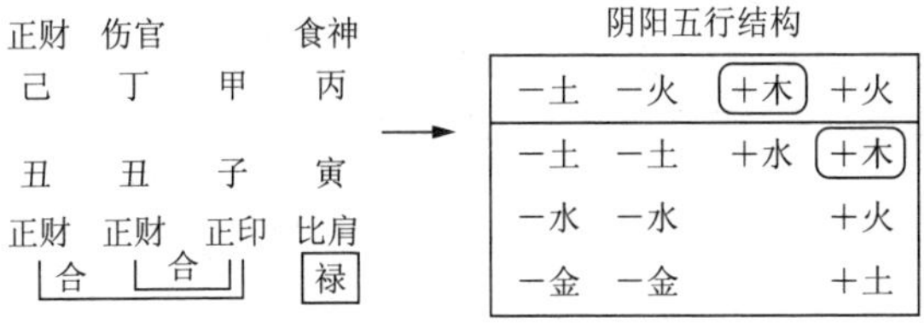

我们暂且不去讨论生甲木的日支子水被丑土合绊的情况，就时支寅木的存在，即传统命理所谓的“日禄归时”（寅为日主甲木之禄），日主有此强根，怎么会“从弱”呢？

在《新派命理简论》中，像这样的例子俯首可拾。如果命造日主本身的强弱状态都被误判了，“简化”还有什么意义？更不要说在此基础上选择正确的用神了。

如果进一步追究为何会发生这样的状况，我们以为，“新派”命理中的一条理论“前提”起了很大的作用。这就是所谓的“隔不作用”：“即命局中干

[1]《命理推算法则与操作》（第二册），第 19 页。

[2]《新派命理简论》：“甲木生于丑月弱，日支子水两次受伤生扶日干不成体系，日干从弱。”（第 91 页）

与干之间，支与支之间相邻作用，相隔不作用。”[1]

这个“理论”也不知是从哪儿来的？它的依据又是什么？

八字是一个整体结构，早在《李虚中命书》里，就有“主本保和，未有贫贱之人”，“主本倒乱（原注：火年水日，更先逢生旺，继逢死绝。）”，[2]讨论的就是年柱跟日柱的关系。在日常命理推算中，月柱跟时柱、年柱跟时柱，出现反吟伏吟[3]的话，皆有命理上的征兆可以推断。推大运时，也要注意“盖头截脚”[4]等。

试举一例来予以说明：

命例 44　杜月笙命造[5]

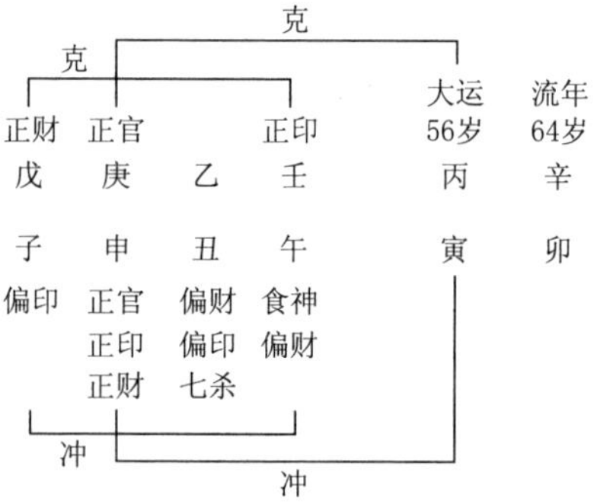

对于这个命造，吴怀云在《命理点睛》里做了这样的评说：“年柱与时柱

[1] 据《新派命理简论》，第 102 页。这是一条，还有两条：“同柱干支只论支对干作用，干对支不作用。”“不同柱干支的作用规则：年支可以生扶月干；月支可以作用日干；日支不作用时干；时支也不能直接作用日干。整个干支间都是支作用干，干不作用支。”

[2]《李虚中命书》，《四库术数类丛书》809—14，22 页。

[3] 反吟指两柱干支相冲；伏吟指两柱干支相同。

[4] 任铁樵注《滴天髓阐微》“岁运”，第 114 页。

[5] 杜月笙（1888 年 8 月 22 日—1951 年 8 月 16 日），二十世纪上半叶上海滩上最富有传奇性的一个人物，有“三百年帮会第一人”、“上海皇帝”之称。他从一个小瘪三混进老上海滩十里洋场，成为上海滩黑社会里最引人注目的人物，有着传奇人生。

天克地冲，乃主幼年刑克长亲，晚年体弱多病，若不凶死亦恐罹患恶疾而亡之兆。原局年柱克冲时柱，以年制时，表示晚年有凶，故可确定第六柱反吟之大运为一‘必然死关’。”[1]

事实是：杜月笙幼年父母双亡，先后由继母和舅父抚养。晚年五十六岁后入丙寅运，构成戊子、壬午、庚申、丙寅四柱对冲。六十二岁流年己丑，弃尽家产，亡命香港。六十四岁流年辛卯，辛金七杀克去乙木日主，地支子、卯刑，因哮喘病逝他乡。由此可见，八字结构内年、时两柱之间相互冲克所发生的影响。

显然“隔不作用”是一条无视千年命理实践的**伪命题**。[2]

说“化繁为简”，那只是就“新派”对传统命理大加砍伐而言的。事实上，它的“百神论”、“反断论”、“空亡论”等一系列“新”论，并不简单。它们无中生有，让你觉得好像是在“玩魔方”，只能横着来，或者竖着来。如果你确是一个严肃的探索者，你设置的理论和方法，不应当违背逻辑，也不能不认真探讨它们在命理上的理论依据。

当然，“新派”命理尚在形成之中，会出现种种缺陷和不足。这是不奇怪的。我们真诚地希望它在实践中能认识到继承和创新的相互关系，在尊重前人理性探索的基础上，真正实现“创新”。若如《新派命理简论》一书中所言：“如果说古人也给我们留下了预测体系的话，那只能说是一间小草房，新派理论则是在推倒小茅屋后建起的摩天大楼。”[3]这里，把我们先人千年探索、千年辛劳的成果，说成是“小草房”，而短短不到十多年，“新派”理论已经把传统命理这个“小茅屋”推倒了，建造起了“摩天大楼”。这种“石破天

[1] 吴怀云《命理点睛》，第394页。
[2] 徐伟刚《八字正解》指出：“特别是所谓的‘隔不作用’干支‘规律’一说最为不正。首先任何八字古书都未有此提法；其次此一提法，纯粹是个人臆想主观上一厢情愿的规定，并无原理上的依据。”（第328页）
[3]《新派命理简论》，第3页。

惊"[1]的说法，确实很难令人信服。

其实，国内早已有命理学者指出了"新派"理论存在的问题。凌谢冰的《中国八字学通论》、刘文元的《四柱命理正源》[2]等，都对"新派"命理做了比较系统而且深入的剖析，[3]值得"新派"命理研究者重视。[4]

研究领域的开拓

最后，还要提一下上海人民出版社最近出版的董向慧《中国人的命理信仰》以及陆致极《又一种"基因"的探索》。

《中国人的命理信仰》是董向慧[5]在博士论文基础上写成的一本从社会学的角度探讨命理现象和命理信仰的著作。董先生指出："在今天，命理信仰依然是文化中国的重要构成部分。"[6]由此，他对今天的命理信仰进行了描述和分析，尤其是对命理学的现代转型、台湾地区的命理信仰现状、网络算命等

[1] 该书封底介绍中写道："新四柱学，以石破天惊的气势问世，以一日千里的速度发展，在区区数年间，就以铺天盖地的规模占据了预测学的多半个江山。"

[2] 刘文元《四柱命理正源》，中国工商出版社，2009年。

[3] 刘文元在《四柱命理正源》"后记"中写道："2002年春节之后，在几位易友的帮助下，找来了几乎所有的近年来出山的易学新人撰写的四柱方面的著作。通读之后才发现，这些人所搞出来的东西离传统经典命理的本来思想相差甚远，甚至有些是盲目篡改、胡编乱造，根本不是在搞学术，简直就是蓄意的商业炒作！鱼肉广大易学爱好者们！"于是，他放下了原先的写作计划（奇门、六壬等），专门来写此书，"目的在于使广大四柱爱好者们尽早地走回传统经典命理学术体系的正轨上来。"（第238页）可见作者正本清源的历史责任心。

[4] 这里顺便提一下，《新派命理简论》中说："月（月柱）就是根据月亮绕地球运转一圈的时间来定的；年（年柱）则是地球绕太阳转一周的时间确定的；……这都是常识。"（第20页）这里，把月（月柱）说成是"根据月亮绕地球运转一圈的时间来定的"，恰恰是违背了八字命理学的"常识"的。月柱的起始点和结束点，是由节气决定的。而节气的划分是由太阳在黄道上的位置决定的，跟月亮绕地球运转没有直接的联系。请参见本书第三章。

[5] 董向慧，1983年生，内蒙古赤峰人。南开大学法学博士。著有《中国人的命理信仰》，并发表研究论文多篇。

[6]《中国人的命理信仰》，第3页。

新现象，作了深入的调查和研究，具有现实意义。它对挖掘和开拓中国社会学本身的“自性”也有一定的理论启迪作用。而陆致极《又一种“基因”的探索》，是关于人的出生时间与其体质之间存在着相关性的一份调查研究手记。可以说，这两本书从不同的方面去开拓现代命理学的研究领域。关于其具体内容，我们将在下一章里予以探讨。

以上对当代大陆的讨论都是以近年来出版的命理著作为对象的。事实上，目前不少命理学者的博客，都反映了对命理学研究的兴趣和深入的探索。比如梁湘润在大陆的入室弟子何重建（澹然居士）的博客、李守力的“国学之窗”博客、方便面居士的博客、戴理宏的博客、“怀旧先生命相笑谭”等。

四、结论

回顾这一百年来的命理研究，我们不难发现有以下的几个特点：

第一，对命理古籍的整理和评注

这是对传统命理学继承和发展必不可少的工作。民国时期，以徐乐吾为旗手，作了第一轮的挖掘、整理和评注的工作。三、四十年后，以梁湘润、钟义明等为代表，又进行了第二轮的现代白话注释和剖析。梁先生的诠释工作直到他去世前还在孜孜不倦地进行。2012 年出版的《用神经史观》[1]是对作者认为曾有过的、但已失传的古籍“用神经”七百年来演变的评说。这些基础性工作，为命理学的现代研究准备了条件。

第二，疑古的思潮

主要发生在二十世纪六十年代以后。由于社会生活的急剧变化，人们意识到传统命理中存在着许多不适合今天现实生活中新情况的东西。于是，怀疑命理学中已有的一些经典法则，试图对它们进行修正。

[1] 梁湘润：《用神经史观》，行卯出版社，2012 年。

大的方面来说，首先有邹文耀的“时空制命论”，接着有吴俊民的“冬至转换年柱”、陈心让的“大运一律顺排”说等。虽然倡议者提出了取代的方法和例证，但这些新说，大都经不起实践的检验，没有被命学界大多数人所接受。可见探索的艰难，创新的不易。

第三，重视人生琐事细节的探究

这是上世纪八十年代后在命理探究上出现的重大变化。这跟现代社会的世俗化进程是相吻合的。它从古代科举制度下重视研讨八字命局之优劣的传统分析，转向了重视人生日常琐事细节的推断上。梁湘润先生曾指出过这种论“富贵”与“家计小谈”的差别，强调“实务论命”。[1]而在大陆内地出现的命理“占卜化”倾向，更把探究生活琐事细节推到了具体论命的重要位置。[2]

第四，多学科的研究和探索

进入现代社会后，由于受到西方科学思想和科学方法的影响，命理学出现了从未有过的多学科的研究和探索。从二十世纪三十年代末潘子端应用西方精神分析派心理学来探讨命理中的“六神”和八格，到香港何建忠的“心系学”；从健康命理的研究，到董向慧的命理社会学研究，不仅拓宽了命理学的应用领域，而且也呈现了命理研究方式的现代化、学术化的趋势。

第五，对命理分析程式化的要求

由于现代科学教育的影响，以及出现的命理知识普及的要求，人们开始不习惯传统“体悟”式的学习方法，要求概念明确，合乎逻辑，要求有明确的研究程式，要求有具体的分析手续。对于命理学，这门千年的古老学说，

[1] 据何重建（澹然居士）博客，梁先生最后未完成的遗稿即为《实务论命导读》。
[2] 徐伟刚在《子平实战指引》中指出：“古人论命重在大局，主要通过四柱来了解人生的主要情况；今人论命重在细节，特别强调一些琐事细节上面的研究。从古人今人论命的演化对比来看，古人讲命断大局胜过今人，……但是，今人论命讲琐事推算则是完全胜过古人的。事实上，今人推命的方法（大众之认知）已经不再是古人纯粹的论命体系了，更多的是一种命学进行占卜化研究的模式型态了。”（第263页）

要满足和实现这样的要求，的确不是一件容易的事情。“新派”命理之所以在初学者中有一定市场，正是它顺应了这样的时代需求，以“技术体系”为旗号，尽管它的“技术”大都偏离了传统命理学的正常轨道。

诚如前文所述，在九十年代中叶，作者在《八字与中国智慧》一书中，提出过八字结构评价的三个基本原则、两个结构网络以及一整套分析手续，试图求取命理分析和推理过程的明确化和条理化。现在，在评述了命理学发展历史的背景下，我们将进一步尝试把传统命理中出现的不同的视角和分析方法，整合成一种八字结构“全方位、多视角的分析程式”，来回应这样的现代要求（见第十一章“多视角的推演程式”）。

第十章　现代命理的多学科研究

八字命理学是根据一个人的出生时间，对其生命过程作出描写。人生是复杂的，它由各个方面组成，因此，八字的描写也是“全方位”的。进入现代后，命理学者在现代科学思想的影响下，进一步拓展了它的描写领域，出现了从不同的学科方向，深化传统命理学的描写功能。

本章概述现代学者在健康和疾病方面、在心理学研究领域，以及在社会学方面所做出的有关探索。

一、健康命理研究

命理和中医本来就是“同源”的。所谓“医巫同源”或“医易同源”，主要指命理和中医都遵循着传统阴阳五行说的思维模式，因此，从根子上来说，它们都是在中国古代哲学思维的沃土上生长出来的“奇葩”。

然而，命理和中医，终究是两种不同的学问。命理学以个人出生时辰与其性格特征，以及人生轨迹的对应关系作为研究的对象；而中医学则以人体健康和疾病为对象，从生理、病理，到诊断，从预防、临床，到治疗，有一套完整的理论和实践体系。两者的差异，是显而易见的。

但是，健康和疾病，毕竟是人生中不可等闲视之的大事，虽然传统命理学始终以世俗的“财官”为论命的重点，但在“疾病”方面，也积累了不少的经验。

干支脏腑标记

阴阳五行学说是中医和命理学共同遵循的推理工具，因此，在大的理论框架上，比如，人体的脏腑功能与阴阳五行生克关系的对应方面，命理学和中医学是一致的。然而，命理学要对健康和疾病做出自己的描写和推测，就要进一步对生理和病理信息做出干支符号的“编码”。在隋朝萧吉的《五行大义》中，我们已经看到了这方面的尝试。到了古法模型时期，出现了不少对疾病命理的探讨。《玉照定真经》就尝试从八字干支的组合以及生克关系，来对应个体发病的部位和病状。

进入今法时期后，随着传统命理学的趋向成熟，关于疾病，也初步形成了比较系统的认识。《渊海子平》中有《论疾病》一篇，专门讨论疾病问题。《论疾病》指出：

> 夫疾病者，乃精神血气之所主，各有感伤。内有脏腑，外有肢体。八字干支，五行生克之义，取伤重者而断之。五行干支太旺、不及，俱病。

在这里，我们可以看到，当时命理论疾病的主要原则是：“取伤重者而断之”。这就是说，对于一个命造，首先**观察其中日主是否遭到克制它的五行的强烈伤害**，并且以此作为主要线索，来寻找可能发生疾病的部位和症状。

作为今法时期的集大成著作《三命通会》，在其《论疾病先知五脏六腑所属干支》篇中，对疾病的命理推断，作了比较全面的总结。

首先，它确定了**干支与脏腑部位的对应关系**。

（1）**天干与脏腑的部位的对应关系**[1]可以归结为下表：

表 10.1　天干与脏腑部位

天干	甲	乙	丙	丁	戊	己	庚	辛	壬	癸
臓腑	胆	肝	小肠	心	胃	脾	大肠	肺	膀胱 三焦	肾 包络
部位	头	项	肩		胁	腹	脐轮	股	胫	足

（2）**地支与脏腑的部位的对应关系**[2]可以归结为下表：

表 10.2　地支与脏腑部位

地支	子	丑	寅	卯	辰	巳	午	未	申	酉	戌	亥
臓腑	膀胱	脾	胆	肝				胃脘	肺 大肠	小肠		
部位	尿道	胞肚	发， 脉， 双手	十指	皮肤 胸	面， 咽齿 尻肛	眼睛	膈 脊椎		精血	足踝	头 肾囊
	阴部	左脚	左腿	左胁	左膊	左肩	头	右肩	右膊	右胁	右腿	右脚

接着，它写道：

[1] 天干：(《三命通会·论疾病先知五臓六腑所属干支》)
歌一：甲胆乙肝丙小肠，丁心戊胃己脾乡；庚是大肠辛是肺，壬系膀胱癸肾脏。三焦亦向壬中寄，包络同归入癸乡。
歌二：甲头乙项丙肩求，丁心戊胁己属腹，庚是脐轮辛属股，壬胫癸足一身由。

[2] 地支：(《三命通会·论疾病先知五臓六腑所属干支》)
歌一：子属膀胱水道耳，丑为胞肚及脾乡。寅胆发脉及两手，卯木十指内肝方。辰土为皮肩胸类，巳面咽齿下尻肛。午火精神司眼目，未土胃脘膈脊梁。申金大肠经络肺，酉中精血小肠藏。戌土命门脚踝足，亥水为头及肾囊。若以此法推人病，岐伯雷公也播扬。
歌二：午头巳未两肩匀，左右两膊是辰申。卯酉双胁寅戌腿，丑亥属脚子为阴。

> 夫疾病皆因五行不和，即人身五脏不和也。盖五行通于五脏六腑，通于九窍。凡十干受病属六腑，十二支受病属五脏。

这里提纲挈领地指出，“五行不和”是疾病发生的基本原因。因为天干为阳、地支为阴，因此，跟中医脏腑的表里相匹配，所以“十干受病属六腑，十二支受病属五脏”。

先天体格检查表

进入现代后，健康和疾病自然是命理学所关心的问题。

诚如徐乐吾所说：“命理所凭，仅干支八个字，由此推测吉凶、寿夭、富贵、贫贱、性情、疾病十门，旁及六亲兴衰、贤、不肖，已极繁复细微之至，再推其六经致病之由，虽理有可能，而事少实证。”这说明，比起中医学来说，命理探讨健康问题有“先天”的不足。仅从区区八个字出发，要推论人生的诸种疾病，自然有条件不足之感。尤其是各种轻微或短暂性的病痛，更是无从谈起。要从八字看“疾病”，显然难度甚高。

然而，吴俊民指出：“以命理与医理论疾病，仍有其不同者在：医理必须俟生人有疾病发生，始能确切知其疾病之所在，尚停留在知‘象’的阶段；命理则不俟人有疾病发生，即能预测其何时可能发生何种疾病，已进入知‘兆’知‘几’的阶段，然命理究因条件有限，可得而知者，仅属于重大的疾病，尤以五脏六腑之病为最。”[1]

可能正是命理学有这样的“预测”特点，居然使一个不懂得命理的人，对“先天健康”问题发生了兴趣，并提出了“八字先天体格检查”。此人是陈果夫。[2]

---

[1] 吴俊民《命理新论》(下册)，第 1073—1074 页。
[2] 陈果夫（1892—1951），浙江吴兴人。国民党政要，CC 系首领之一。

陈果夫在《苦口谈医药》[1]中提出了一种“八字先天体格检查”方法。这个方法是他看了清朝姚澜[2]的《本草分经》上的“手足三阴三阳经络配天干地支五行总说”表之后，受到启发而设想出来的。原表如下：

表 10.3 《本草分经》手足三阴三阳经络配天干地支五行总说表

<table>
<tr><td>子</td><td>足少阳胆</td><td>甲</td><td rowspan="2">木</td><td rowspan="2">应春，主仁。</td></tr>
<tr><td>丑</td><td>足厥阴肝</td><td>乙</td></tr>
<tr><td>未</td><td>手太阳小肠</td><td>丙</td><td rowspan="2">火</td><td rowspan="2">应夏，主礼。</td></tr>
<tr><td>午</td><td>手少阴心</td><td>丁</td></tr>
<tr><td>辰</td><td>足阳明胃</td><td>戊</td><td rowspan="2">土</td><td rowspan="2">应四季，主信。
各旺十八日。</td></tr>
<tr><td>巳</td><td>足太阴脾</td><td>己</td></tr>
<tr><td>卯</td><td>手阳明大肠</td><td>庚</td><td rowspan="2">金</td><td rowspan="2">应秋，主义。</td></tr>
<tr><td>寅</td><td>手太阴肺</td><td>辛</td></tr>
<tr><td>申</td><td>足太阳膀胱</td><td>壬</td><td rowspan="2">水</td><td rowspan="2">应冬，主智。</td></tr>
<tr><td>酉</td><td>足少阴肾</td><td>癸</td></tr>
<tr><td>亥</td><td>手少阳三焦</td><td colspan="3">寄藏壬水，主气，为卫，乃阳气之父。
上焦（肺）、中焦（肠）、下焦（膀胱）。</td></tr>
<tr><td>戌</td><td>手厥阴心包</td><td colspan="3">寄藏癸水，主血，为荣，乃阴血之母。
包络膜（瓣）。</td></tr>
</table>

陈先生写道：“我看了这个表，知道身体各部分经络是配合于天干地支的，这本书原序内曾经说：‘询冯君以岐黄曰：吾非知医，但知其药入某经耳’。所谓经者，即经络，即身体之组织，而是以天干地支来叙其系统的，才想到人的出生年月日时，至少包含这个意义在内，那么八字岂非可以配合医道吗？”于是，他创制了一个简单的表格，名为“先天体格检查”，表格如下：

[1] 见钟义明《现代命理与中医》所录。
[2] 姚澜，字涴云，浙江山阴人。清道光年间名医。

表 10.4　先天体格检查表

先天体格检查报告　　　　　　　　　　号数
（注：○表示强点　　× 表示弱点　　△表示不平衡）

<table>
<tr><td colspan="2">姓名
生日</td><td>年</td><td>月</td><td>日</td><td>时</td></tr>
<tr><td rowspan="12">八字
（断语）</td><td>胆</td><td rowspan="12"></td><td rowspan="12"></td><td rowspan="12"></td><td rowspan="12"></td></tr>
<tr><td>肝</td></tr>
<tr><td>小肠</td></tr>
<tr><td>心</td></tr>
<tr><td>胃</td></tr>
<tr><td>脾</td></tr>
<tr><td>大肠</td></tr>
<tr><td>肺</td></tr>
<tr><td>膀胱</td></tr>
<tr><td>肾</td></tr>
<tr><td>三焦</td></tr>
<tr><td>心包</td></tr>
<tr><td colspan="6">（现有毛病）</td></tr>
<tr><td colspan="6">（反证）</td></tr>
</table>

陈先生的办法是：查出一个人的八字，然后按照《本草分经》的天干和地支所对应的脏腑：甲乙丙丁……，子丑午未……等字，标记在检查表中，即八字有某一个字者，则在此字格内记上符号“○”。

比如，八字中有“甲子”，根据《本草分经》表中，“甲”和“子”都对应于“足少阳胆”，于是在“胆”格内记上两个“○”。同样，若有丁、又有午者，它们对应于“手少阴心”，因此，在“心”格内记上两个“○”。

如果“心”有两个“○”，跟未、丙相联系的“小肠”格内一个“○”也没有，那么心与小肠为不平衡，即在心和小肠之间打一个“△”符号。如有子午而无丑未，则丑未之间，为其弱点；若有子有辰，而无丑未午，则未为其弱点之中心，即在未字即“小肠”格打一个“×”符号。

注明符号之后，再从全体上研究其平衡与弱点、强点，从而判断其体格之强弱与不平衡之所在，则明了其先天体格情况。

例如某人（男性）生于民国前二十年（1892年）九月初七申时，其八字为：壬辰（年）、庚戌（月）、壬辰（日）、戊申（时）。[1]壬、申均系膀胱，辰、戊均系胃，庚系大肠，戌系心包，分别把符号填入表中：

胆	
肝	
小肠	×
心	
胃	○○○
脾	△
大肠	○
肺	
膀胱	○○○
肾	△
三焦	
心包	○

根据这个表，作者做出这样的分析：“这就可知肝与小肠间为弱点，胃与脾、膀胱与肾均不平衡，心包可以助肾，故肾与膀胱间之不平衡，不如胃与脾间之不平衡为甚。胃强脾弱，身体不强，加以肝和小肠太弱，营养不良，所以照此人之先天不足，与不平衡之处甚多，必为多病之体也。”

陈果夫用这份表格检查了六百十几人，得到这样的统计结果：

[1] 这是陈文中列举的八字。

1．凡心藏太强，心包弱者，易得心脏病。

2．胃强脾弱者身体差，如肺又弱则易得肺病。

3．肺与大肠太不平衡者，往往有痔疮或扁桃腺炎症。

4．脾胃强，肝心与肺肾不平衡，往往年纪到了四五十岁以上，易患高血压，尤其肝心太强而肾亏者。

5．凡五藏平衡，无甚偏强或偏弱者，则身体强健无病。

6．脾胃太不平衡（胃强脾弱），其他脏腑又有一、二不平衡，则其人多病。

7．检查时发现有数例，父母有胃强脾弱者，其多数子女，必有数人亦为胃强脾弱；有父为心脏与肺均弱者，其子女亦然，故疑遗传亦可于八字中表现出来。

他接着说："数年来仅仅得到这些结果，但非极标准，因字数不多，不过八个，而其变化无穷，非再根据此概念，作更详尽之统计，不能认为确定。"

事实上，陈果夫的"先天体格检查"方法，是以八字天干配合地支本气五行阴阳而论，凡五行强旺克制衰弱者，则衰弱者所主的脏腑则病；同一五行阴阳若有偏枯，表明其表里不能平衡，故其所主脏腑也可能发生疾病。

修改意见

对于陈果夫的"先天体格检查"方法，《命理新论》的作者吴俊民提出了重要的修改意见。

他首先指出，陈在使用地支符号上，"其代表性有错误。因为医书上的地支是代表血气灌注脏腑的时间，并非代表时间与空间的综合属性，也就是说并未完全代表命理上的地支真实涵义，因为命理上的地支涵义则系根据地支所藏，所以能够得到较正确的结果。”[1]

这一点非常重要。显然，陈果夫不懂命理学，他把中医经络学中表示气血灌注脏腑时间的地支，作为了命理学中脏腑的代表符号，这当然是不合适的。

据此，吴先生提出了修改办法，即：先将地支根据其“藏遁”转化为天干，然后跟原有的天干一起标记到“先天体格检查”表中去（吴先生还把“命宫”[2]一柱也加入“八字”标记的内容），再作分析。在分析时，同时引进

[1]《命理新论》(下册)，第1076页。

[2]关于“命宫”的具体排法：

先把出生的月份从子位正月逆推上去，这样，亥位为二月，戌位为三月……，然后把出生的时辰加在出生的月份上，顺数至卯位，就得出所求命宫的地支。请注意，这里生月的取法是以节气的“气”为依据，即以中气为准，过中气则以下一月推。比如，立春（节气）之后是雨水（中气），出生于立春后、雨水前，为正月，雨水后则为二月。

另外，也可以用简便的公式来计算，方法是：先把生月和生时化作数，即寅为一、卯为二、辰为三……，再用十四（或二十六）—（生月数＋生时数），余数就是命宫的地支。

当然，也可以查下表：

命宫 \ 生时	子	丑	寅	卯	辰	巳	午	未	申	酉	戌	亥
大寒后、雨水前	卯	寅	丑	子	亥	戌	酉	申	未	午	巳	辰
雨水后、春分前	寅	丑	子	亥	戌	酉	申	未	午	巳	辰	卯
春分后、谷雨前	丑	子	亥	戌	酉	申	未	午	巳	辰	卯	寅
谷雨后、小满前	子	亥	戌	酉	申	未	午	巳	辰	卯	寅	丑
小满后、夏至前	亥	戌	酉	申	未	午	巳	辰	卯	寅	丑	子
夏至后、小暑前	戌	酉	申	未	午	巳	辰	卯	寅	丑	子	亥
小暑后、处暑前	酉	申	未	午	巳	辰	卯	寅	丑	子	亥	戌
处暑后、秋分前	申	未	午	巳	辰	卯	寅	丑	子	亥	戌	酉
秋分后、霜降前	未	午	巳	辰	卯	寅	丑	子	亥	戌	酉	申
霜降后、小雪前	午	巳	辰	卯	寅	丑	子	亥	戌	酉	申	未
小雪后、冬至前	巳	辰	卯	寅	丑	子	亥	戌	酉	申	未	午
冬至后、大寒前	辰	卯	寅	丑	子	亥	戌	酉	申	未	午	巳

（接下页）

四时五行衰旺的状况，作进一步的比较。比如以下命造：[1]

命例 45　男命（1967 年 1 月 9 日 0 时 40 分生于台湾斗六镇）

	年	月	日	时	命宫
	丙	辛	癸	壬	壬
	午	丑	酉	子	辰
（地支藏遁）	丁	己	辛	癸	戊
	己	癸			乙
		辛			癸

先将天干及地支所藏天干一起填入以下表格中：

衰旺	十干	臓腑	数量
次衰（囚）	甲	胆	
	乙	肝	○
衰（休）	丙	小肠	○
	丁	心	○
最旺（旺）	戊	胃	○
	己	脾	○○
次旺（相）	庚	大肠	
	辛	肺	○○○
最衰（死）	壬	膀胱	○○
	癸	肾	○○○○

（接上页）

得出命宫地支后，再根据“五虎遁年起月诀”（见第三章“排八字”）找到相应的天干。

比如，以下命例43：男命出生于1967年1月9日0时40分。查“万年历”，1966年12月22日（农历丙午年十一月十一日）为冬至（中气）；1967年1月6日（农历十一月廿六日）是小寒（节气）；1月21日（农历十二月十一日）是大寒（中气）。因此，其出生日子在冬至后、大寒前，可以查上表（子时栏），其命宫地支为“辰”。然后，根据“五虎遁年起月诀”，天干为“壬”，故其命宫为“壬辰”。

[1]《命理新论》中讨论了方法，但没有列出八字。这里列举的是钟义明《现代命理与中医》中采用吴俊民方法作分析的命例。见《现代命理与中医》(下册）第 276—280 页。

依表中所列出的十天干数量及生克制化、旺相死囚休的关系，可以作这样的分析：

首先，土旺（此是照月令正气而言，若照五行用事则癸水当令最旺），但其数量只三个，而得两个火相生；水虽死而数量多，并得三个辛金相生；木囚，数量少，但得六个水相生；火休，被土、金、水克泄。因此，可以论为：水强，土、金平，木、火弱。

再将十天干一一分析以后，[1]就大局大势看，可以得到：癸水最强，壬水次之；丙、丁火最弱；甲、乙木次弱；土、金中平。

最后，依据这样的原则：凡强不逢克泄，而得生扶者；弱不得生扶，而逢克泄者；或缺而不备，又逢克泄者；或同行阴阳偏盛、偏衰、生扶克泄不得中和、或流通者；其所主的脏腑，多是先天较脆弱，或有缺陷，行运不宜，即易发生疾病，甚至终身有疾。这也就是命理所谓的“五行死绝而成疾，相克而成疾，相生太盛而成疾。”据此原则，来观察以上这个命造，就可以做出判断：其疾病当在肾、膀胱、心、小肠、肝、胆。[2]

吴俊民的方法，显然比陈果夫原来的办法要进步。但吴先生自己说：“但例外的事象，尚有百分之十左右。根据事理的分析，我们知道例外的构成必有例外的条件，若能探知其条件，自然能够明了例外的事象了”。吴先生特别举了“特殊格”的例子，“因为历代命家用正五行论命，发现有许多例外的问题，不得解决，于是别寻原委，先后发现这些偏格，故论命的准确性也就有

[1] 见《现代命理与中医》(下册)，第278—279页。

[2] 在此，钟义明的《现代命理与中医》(上册)一书有这样的评论：“这种分析法若不是对中医的‘藏象论’有很深入的研究，并且对命理经典纯熟，光看天干所配的脏腑，猜了十几种病，也许还猜不到一个，并不是‘很利’的论命法。若有经验的命学家、医学家起码会这样推：1. 金水旺，木火弱，是寒症，而且是‘心肾不交’的病。2. 木主肝，肝开窍于眼，肝虚寒，眼有病。3. 火性光明，代表日、月，人体中日、月，司光明者即眼睛。”(第279—280页)

了进步。”[1]

对于陈果夫的“先天体格检查”方法，赵季青在《八字与健康》一书中也提出了补充意见。既然陈先生的体格检查是“先天”的，那么，还可以补充进“后天”的部分。

他说：“后天的健康情况，只要将每年的干支，即流年干支和大运的干支并入研究，即可知端倪。”[2]具体办法是：在“先天体格检查”表格中，再设“后天”一栏，将某五年大运的天干或地支，再加上其中某流年的干支，用“○”符号填写到相应的格子内，然后跟原先完成的“先天”部分参合起来观察。他认为：“人一出生即开始接受宇宙时变电磁场之作用，故其先天体格良窳，取决于出生时所受电场是否平衡而定。假如后天大运及流年，又带来了使其原先不平衡的五行更加不平衡，则其病势加重。”[3]

关于健康与疾病，的确引起不少现代命理学家的重视。梁湘润在《大流年判例》中有“病理例式”部分，将台湾台中县丰原市静安医院院长所提供的七十个“八字”，做“俱为真有其人，实有其病之八字统计”分析。

钟义明《现代命理与中医》

钟义明的《现代命理与中医》，是现代对疾病命理研究的重要著作。

诚如作者所说：“这本书是笔者著作系列中，尝试将易理、中医学理、命理、星座、血型、现代医学结合，对人生的疾病灾厄进行探讨的心得报告。在古今的命理、医学书籍里，是属首创之体例……。”[4]在书中，钟先生收录了一百三十个人的病例，九成以上是他亲自批过八字，而且经过长期的追踪

[1]《命理新论》，第 1076 页。
[2]《八字与健康》，第 22 页。
[3]《八字与健康》，第 22 页。
[4]《现代命理与中医》(上)，第 5 页。

调查，对其生活环境、习惯、发病原因、治疗过程，都曾有详实的记载。作者“结合命理和医学来解析引致灾病的原因、病症、病因，病名采用现代医学来说明，部分病例加入堪舆的环境因素之叙述。这个尝试，笔者付出相当大的心力，自忖是古今命理书籍中，对疾病作最详实记录的一份档案。”[1]

关于八字病理，钟先生指出：

以日柱看疾病，有两个要点：

1. 天干看克——原命或大运、流年有七杀时，疾病就显现出来，尤其是原命、岁运中没有正印或食神时。

2. 地支看刑冲——原命或大运、流年出现刑、冲的情形，非病即伤。若原命、岁运中没有三合、六合、月将（太阳）、“龙德迴生救生”，而刑、冲又构成“循环三刑”、“三刑逢冲”的局面，往往因意外或重病死亡。[2]

他还进一步总结道：

我的经验是：五行的太旺、太弱、战克冲刑，不限定在日主，应把四柱八个字看成一个“命的全体”结构；全体结构若呈现某个五行特别强旺、特别微弱，或两个相反的五行势均力敌（木金、金火、火水、水土、土木两两对峙），干支（不管在那一个宫位）有相冲相刑的情形，身体必有疾病伤痛。[3]

把《现代命理与中医》一书，作为当代传统命理学在结合中医和现代医学方面作出开拓的标志，大概是没有疑义的。

《又一种“基因”的探索》

这是本书作者在2012年出版的一本研究手记。它的主题是：**出生时间与**

[1]《现代命理与中医》(下)，第223页。
[2]《现代命理与中医》(上)，第311页。
[3]《现代命理与中医》(上)，第288页。

体质之间的相关性。这是我根据传统命理学理论，尝试用现代方法对健康问题所作的一种探索。

在现代人看来，个人的出生时间跟他的体质之间，似乎没有任何的联系。但是通过100多个案例的体质测试，以及相对应的出生时空的计量分析，我的确发现：**它们之间存在着某种相关性**。

中医体质学是二十世纪七十年代以后，由北京中医药大学王琦教授作为主要开拓者而逐渐形成和发展起来的一门新兴学科。作为中医体质学研究的核心，是体质的分类问题。

由王琦教授带领的“中医体质分类判定标准的研究及其应用”课题组，在经过对我国东、西、南、北、中五个地域九省二十六市进行的二万例大样本流行病学调查研究基础上，将中国人群的体质分为：**平和质、气虚质、阳虚质、阴虚质、痰湿质、湿热质、血瘀质、气郁质、特禀质等九种基本类型**；[1] 每种体质都有不同的形体特征、常见表现、心理特征和对外界环境的适应能力，并有特定的发病倾向。[2]

作为一项重要的研究成果，“中国人的九种体质”已成为中华中医药学会认定的学会标准。尤其是“中医体质分类与判定自测表”，以它的定量计分的可操作性，成了人们可以自己了解自己体质状况的实用工具。

---

[1] 根据王琦《人分九种：人体体质辨识与养生》：“亿万人群，可分九种，一种平和，八种偏颇。”21949例调查对象中医体质类型构成比：平和质32.75%；气虚质12.70%；阳虚质7.90%；阴虚质8.89%；痰湿质6.29%；湿热质9.88%；血瘀质7.95%；气郁质8.73%；特禀质4.91%。（28页）

[2] 王琦在《人分九种》中写道：“既然体质是可以划分的，那具体又如何划分呢？通过检索大量的古代及现代文献，结合大样本的流行病学调查和临床实践，我发现个体差异现象有四个表达特征群，即体质特征可以从形态结构、生理机能、心理特点、反应状态四个方面进行表达。”（27页）这里，形态结构，指可以观察的躯体形质特征群，比如人的高矮胖瘦、皮肤质地、毛发疏密等。生理机能，指特异的生理信息，指的是人的呼吸频率、体温状态、血压高低、代谢快慢等。心理特点，指性格、情感等心理方面特征群，如性格的外向、内向，情感的细腻豪放等。反应状态，指对自然环境和社会适应能力方面的特征群。

我的工作流程是这样的：

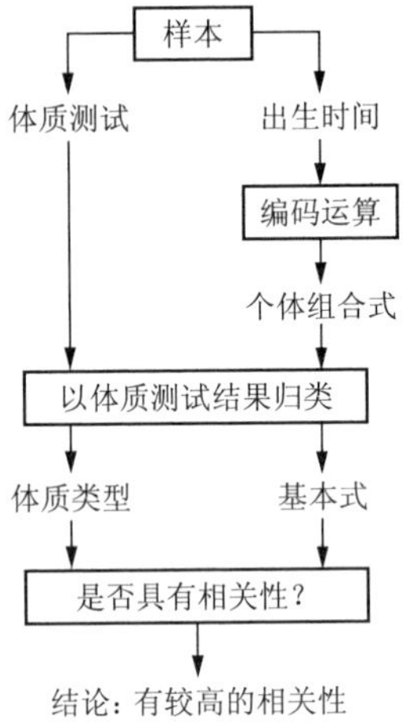

图 10.1　体质识别工作流程图

工作的第一步是获取观测案例。每个案例包含有两个方面内容：一是根据“中医体质分类与判定自测表”的体质测试结果；一是测试人的出生时间。

在取得由案例组成的样本后，我首先对每一个案例测试人的出生时间的信息，进行了编码运算，得到了由 10 个天干元素（变量）组成的反映个体出生时空信息的**组合式**。

然后，以体质测试结果为准则，对案例的个体组合式进行分组，即将测试结果主项体质相同的案例归为一组。接着，再进一步将同组案例的组合式中各个元素一一进行叠加，然后求取平均值，得到跟测试体质结果主项类型相对应的**基本式**。由此，我得到了除平和质之外的 8 种体质共 11 个小类，即 11 个先天体质倾向基本式。

最后，我探讨这些基本式与它对应的体质类型之间的相互关系，目的在于探求它们之间是否具有相关性。同时，用传统中医理论，来解释这类相关性所体现出来的生理学和病理学意义，考察其理论和实践上的合理性。

比如，对于特禀体质，即过敏体质，根据调查结果，我发现存在两种先天五行分布的基本式，我把它们表现为以下特禀质 A 型和特禀质 B 型两个示意图：

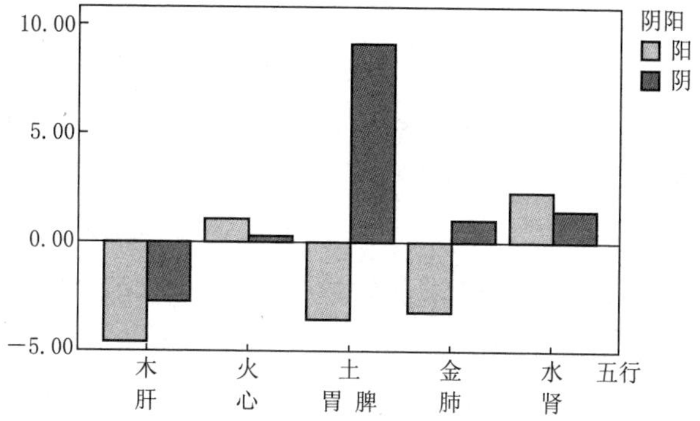

图 10.2　特禀质 A 型示意图

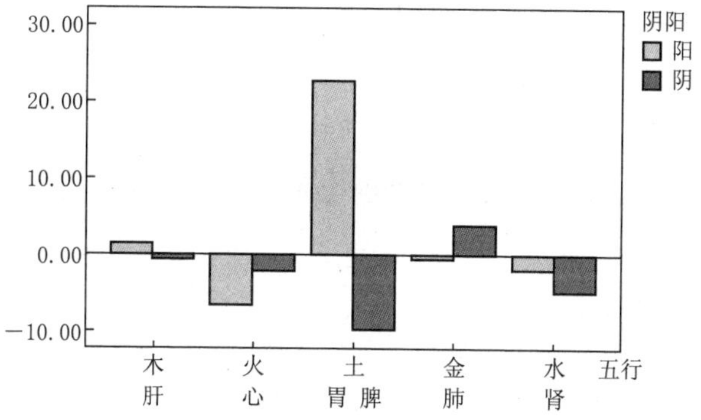

图 10.3　特禀质 B 型示意图

观察这两个示意图，首先是代表脾胃的“土”最旺。其次，在“土”内部，是胃和脾相对立。在 A 型中，脾的数值是 +8.1；胃的数值是 −3.24。与 A 型相反，B 型是胃的数值最高，高达 +22.58；脾的数值则为 −9.68。其他 8

个变量，数值变化相对都不大。

那么，为什么出生时空结构中脾胃数值大、且处于对立的人，会具有特禀体质倾向呢？这引起了我的思考。我猜想：人体内部与外界有直接接触的，一个是肺，是呼吸系统，包括一身之表的“皮毛”；[1]另一个就是脾胃，即消化系统。脾胃是消化食物的通道，自然容易对外界的过敏源发生反应。脾或胃，在先天时空结构中数值相对很高，是否就表示它们处于了“太过”状态，所以对外界状态也就太过于“敏感”了？当我联想到道家的“辟谷”，对于有过敏体质的人有特殊的疗效，[2]这样的测试结果看来不是偶然的。一句话，从出生的时空结构信息出发去探求先天体质倾向，或许会给我们提供一个崭新的有意义的认识视角。

本书记录了整个探索的过程。虽然，限于作者现有的条件，收集到的案例还不多，但其结果却令人鼓舞。它凸显了中国古代“天人一体”的自然观的深邃意义。这是中华文化源头的一泓清泉！这种从传统命理学和中医学中透露出来的东方独有的对自然和生命现象的认识，并不仅仅是哲学的思考，它有具体的描写方式，**在今天仍应具有实践的意义**。

二、命理的心理学研究

八字与性格类型学

二十世纪三十年代末，出版了潘子端[3]著的《命学新义》。其中第一部分“水花集”，可以说，是命理学史上第一次出现的将现代心理学分析引进传统

[1]“皮毛”包括皮肤、汗腺、毫毛等组织，具有防御外邪、排泄汗液、调节体温、辅助呼吸等作用。
[2]据参加了道家“辟谷”学习班的朋友反映。
[3]署名“水绕花堤馆主”。

的八字研究领域。

西方精神分析派心理学是于十九世纪末、二十世纪初由奥地利精神病医师弗洛伊德[1]创始和发展起来的一个西方心理学派别。这个学派并不是发端于心理学本身，而是发端于精神病学。瑞士的荣格，[2]是这一流派的重要代表人物之一。

由于弗洛伊德早期过度强调性本能在心理发展中的作用，使原先追随他的荣格离他而去，自立新说。“外向型”和“内向型”，[3]是荣格心理分析的重要概念。

所谓“外向型”，是指心理能量[4]的外向转移，即心理能量指向客体的外向运动，其结果是沉湎于客体，也就是说，主体对客体有直接的依赖性。所谓“内向型”，是指心理能量的内向转移，即主体的兴趣不在客体内部发生作用，而是退回到主体的过程，主体像一块磁石一样，始终是中心。[5]因此，“外向型”的人，心理活动倾向外部，经常对外部事物表示关心和感兴趣。这些人心情开朗，善于交际，但他们不愿冥思苦想，而要倚靠他人或活动来满足个人的情绪需要。他们善于在群体活动中表达自己的情绪和情感。而“内向型”的人，很少向别人显示自己的喜怒哀乐。在情感方面，他们经常是自我满足，珍视自己内心的体验。他们一般不愿在大庭广众下抛头露面。他们做事深思熟虑，但往往缺乏实际行动。荣格认为，外向型和内向型，不过是程度问题，是就其主导性而言的。

---

[1] 弗洛伊德（Sigmund Freud，1856—1930），奥地利心理学家，精神病医师。精神分析学派创始人。

[2] 荣格（Carl Gustav Jung，1875—1961），瑞士心理学家，分析心理学的创始人。

[3] “外向型”和“内向型”的英文表述分别是：the extraverted attitude 和 the introverted attitude，或 extraversion 和 introversion。在许多心理学著作中译为“外倾”和“内倾”，似乎更接近原意。

[4] 即 psychic energy, 也是荣格所谓的“欲力”。

[5] 事实上，荣格是以解决问题的出发点不同为依据，来给外向型和内向型下定义的。这一点跟我们平时所说的外向型的人性格开朗，内向型的人比较沉默的看法是有所区别的。

荣格进一步引进四种心理机能：思维、情感、感觉和直觉。“思维是一种渴望理解事物的理智功能；情感是一种价值判断的功能；感觉是一种感官知觉；直觉是一种直接地把握到的而不是作为思维和情感的结果所产生的经验或体验。”[1]它们跟外向型和内向型组合起来，便构成了八种个性性格类型：

外向思维型、外向情感型、外向感觉型、外向直觉型；

内向思维型、内向情感型、内向感觉型、内向直觉型。

这就是荣格的**性格类型学说**。

在“水花集”中，潘子端把荣格的八种性格类型直接引入了八字命理学中，把它们跟格局理论中的“八格”匹配起来。他说：“欲识性情，须明八格。八格定于月令。八格者：正财、偏财、正印、偏印、正官、七杀、伤官、食神也。古人定格之意，实由情性以察人生之成败，与欧战后新兴之精神分析学相同。精神分析学分人类心理定型（Psychic-types）为四种，再按其内向、外向性质析而为八。兹列一表，以备对照：”[2]

<table>
<tr><th colspan="2">精神分析学</th><th colspan="2">命学</th></tr>
<tr><td rowspan="2">思想派（思维）</td><td>外向</td><td>正官</td><td rowspan="2">官</td></tr>
<tr><td>内向</td><td>七杀</td></tr>
<tr><td rowspan="2">感觉派（情感）</td><td>外向</td><td>伤官</td><td rowspan="2">食</td></tr>
<tr><td>内向</td><td>食神</td></tr>
<tr><td rowspan="2">直觉派</td><td>外向</td><td>正印</td><td rowspan="2">印</td></tr>
<tr><td>内向</td><td>偏印</td></tr>
<tr><td rowspan="2">知觉派（感觉）</td><td>外向</td><td>正财</td><td rowspan="2">财</td></tr>
<tr><td>内向</td><td>偏财</td></tr>
</table>

[1] 刘烨：《荣格的智慧》（中国电影出版社，2005年），第3页。
[2]《命理一得·命学新义》，第218—219页。

请注意：由于翻译名称不同的缘故，表中“思想”即上文中荣格学说中的“思维”；“感觉”即“情感”；“知觉”即“感觉”；只有“直觉”仍是“直觉”。

潘子端运用荣格的性格类型理论，对八格作了以下具体的分析和描写：

思想（即思维）派，理智为主。

按思想派一流人物，概皆先思而后行。言语行为，均有明了之见解。然有时固执，不肯服从他人。不特自己筹画自己生活之方式，且与他人竞争，图占优势。如为外向的，则喜于他人合作，为行政人材，为律师，为工程师。如为内向的，则喜独当一面，努力于事业之成就，或为学术界之权威，或为艺术界之领袖。吾于六神论中提出官杀之性质凡三，即（一）公正的；（二）利他的；（三）官重合作，杀重独立自尊。官格得其正，必能以清纯之思想，领导其行为，为众人造福。此点官杀相同。所不同者，杀则独当一面耳。故官格，即精神分析中之思想派。

感觉（即情感）派，感情为主。

按感觉派中人，短于理智，富于情感。思想派之处世，以“对不对”为前提。感觉派处世，以“喜不喜”为前提。故感觉派都不善处世，傲然自得，清标绝俗。当其感情奔放，发为诗文，又为人所倾倒。如文学家哥德，音乐家华格纳，诗家韦特曼是也。我国命书本以伤食为发泄英华之物，英华泄则锋芒露，锋芒露则只知有己，不知有人，结果为才高招忌。至伤食之别，吾已于六神论中提及，谓伤重合作，食重自尊。自尊为内向的，主沉默。合作为外向，主发挥。……食伤之别，即如感觉派之内向、外向。[1]

[1] 接下来原文为：“外向之感觉派，精神分析学以女子为例，其言曰：‘外向感觉派之女子，择夫多不慎。重视奢侈虚荣，讲求服装，善交际，喜恶以潮流为标准。浅薄浮华，瞬息万变。’所谓外向感觉派，即命理中之伤官。经云：‘女命伤官福不真，’即此意也。至于食神，则不若伤官之劣。其论内向感觉派之女子云：‘静默高傲，寡言笑，对于时下潮流，亦不愿发挥何等意见’也。”这里，潘子端完全是以传统命理对女子的看法来论说伤官和食神的。

直觉派，偏重精神。

按此派人多含有神秘的或先见的意味。且常有一种内心的世界，有时可测他人的隐秘，或远地之事物。或看透人情世故，发超越之思想。故此派多宗教家，预言家，或玄学家。命书有云："僧道之造，印绶逢于天德。"足见印格之有内心世界也。印分偏正，犹直觉派之分内向、外向。外向直觉派喜参加社会上新运动，及将成熟时，忽又感觉无味，又思寻求更进一步之新运动矣。是印格之造，多为先知先觉之辈，重鼓吹而乏实行能力。有官则兼具实行能力。官印相生，乃能知能行之造，于社会上奋斗易得胜利也。偏印又号枭神，乃内向的直觉派，精神分析家以尼采为代表。……

知觉（即感觉）派，偏重物质。

按此派人重视声、色、香、味、触，且喜寻求新刺激，是皆命书财格之特性也。此派于做事的趣味上，男女的情欲上，与直觉派恰成两个极端。直觉派视世界为无趣味的，此派以为人生充满趣味。直觉派以性欲为丑恶，此派以为压制性欲，反易致病。外向知觉派为社会上常态之人，最宜经商，因其既重钱财，且对人生之见解，并不深刻也。此合于命书之正财格。若内向的知觉派，则另有一内心的世界，不过与直觉派不同，见解既不深刻，且轻视精神、重视物质也。此与命书之偏财格同。[1]

评论

作为一种尝试，这是十分值得称赞的。而且，在某种程度上，也的确揭示了八格在性格展示方面的一些特点。但是，如果稍加琢磨的话，还是可以

[1]《命理一得·命学新义》，第224—229页。

看到它有“生搬硬套”的痕迹。

首先，应该指出，**荣格的性格理论并不是十分完善的**。若仔细推敲，它本身就存在着一定的问题。比如，把人的个性划分为两大类：外向型和内向型，这虽然已广为人们所接受，“但是要说所有的人都不外乎这两种类型，那就跟事实相违甚远。”[1]因此，当潘子端把命理中的八格也归为两大类：凡与日主呈阴阳异性的格局，如正官、正财、正印、伤官等格，即为“外向型”；凡与日主呈阴阳同性的格局，如七杀、偏财、偏印、食神等格，即为“内向型”。我们不难发现，用这样的两分法，一以贯之，的确有困难的地方。

从实际的命理性格分析来看，用“外向”和“内向”来区分正印和偏印、伤官和食神这两对格局，似乎还比较妥帖；若用来区分正官和七杀、正财和偏财这两对格局，就显得十分生硬了。熟悉命理学通常对正财格和偏财格的人的个性描写的话，是很难得到结论说，属于正财格的人“外向”，属偏财格的人就“内向”了。

潘子端为了进一步贯彻“外向”和“内向”的两分法，用它们来标记八格的异同，他把“外向”跟“合作”匹配起来，把“内向”跟“竞争”匹配起来。这显然是潘先生的发挥。

其实，在我们看来，如果把“合作”和“竞争”这两个对立的特征，运用于正官和七杀、正财和偏财这两对格局上，似乎还能说明问题，而用于正印和偏印、伤官和食神这两对格局上，就又显得非常生硬了。比如，伤官在心性上喜欢出风头，重视别人对自己的肯定，这并不等于说，具有此性格特点的人都愿与外界采取“合作”的手段，相反，伤官重的人则多具反叛的意识，故往往与现存的传统规范在思想情绪上采取不“合作”的态度。

其次，荣格把外向型、内向型这两大类跟四种心理机能按照数学的简单

---

[1] 杨清《现代西方心理学主要派别》，辽宁人民出版社，1980年，第416页。

组合法，配合为八种具体类型。“显然，他的这些类型并不是从客观事实归纳出来的，而是从主观观念演绎出来的。这就无怪他对某几种类型，既说不清楚它们的特征，也举不出恰当明显的例证。”[1]同样，这也给潘子端带来了困惑。

按荣格的区分，思维和情感是一对，这是从对事物的判断方式来归纳的：思维强调“对不对”；情感强调“喜不喜”。感觉和直觉又是一对，这是就对事物的感受的方式来描述的。潘先生把正官、七杀格跟伤官、食神格，置于荣格的思维（思想）跟情感（感情）所对立的一组，把正财、偏财格跟正印、偏印格，置于感觉（知觉）跟直觉相对立的一组。作为后者，似乎还能揭示它们的某种差异来，就是说，财格在心理特征上，较多地表现出“感觉”（知觉）这一方面的特征，而印格，较多地表现出“直觉”方面的特征。但是，对于前者，即官格跟“思维”（思想）相联系，伤官、食神格跟“情感”（感情）相联系，就显得不那么妥当了。伤官和食神，是日主所生，是宣泄日主的能量和精华，表现日主的才能，怎么能把这种才能仅仅限于“情感”的宣泄，而没有“思维”的内容呢？相反，善于“思维”倒是伤官、食神格的主要特征之一。

因为传统命理学企图对人生作全方位的描写，即使在性格展示方面，也是如此。因此，用任何一种现代心理学中的性格学说，去“套”传统命理学经过上千年的经验而锻造出来的对性格全方位的描写手段，显然不是一件容易的事情。

但是，潘子端在二十世纪三十年代末，大胆地把现代心理学研究成果引进古老的命理研究领域，开了命理学“现代化”、“学术化”之先河。这也是现代人在现代科学思潮的影响下，要求重新审视这门具有古老传统的关于人的命运学问的结果。

---

[1] 杨清《现代西方心理学主要派别》，第416页。

何建忠的八字心理研究

如果说，“性格决定命运，性格改变人生。这已成为世界各国学者的共识。”[1]那么，从性格下手，用现代心理学的方法，去总结和开拓传统命理学早已积累下的丰硕成果，不能不说是一个值得深入探索的方面。何建忠编著的《八字心理推命学》和《千古八字秘诀总解》两书，正是这方面研究的又一次尝试。

在《八字心理推命学》中，作者说：他在初习八字的过程中，“结果发现八字算心比算命准确，并发现一套分析心灵的方法及原理”。[2]他强调：“八字的确可以算命”。但是，“以八字来分析‘与心态有关的命运事象’准确率甚高，但若来分析‘与心态无关的命运事象’则准确率较低。”[3]因为“‘不涉及心态的命运’常是要环境的配合造成的”，不然无法解释世界上同年、同月、同日、同时辰出生的人命运的确存在着很大的差异。所以“千万不要随意的推算‘不涉及心态的命运’。”[4]

显然，何建忠主要从心理因素下手来探讨八字命理。

他指出，八字中有一个主体（即我），那便是日干。日干可当作不同的“我”来看待：其一为“精神主体我”，其二为“肉体我”。[5]八字命理能对它们做出的刻画，“若日干可当成十成的‘精神主体我’，则只能当七八成的‘肉体我’。”于是，作者着重从“日干为精神主体我”出发，去讨论它们所遇到的十星（即正官、偏官、正财、偏财等十神）在心理世界上的表征，并由此提出了“十天干与十星的关系”的新见解。

---

[1] 刘烨：《荣格的智慧》，第 1 页。
[2]《八字心理推命学》，第 6 页。
[3]《八字心理推命学》，第 254 页。
[4]《八字心理推命学》，第 9 页。
[5] 作者还说：“其三为‘自性我’”，但没有明确的阐述其内容。

作者说："在十天干及十星的对应关系上，笔者作了各种假设、及实验，最后才找到以下的对应关系"：[1]

天干名称	甲	乙	丙	丁	戊	己	庚	辛	壬	癸
十星名称	偏财	正财	七杀	正官	偏印	正印	比肩	劫财	食神	伤官

由此，作者推论出十天干的简略特性如下：[2]

甲木—偏财：重视具体物质世界，但对物不执着，善于操作，一般的知觉力强，可代表父亲。

乙木—正财：肉身欲望强，重视现实、功用之物，温和，对肉身的感觉极灵敏，可代表人的身体、妻子钱财。

丙火—七杀：凡事有意气，富权威，为事有劲力，不屈扰，处事富光明。

丁火—正官：奉公守法，富有理性，凡事较易顺从，挂念，对团体、公众的事较有兴趣，可代表丈夫、官位。

戊土—偏印：对物质淡薄，有孤独癖，不喜欢管人闲事，也不让人管。虽呆滞，但希望有一些小作为。

己土—正印：卑弱，厚实，相信传说。与宗教有关系，有修养，仁慈，凡事易类化，可代表母亲。

庚金—比肩：强健但不鲁莽，自主但不侵犯，独立而无惧，刚硬但不凶猛，可代表兄弟、朋友。

辛金—劫财：鲁莽、激烈、急切，有操作欲，侵犯性强，不怕流血，有攻击性，自由自在，可代表兄弟、朋友。

壬水—食神：富有欣赏、游历性，凡事可分得较细腻，对文艺有兴趣，文思流畅，可代表女性的女儿。

[1]《八字心理推命学》，第204—205页。作者说，这个想法是"有天晚上做梦，梦里出现的"。

[2] 见《八字心理推命学》，第205—207页。

癸水—伤官：敏感、多幻想，重视他人对自己的肯定，喜新厌旧，不喜成规定俗，心念多变动，喜文艺，可代表女性中的男孩。

事实上，何建忠是**把庚金作为“主体我”**，由庚金跟十天干之间的关系中推理出各天干具有的相应十神的一些基本特征。这样，在实际推算八字时，与日干发生关系的十神都不是原来单纯的十神了，而成了“复合星”，即有两种十星的混合。

比如命造的日干是癸水，当它见到时干是丙火时，癸水本身是“伤官”，时干丙火则为“正财”（癸水克丙火，丙火为正财），这时“癸丙”（前一个字代表日干；后一个字代表被日干作用的天干）就构成的复合星——“伤官中的正财”。它的含义是：“因为伤官有喜新厌旧之性，正财有恋执肉欲之性，故而‘癸丙’可指‘风流’。同样，伤官可指意识流动，正财可指想赚钱，故而癸丙亦可指为‘善动头脑的商人’”。

再如，日干戊土见月干甲木，戊土本身是“偏印”，甲木是戊土的“七杀”，“戊甲”就成了“偏印中的七杀”，其含义为“因为偏印可为与环境相隔；七杀可为权威性，故而戊甲可指一些自封闭、但有权威性的老学者。”

作者认为：“由复合星的定义，我们即解决了几千年来命学中的难题：即类似‘癸丙’及‘甲己’的正财有何不同，‘壬甲’及‘甲丙’的食神有何不同……等问题。”[1]这是说，通过提出复合星的合成含义，可以进一步辨别，如日干癸水的命造中所见的丙火“正财”，跟日干甲木命造中所见到的己土“正财”之间的差异，从而使八字分析更为精细。

在《千古八字秘诀总解》中，何建忠先生进一步提出了“宫位原理”。他说：

“日支代表妻宫”、“时柱代表子女宫”，这是相传已久的“宫位说法”，但是这些说法，严格看来很零碎，没有系统性，并且在应用上，常令人头痛。

[1]《八字心理推命学》，第210—211页。

况且流传下来的“宫位说法”，只涉及到“六亲”，至于财富、官禄、名位、心性、身体、能力……是否也有宫位，就没有一本书说过。[1]

于是，他提出了以下的八字“宫位”分配：

年干	月干	日干	时干
甲	壬	庚	戊
偏财	食神	主体	偏印
年支	月支	日支	时支
己	丁	乙	癸
正印	正官	正财	伤官

为什么做出这样的分配？

作者首先把日干定位在“庚”上，这跟上述的十天干与十星关系对应的设想是一致的。作者认为“天干属阳，地支属阴，阴阳相吸致使干支间有一极大的吸力——干支力”，因此，只有乙跟庚相合，才能建立起这样的“干支力”，故日支定位为“乙”，乙是庚的“正财”，于是日支为“正财宫”，代表一个人的身体、金钱、妻子、身欲等。

作者认为，“时”是“日”的一部分，故算是“日所生”。日干为庚宫，时支则为癸宫。跟上面相仿的理由，时干为戊宫。由它们跟日干的关系，推出时干戊为“偏印宫”，可代表师长、继母、家教心等；时支癸为“伤官宫”，可代表“儿子”(女性而言)、晚辈、名声、谈吐、文艺才能等。

根据地球对太阳的公转及自转，作者认为月支必为“限制我”即“克我”，于是月支为“正官宫”，为丁宫。由于丁壬相合，月干成了壬宫，也即“食神宫”。“正官宫”可代表：丈夫的儿子（男性而言）、思考性、观察性、官位、上司等；“食神宫”可代表：女儿（女性而言）、岳母、名声、施舍性、同情性、晚辈等。

---

[1]《千古八字秘诀总解》，第65页。

既然时支为日干所生，那么月支应为年干所生，已知月支是丁宫，年干则为甲宫；年干与年支相合，年支即为己宫。于是，年干是“偏财宫”，可代表：父亲、身体、妾、财物、房子、操作能力等；年支是“正印宫”，可代表：母亲、宗教、长辈、道德、容忍性等。正因为如此，“年本为日支母（日由年来），而年干、支甲己合化土，适足能生日干、支的庚乙合化金。古人以年干为主来论命，常有部分答对，原因是年干便可代表身体（偏财）。”[1]

简而言之，由宫位所代表的心态意义可以归纳为：[2]

日支—正财宫：代表以个人的欲念（包括食欲、性欲）。

月支—正官宫：代表一个人的思想、观念。

年支—正印宫：代表一个人的宗教信仰、诚信度。

时支—伤官宫：代表一个人的情绪、感性。

年干—偏财宫：代表一个人的操置能力、知觉力。

月干—食神宫：代表一个人的欣赏、同情心、游历性。

时干—偏印宫：代表一个人的宗教信仰、孤独性。

宫位之中，欠乏劫财宫和七杀宫。[3]

有了这样的“宫位”背景，作者进一步讨论和分析星对宫及宫对星的“运作”情况。比如，某命造，比肩出现在年干，即比肩星进入年干，它会克、斥年干的偏财，“克”是相克（比肩克偏财）；斥是排斥（比肩和偏财阴阳同性，同性相斥）。于是年干的偏财宫要论为“破宫”，而比肩星同样论为“有损”。

作者设定：八字宫位有破者，其“宫位”所代表的六亲缘分将浅薄，所代表的“行为特质”，也将完全不显；至于“宫位”“有损”的情况，结果较轻。同样，凡是八字十星被破者，其十星所代表的六亲感情将薄，而十星所

[1]《千古八字秘诀总解》，第 71—72 页。
[2] 见《千古八字秘诀总解》，第 359—360 页。
[3]《千古八字秘诀总解》，第 72—73 页。

代表的“心念特质”将丧失；至于“十星有损”的情况，情形稍轻。如果宫与星相互生旺或助旺，则称此星、宫得位，为“生旺”或“助旺”。

根据这样的认识，上面比肩进入年干，年干偏财宫就成了“破宫”，偏财宫代表父亲，由此可以推论命造跟父亲缘薄。而比肩处于“有损”，结果较轻。再如，某命造，正财星出现在月干上，月干为“食神宫”，因食神生财，正财星被论为“生旺”，而正财会泄、吸食神（正财和食神是异性，故相吸），故月干食神宫被论为“有损”。这样，可以推论正财星所代表的六亲缘分等会得到加强，而食神宫所代表的特征则处于“有损”。作者还讨论了十星和各宫遭到破坏后产生“变星”和“变宫”的原理。

评论

显然，何建忠试图突破现有传统的分析方法，引进新的角度，新的心理学认识，去开发八字结构中有关“涉及心态的命运事象”的信息。可惜，这些新的角度缺乏内在的逻辑性，很难构成一种新的认识和判断体系。

比如，无论是十干和十星的关系，还是“宫位原理”，**它的假设是把庚金作为“先验”的日干内容，**这个假设本身并没有任何逻辑上或经验上的根据。为什么庚金可以充当一般八字结构中的日主，而其他的天干就不能来充当呢？是根据已知十天干的性质反推出来的，还是依据任何其他的理由（总不能把“梦”作为依据）？[1]况且，作者由此把辛金作为“劫财”的个性来解释，也不符合传统命理学的通常解释。

再如，在“宫位原理”中，八字结构中月干这个十分重要的位置，被论作“食神宫”。这样，正官星或正印星出现在这个位置上，不是星会被沦为“破星”，就是这个食神宫会成为“破宫”，这难道能符合一般论命的常理吗？

[1] 何建忠先生说他的想法是在梦里出现的。

由于缺乏理论或经验的依据，这些“新原理”的确不够成熟，因此也没有在命理学界产生较大的影响。不过，何建忠先生从心理学的角度去大胆开拓命理学的现代疆域，引起人们的思考，还是有其历史意义的。

三、命理的社会学研究

命理学是中国传统文化的一个重要组成部分。它在古代中国人的社会思想中留下了重要印迹。即使到了今天，它依然呈现着不息的生命力。

李亦圆在《从民间文化看文化中国》中认为，在中国文化范畴内的华人，无论是居住在中国内地，还是台湾、香港、澳门，以及侨居海外各地的华裔人士，构成他们在日常生活上共同的特点可以归结为三项：某种程度上的饮食习惯、中国式家庭的伦理，以及以命相与风水为主体的宇宙观。[1]可见对命理的关心已成了中国人独特的文化观念的一个重要内容。

董向慧《中国人的命理信仰》

最近出版的《中国人的命理信仰》，是一本从社会学的角度，研究传统命理学和命理信仰的学术著作。

作者认为，从社会学的视角看，命理学是中国古人的社会分层方法。被视为社会学一代大师的马克斯·韦伯，[2]在其社会分层理论中提出了确定和分析一个人之社会地位分层的三个维度：经济资本、组织资本、文化资本。其实，中国人早在宋朝就认识到了这三个分层维度。命理学中以“财”、“官”、“印”所代表的社会义涵，正是对应于韦伯的经济资本、组织资本、文化资

[1]《李亦圆自选集》，上海教育出版社，2002年，第229页。
[2] 马克斯·韦伯（Max Weber，1864—1920）是德国的政治经济学家和社会学家，他被公认是现代社会学和公共行政学最重要的创始人之一。

本。这比韦伯早了至少几百年。

不仅如此，命理学中的社会分层维度还比韦伯理论多出两个，即以“食神”命名的继替资本，和以“比劫”命名的身体资本。在命理学中，食神代表了男人的孙子、女人的儿子，也就是说，男人是否有孙子，女人是否有儿子，也是衡量其社会地位的重要标志之一。这一分层标准反映出中国人对“延续香火”、传宗接代的重视。另外，命理学还认为，一个人的身体是否健康，也是影响其社会地位之发展可能性的重要因素之一。这是符合社会流动理论与社会实际的理念。

总之，命理学蕴含了中国人的社会分层理念，是中国古人观察和认识社会的素朴社会学理论。它比韦伯的理念更为丰富，更具有中国的特色。

作者还用社会流动理论来解析命理学今法模型中“财官关系网络”理论，对其中所体现的社会流动理念，做了较为深入的研究和解读，从中挖掘出了中国人多维度、长时段的社会流动理念，即家庭与社会并重、将祖孙三代情况都考虑在内的社会流动思想。

中国人的一句俗话，叫“家道兴，看后生”，认为自己一个人好，或一代人好，并不是最理想的状况，只有下一代具有在此基础上向上流动的能力，才是理想的状态。这种社会流动理念迥异于西方只注重个体社会地位的单维度、短时段的分层理念。这个特点可以解释，为什么在西方，基尼系数[1]超过警戒线以后，社会就会出现动乱；而中国传统社会的某些时期，即使超过了西方学者设定的“警戒线”，依旧能保持着整体上的社会安定。因为那些生活艰难的中国父母，往往会将自己这一生不能实现的愿望转移到子女身上，生怕自己表达出对社会不满的行为会影响子女的前程，也害怕动乱会影响子女的发展，因此愿意接受现实，希望通过自己和子女的努力，以达到向上流

[1] 基尼系数，是二十世纪初意大利经济学家基尼，根据劳伦茨曲线所定义的判断收入分配公平程度的指标。是比例数值，在0和1之间，是国际上用来综合考察居民内部收入分配差异状况的一个重要分析指标。

动的目标。

作为一本中国社会思想史作品，作者还对今天的命理信仰进行了调查、描述和分析，尤其对命理学的现代转型、台湾地区命理信仰现状、网络算命等现象的探索和研究，具有明显的现实意义。

第十一章　多视角的推演程式

在现代科学思想的影响下，人们对传统学术作出了新的审视。人们开始不满意原先存在的各种“玄乎”的解说。尤其是受了现代高等教育的人，对于古老的学问要求寻找比较明确的内在学理。他们不满足只是结论，而没有严格的推演逻辑；不满意只是列举个别的特例，而不揭示能够涵盖较多真实事件的某种规律性。这是正常的，是社会思想的进步。对传统学术的健康发展，我们以为，是有益无害的。传统学问必须经过现代学术的“洗礼”，才能在新的时代继续发展，迸发它固有的生命力。

为了回应这样的时代要求，根据前文阐述的命理学历史所提供给的研究理论和方法，以及我自己的思考和实验，在这里提出一种全方位、多视角的命理推演程式。这是对传统分析方法的继承和整合。本章以清朝康熙皇帝命造为例，具体展示这样的分析程式。

一、康熙：千古一帝

康熙皇帝，满族，全名是爱新觉罗·玄烨，庙号清圣祖。“康熙”是他执政的年号。明、清两朝习惯用年号来称呼皇帝。

康熙为满清入关后第一个皇帝——顺治帝的第三个儿子。母亲为孝康章皇后。康熙生于顺治十一年（1654 年 5 月 4 日），卒于康熙六十一年（1722 年 12 月 20 日）。在位六十一年，是中国历史上在位时间最长的皇帝。

康熙八岁登基，十四岁亲政。一生政绩卓著：智除权臣鳌拜，平定三藩叛乱，收复台湾，御驾亲征噶尔丹等。康熙完成了自己肩负的历史使命，成就了中国的统一大业。“康乾盛世”[1]由此发端。这是中国古代专制王朝的最后一次回光返照。康熙因其卓著的文治武功，且在位时间长久，被后世尊为“千古一帝”。

图片3 （清）康熙皇帝

以下是康熙命造：[2]

[1] 起于康熙二十年（1681年）平定三藩之乱，止于嘉庆元年（1796年）川陕楚白莲教起义爆发，持续时间长达115年。在此期间社会稳定，经济快速发展，人口增长迅速，疆域辽阔。

[2] 八字和大运取自袁树珊《命谱》第六卷。

命例46 ［清］康熙皇帝命造

七杀	比肩		正印
甲	戊	戊	丁
午	辰	申	巳
正印	比肩	食神	偏印
劫财	正官	偏财	食神
	正财	比肩	比肩
	拱子水	合	
帝旺	冠带	病	临官
羊刃	华盖	文昌	禄

→

阴阳五行结构

＋木	＋土	＋土	－火
－火	＋土	＋金	＋火
－土	－木	＋水	＋金
	－水	＋土	＋土

大运：

1岁	11	21	31	41	51	61
己	庚	辛	壬	癸	甲	乙
巳	午	未	申	酉	戌	亥

袁树珊在《命谱》中对康熙命造做了这样的评论：

珊谨按圣祖仁皇帝之造，日干之戊属土，月干之戊亦属土，月日时，辰申巳三支，中各藏戊，俱属土。再益以年支之午，命宫之未[1]，中各藏己，又俱属土。不见刑冲。而有辰巳午未申，一气呵成，五位连珠之妙，岂独固重中正已哉？诞生于谷雨节后，正值土旺用事，土力固充足矣。月干[2]明透丁火，时支巳藏丙火，年支午，与命宫未，又各藏丁火，火势亦炎炎矣。设若无水润土，无水济火，沃壤膏腴，亦将变为石田，何足取哉！恰好申辰二支，藏壬藏癸，甘雨时行，万物发育。《滴天髓》谓火燥喜润者，职是之故，刘注为坐申怕寅，今日坐申垣，不见寅字。而诞生之际，又值暮春，气辟而生，至静不动，是以尧襟舜袍，则地揆天，寿享稀龄，位逾花甲，恒古以来，未之有也。

[1]《命谱》运用“命宫”，康熙命造的命宫为辛未。——引者注。
[2]这里恐有误，应是时干透出丁火。——引者注。

二、八字分析

在本书第一章里我们就提出，命理学的研究在方法上犹如“黑箱”的探究，它是从不同的视角出发，去模拟和检验这个“黑箱”的功能。通过以上对命理发展史的简述，我们已经展示了前人在不同的历史时期，在不同的著作中，运用不同的视角，对八字结构作出了不同的推演和剖析。现在，我们把这些分析手段整合起来，成为一种全方位、多视角的分析程式。以下就应用这个程式，对康熙命造做出具体的分析。

强弱分析

首先是八字结构**日主**的强弱分析。

在第五章里已经谈到，强弱分析主要是通过日主同方与日主异方的力量对比，判断日主的强弱，并在此基础上决定扶抑的策略，选取命造的扶抑用神。

简单的方法，是观察日主是否：(1) 得令，(2) 得地，(3) 得助。再从数量上进行分析，并置于外部时令条件之下，做出权衡，得到初步的答案。

由于康熙诞生在谷雨之后、清明之前，正值季月后十八天土旺之时，其五行“旺相休囚死”的分布如下（可查第五章“五行四时用事”表）：

土旺、金相、火休、木囚、水死

由此，根据康熙八字中天干（天元）和地支藏道（人元）的五行分布，作出以下初步的分析：

日主同方	日主异方
日主及同我—土：6(旺) 生我—火：3(休)	克我—木：2（囚） 我克—水：2（死） 我生—金：2（相）
共计：　9	6

命造日主为戊土。观察八字，它既得令——生于辰月土旺之时；又得地：年支帝旺、时支临官（禄）；又多助：月干透出戊土，时干透出丁火。再加上以上的数量分析佐证，完全可以下结论：日主身强无疑。

既然日主十分强健，那么，在扶抑方面应该采取怎么样的策略呢？

当然是“抑”。抑的手段，一般来说，有三种：(1) 克制。在这里，即是用木去克制厚土。(2) 宣泄。这里就是用金来宣泄土的能量。(3) 消耗。因为土克水，可以用水去耗泄土的能量。

在通常情况下，身强八字，克制总是首选。尤其是这个命造，本身就有年干甲木高耸。那么，是否就取此甲木为这个八字的扶抑用神呢？

稍加分析后，便会觉得，这并不是最好的办法。为什么？因为命造火太旺，或者说，印绶太旺了。以甲木去克制厚土，还未达到疏土的目的，却遭到了大火的焚烧——由木生火，火生土——化为灰烬，结果不是日主更旺了吗？有鉴于此，甲木不宜为首选。

只有用宣泄的手段或耗泄的手段，才是有效的策略。前者用金，后者用水。事实上，这符合**弱者宜生扶，强者宜克抑，过强者宜泄**的处理原则。实际上，此八字已是“过强者”，只是还没有到“专旺”的地步。

那么，这个命造有没有承担宣泄或耗泄功能的机制呢？**康熙是幸运的**。日支申金具备了这样的功能。不仅申金的本气——庚金，可以宣泄强土，而且，申中所含有的壬水，又可以起到耗泄强土的功能。所以，从日主强弱的视角看，此八字结构具有良好的扶抑机制，即具备了扶抑用神。

强弱分析的结果：身强，宜耗泄，以日支申金为扶抑用神。

调候分析

接着是调候问题。

所谓调候，是八字结构在外部自然环境条件下自身的寒暖、燥湿问题。《滴天髓》提出了这个课题。《穷通宝鉴》则更加全面、细腻地探讨了这个问题。当然，具体问题要做具体分析，不能完全拘泥于古书的论点。[1]

先看《滴天髓》。对于戊土的性质，它作了以下概括的阐述：

戊土固重，既中且正。静翕动辟，万物司命。水润物生，火燥物病。若在艮坤，怕冲宜静。

这是说：戊土的结构和密度相当稳定和厚实，不偏不倚，均衡对称。秋冬是休止期，能量闭藏；春夏是活动期，能量开放。它的一开一闭含吐万物，使生者出、死者归，可说是万物的家。适当的水分对戊土有滋益作用，能长养万物；太多的阳光使戊土硬化，不利于万物生存。寅是土"气"的生长点，申是土"质"的生长点，[2]均是戊土较弱的位置，要稳定而不可摇动，生计才不会受到破坏。[3]

对照康熙命造，日主戊土，生在春末、即将入夏的节令时分，正是能量开放的活动期。诚如袁树珊所指出的，命造"诞生于谷雨节后，正值土旺用事，土力固充足矣。"同时，天干有丁火，地支有巳、午火——"火势亦炎炎

[1] 凌谢冰在《中国八字学通论》指出：对于冬生辛金，《滴天髓》是"寒则喜丁"；而《穷通宝鉴》主张是用"丙"。在辛金的取用上出现了矛盾。事实上，在经典著作中这样具有矛盾的地方很多。台湾邹文耀的《命理寻真》中指出命理经典著作中这类矛盾的地方不下上百处。（见本书第九章）因此，对于经典著作的结论，既要认真参考，又不能奉为神明，不敢越雷池一步。要在实践中找到那些既符合原理，同时又具有实际应用价值的东西。

[2] 在历史上，关于五行土，出现过"水土同行"和"火土同行"两种不同的观点。于是有人认为，按"气"，则火土同行，按"质"则水土同行。这样，根据火土同行，寅为戊土长生，根据水土同行，则申为戊土长生。

[3] 此解说摘自钟义明《现代破译"滴天髓"》，第63—64页。

矣”。在土厚火炎的情况下，从调候讲，需要水来滋润燥土，即上文所说的“水润物生，火燥物病。”

再看《穷通宝鉴》的论说。查看本书第七章所做的概述，三月戊土“喜用提要”：

三月甲、丙、癸：戊土司令，先用甲木，先用甲疏、次丙、次癸

显然，针对三月戊土，可选择的调候用神是：甲、丙、癸。甲木可以用来疏土。若土的状况阴湿的话，则用丙火照暖；若土的状况过于干燥，则用癸水来滋润燥土。[1]

康熙命造，年干透出甲木，具有疏土的功能，这已符合上述调候的第一项要求。从调候视角来讲，已经是不错的八字了。

然而，在此基础上，再作进一步的分析，这个命造还是**存在着问题**的：全局火炎土燥，阳亢阴弱。粗略地说，这八个字，有三重火：丁、巳、午；有三重土：其中两个戊土是干土，仅一个辰土为湿土；此外，一个阳木，一个阳金。从调候的寒暖、燥湿讲，八字显然**偏燥**。燥为“病”。

能否具有解决此“病”的机制，这成了此八字调候功能健全与否的关键。

康熙是幸运的。日支申金中含有庚金、壬水。而辰月地支中本身就含有癸水。它们都具有湿润燥土的功能。

不仅如此，此八字还内藏了“玄机”。主要是月柱戊辰和日柱戊申，夹拱出一个“子”水。子水藏遁为癸水，正是这个八字最需要的有力的调候用神。

在八字结构中，若相邻的两个天干相同，它们的地支为三合局中的首末两字，则可以拱出中间的那个字。因为三合局本身是取一个长生、一个帝旺、及一个墓库组合而成的。三支各距六十度，形成正三角之合。如申、子、辰，三合水局：

---

[1] 对于《穷通宝鉴》提供的调候用神，不必十分拘泥。应该根据节令和八字的实际情况，予以选择应用。

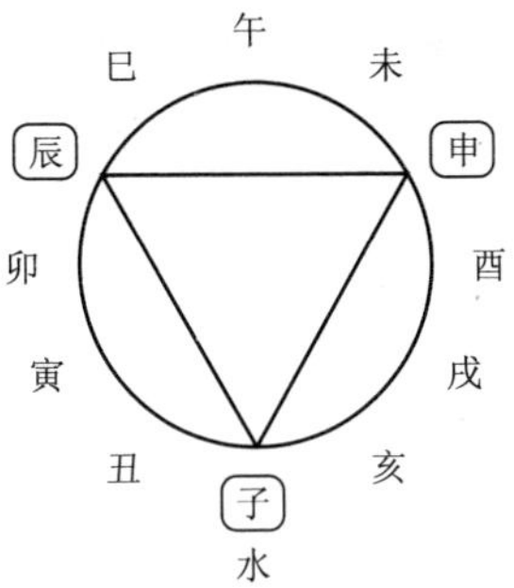

现在，日干支戊申和月干支戊辰，天干相同，地支是“申”与“辰”，正是申子辰三字的首末两字，它们可以拱出中间那个“子”来：

有了这个夹拱出来的子水（癸水），从根本上开启了解决这个命造火炎土燥之“病”的途径。

因此，从调候来讲，这个命造是成功的。落实到具体的调候用神，首先是日支申金，其中有金有水。金是水之源。在炎热的气候条件下，有水固然重要，但有金，则水有其源，则源远流长，不会干涸。更进一步分析，则是申与辰夹拱而出的子水（癸水）。它虽无形，却是真正有力的调候用神。

对于这种“从无取有”的情况，《珞琭子三命消息赋》就有“见不见之形，无时不有；抽不抽之绪，万古连绵”的说法。《渊海子平》收录的醉醒子《气象篇》曾说：

> 学者务要钩玄索隐，发表归根，向实寻虚，从无取有，虽曰命之理微，于此思过半矣。

这里就明确提出了“向实寻虚，从无取有”的法则。徐乐吾先生也指出：“不见之形，其效用有重于明见者，所谓用实不如用虚也。”[1]这里都指明了“虚神”的功能。例如以下命造：

命例 47 “飞天禄马格”命造[2]

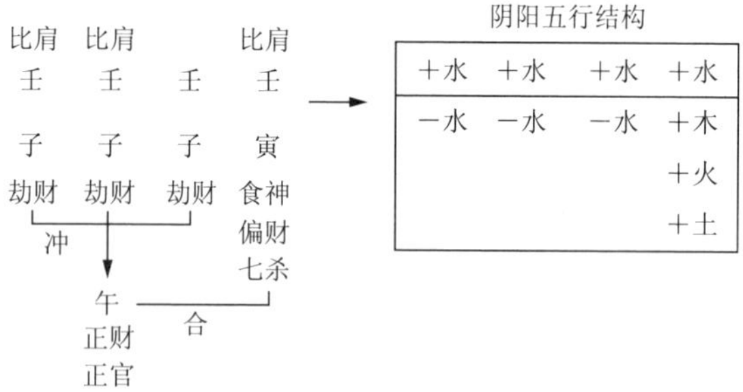

此命造年、月、日地支皆为“子”。子、午是六冲。此三“子”可以冲出个“午”来。这个“午”，就是此命造的“虚神”。而午中地支藏遁为丁火和己土，正好是日主壬水的正财（财）和正官（禄），而时支寅木，正好又跟午火合成半个火局，把这个“虚神”邀进了命局。虽然命造中没有午字，却因地支三子冲出这个午，使这个八字既得禄、又得财；同时冬天的寒水，也得到了火的温暖，所以成为早期命理中所谓的“飞天禄马格”，是达官贵人的命。这就是“虚神”得用的例子。

当然，在使用这类“虚神”时，还得注意命局本身的喜忌。所以徐乐吾先生又说：“抽不抽之绪者，言虚神之用，如剥茧抽蕉，重重无尽，有因虚神而成大富贵，亦有因虚神暗中损坏而破格者，唯有明其原理，自能触类旁通耳。”[3]

[1][3]《命理一得》，第 14 页。

[2] 取自《神峰通考命理正宗》“飞天禄马格（附倒冲禄马格）”，称“古横行正使浩造”。第 128 页。

回到康熙的命造，调候分析的结果是：命造偏燥，宜癸水润之。现有申金（含壬水），辰库（水库，含癸水），更有夹拱之“虚神”——子水（癸水），调候机制完备。

格局分析

格局分析是八字分析中的重要环节。根据我自己多年琢磨后形成的看法，格局问题就是八字结构内部的纯洁性、条理性和稳定性。它决定了命造潜在的思维能力和个性素质，它是一个人能否获得成功的重要的内在条件。

如何取格？前文已经谈过，就是寻找出命局中除了日干之外的一个**主导力量**。这个主导力量，决定了整个结构的基本特征和性质。找这个主导力量，自然从月令下手，是最合宜的。因为月令所包含的五行之气，一定是当时天地间流行的当旺之气。找到了这个主导力量，也就是确定了格局。

然后便是以这个主导力量为枢纽，进而分析这个结构内部的其他势力及其相互关系。如果命局结构中的其他势力，跟主导势力能够形成良好的配置，相互作用，使结构发挥最大程度上的效用，这就是一个成功的结构。相反，如果不能正常地配合，相互抵触，一团乱麻，运转失灵，便是一个失败的结构。

我们来看康熙命造。月令提纲为三月辰土，是日主的“冠带”，不是“羊刃”或“禄”，这就排除了这个命造取为建禄格或羊刃格的可能性。辰中含有戊土比肩、乙木正官和癸水正财。再看跟月令地支直接相联系的透出的天干，有年干甲木七杀和月干戊土比肩。既然透出了七杀，当然就取七杀为格。所谓“有杀先论杀，无杀始论用”。

七杀月令有根气，自然是本命造的主导力量。虽说已是暮春时节，木气依然盛行于天地之间。因此，用早期命理的说法，此甲木是用事之神，八字是七杀格。

用事之神↓			
七杀	比肩		正印
甲	戊	戊	丁
午	辰	申	巳
偏印	比肩	食神	偏印
劫财	正官	偏财	食神
	正财	比肩	比肩
	↑提纲		

接着是寻找命造内与此七杀相配合的势力，选取格局用神。

这时，可将构成格局的势力与日主本身的强弱做一个比较。一般来说，有三种情况：

（1）如果是身杀两停，即日主自身与七杀势力基本均等，那么，取食神为用神，构成食神制杀的格调；

（2）如果身弱杀旺，即七杀势力强于自身，则取印绶为用神，构成杀印相生的顺生格调；

（3）如果身强杀浅，即自身强于七杀，则取财星为用神，构成财滋弱杀的格调。

比如，以下的命造：

命例 48　近代阎锡山命造[1]

	用事之神↓		用神↓
偏印	七杀		食神
癸	辛	乙	丁
未	酉	酉	亥
偏财	七杀	七杀	正印
食神			劫财
比肩			

[1] 取自徐乐吾《子平真诠评注》，第 124 页。阎锡山（1883—1960），字百川、伯川，号龙池，山西五台县河边村人。日本陆军士官学校第六期毕业生，同盟会员，组织与领导了太原辛亥起义，继而统治山西达 38 年之久。

这是第一种情况。“身强杀旺而制轻，运行制乡而大贵。乙木秋生，生气内敛，年时亥未拱合，乙木根深。残枝枯叶，喜见删除，唯杀必须有制，方入正轨。此为制杀格之正也。”[1]这是七杀格，由食神制杀而获得格局成功的例子。

第二种情况，如果日主弱，八字呈现杀印相生的格调，则多取印绶为用神。如：

命例 49 “杀印相生”例[2]

	用事之神 ↓		用神 ↓
偏财	七杀		正印
丙	戊	壬	辛
寅	戌	戌	丑
食神	七杀	七杀	正官
偏财	正印	正印	劫财
七杀	正财	正财	正印

此命例月令七杀透出月干为格，杀重身轻，取时干辛金为用神，转化强杀戊土的能量，为我日主所用。这是杀印相生而以印为用神的典型例子。

但是，观察康熙命造，戊土日主已成强势，若再用火来相生，则火炎土燥，势必顽固不化，所以与七杀相配合的用神就不宜再取丁火正印了。

那么，该选取什么为用神呢？

这里，最合宜的格局用神，应该是财星，即上述的第（3）种情况，身强杀浅，选择财滋弱杀的方式。虽然在此八字中，甲木七杀并不柔弱，只是身太强、印过旺，七杀相比之下就显得弱了。前文已经分析过，直接用杀，则杀生印，木易化为灰烬，故最宜用财来滋杀，一方面加强了七杀的权柄；另一方面，又克制过旺的印星，一举而两得。因此，用财星才是此八字格局的最合宜的选择。

---

[1] 钟义明《现代破译“滴天髓”》，第 227 页。
[2] 取自凌志轩《命理格局》，第 94 页。

康熙是幸运的。日支申金可以为格局用神，申中有壬水偏财。更进一步分析，真正的用神是申、辰夹拱出来的“虚神”子水（癸水）正财。如下图：

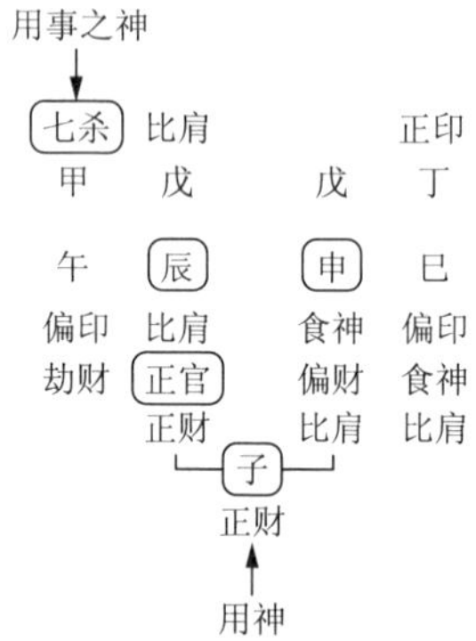

格局分析的结果：身强杀浅，取财滋弱杀为用。这样，确切地说，取申、辰所拱之子水（癸水）“虚神”为用神。

接下来，我们进一步对这八字的格局做出成败优劣的评价。

沈孝瞻在《子平真诠》中提出过两个标准：一个是“有情、无情”；一个是“有力、无力”。

所谓“有情、无情”，是指配合是否得宜。比如以下命造：

命例 50　近代“富商”(1894 年 5 月 5 日寅时生)[1]

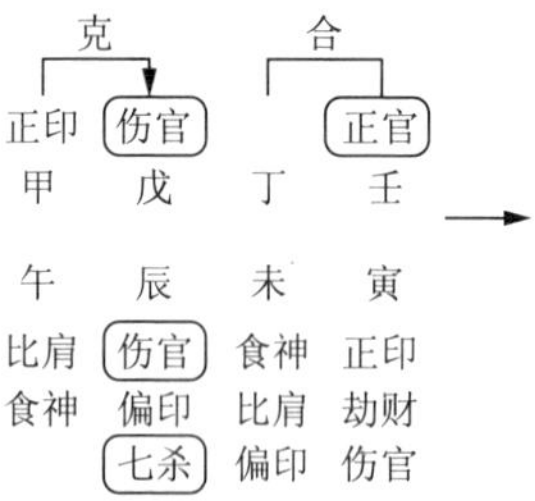

阴阳五行结构

＋木	＋土	－火	＋水
－火	＋土	－土	＋木
－土	－木	－火	＋火
	－水	－木	＋土

此命造月干戊土伤官和时干壬水正官，皆出自月支辰宫。伤官遇见了正

［1］取自钟义明《现代破译“滴天髓”》，第 260 页。

官，即是“伤官见官”，显然属于《子平真诠》所谓的“无情”[1]的情况。幸好年干甲木也通根辰宫，制住了月干伤官，营救了壬水正官，为去病之药。[2]徐乐吾批注：“官星被伤，无财不能取贵，……仅为商界之雄。尤幸运行西方财地，泄伤生官，补其缺点，经营商业，一帆风顺，贵不足富有余矣。”这是虽属“无情”而得到补救——有“病”得“药”的例子。

所谓“有力、无力”，是指结构中五行要素是否具有根基，尤其是用神是否有力。下面是《滴天髓》的注释者任铁樵的命造：

命例 51 ［清］任铁樵命造

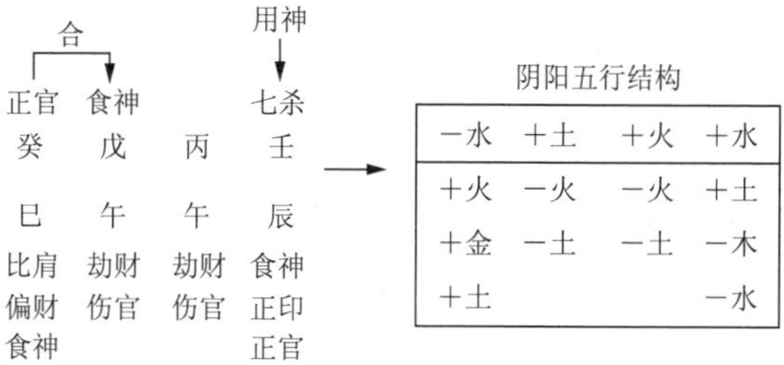

任铁樵自己评注：“此亦火长夏天，……巳乃南方之火，癸临绝地，杯水舆薪。……巳中庚金，无从引助，壬水虽通根身库，总之无金滋助，清枯之象。并之运走四十载木火，生助劫刃，所以骨肉画饼，事业浮云。至卯运，壬水绝地，羊刃逢生，倾家荡产，莫非命也。”[3]

这里，任铁樵指出，他自己的八字夏日火旺，需要用水来制火润局。虽有时干壬水，通根辰库，但无金生助，仍属“无力”。虽出生世家，却家道中落，只能卖卜为生。这是用神“无力”的例子。

明了了“有情、无情”和“有力、无力”所指的情况之后，我们回过来再看康熙的命造。

[1]《子平真诠》：“何谓无情，逆相背是也。”（《子平真诠评注》，第 146 页）
[2] 此八字丁壬相合，为壬水官星多添了一层“防卫”，解救伤官见官之病。
[3]《滴天髓征义》，第 141—142 页。

首先，八字以七杀为格，天干没有正官混杂其间，格调十分清纯，应属“有情”。其次，甲木七杀通根于月令，是为“有力”，正印丁火通根巳、午，也为“有力”，戊土日主，四支中皆有根基，更为“有力”。接着是所用申金，命造中没有出现寅木，因为有寅就会冲申；现不见寅木，申金可谓“安静”，这也是“有情”的表现。它和月令辰土相拱，夹拱出子水（癸水）这个“虚神”，从无取有，成了这个八字的“灵魂”。

显然，从格局这个视角出发，康熙八字符合“有情”、“有力”的标准，应是一个成功的命造。

形象分析

形象，是指八字结构要素经过较为特殊的组合，构成了某种形态和呈现出一定的气势。

狭义的形象，是指一些特殊的格局，如“两神成象”的八字，如“独象”的专旺格，“从象”的从旺格，等等。广义的形象，则指八字结构表现出来的一种气势。

一般的八字，不一定有“形象”可言。因此，形象这个分析视角是一个**比较特殊的视角**。诚如徐乐吾所说：“《子平真诠》明其常，《滴天髓》明其变。……明其变，故重在气势。”在历代命理典籍中，可以说，是《滴天髓》开启了对八字形象或气势的研究。然而，因为“气势”较为抽象，常常需要领悟，甚至有时很难用言语表述，所以读《滴天髓》的人的确“要有一颗宽容的心”，[1] 不然很难探其堂奥。

徐乐吾先生在评康熙命造时指出：“此造初视之，不见有何好处，而细察之无一缺陷，浑浑穆穆，福泽之厚，无与伦比。三月土旺之时，木有余气，

[1] 钟义明《现代破译“滴天髓”》，第 193 页。

戊土厚宜甲木疏辟，而甲木出干。偏官需财星相生，而申辰拱子；两午冲子；逢杀看印，而有年时午火，财官印全备矣。”[1]

的确，康熙命造有一种“浑浑穆穆”、“无与伦比”的气势。我们若进一步分析，这个结构可以分解成两个部分：一是由木、火和戊土（阳土）构成的部分；一是由地支申、辰因夹拱出子水而构成——申子辰水局——的部分。木火为阳，金水为阴。这里，阳的部分像个盖子一样，罩着阴的部分，形成对称的形象。可以图示如下：

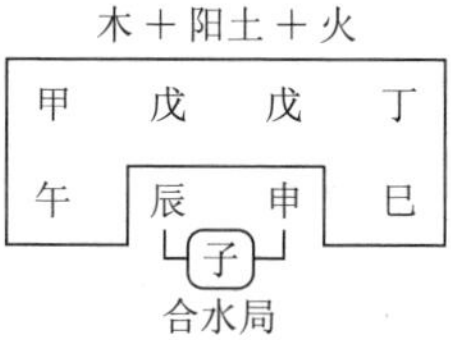

这不就是一种形象、一种气势吗？结构中间是两重厚重的戊土。左侧为甲木，可以耕耘；右侧为丁火，可以照暖。如果再引出下面的地下水，与盖着它的阳土交融，则阴阳调和，这阳土便是可以生长万物的广袤的大地了。康熙中年壬申、癸酉两步大运，水透出天干，滋养沃土，于是在这位明君的运筹之下，江山一统，形成了中国今日拥有的疆域的基本版图，开创了长达一个多世纪的“康乾盛世”——中国数千年君主王朝最后的落日霞辉。在命理上，还是有信息显现的。

综合评价

通过以上强弱、调候、格局和形象这四个不同视角的分析，我们可以对

[1]《命理一得·命学新义》，第99页。此处徐乐吾先生对康熙八字取“戊午”时，所以会说“两午冲子”“年时午火”等。徐乐吾说：“此造据造化元钥所载为丁巳时，而七政四余命书为戊午时。两时之用相同，而戊午连珠夹禄夹贵为尤美，今从之。”

康熙命造作出一个初步结论：这是一个有“病”有“药”的十分成功的命造。

为什么说是“十分成功”？因为从这四个分析视角来看，此命造的内部结构都是条理清晰，气势流畅，并且都具有良好的解决问题的机制。比如，强弱问题，日主过于强盛，但命造内有耗泄其强势、以求中和或趋于平衡的内在机制。这在上文都作了较详尽的分析。

按本书作者个人的经验，一个命造只要有一个视角是有特色的，再配上一步好运，至少可以是今天所谓的中产阶级这个社会阶层的成员；若再有一个或两个视角是成功的，就有可能跨入或“富”或“贵”的行列。现在康熙命造，四个视角都有特色、都很成功，岂能不文功武略，彪炳史册？

那么，为什么我们没有赞同上述徐乐吾先生所谓的“无一缺陷”的评语，而认为康熙命造是有“病”的命造呢？从以上的分析中，可以看到，此命造最显著之病是：**偏燥**。具体说，是**火炎土燥**。幸运的是，命局内部有治病的“药”——日支申金，以及由申、辰拱出的“虚神”——子水（癸水）。于是，有病有药，仍构成一个大方局面。

试问：天下有没有无“病”的八字？当然有。请看下面这个命例：

命例 52 “最优等”命造[1]

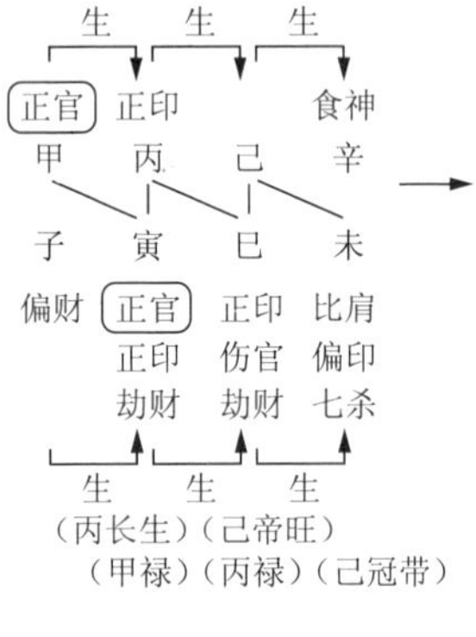

阴阳五行结构

+木	+火	−土	−金
−水	+木	+火	−土
	+火	+金	−火
	+土	+土	−木

[1] 此八字摘自《命理点睛》，第133页，被列为“最优等命格”。此书称此命造是“摘自《命理新论》”。事实上，原载于任铁樵注《滴天髓阐微》“干支总论”篇。

对于这个命造，我们可以做以下简要的分析：

（1）强弱分析：

日主同方	日主异方
日主及同我—土：4(死) 生我—火：4(相)	克我—木：3（旺） 我克—水：1（休） 我生—金：2（囚）
共计：　　8	6

日主同方：火土，跟日主异方：木水金，基本平衡，机制完善，不需要寻求扶抑用神。

（2）调候分析：

初春己土，取丙解冻，土多用甲，水多用戊。丙火是主要调候用神。此命造月干透出丙火，通根月令寅木、日支巳禄，有年干甲木生扶，无壬水相克，调候用神完善。

（3）格局分析

命造生于寅月，月令地支藏遁正官甲木，透出年干为用事之神，取正官格。月干为丙火正印，正好构成官印相生的顺生格调。八字天干无七杀混杂，无伤官破格，格局没有任何破绽，是成功的正官格。

（4）形象分析

这个命造有四个特点：第一,五行俱全；第二，年月干支为阳，日时干支为阴，阴阳气息平衡；第三，如命造分析图所示，五行成分天干自年干至时干顺生：甲木生丙火，丙火生己土，己土生辛金；地支自年支至时支顺生：子水生寅木，寅木生巳火，巳火生未土。最后，未土生时干辛金。这样，起自子水，归于辛金，五行顺生，有源有流，顺畅流通；第四，天干通根地支，上下情协。

我在《八字与中国智慧》中提出过三个论命的原则：**中和原则**、**流通原则**和**清纯原则**。对于强弱分析和调候分析，主要是运用中和原则，也就是平

衡原则。强弱分析是求取日主同方跟日主异方的平衡；调候分析是求取命造寒暖、燥湿的平衡。格局分析主要是清纯原则，求取命造内部结构的条理性和纯洁性。形象分析强调气势，自然，流通原则是一个十分重要的方面。

这个命造从中和、清纯、流通三原则来评判，毫无瑕疵。因此，“行运四方皆宜，所以一生科甲连登，仕宦位至极品，夫妇齐美，子孙繁衍又科第不绝。寿近百龄。这是富贵福禄寿，五福齐全大吉造，真正的帝王反无此厚福。”[1]

反观康熙命造，毕竟是有“病”的。跟这个无“病”的命造比较，康熙虽贵为帝王，但他的实际人生的确不是“五福齐全”的。纵观他的一生，八岁丧父，十岁丧母，稍长时就陷入了政治斗争和割据战乱的激流。年轻时相濡以沫的爱妻，相守不到十年，就因难产而亡。晚年又陷入了选择接班人的痛苦漩涡，他亲手处置的儿子就有三人。

然而，“沧海横流，方显出英雄本色。”在史册上留下名字的，往往是这种有病有药的成功八字。因此，对于命理的“病药”问题，历史上也有过争论。

“病药说”出自明朝张楠的《神峰通考》，第七章已经谈到。张楠认为：“若病重而得药，大富大贵之人也；病轻而得药，小富小贵之人也；无病无药不富不贵之人也。”清朝陈素庵在《命理约言》中既肯定了病药之说，但也指出了张楠认识上的偏颇之处。

实际上，八字结构先天中和的，其富其贵比较平稳，大运无论顺逆，均无大忌；而病重得药的命造，固然不失富贵，得运时能大展宏图，但失运时，则大多为悲剧人物。吴俊民在《命理新论》中说：“故对先天五行中和者，可以说是比较平稳的富贵，对重病得药，后天中和者，可以说是比较风险的富贵。”这是比较公允的说法。至于是平稳福寿的人生好，还是轰轰烈烈、艰苦

[1]《命理点睛》，第 133—134 页。

卓绝、却青史留名的人生好，这又是见仁见智的人生态度问题了。这个问题只能留给读者自己来回答。

若进一步琢磨康熙命造，我们不难看到，结构中日支申金是这个命局中**至关重要**的字。不仅它可以宣泄厚土的能量，更因为它跟月支辰土紧贴、夹拱出虚神——子水（癸水）来。再加上戊土坐申，前文《滴天髓》的论戊土中已经指出，申是土“质”的生长点，“怕冲宜静”。所以，申字的“安静”是此命造成功的重要前提条件。可惜，时支巳火，贴近日支，合克申金，使申金合辰之“情”不专，这不能不说是这个八字的一个**瑕疵**。显示如下：

甲　戊　戊　丁

午　辰　申　巳

拱子水　合克

时支巳火为忌神，时柱主晚年，这或许是康熙晚年陷于跟自己儿子不幸的争执之中的命理信息吧。当然，巳申合水，毕竟水是命造所需要的五行，终究不会酿成大祸。

最后，我们对康熙命造做一个综合的分析和评价：

身强，七杀为格，取财滋弱杀，则财（水）为全局用神，既能扶格（水生木），又能起到调候的功能——滋润燥土。这样，木与金，为喜神，木可疏土，金为水源；火与土为忌神。这是一个有病有药的成功八字。见下图：

年	月	日	时
七杀格			
喜神	忌神		忌神
甲	戊	戊	丁
午	辰	申	巳
忌神	喜神	喜神	忌神

子
用神

当然，对命造的全面考察，还可以将**神煞**作为又一个视角，考虑进去。

日主自坐文昌，月支为华盖。文昌主聪明过人，华盖主性情恬淡，资质聪颖，但难免孤独，易倾向哲学宗教。这倒是符合康熙的真实人生的。他五岁入书房读书，自称“自五龄受书，诵读恒至夜分，乐此不为疲也。”他又喜好书法，“每日写千余字，从无间断”。他读“四书”(《大学》、《中庸》、《论语》、《孟子》)，“必使字字成诵，从来不肯自欺”。他对西学也有浓厚的造诣，在天文学、数学（特别是几何学)、物理学、化学、药学、医学等方面都毕生学习。这在中国历代帝王中或许是绝无仅有的。

至于刑冲会合法则，则始终贯穿在命造的分析过程中了。

以上对康熙八字结构的分析，是一种**静态**的分析，它是命造分析过程中的重要环节。

三、性情、六亲、健康和疾病

以下进一步分析命造具有的性格、六亲和健康诸方面的特征。

性情分析

人们常说：“个性即命运。”从八字结构去发现一个人的个性底蕴，自然就成了论命的首要任务。现在，我们就尝试从康熙的命造去发现这个历史人物具有的个性色彩。

先从日干下手。

康熙八字的日干是戊土。可以查阅第六章“十干类象”(十干的喻象性格)：

> **戊土：**沉稳，厚重，重名誉，信实无欺；为人憨厚呆板，生活方式较为枯燥乏味。

这是戊土的个性。因为戊属土，为高岸岩石，或称“城墙土”，故沉稳厚重，信实而重名誉。但性格较固执，稍欠通融性。是外柔内刚型的个性。

康熙命造，不仅日元是戊土，而且八字戊土甚旺。五行土主“信”，因此，康熙称得上是个“忠孝至诚”的人。康熙十岁丧母。母亲重病时，他“朝夕虔侍，亲尝汤药，目不交睫，衣不解带”。母亲病故后，他又昼夜守灵，水米不进，哀哭不停，足见他忱挚的孝心。

从十神看，七杀和正印是其性格的重要组成部分。一方面，七杀为格，天干透出七杀和正印，杀和印连环相生，构成了这个命造的基本格调。另一方面，七杀和正印又都坐在禄刃之上，这可以简析如下：

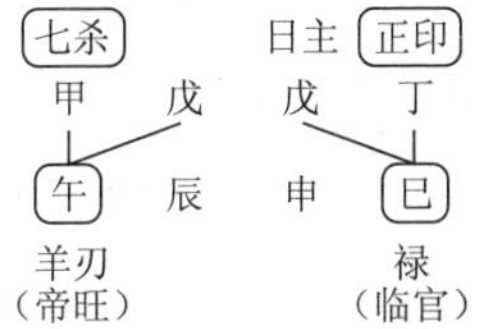

年支午是日主戊土的羊刃，时支巳是日主戊土的禄。因此，巳和午，是日主的根基。在八字结构中，我们也可以把它们看作是**日主的延伸**。现在甲木七杀坐在午上，丁火正印坐在巳上，说明它们跟日主紧密联系，是日主与生俱来的个性特征。

七杀的个性是为人志大进取，坚决果断，嫉恶如仇，抑强扶弱，勇于接受挑战，开创新的局面。正印呢？为人方正亲切，宽容仁慈，重名誉，讲人情，重视内涵，追求学问，容易接近宗教。

康熙的确具有较重的七杀个性。他嫉恶如仇，敢于接受各种挑战。

康熙八岁登基，由其父顺治帝临终前指派了四名亲信大臣辅政，即索尼、苏克萨哈、遏必隆和鳌拜。后来鳌拜专权，结党营私，日益骄横。康熙十四岁亲政后，鳌拜竟藐视康熙的意旨，先后杀死多位与自己意见相左的政敌、以及辅政大臣苏克萨哈，引起朝野惊恐。康熙十分气愤。于是设下计谋，与一群身强力壮的少年在宫内练习“布库”(即摔跤，满族的一种角力游戏)。

鳌拜以为这是小孩子的游戏，并无警戒。1669 年 5 月，康熙先将鳌拜的党羽以各种名义派出京城，然后在鳌拜入宫时，由这群少年上前将鳌拜擒获。康熙当即宣布了鳌拜三十条罪状，终身监禁，铲除了这个皇权路上的障碍。此年康熙才十六岁。这正是七杀个性的显露。

嗜书好学，追求新知，是康熙个性的又一个重要方面。这是正印性格特征的体现。

康熙一生博览群书，到老仍手不释卷。不仅谙熟儒家典籍，而且通晓音律。甚至自然科学方面的数学、天文、历法、物理、地理、农学、医学、工程技术，他都认真学习，写出过八、九十篇关于自然科学方面的论著。他有丰富的水利知识，曾六次出巡江南，视察河工，对每项水利工程都能做出具体的指示。他还精通多种民族语言。康熙称得上是中国历史上“最博学的皇帝”。

由于康熙命造总体上有火炎土燥之病，加上七杀乃以竞争为手段，故有时也会过于急躁，出现偏激的情绪。比如康熙削藩，或史称的“三藩之乱”。

“三藩”指的是清朝初年吴三桂、耿精忠、尚可喜三支投清势力所辖的藩镇。三藩之中，数吴三桂最强。吴三桂当上藩王之后，十分骄横，不但掌握地方兵权，还控制财政，自派官吏，不把满清朝廷放在眼里。

康熙知道要统一政令，三藩是很大的障碍。此时正好尚可喜年老，想回辽东老家，上了一道奏章，要求让他儿子尚之信继承王位，留在广东。康熙帝批准尚可喜告老，但是不让他的儿子接替平南王爵位。这样一来，触动了吴三桂、耿精忠，他们也想试探一下康熙的态度，于是假惺惺地主动提出撤除藩王爵位、回到北方的请求。

这些奏章送到朝廷，康熙召集朝臣商议。许多大臣认为吴三桂他们要求撤藩是假的，如果批准他们的请求，吴三桂一定会造反。

可是康熙说：“吴三桂早有野心。撤藩，他要反；不撤，他迟早也要反。”就毅然下诏答复吴三桂，同意他撤藩。诏令一下，吴三桂果然暴跳如雷。他自以为是清朝开国元老，现在年纪轻轻的皇帝居然撤他的权，就非反不可了。

1673 年冬，吴三桂在云南起兵，一直打到湖南。他又派人跟广东的尚之信和福建的耿精忠联络，约他们一起叛变。这两个藩王有吴三桂撑腰，也都反了。一时战火席卷了大半个中国。

经过八年战争，清军才最后平定了叛乱势力。虽然平定三藩，对于清廷来说，是真正完成统一、确立稳定的皇朝统治的标志，但康熙当初以为吴三桂之子、耿精忠诸弟都在京师，谅吴、耿二人不能发动叛乱，在没有充分准备的条件下，就下诏撤藩，终究尚欠策略。不过当时康熙才二十岁，年少气盛也是很自然的。

从史料看，康熙后来变得很谨慎。凡遇到不顺心的消息和棘手的国事，都先搁一下，做调查研究，而不急于处置，刻意规避意气用事的鲁莽，这或许是了解了自己性格弱点后的成熟表现吧。

六亲分析：父母、夫妻、子女

这里来探讨一下康熙命造中所体现的六亲关系。

(1) 父母

如果说月干支是父母宫位，那康熙命造此柱是戊辰。从星（十神）的角度来说，壬水偏财代表父亲，那么月干戊土比肩正好是它的克星。而月支辰土，又是水星之墓库。显然，康熙八字的“克”父信号十分明显。再加上初运己巳（天干劫财、地支为日主之禄），又是火土，所以八岁丧父，就命理而言，并不意外。

十岁丧母，是癸卯年（1663 年）。八字正印为母，癸水克去时干丁火正印，卯既与月令地支辰宫——母亲宫位相害（或相穿），还与年支午相破，[1]

[1] 年干支也能作为父母宫的参考信息。

故是年母亲病故。这跟命中丁火正印偏旺，已成了命造忌神也有关系，所以母缘不足。

《子平真诠》说："至如印用七杀，本为贵格。而身强印旺，透杀孤贫。盖身旺不劳印生，印旺何劳煞助，偏之又偏，以其无情。"[1] 虽然它讲的是"印用七杀"，但身强印旺是两者相同的情况，所以"孤"字难免。康熙后来回忆说，幼年在"父母膝下，未得一日承欢"。虽生帝王之家，而无"一日承欢"之乐，听到此话，真叫人不胜唏嘘！

（2）夫妻

康熙的婚姻并不十分顺畅，这是身强比劫星太旺、克制妻星的缘故。但是妻星癸水正财为八字所喜，且妻宫申金为八字喜神，所以又是贤妻可期的征兆。

康熙的第一个皇后赫舍里氏是首辅大臣索尼的孙女。俩人青梅竹马，感情甚笃。赫舍里氏家族还为助康熙除掉鳌拜立下了汗马功劳。1665 年（乙巳），十二岁的康熙皇帝和十三岁的赫舍里氏皇后遵照孝庄太皇太后懿旨举行大婚典礼。

赫舍里氏皇后十分贤淑温柔，对上孝敬，对下宽厚，并且勤俭节约，深受太皇太后、皇太后和康熙帝的喜爱。可是，1674 年（甲寅）夏，婚后仅九年，赫舍里氏皇后在生第二子保成[2]（就是后来的皇太子胤礽）时，因难产而亡，年仅二十一岁。赫舍里氏皇后是清朝所有皇后中去世年龄最轻的一位。从命理看，甲寅流年跟康熙日柱戊申正好天克地冲，戊为日主，申为妻宫，此年丧妻也就在数理之中了。

1677 年秋，康熙册封辅政大臣遏必隆的女儿钮祜禄氏为孝昭仁皇后。这是康熙的第二位皇后。可是，仅仅半年后的 1678 年（戊午）3 月，钮钴禄氏未给康熙留下任何子女就死了，年仅 24 岁。对康熙来说，流年戊午，戊为比

[1]《子平真诠》"论用神格局高低"。
[2] 赫舍里氏 1669 年生了嫡长子，可惜两周岁多就不幸夭折了。

肩，午为羊刃，此年又有“克”妻的信号。

第三个皇后是孝懿仁皇后佟佳氏。佟佳氏是满洲镶黄旗人，领侍卫内大臣佟国维之女，本是康熙的生母孝康章皇后的亲侄女，即康熙的嫡亲表姐。1677年被册封为贵妃，1681年晋升为皇贵妃。佟佳氏皇后的命运看来还不如钮祜禄氏皇后，1689年（己巳）8月，在她病势非常沉重的情况下，康熙念及她是自己妈妈的亲侄女，册封她为皇后。可是，这个佟佳氏皇后只当了一天的皇后，就驾鹤西去了。此流年己巳，对康熙命造来说，天干劫财，地支为禄神，并合克妻宫，又是不利婚姻的年份。

粗知命理的康熙大概也知道自己是“克妻”的命，[1]后来干脆就不立皇后了。[2]

（3）子女

康熙大概是历代皇帝中子女最多的。从十二岁成婚、到六十三岁之间，共育有儿子35个，女儿20个；但其中只有24个儿子、7个女儿活到成年。

康熙命造年干透出七杀，通根月令，故为七杀格。在命理中，男命七杀为子，正官为女，因此，应该是多子的征兆。至于有这么多儿子，实属罕见，这是因为康熙是皇帝的缘故吧。这纯属于个人的特殊性，不是一般命理可以解释的。

然而，命造的子女宫并不好。首先，时柱丁巳，上下为炎火，整个干支为此八字的忌神。其次，从十天干生旺死绝历程看，时支巳火——子女宫位，却是甲木七杀星的“病”位。其三，更重要的是，诚如我们前文已经指出，巳火克合日支申金，而申金不仅是此八字的用神，而且它与月支辰土夹拱出“虚神”子水（癸水），是整个命造的“灵魂”（玄机）。因此，申金必须

[1]《御定子平》点校者根据全书讳“玄”字，认为它是清康熙朝后成书的。“御定”正是康熙诏命写作的。

[2]其第四位皇后孝恭仁皇后乌雅氏是因生了雍正，母以子贵，在雍正即位后追封的。

“安静”，专注地完成自己已有的夹拱任务。但巳火干扰了它的“安静”，使其“灵魂”常常不得安宁，这正是康熙晚年生命的写照！

清朝的皇位继承，没有采取历来汉王朝的嫡长继承制，即正妻长子继承制。清太祖努尔哈赤因为曾经立长子褚英失败，于是决定汗位的继承由八大和硕贝勒会议[1]推定。改国号为“大清”的皇太极，因为猝死，他的遗位继承，也是在满洲贵族会议上推定的，由六岁的福临继位，为顺治皇帝。顺治皇帝死前，皇位的继承没有经过满洲贵族会议讨论，而是由孝庄皇太后同顺治皇帝商量后，用遗诏决定由年仅八岁的玄烨继位，即康熙皇帝。这个“遗诏制”破坏了清太祖、太宗两代的皇位继承由满洲贵族会议推定的传统，开了清朝皇帝生前用遗诏决定皇位继承人的先河。

康熙继承了顺治帝生前决定继承人的办法，采取了皇太子制。1675 年，康熙皇帝册立胤礽为皇太子，当时胤礽还是一周岁半的婴儿。这有两方面的原因。一方面，赫舍里氏皇后是因为生胤礽而死，康熙对赫舍里氏皇后情深意厚，十分伤心，故对胤礽格外钟爱，就在皇后死后第二年，册立他为皇太子。另一方面，也是当时朝廷所面临的严峻形势的需要。1673 年开始了三藩之乱，战乱席卷了大半个中国。如果不及早确立太子，万一康熙皇帝有意外，那么这个大清政权岂非混乱不堪？

从长远讲，先立太子的好处是免得皇帝死后引起皇位争夺的血腥争斗，但坏处是皇太子与兄弟之间会产生不和、甚至残酷的斗争。当时的康熙只看到了前者的危害，却忽视了后者将会带来的灾难。

康熙在位年数太长。皇太子胤礽因为年幼得宠，养成了暴戾迷乱的习性。到了三十多岁，一心想早登皇帝宝座，于是利用皇太子特殊地位，胆大妄为，结党营私。朝廷中的一些重臣，见康熙年高，也积极趋奉，形成了一股“太

[1] 天命七年（1622 年）三月，清太祖努尔哈赤发布了八大贝勒共治国政的“汗谕”，这是努尔哈赤为死后所设计政治体制。这种体制的最主要之点是在于限制汗位继承人的权力，提高八大贝勒集体共治的权力。

子党”的强硬势力。这样，胤礽与康熙父子之间出现了明显的裂痕。

1708 年（戊子），康熙五十六岁。由于胤礽暗中私窥康熙行踪，父子的矛盾终于激化了。康熙痛心疾首，拘执了胤礽，正式诏告天下，废黜太子。

然而，康熙并未释怀，一连六日不能安寝。自己精心培植的儿子，怎么会变成这等情状？正在百思不解的时候，有人提供了线索。原来皇长子胤禔信了邪术，在胤礽居处放了“镇物”。而此时被拘执的胤礽，又是一副疯癫之状。康熙震怒，认为胤禔的卑污行为更甚于胤礽。于是幽禁了胤禔，释放了胤礽。同时还下令锁拿了第八子胤禩，因为他也长久觊觎储位。

康熙恐怕皇太子储位空缺太长，争位会愈演愈烈，于是在第二年（己丑）又复立胤礽为太子，把承继大统的希望仍寄托在他身上。但事与愿违，胤礽本性不改，经常“结党会饮”、“潜通消息”，“太子党”又重新恢复和扩张起来。终于在 1712 年（壬辰），康熙下决心再度废黜太子，监禁胤礽。中国沿袭几千年的“公开立储”制度到此结束，此后清王朝采取的是“秘密立储”的办法。

以上这些事件都发生在康熙命造第六步大运甲戌（1704 年至 1713 年）之中。甲戌大运跟月柱戊辰是天克地冲。戌冲月支辰，冲旺了辰土，破坏了康熙命造中的“玄机”。日支申脱离了辰，少了申子辰会局的凝聚力，这样，时支巳火合克申金的作用就格外显著了。这就可以在命理上解释，为什么康熙晚年会陷于两次废黜太子的疾首痛心的境地。

再看事件爆发的具体流年，一为戊子年，一为壬辰年。“子”是申、辰夹拱的“填实”之年；辰则冲运，又刑月支辰，这都跟进一步破坏申、辰夹拱的“玄机”有关。这里要补充说明，命理上“虚神”一般不宜“填实”。填实了，反而不利。

《喜忌篇》说：“拱禄拱贵，填实则凶。”其注文解释道：“忌刑冲破害，羊刃七煞，伤了日时，拱不住贵气。大忌填实、空亡，譬如器皿空则能容，实则无用，所以只宜虚拱；完则能盛，破则无用，所以怕见空亡。岁运同。”

这里用器皿来比喻“虚神”的功用。正因为其“空”，有空间反而能盛物。填实则满，反而丧失了盛物的功能。

在康熙这个具体命造中，子水为虚神，则既达到用它来滋润戊土的目的，又避免了子水直接冲击年支午火羊刃可能带来的凶险。然而，真的运岁出现子水来填实，反而会出现难以预见的险状。比如1708年，流年干支戊子，进入康熙命造：

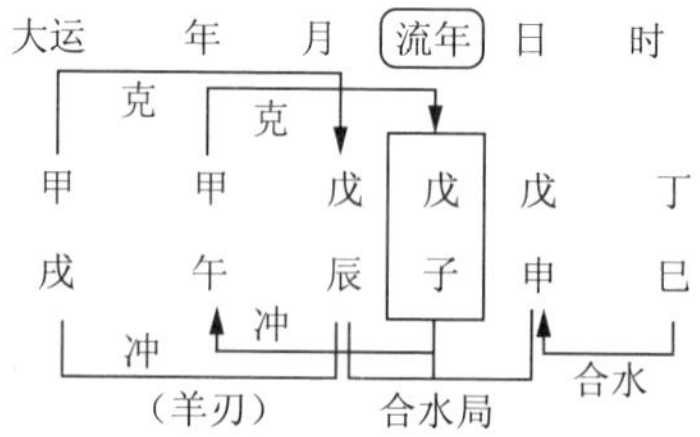

这里且不谈大运甲戌跟月柱戊辰天克地冲这个大背景。流年戊子与命造年干支甲午，天克地冲。接着，子水填实，申子辰明合水局，直接冲击年支午火。在强水的情况下，命造时支巳合申，巳作为戊土之禄，或戊土之根基，已经被化合为水了。月令辰土，也因申子辰合局为水，难以再承担戊土之根基的功能。剩下只有午火为戊土的根基了。现在，子午再冲，午火遭子水来浇灭，戊土最后的根基不是岌岌可危了吗？所以1708年，康熙首度废黜太子，政治和亲情交织在一起，精神上的痛苦和煎熬，竟六夜不眠，岂偶然哉？

健康分析

康熙命造身强，气势浑厚，自然具有健康的体魄。法国传教士白晋曾做过这样描写：“他威武雄壮，仪表堂堂，身材高大，举止不凡。他的五官端正，双目炯炯有神，鼻尖略圆而稍显鹰钩状。虽然脸上有一点天花留下的痘痕，但是丝毫不影响他的美好形象。”

康熙虽然小时刻苦读书，曾累到咯血的地步。但自言“天禀甚壮，从未知有疾病。”他也有满人的粗犷、悍勇的作风，特别喜欢狩猎。晚年曾不无自夸地对自己的侍卫说：“我自幼至老，用鸟枪弓箭射死老虎一百三十五只，熊二十只，豹二十五只，猞猁十只，麋鹿十四只，狼一百三十二只，吹哨引来而射死的鹿几百只。射获其余野兽不计其数。曾一天之内射兔三百十八只。”[1]

康熙很注意养生，且颇有心得。常用书法来调节心理，同时提倡禁烟戒酒，膳食简单，不滥用补药，并注意饮水的卫生。

康熙对医学也很有研究兴趣，原因是他在五岁时得过天花。据说正是得过天花，使他继承了大统。1661 年年初，顺治皇帝自己染了天花，知道不久人世。他一直看好次子福全，想立为太子，而顺治的母亲孝庄皇太后则更倾向于立三子玄烨。双方意见相持不下，只好求助于第三者的仲裁。这个第三者，就是当时在宫中当差的西洋传教士汤若望。[2]汤若望很快就帮他们下定了决心：立玄烨为太子。理由简单而充分——他已出过天花，对这种可怕的疾病有终身免疫力。

按史书记载，康熙五十岁以后，开始出现了“圣躬违和”的情况。1708 年，康熙五十五岁。前文已经谈到此年发生的第一次太子废黜事件，一直强健的康熙自觉身体大不如前了。由于日增郁结，心神耗损，并发了严重心悸症。该年的 11 月，他在川陕总督齐世武的一份请安折子上批道：“自尔去后，朕体渐弱，心跳加增甚重。……目下想是无妨，只是虚弱。”同年 12 月，他在直隶总督赵弘燮的奏折上也透露了类似的消息，说他“气血不能全复，甚弱”。到第二年初，病体似乎恢复了一点，但“还瘦弱些”。

---

[1] 见《清代宫廷医话》(陈可冀主编，人民卫生出版社，2012 年）中《康熙的健身术》(李春生）, 第 52 页。

[2] 汤若望（1592—1666)，原名亚当·沙尔，德国科隆的日耳曼人。在意大利耶稣会档案馆有他大量资料。在中国生活 47 年，历经明、清两个朝代。安葬于北京利马窦墓旁。雍正朝封为光禄大夫，官至一品。

不过到了1711年年底，清廷按例举行每年一度的天坛大祭时，他的身体又有问题了。大臣们再三奏阻皇帝亲自主持，但康熙坚持要“亲诣行礼”，但也说出“行礼时两旁少为扶助亦可”。此年康熙五十八岁。

到了1717年，康熙六十四岁，身体愈见衰弱。据《康熙起居注》记载，春夏之交，康熙帝渐觉虚弱，心悸不安，心跳之时容颜顿改，胸中有结，两乳之中剧痛。御医认为，此乃痰瘀留滞，心脉痹阻，气虚血瘀，心失所养，为“胸痹”，属“本虚标实”之证。

不久以后，皇太后病逝，康熙皇帝的病情更加重了。他到内宫向皇太后棺木行礼时，“乘软舆，脚背浮肿，不能转移，用手帕缠裹，才能转动”。第二年春间，他也不否认他的身体已“羸弱已极，仅存皮骨，未觉全复，足痛较前稍愈，步履犹艰”。

1722年，康熙六十九岁。农历11月7日忽患重病，浑身火热，气急异常。到了13日，病情恶化，服了药却全然无效，气喘痰涌，有时不省人事。是夜戌时，撒手西归，结束了他长达六十一年的帝王生涯。康熙几乎活到了古稀之年，在中国古代君王中已属长寿者了。

那么，我们来看看这位君王的先天体质状况：

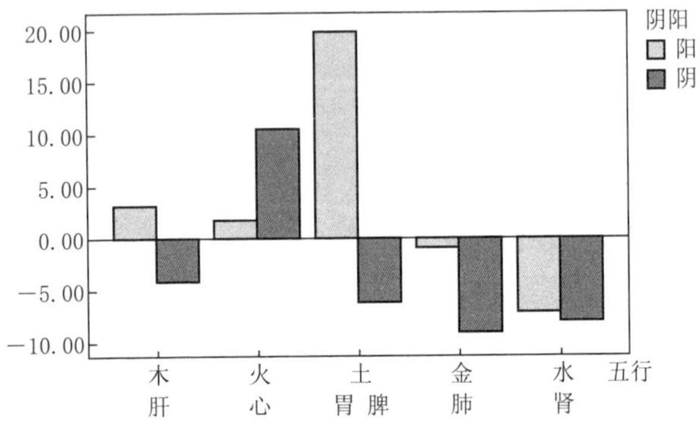

图11.1 康熙先天体质倾向示意图

此图是根据命造阴阳五行要素跟人体五脏六腑的对应关系制作的。[1]

从图中看，首先是心肝旺，肺肾不足。肺肾数值都在中值线以下。其次，胃强脾弱，有脾虚的现象。再次，肝胆有些儿对立，即肝阳旺而肝阴（肝血）不足。总的情况是阳亢而阴不足的先天体质状况。

如果将此图跟我在《又一种“基因”的探索》中，通过调查所归纳出来的 8 种体质 11 小类的“基本式”先天倾向示意图做比较，它跟气虚质示意图最接近：

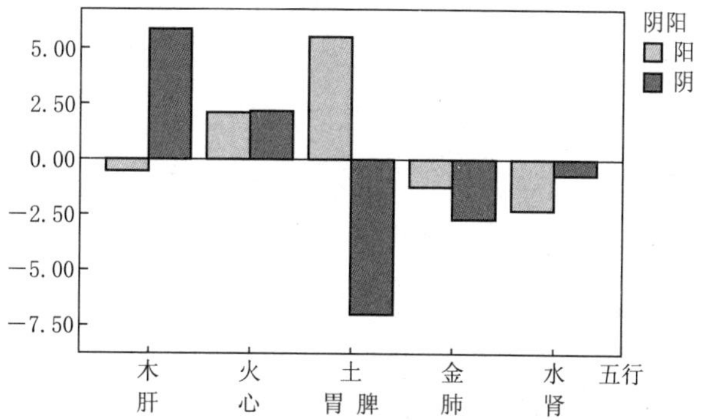

图 11.2　气虚体质示意图

从这个示意图看，先天具有气虚质的人，五行分布特征是肺肾弱，肝心旺，胃强脾弱。

从中医角度来看，气虚质是以人体元气不足为总体特征的体质情况，以疲乏、气短、自汗等气虚表现为主要特征。广义来讲，气具有推动、温煦、防御、固摄和气化等功能，气虚则导致这些功能减退，从而引起机体的某些

[1] 数据：甲（3.50），乙（−4.21），丙（2.08），丁（10.55），戊（20.54），己（−6.16），庚（−0.96），辛（−8.90），壬（−7.71），癸（−7.73）。数据制作请参阅陆致极《又一种“基因”的探索》。

功能低下或衰退。究其原因，自然是肺、脾胃、肾等脏腑功能相对不足，尤其是肺、脾不足所造成的。所以在示意图中，肺、脾、肾都处于中值线以下，为负值，功能相对不足是显而易见的。

肺的呼吸功能不足，会影响体内气的生成，易咳喘无力，少气不足以息，或自汗畏风；加之肾气不足，则摄纳无权，可出现气急、气喘、呼多吸少，动辄更甚。其次，脾和胃的对立较大，胃强而脾弱，脾虚明显。脾气宜升，胃气宜降，若清气（水谷清气）不升，浊气难降，会出现舌苔厚腻，消化不良。而且脾主四肢，脾虚则肢体失养，易见怠倦乏力，精神委顿。

这跟以上康熙的病情状态基本是吻合的。按《清宫医案研究》所载，1707 年（康熙四十六年）2 月，康熙亲笔“硃批”：“朕每年逢大寒季节仍有咳嗽症，今又复发。”[1]说明他确有肺气虚的现象。由于肺、脾、肾功能相对不足，所以晚年出现气虚血瘀的情况。前文提到，根据《康熙起居注》，康熙晚年御医诊断为“胸痹”。胸痹，指胸部闷痛，甚则胸痛彻背，气短喘息不得卧为主症的一种疾病。主要是因为阳气不能正常运行，致水饮或痰浊闭阻于胸中的病证。这自然跟气虚体质也有关联。气虚，气不足则血不行。按照现代医学的说法，康熙晚年可能是患了老年心脏和血液循环方面的疾病。

当然，根据命造信息来预测一个人的“阳寿”是困难的，若做“事后诸葛亮”，即在已知事实的情况下，再回过来进行分析，还是有“痕迹”可寻。这个“痕迹”是客观存在的，并不是能任意编造的。

康熙死于 1722 年农历 11 月 13 日戌时，流年壬寅，这年的确有“大凶”的信号。最严重莫过于“日犯岁君”——日柱戊申跟流年壬寅，构成了天克地冲，即日干戊土克流年壬水，日支申金冲克流年寅木。同时，寅、巳、申又是三刑，加上大运乙亥，形成了寅申、巳亥四冲的局面。在前文的讨论中，

[1]《清宫医案研究》(上)，陈可冀主编，中国古籍出版社，2006 年，第 27 页。

我们已指出，此结构中，日支申金是一个关键字。它要“安静”，最忌刑冲。现在流年直接刑冲它，自然构成了凶兆。11 月为壬子月，又出现了“填实”的情况，同时冲年支午火。而死于戌时，辰戌冲，四柱的四个根基都动摇了。主要方面可以图示如下：

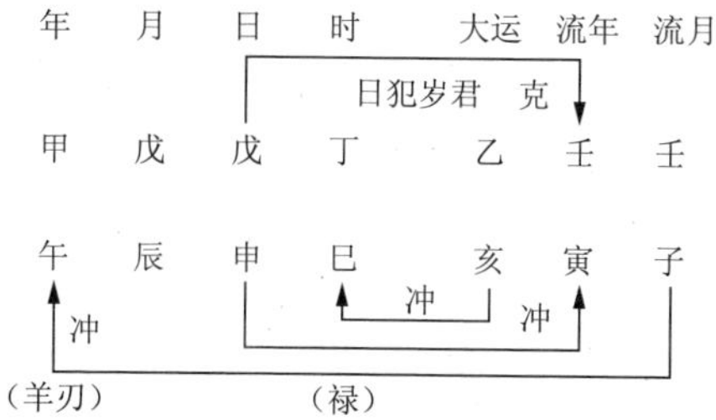

显然，究其要点而言，大运乙亥，亥水冲时支巳火禄神，在晚年已经是可能危及性命的信号，再加上这十分凶险的流年（日犯岁君，天克地冲），中国历史上一颗灿烂夺目的明星终于陨落了。

四、大运与千秋功业

前文对康熙先天命造的分析，要点是：日主身强，成功的七杀格，水为用神，木、金为喜神，火、土为忌神。下面我们再来进一步考察命造大运与康熙皇帝一生功业的关系。

如果说，前文对康熙的八字结构、以及性格、六亲、健康等特征的分析是一种**静态分析**，那么，以下对其大运以及一些流年发生情况的考察，则属于命造的**动态分析**。

这里再把康熙命造的大运罗列如下：

大运：

始于	1654年	1664	1674	1684	1694	1704	1714
	1岁	11	21	31	41	51	61
	己	庚	辛	壬	癸	甲	乙
	巳	午	未	申	酉	戌	亥

－土	＋金	－金	＋水	－水	＋木	－木
＋火 ＋金 ＋土	－火 －土	－土 －火 －木	＋金 ＋水 ＋土	－金	＋土 －金 －火	＋水 ＋木

下面是康熙一生经历的大事记：

己巳运——

1654年　甲午　1岁　5月4日生于紫禁城景仁宫，姓爱新觉罗，名玄烨。

1658年　戊戌　5岁　入书房读书，极勤奋。

1661年　辛丑　8岁　父顺治帝死，玄烨即位，改年号为康熙，鳌拜等四大臣辅政。

1663年　癸卯　10岁　生母佟佳氏死。

庚午运——

1665年　乙巳　12岁　大婚，册立内大臣葛布喇之女赫舍里氏为皇后。

1667年　丁未　14岁　亲政。

1669年　己酉　16岁　实行“更名田”。[1]智擒鳌拜。

[1] 1668年（康熙七年），清廷为了加速垦荒，增加赋税收入，下诏将“废藩田房悉行变价，照民地征粮，其废藩名色永远革除”。次年，将土地无偿给予原种之人，令其耕种，照常征粮。这些“改入民名”的田土，因为承种者“止更姓名，无庸过割”，故“谓之更名地”。事实上，通过更名田形式，清政府把一部分藩产无偿地交与原耕佃农承种，使其成为拥有合法土地所有权、只缴纳国家赋税的自耕农民。

1670 年　庚戌　17 岁　颁布《圣谕十六条》，宣布以儒学治国。

1673 年　癸丑　20 岁　吴三桂反于云南，“三藩之乱”爆发。

辛未运——

1677年　丁巳　24岁　以安徽巡抚靳辅为河道总督，主持治理黄河。

1679 年　己未　26 岁　清军攻克岳州，平叛战争取得决定性胜利。

1681 年　辛酉　28 岁　清军进军云南，“三藩之乱”最后平定。

1683 年　癸亥　30 岁　收复台湾。

壬申运——

1684 年　甲子　31 岁　设台湾府，辖台湾、凤山、诸罗三县，开海开矿。

1685 年　乙丑　32 岁　第一次雅可萨之战。[1]

1687 年　丁卯　34 岁　孝庄太皇太后病逝，享年 75 岁。

1689 年　己巳　36 岁　《中俄尼布楚条约》签订。

1690 年　庚午　37 岁　清军打败噶尔丹于乌兰木通。

1691 年　辛未　38 岁　多伦会盟，在蒙古实行盟旗制。

癸酉运——

1696 年　丙子　43 岁　亲征噶尔丹，昭莫多之战。[2]

1703 年　癸未　50 岁　治理淮、黄工程初步竣工。

甲戌运——

1706 年　丙戌　53 岁　《全唐诗》编成,《古今图书集成》初稿编成。

1708 年　戊子　55 岁　废太子。

[1] 雅克萨是历史上中国东北边疆古城。位于黑龙江上游左岸，今漠河县境内的额木尔河口对岸。1685 年至 1688 年（康熙二十四年至二十七年），中国军队为收复领土雅克萨，对入侵的俄军所进行的两次围歼战。这是中国对俄的第一次自卫反击战。

[2] 1696 年（康熙三十五年），清军在昭莫多以伏击大败卫拉特蒙古准噶尔军的关键一战。昭莫多之战，是清军击败噶尔丹军的关键一战。从此，噶尔丹势孤力穷，历时近 10 年的叛乱终于得以平定。喀尔喀地区重新统一于清朝。

1709 年　己丑　56 岁　复立太子

1712 年　壬辰　59 岁　再废太子。宣布以后滋生人丁，永不加赋。

1713 年　癸巳　60 岁　册封班禅额尔德尼。

乙亥运——

1714 年　甲午　61 岁　《律历渊源》修成。

1716 年　丙申　63 岁　《康熙字典》修成。

1717 年　丁酉　64 岁　议定禁海政策及具体办法。

1718 年　戊戌　65 岁　《康熙皇舆全览图》绘成。

1720 年　庚子　67 岁　护送七世达赖入藏，驱逐准噶尔军队。

1722 年　壬寅　69 岁　12 月 20 日病逝于畅春园寝宫，享年 69 岁。

根据这个大事记，再比较康熙命造的大运，基本上分为三个阶段：

（1）第一阶段

从 1661 年康熙八岁即位，到 1683 年康熙三十岁台湾收复为第一个阶段，也是康熙从少年、青年，到成年人的成长过程。

这个阶段主要大事是康熙亲政，智擒鳌拜，平定三藩之乱，以及收复台湾。大运经历了己巳、庚午、辛未。由于大运地支为南方火地，对命造是不利的，幸好天干庚、辛金为命局所喜。所以在此阶段，康熙面临了一次又一次的考验，接受了一次又一次的挑战，尤其是三藩之乱，八年战火，蔓延了大半个中国，但康熙最终还是维护了清政权的稳定，彻底完成了改朝换代、统一中国的历史重任。

再进一步分析，六岁到十岁，是巳运。巳火为忌神，又为日主戊土之禄，是少年“禄堂”运。身强少年“禄堂”，不利父母。在这段运内，康熙两年之间痛失双亲，形影相吊，实属可怜。但康熙却变不幸为有幸，勤奋学习，磨炼意志，培养了自信、自强、自励的精神。

十一岁起行庚金运，庚金为喜神。1565 年，流年乙巳，岁运天干乙庚相合，庚是八字日支申金喜神的透露和延伸；巳又合日支申金，日支本为妻宫，康熙是年大婚，迎娶了贤惠的皇后赫舍里氏。

十六岁行午火运，午为日主的羊刃，又自刑命造年支午火。命理上，羊刃最忌刑冲。这是康熙早年运程中颇具风险性质的一段大运。幸好流年一路金水：己酉、庚戌、辛亥、壬子，尚无大害。但是，到了此运的最后一年癸丑，1673年冬天，还是风云变幻，酿成了三藩之乱，鼙鼓震天，社稷为之动摇。这是青年康熙面临的最大一次挑战。

接下来是二十一岁开始的辛未运。辛为阴金，为喜神；未虽为土，但八字地支辰、巳、午、申，由于未的加入，真正形成了本章开头所引用的袁树珊的评语——“有辰巳午未申，一气呵成，五位连珠之妙”的气势。所以经过前后长达八年的战乱，康熙皇帝真正实现了神州的大一统，也造就了他日后沉着、坚毅的作风。

（2）第二阶段

第二个阶段是从1684年设立台湾府到1703年的二十年，也是康熙三十一岁到五十岁的壮年阶段。

这个阶段的主要大事是对内薄赋轻税，兴修水利，发展生产，迅速从大乱走向大治，开创了国泰民安的“康乾盛世”；对外击败了沙俄的侵略，签订《中俄尼布楚条约》，维护了中国东北领土的主权，取得了独立自主外交的胜利。康熙皇帝还三次亲征漠北，平定了准噶尔汗噶尔丹的叛乱，开拓和稳定了中国的西北疆域。最后，他在承德修建避暑山庄，作为与北方游牧民族交往的基地，从此建立会盟制度和避暑山庄外藩朝觐制等，加强了多民族国家的稳定。

这二十年的大运是壬申、癸酉，金水连环，对于火炎土燥的康熙命造，是汩汩的清泉，更是绵绵的细雨——“随风潜入夜，润物细无声。……晓看红湿处，花重锦官城。”[1]这二十年是康熙王朝的鼎盛时期。康熙皇帝作为一

［1］杜甫“春夜喜雨”诗句。

代明君的雄才伟略，文治武功，这时显露无遗。

噶尔丹是准噶尔部的首领。为实现统治蒙古诸部、割据西北的政治野心，他在俄国政府的怂恿支持下，于1688年进攻喀尔喀蒙古，并借口追击土谢图汗部余众，进军内蒙古乌朱穆沁，与清政府发生了直接的军事冲突。康熙为确保京师安全和边疆安定，曾先后三次率军亲征漠北，大败噶尔丹。在1697年，康熙终于迎来了噶尔丹的死讯。据说当时正在黄河大堤上视察的康熙，当即跪倒在大堤上，感谢天地，无比欢欣。此年在酉运，流年丁丑。酉、丑跟命造时支巳火，组合成了巳酉丑的三合金局。金水为康熙八字的喜用神，从命理上说，有这样的大喜消息也非偶然。

（3）第三阶段

第三个阶段从1704年康熙五十一岁开始到1722年康熙病故。

这是康熙暮云深沉的晚年。由于接班人问题，康熙陷入了痛苦的漩涡。两度废黜皇太子，造成了诸皇子为夺储位的结党争斗，致使吏治懈怠，朝中党派林立，直接影响到了社会的安定。

这阶段的大运是甲戌、乙亥。

甲戌是第六步大运，与月柱戊辰天克地冲。尤其是戌土大运，戌为日主戊土之“墓”，冲月令辰土，不仅把土冲旺，而且破坏了日月地支申、辰的夹拱，显然是一步衰败运。废黜太子之事，正发生在此运中。

接着是六十一岁开始的乙运。乙木是正官。虽然木为喜神，乙木可助甲木一臂之力，但终究与八字甲木七杀相混，会影响原来七杀格局的清纯，造成进退失措的情形。六十六岁后的亥运，亥水冲八字时支巳火，巳为日主戊土之禄，晚年冲时支禄位，常常凶多吉少——会造成“死关”。

因此，自1708年后，原来注重养生、身体康健的康熙，开始了老年的虚弱和病痛，最后病逝于1722年的冬天，享年六十九岁。然而，也正是在这一时期，完成了《康熙字典》的编撰，绘成了《康熙皇舆全览图》。[1]康熙还派兵远征西藏，振兴黄教，尊崇达赖喇嘛，护送七世达赖进藏，再败准噶尔人，为维护西南边疆的统一，迈出了关键性的一步。

毛泽东主席对康熙皇帝有过一段评论，[2]他认为：

康熙皇帝头一个伟大贡献是打下了今天我们国家所拥有的这块领土，我们今天继承的这大块版图基本上是康熙皇帝时牢固地确定了的。

第二个伟大贡献是他的统一战线政策。满族进关时兵力只有五万多，加上家属也不过二十万，以这样少的人口去统治那么一个大国，占领那么大领土，管理那么多人口，矛盾非常突出。康熙皇帝便发明了一个统一战线，先团结蒙古族和其他少数民族，后来又团结了汉族的上层人士，他还全面学习和继承了当时比满文化要先进得多的汉文化。

康熙皇帝第三个了不起的地方是他有奖罚分明的用人制度，即使贵为皇子，打了败仗也不能进德胜门，而要在城外听候处置。

最后是康熙皇帝的学习精神。康熙除了会几种民族语言之外，还会好几种外语，包括希腊文。他还精通诗词歌赋、琴棋书画。康熙皇帝是最早懂得向西方资本主义先进知识学习的开明君主。

这基本上概括了这位“千古一帝”的宽阔襟怀、政治智慧和历史功绩。[3]

---

[1]《康熙皇舆全览图》是中国第一幅绘有经纬网的全国地图。1708年由康熙帝下令编绘，以天文观测与星象三角测量方式进行，采用梯形投影法绘制，比例为四十万分之一。该地图经过十年的实地测绘，才于1718年初步完成。绘图人士有耶稣会的欧洲人士及中国学者。此地图在中国地图发展史上具有划时代的意义，自清朝中叶至中华民国初年国内外出版的各种中国地图基本上都渊源于此图。

[2]见舒乙（老舍之子）:《毛泽东谈康熙：今天继承的大版图是他确定的》（2010年10月29日，中国新闻网）

[3]要对康熙皇帝做全面的历史评价，也不能忽视从康熙朝开始的迫害知识分子的文字狱。相对后来雍、乾两朝，康熙时的文字狱则稍有减轻。比较著名的有《明史》案和《南山集》案。此外，康熙虽爱好学习西方科学技术知识，但也仅限于皇家宫门之内，并没有将学习西方先进知识引为国策，推广到社会。

第十二章　命理学的局限与展望

在前一章里，我们以康熙命造为例，展示了多视角的推演程式。然而，作者希望这个对康熙命造的全方位评点，不要给读者带来一个错误的印象，似乎“万般皆是命，半点不由人”——人的命运是“前定”的。

本章就从传统命理的局限性谈起，指出它在研究对象和研究方法上，都存在着很大的局限。正因为这些局限，长期以来，使命理学蒙上了“迷信”的神秘纱幕和糅杂了江湖术士行骗手法、以及劝人为善的命理信仰。客观地分析和清理这些跟历史上命理的理性探索混杂在一起的泥垢，有助于认识命理学的真实面貌，了解它的实际功能。最后，在命理学出现了现代转型的基础上，谈谈作者对它的思考和展望。

一、传统命理的局限

概率性描写

本书第一章里指出，八字命理学，归根结底，是寻找和揭示出生时间与出生人的生命潜质及人生轨迹之间的**对应关系**。

这里，需要澄清一个重要的基本认识：这种对应关系不是“决定性”的关系。它只是一种出现的几率或概率上的**相关性**。它是人们通过大量的观察、经验和统计得出来的结果。

事实上，影响一个人的成长和发展的因素很多。有先天的，也有后天的。比如，二十世纪初，科学家终于发现了能解开生命奥秘的基本因子——基因。到二十世纪末，解读基因，成了历史赋予人类的一个重要课题。人的基因是父母遗传的，当然属于先天的范畴。但是，它会影响到人出生以后体质上的健康和疾病，甚至心理上的某些趋向。基因的研究，充分表明人的先天因素是不可忽视的。

一个人的生命历程，跟他所处的后天环境：家庭、所受的教育、所处的地理环境、社会的政治经济制度、文化传统等等，都是密不可分。《命理点睛》一书中把这种影响归结为九类。书中写道："原来人的命运，除了受先天命造及个人意识反应之决定外，尚受到许多后天因素的影响，这些因素包括：一、地理环境。二、种族差异。三、风俗习尚。四、政治制度。五、先人积德（门风）。六、教育程度。七、品德修为。八、体格相貌。九、突发异变。"[1]这里，我们无意去讨论这样的归类是否全面、合理，但是，人的生命过程受着各种各样的后天条件的影响和制约，这是不容置疑的。

因此，从人的"出生时间"——这样众多的先天和后天的因素中的一个因素：当然，它首先是"确定"的（即个人的出生时间是确定的、不可改变的**客观事实**），但看来并非是十分"重要"的一个因素——出发，去发现它和人的生命历程的相关性，这只是研究生命现象的一个角度，一个切入点，它不可能包含或替代其他所有的因素，因此，充其量只能是经验的或统计学上的**概率性描写**。再重复一句：统计相关性本身并不保证或者反映因果联接。

所以，诉诸"万般皆是命"，只能是无知者的梦呓。

"四同"八字

几百年来，人们对于八字命理学的诘难，莫过于对于同年、同月、同日、同时生的所谓"四同"八字的人，他们命运存在着的差异。

第四章里，我们就提到过明朝初年宋濂的《禄命辨》。宋濂提出质疑的

[1] 吴怀云：《命理点睛》，第 103 页。

主要理由是：八字“其终数于五十一万八千四百。夫以天下之广，兆民之众，林林而生者不可以数计。日有十二时，未必一时唯生一人也。以此观之，同时而生者不少，何其吉凶之不同哉？”[1]

宋濂是用十二个时辰来计算的。在第三章里，我们用十三个时段（区分早子时和晚子时）来计算，计有五十六万一千六百个八字结构，加上男女命造的起运方向不同，共有**一百十二万三千二百个**不同的命造。[2]这的确已是一个相当可观的数字了。

其实，从秦汉到清军入关的一千八百多年，以中原为中心的古代中国人口一直在一千多万到七千万上下波动。相对来讲，“四同”八字还不算太多。但自清朝以后，中国人口有了突破性增长。康乾盛世带来了稳定的经济发展，到 1790 年（乾隆五十五年）中国人口第一次突破三亿大关。民国时期是四亿五千万。1949 年以后，由于二十世纪五十年代的鼓励生育的政策，大陆人口出现了惊人的增长。根据国家统计局 2011 年公布的数据，目前中国人口总数在十三亿三千九百万。这样，“四同”八字就相当多了。

对于“四同”八字，我自己也曾遇到过。

2004 年秋季，我曾应邀到美国加州大学（长堤分校）去做一个中国文化讲座。飞机抵达洛杉矶后，我的老同学谢天蔚教授来机场接我。因为已是傍晚时分，谢教授就带我去一家餐馆吃晚饭。记得是一家日本餐馆。进去后发现已有一对夫妻等着，他们也是从大陆来的，是谢教授的朋友。经介绍，那位男的是工程师。在就餐的过程中，这位工程师朋友一直激烈地批评“算命”，说它是“迷信”。他很难理解，受过现代教育的人会信这种“迷信”的东西。我并没有跟他争辩。我说，这是古人留下的东西，有一定的预测功能。作为一种文化现象，值得我们去研究。这顿晚餐是这位工程师付的账。晚餐

[1] 见《星命集成》第三册，第 486 页。
[2] 事实上，由于具体起运的时间不同（节气出现的具体日时差异），有差异的实际数量还远不止这些。

后就去谢教授家喝茶。他们也一块儿去了。

到了谢教授家，这位工程师提出要我给他看八字。我说："你又不信，何必算呢？命理对我来说，也只是业余爱好，我不是搞这'专业'的。"可他坚持要我试一试。大概是平白无故地吃了人家一顿丰盛的晚餐，不好拒绝；再加上他刚才对命理学的严厉责难——看就看吧！我拿出万年历，排出他的八字。现在还记得他的命造是：

命例 53

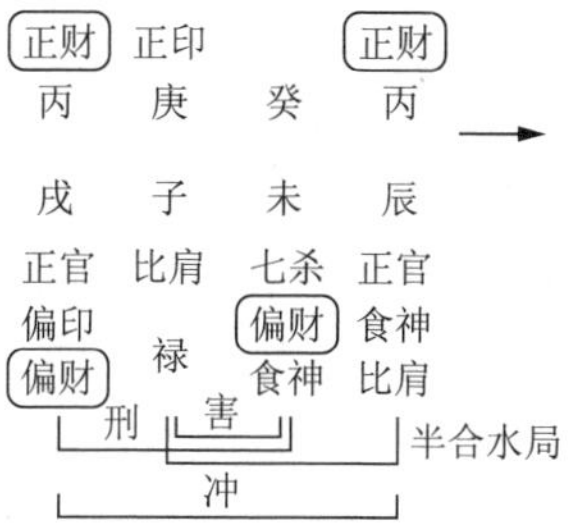

阴阳五行结构

+火	+金	-水	+火
+土	-水	-土	+土
-金		-火	-木
-火		-木	-水

看了这个八字后，我对他说："你离过婚！现在的太太，是第二次婚姻的吧？"

这话一出口，记得谢教授当时吃惊得张大了嘴，以为我一定是刚才喝了日本清酒还没有清醒过来。可那位工程师却十分坦然地点头认可了。坐在一旁的他的太太也没有吭声。

在送我去旅馆的途中，谢教授对我说，他也不知道有这回事。我自己都感到惊讶。我对谢教授说："今晚我是失态了。"谢教授了解我的个性。在正常的情形下，我是不会这么说的。何况八字本身只能表现个趋势，我怎么能这样"铁口直断"呢！

讲座后，在返家的途中，这个八字老在我的脑际旋转，总觉得有"似曾相识"之感。到家后，我翻阅自己过去的资料，终于发现确实有一张记录了"四同"八字的卡片，是一位旧金山的朋友托我看的。但这是许多年前的事了。我当即给这位朋友打电话，告诉她这次发生的事，询问她过去拿来的这个同样出生时间的人的情况。她告诉我，这个八字是她女友的先生的。这对夫妇没有发生离婚的事。但她先生在异地工作时，有过一个同居的“女朋友”。二、三年前，这个“女朋友”竟然打电话给她这位女友，直截了当地要跟她“公平竞争”，把她弄得哭了好几场。

这是我自己遇到过的事。这说明，同样出生时间的八字虽然有同样的信号，但在实际生活中并不一定具有相同的表现形态。“铁口”论断是要不得的。现在回想那天在谢教授家的“断”命，真是瞎猫撞上了死老鼠——凑巧了。

事实上，明朝命理巨著《三命通会》的作者万民英，已经观察到同年、同月、同日、同时生的人的命运是有差异的。[1]不仅如此，他还收集了不少这类命例来作比较分析。[2]正是有感于此，梁湘润在《命略本纪》中说：“我们现在有谁肯像‘万育吾’一样，如此诚恳，说出禄命不一定‘准’的良心话呢？……想必大家都知道，命理本来不是百分之一百准确的。说成如何神

[1]《三命通会》有这样的叙述：

余纪缙绅与凡民命同者，不能悉数。姑就缙绅论。如黄懋官侍郎，与申价副使命同：黄死于兵祸，申死牖下，申先黄死，官之大小，又不论也。朱冲与李庭龙命同：朱发科壬辰，李发科癸丑，朱官至尚书，李至大参，寿又不永，其子孙之多寡贤否，又不论也。万采与饶才命同：万举进士，官至卿贰，饶止举人，官至太守。然饶多子而万则少，又以万谪戍死，而饶则否，其寿夭得丧又难论也。三河王且斋兄弟同产，而功名先后，亦自不同。况天下之大，九州之广，兆民之众，其八字同者何限，乌可以例论耶？（第524页）

[2]关于同年、同月、同日、同时生的人，《三命通会》说：

或问：偶然同产，一母所生，何以别贵贱荣枯？答曰：凡一时有八刻十二分，故有浅深前后吉凶不同。其有同时一母所生，须分浅深，及日时之阴阳。如阳日时兄胜；阴日时弟胜。浅者占先时之气；深者占后时之气。古歌云：双生之法有奇门，欲验荣枯视日辰。阴日弟强兄必弱，阳时兄贵弟须贫。李九万云：凡小儿带四生，多主双生。神白经云：阳命后生者死，阴命先生者死，不以男女论。又一说：一时分方向，如木命向东方者受生气，向西方者受克气，贵贱寿夭，以是别之。余闻三河王氏，兄弟双生，弟先中，兄后中，功名寿夭，大率相似；而兄竟不如弟。颍州李氏兄弟双生，因差一时，故弟登科甲，兄止秀才。考其八字日时，果如前说。（第583—584页）

奇……乃是违心及欺人之谈，命理大约只有百分之六、七十的或然律而已！”[1]

“百分之六、七十的或然律”——这是梁先生对八字预测十分中肯的评断。命理研究者应有这样清醒的认识。

取象比类

从八字命理学本身的理论和推演方法来看，也是有明显的局限性的。

首先，它从“初禀”的阴阳五行结构出发，去探寻它与人生轨迹之间的对应关系。然而，这个对“初禀”的刻画，主要是从时间序列下手的，并没有充分表现出**空间分布的差异性**。这跟我们东方古代农业社会重视时间序列、用时间去统摄空间的传统思维趋向是一致的。

在农耕社会里，绝大多数的人生活在一个比较固定狭小的区域内，很多人一辈子就没有离开过生他养他的故乡，可能一生去的最远的地方就是县城了。因此，空间方面的影响确实不那么显著。但是，现代社会就不同了。对于我们国内人来说，近三十年来，随着改革开放，地球忽然变小了。到东南亚，到澳洲，到欧洲，到大洋彼岸的北美洲，就是乘坐几个小时，最多十几个小时的飞机就可以抵达了。记得《苏轼年谱》记载，北宋苏轼二十岁随父赴京师（今河南开封），从成都出发，旅途要花上二个来月。今天与之相比，简直不能同日而语。**空间因素**确实变得越来越重要了。同样八字的人，就是交上同样的好运，由于生活地区的不同，命运的实际差异也会表现得十分显著。尤其是生活在国外的人，和生活在大陆的人相比，社会经济、文化环境的差异，必然会造成实际境遇的差异。比如，在过去的八、九年内，同样是购房，在国内房价是了翻了几倍，在美国则因为次贷危机，房价大跌。这就是地域的差别。这是传统命理学无法回避的时代的挑战。

---

[1] 梁湘润：《命略本纪》(上)，第108页。

其次，在命理的具体推演方面，常遵循着“取象比类”的方法。

所谓“象”，首先是观察到的事物的形象、现象。我们的先人常常透过比喻、象征、类推等办法，把形象相似、情景相关的事物，变成可以理喻的东西。它不等同于西方哲学中的“抽象”。

通常所说的“抽象”，是指抽取某一类事物的共同本质属性或特征，舍弃其非本质的属性或特征。抽象的过程是透过现象，把握事物本质的过程。这基本上是西方哲学的理解。在中国先哲眼里，现象和本质并不处于截然对立的位置上。因此，由现象到本质无需采取“抽取”的方式，而是可以循着另一条思维途径，比较自然的展开。这个思维途径就是“取象比类”。

“象”是传统命理学架构和推理的基本材料。在古法模型中，“纳音五行”是命理框架的基本材料和主要的推理手段。六十甲子中每一对干支纳音，都是一种特殊的“象”。到了今法模型时期，“正五行”占了主要位置。“喻象分析层面”是八字分析框架中的基本层面，它通过由四组干支组成的“象”来进行比较并作出推理。比如，明朝张楠在《神峰通考》中提出“病药说”，指出八字有“雕、枯、旺、弱”四种病态。这四种病态就是四种病“象”。[1]这正是用比喻的方式来刻画“象”的内容。八字结构的特点往往是通过不同的“象”来揭示的。

事实上，“取象比类”的方法跟中国古代着重于总体把握事物的思维模式有关。传统思维重视整体性，认为那些所谓个别的、非本质的、甚至是偶然性的东西，也是整体的部分，是尚未能善加认识的东西，不能随意割弃。因此，传统思维用“象”来贯通感性和理性，既保留了整体直观的形象，又具

[1] 比如，所谓“雕”，张楠说：“如玉虽为至宝也，而贵有雕琢之功；金虽至宝也，而贵有锻炼之力。苟玉之不雕，虽曰荆山之美，则为无用之玉也；金之不炼，虽有丽水之良，则为无用之金也。人之八字，大概如此。”(《神峰通考·雕枯旺弱四病说类》）这里，用的都是比喻。先是用对玉的雕琢之“象”、对金的锻炼之“象”，来说明“雕”的功能。然后，用玉、用金来比喻人的八字，说明八字需要做“雕”的工作。

有抽象的内涵。在类比推理时，强调的是相似性、相关性，只要相似或相关，至于是否是个别的、非本质的或偶然的，它并不十分在乎。

我们不应轻易否认，人们有时通过一些风马牛不相及的东西表现出来的相似性、相关性，发现了隐藏在内的深刻的规律。牛顿看到了苹果从树上掉下来，从而想到了地球引力，便是生动的一例。况且，借助于“象”来比类推理，思维显得十分富有弹性。概念虽然模糊，但含义隽永，多暗示，富情感，给人无穷的回味余地。但是，我们也不能否认或低估，由于推理时“象”的**主观性**和**模糊性**，时常会出现一些似是而非、十分牵强附会的结论。

2011 年出版的《中国人的思维批判》，作者楚渔认为，导致中国落后的根本原因是传统的思维模式。这又一次把中国人更多习惯于形象思维的方式，置于批判的枪口之下。至于是否是中国落后的“根本”原因，这个题目涵盖面太大，值得进一步深入讨论。但与之相关的“取象比类”的思维途径，它的不足和局限性，则引起了更多的重视。

世俗的价值观

事实上，传统思维在思维定向上，跟西方的思维方式有着很大差别。

西方的思维定向是认识客观事物，把客观事物分离化，为知识而知识。西方“哲学”这个词的原意，就是“爱智”，即追求智慧。

何谓“智慧”？智慧就是对真理的认识。因此，主体在认识客体的活动中，强调事实判断。事实判断是对客体本来面目的认识，是对事实真相的揭示，具有明显的客观性。因此，事实判断，也是真假判断。

中国传统的思维定向，则是“知以致用”、“知行合一”，把对客体的认识维系在主体的使用上，使求知与道德及生活实践结合在一起。

古代较早的经典《夏书》就说：“正德、利用、厚生。”因此，知，就和德、利，联结在一起了。表现在中国古代哲学上，不是以“爱智”为目的，而是以“闻道”为归宿。“道”是对宇宙人生根本问题的解答，包括了“真”与“善”。志在“闻道”，与其说是求“真”，不如说是以求“善”为最终目的。所以孔子说：“朝闻道，夕死可矣。”[1]

因此，传统思维在认识客体的活动中，深深地受着主体的情和意的主导，**趋向于价值选择，而不着重于事实判断**。八字命理学也镌刻着这样的印记。

比如，在阴阳观念上，就表现出强烈的道德意识。《滴天髓》说：“五阳从气不从势，五阴从势无情意。”清朝任铁樵解说道：

> 五阳气辟，光亨之象易见；五阴气翕，包含之蕴难测。五阳之性刚健，故不畏才煞；五阴之性柔顺，故见气势旺盛，易于顺从。大都纯阴之性，城府深沉；纯阳之性，豪爽慷慨。凡趋势忘义，处世骄谄之辈，大抵阴气为戾。[2]

可见，阳刚被喻为是阳气的本性，柔顺则是阴气的本性。刚健有为是中国人文的基本精神，也是传统理想人格“君子”的主要方面。《易传》说：“天行健，君子以自强不息。”“大哉乾乎！刚健中正，纯粹精也。”孟子也说：“富贵不能淫，贫贱不能移，威武不能屈”。正是这种价值取向，使原本表示自然中两种对抗势力的阴阳范畴带上了伦理的属性。显然，阳气具有褒义的道德属性；阴气则常含有贬义的道德属性。这就是传统文化中的“贵阳贱阴”。

同样，在传统命理学中，首重“贵命”。并且，以“清”为贵，以“浊”为富。这不仅明确地表现出君主专制下宗法社会的官本位思想，同时也体现了价值取向上鲜明的褒贬之意。对此，近代徐乐吾就提出了批评：

> 昔人论命，以清为贵，以浊为富，此言未确，乃重士轻商之积习也。八字好坏，全在有力无力，有情无情，喜用得时得地，配合有情，自有一种精神，是谓之清；反之偏枯浊乱，不能取贵，焉能致富？[3]

[1]《论语·里仁》。
[2] 任铁樵注《滴天髓阐微》卷一，第15—16页。
[3]《子平一得》：“再论富命”，第6页。

这正揭示了这种价值判断的根源——“重士轻商之积习”。然而，徐先生终究是在五四运动——孔孟之道遭到空前冲击——之后说出这样的话来的。

在传统命理学中，事实判断完全为价值判断或道德判断所充塞的例子，莫过于在“论女命”了。明朝《三命通会》说：

> 或问妇人何利？利在夫星。夫利其妇必利，夫困其妇必困。妇人从夫，先观夫星，以定出身贵贱；再看子星，以察晚年之荣辱。[1]

《三命通会》以来的命理著作，包括近代徐乐吾、韦千里的著作，无不都是“先看夫星，次看子星”的程式的翻版。比如，韦千里说：

> 女命看法，与男命无大异。惟女重夫、子二星。取用之道，能夫、子、自身，三者兼顾最妙。否则宁愿自身较弱，夫星和子星，切不可受挫。再次必须顾全夫星，更次必须顾全子星。总以夫、子两全者为上命。至少或夫、或子，有一可靠。若全不可恃，则为下命决矣。[2]

甚至九十年代初出版的邵伟华的《四柱预测学》里，作者说：

> 对于女命，古有专论。女命从夫，夫贵妻亦贵，夫贫妻亦贫。就是说，丈夫发了财，妻子必富，丈夫升了官，妻子必贵，丈夫倒霉，妻子日子也难过。这在实际生活中也确实如此。所以看女命，先观夫星如何，以定贵贱，夫是贵命，其妻必是贵命，不然不会配贵夫的。[3]

这是“先观夫星”的现代版说法。

显然，在宗法社会里发展起来的八字命理学，刻满了“封建伦理”的印记。然而，它所体现出来的价值观念，总的来说，**是一种世俗的价值观**。世俗的价值观，说到底，就是“势”（权力）与“利”（钱财）两个字。势者居官；利者发财。世俗的人，不仅以此二者为价值的向往目标，同时也是用它们作为评定他人价值大小的现实标尺。

---

[1]《三命通会》：“论女命”。
[2]《韦氏命学讲义》：“女命篇”，第 106 页。
[3]《四柱预测学》，第 177 页。

这里就出现了一种十分矛盾的现象。虽然命理学在发展中不断地把儒家“阳尊阴卑”等价值观念融合进自己的理论里，但八字结构所映射的人和社会的关系，毕竟是十分实在的现实关系。当回到命理的整个符号推演体系里，回到评价的基本原则时，论命系统本身具有的特征，就很难与正统的伦理价值观念完全协调起来了。

从这点上来讲，它只能采取求“真”的态度，做出事实判断或真假判断。它要刻画的是个人在这喧嚣尘世中起伏的人生轨迹。尽管它所能做出的判断是粗略的，并带有极大的比附性质，但终究是要揭示真实世界里的客观关系，无法时时披着传统伦理价值的体面长袍。它无法用“仁”或“义”来肯定或否定“贵”或“富”的客观含义。不然它将丧失自己存在的描写现实的功能。在传统重伦理、轻功利的“大传统”面前，反映着这类“庸俗关系”的八字命理学，自然是抬不起头来的。它只能忍受“大传统”鄙夷，长期在“江湖”存身。或者说，在“小传统”或俗文化中占一席之地，反倒成了命理学自己不可抗拒的“宿命”了。

二、从神化到去魅

江湖派

传统命理学的局限是客观存在的。然而，在漫长的历史进程中，它并不为许多人所了解。正因为不了解，这就给有些以此为生计的江湖术士有了可乘之机。

在传统命理学研究的历史长河里，始终存在着两股主要的潮流，徐乐吾先生曾把它们归结为两派：**江湖派和书房派**。徐乐吾说：

研习命理之人，自来分两派：一江湖，二书房。江湖派根底太浅，缺乏常识，经验虽富，不能融会贯通，且志在谋食，不足以语于作者之林，固无足怪；书房派之研习，又多视为消闲遣兴之具，缺乏恒心与练习，义理较深，即似解非解，无确定不移之知见，一任术者信口雌黄，不能辨别其是非。此命理之所以失传也。[1]

其实，江湖派人士的实践是命理学发展的基础。没有江湖派人士的日常算命活动，积累大量的经验，就很难会有书房派人士在理义上的分析和总结。然而，没有书房派人士的探究总结，命理学的理论和实践水准又无法得到进一步的提高。实验、总结、提高，再实验、再总结、再提高……，这本该是对事物认识深化的良好途径。可惜，诚如徐乐吾所指出的，自古而来就从未形成过良好的互动作用，这正是命理学发展迟缓、始终很难成为一门精湛的学术科目的重要原因之一。

实际上，江湖算命由来已久。最早可以追溯到春秋战国时期。由于周王室的衰落，原来王室的卜筮之官流落到民间，成了以占卜为生的“日者”。前文提到，墨子就遇到过这样的日者。

日者可以算得上为人占卜算命的江湖派的先驱。西汉时，在首都长安就已经有专门的“卜肆”。司马迁的《史记》中有《日者列传》，记载了“卜于长安东市”的司马季主。

盛唐以后，尤其是安史之乱以后，由于战乱给唐王朝带来空前的经济危机，统治者不得不容忍商人更为活跃的发展。于是，商人阶层和商人资本的发展，造成了都市扩大，市民云集，到两宋时俨然已形成了新的市井文化。[2]市井文化在文化素养上比精雅文化低，但在社会见识上又胜于山野农民，具

[1]《命理一得》，第 72 页。

[2] 两宋三百年间，北宋的首都汴京（开封）、南宋的首都临安（杭州）都曾是超级城市，人口高峰都远远超过一百万大关。苏州、成都、鄂州、泉州等城市，居民数量先后跳跃到四、五十万的水平。西京洛阳、北京大名、建康（江宁）、潭州、福州、广州等，居民数量也曾到过十万以上。至于人口在一万至十万之间的城市，北宋不会小于一百个。人口在一万以下的城镇，总数大约在三千个。（见李春棠：《坊墙倒塌以后（宋代城市生活长卷）》湖南出版社，1996 年）

有更强烈的世俗倾向。**市井文化**是传统命理学发展的绝好温床。

随着命理学逐渐形成和趋于成熟，以算命为业的江湖派也随之兴起。北宋当时在首都东京（开封）注册登记的操各类命相、风水业的术士，据王安石说，就有一万以上。而后在南宋首都临安（杭州）的术士也不少，在御街上摆摊的就有三百多。[1]岳珂在《程史》里记载："中都有谈天者，居于观桥之东，日设肆于门，标之曰：看命司。"

到了明朝，算命已经成了当时人们生活的一部分。上自帝王将相，下至平民百姓，无不对此津津乐道。以下是明朝历代君王的名字，都是按照五行相生的方式来命名的：[2]

明太祖朱元璋"洪武"	水
明成祖朱棣	木
明仁宗朱高炽	火
明宣宗朱瞻基	土
明英宗朱祈镇／明代宗朱祁钰[3]	金
明宪宗朱见深	水
明孝宗朱祐樘	木
明世宗朱厚熜	火
明穆宗朱戴厚	土
明神宗朱翔钧	金
明光宗朱常洛	水

[1] 见《王文公集》卷三和《搜闻异录》。（转引自李春棠：《坊墙倒塌以后（宋代城市生活长卷）》。）

[2] 参见梁湘润：《用神经史观》，行卯出版社，2011年。

[3] 明英宗朱祈镇为明宣宗朱瞻基之长子，明代宗朱祁钰为明宣宗朱瞻基之次子。明英宗亲征瓦剌，用兵不当，导致"土木之变"，英宗被俘。1450年，由其弟即王位，即明代宗。1457年，代宗病，英宗复辟。

明熹宗朱由校／明思宗朱由检[1]　木

君王所好如此，更不要谈民间的问卦算命了。前文谈到过的、明朝万历年间出现的社会人情小说《金瓶梅》，其中就有四处关于算命的具体描写。可见当时算命已经融入了都市生活之中。明朝或许是中国算命活动最兴旺的时代。

到了清朝，算命成为一个行业，列于九流之中，跟“医”、“僧人”、“道士”等为“中九流”之一。[2]在江湖术语中被称为“巾（金）”行。这时，书房派和江湖派有相互融合的趋势。书房派大多为“士”的阶层，研究命理主要是个人兴趣，并不以赚钱为目的。在文人儒士的眼里，儒家经学才是圣人之道，算命不过是“末流技艺”，不登大雅之堂。而江湖派大多为“游民”阶层。但是，随着一些儒士家道衰微，也不得不依靠为人算命来维持生计，前文提到的《滴天髓》的注释者任铁樵，就是从书房进入江湖的人物之一。

由于书房派的加入，清朝的算命行业在理论层次上有明显的提升，但同时，江湖气息也日益加重。主要表现在一些算命师开始组织秘密帮会，为了帮助算命业者获取更多的收益，进而总结并传授很多骗术。通过这些江湖骗术，算命先生只要略懂些术语，就可以把前来求测的人说得心口诚服，以为自己真的遇见了“半仙”。

“江相派”是清朝比较有代表性的算命术士的帮会组织，主要活动在东南沿海地区。它以算命看相、骗人钱财为业，内部有自己的门规、师承、组织和暗号。根据《于成回忆录》[3]说，所谓“师门三宝”是“法”和“术”。“法”是大相士或大神棍必读的护身“秘本”；“术”是历代积累下的舞神弄鬼、行之有效的经验和方法。其中《英耀篇》属“秘本”的师门大法。第一部分是

[1] 明熹宗朱由校驾崩无子，临终遗诏，以其五弟朱由检即皇位，即明思宗（崇祯）。

[2] 见董向慧：《中国人的命理信仰》，第69—70页。

[3] 见《江湖相命心理学》。

“观其貌而审其意”，第二部分是“察其衣着，窥其心态”，第三部分是“敲、打、审、千、隆、卖”。其实，都是套人底细的办法。比如，第三部分，所谓“敲”，就是旁敲侧击；“打”就是突然发问，使来者措手不及，仓促间吐露真情；“审”是察言辨色，从已知推未知；“千”就是刺激、责骂、恐吓，向要害打击；“隆”就是赞美、恭维、安慰；“卖”就是在掌握了对方资料以后，用从容肯定的语气，一一摆出来，使来者惊讶和折服。总之，通过揣摩人的心理，用一套精心设计的方法，达到算命十分“灵验”的效果。

虽然，诚如徐乐吾先生所指出的，在学术方面，书房派和江湖派并没有很好地互动，促进学理上的长足进步。但是，在社会实践方面，却因为书房派与江湖派的相互推动，终于在不少人的心目中编织出一个命理学的“神话”——“万般皆是命，半点不由人。”命理学是可以洞察秋毫，准确预言人的命运的。

命理信仰

在中国历史上，有两篇以命运为主题的文章，在一般读书人，甚至在广大民众中，产生过深远的影响。一篇是北宋吕蒙正的《破窑赋》；[1]一篇是明朝袁了凡的《了凡四训》。

吕蒙正[2]是历史上第一位直接出身于平民、经过科举而最终成为宰相的人。他幼时贫寒，住寒窑，以乞讨为生。终因发奋读书，官至极品，三朝为相。从被人鄙视到被人高眼，深感天道无常、人情冷暖，故作《破窑赋》。其中说：

> 昔时也，余在洛阳，日投僧院，夜宿寒窑。布衣不能遮其体，淡粥

[1] 也称“劝世文”。
[2] 吕蒙正（946—1011），字圣功，河南洛阳人。宋太宗太平兴国二年（977年）状元，皇帝为及第状元赐宴就是从他开始的定例。988年起他当了多年宰相。他是第一个书生宰相、状元宰相，是宋朝当宰相经历过三朝的两个人之一。

不能充其饥。上人憎，下人厌，皆言余之贱也。余曰：非吾贱也，乃时也，运也，命也。

余及第登科，官至极品，位列三公，有挞百僚之杖，有斩鄙吝之剑，出则壮士执鞭，入则佳人捧袂，思衣则有绫罗锦缎，思食则有山珍海味，上人宠，下人拥，人皆仰慕，言余之贵也。余曰：非吾贵也，乃时也，运也，命也。

盖人生在世，富贵不可捧，贫贱不可欺。此乃天地循环，周而复始者也。

这里把自己从贫苦到富贵的经历，归结为“时也，运也，命也，”以此来说明一种自然循环的人生思想。

明朝袁黄，[1] 号了凡，后人常以其号称之。《了凡四训》是以自传形式写成的劝善书，叙述了自己的身世和知命、立命的过程。

袁了凡小时候，本想学医，但遇到一位姓孔的算命先生，说他是官场中人，为何不读书应考？而且明年就有进学机会。袁了凡听从了，重新拜师读书，并参加了科举考试。孔先生预言他县考童生第十四名，府考第七十一名，提学考第九名，果然都非常灵验，准确无误。然而，孔先生说他只能活到五十三岁，无子而终，这又使他对自己的一生抱有一种失落感。

明隆庆三年（1569 年），他三十六岁时，到栖霞寺拜访云谷禅师。两人对坐一室，三天三夜不曾睡息。禅师对袁了凡说：“你日夜不起妄想，安心禅定，今后必有成就。”袁了凡听后，十分感慨地回答：“法师，很是惭愧！我是因为这一生命运已被算定了，所以才能安于天命，不起妄想。”

禅师并不赞同他的看法，批驳道：“人生命数固然受前世因缘的影响，但大善大恶之人，绝非前世前生所能决定的。你二十年来，坐在算命先生设

[1] 袁黄（1533—1606），初名表，后改名黄，字庆远，又字坤仪、仪甫，初号学海，后改了凡。万历十四年（1586 年）中进士，曾参加援助朝鲜、平定倭寇的战争。袁了凡是明朝重要思想家，是迄今所知中国第一位具名的善书作者。

定的圈套中不能自拔，没有改变自己命运的行动，太不值得了。”袁了凡问：“难道命数还能够改变吗？”禅师说：“命自我造，福自我求，只要洗心革面，积德行善，就能改变命运。”

袁了凡茅塞顿开，恍然大悟。从此，终日兢兢业业，广行善举，律己甚严，待人唯恕。而且每日所行善恶，均一一作下记录。

说也奇怪，从那时起，孔先生给他“圈定”的命数一概不灵了。隆庆四年（1570年），礼部考科举，孔先生原预言考中第三名，结果考了第一名。孔先生没算他会考中举人，没想到秋天乡试竟然考中了举人。万历九年（1581年），他四十八岁时，又喜得贵子。孔先生预言他寿命只有五十三年，而他却活到了七十三岁。

袁了凡并没有留下他自己的生辰八字，而给他算命的孔先生据说用的是邵雍的“皇极数”，我们自然不知道他具体的推算过程。

《了凡四训》是袁了凡在六十九岁时为教育自己儿孙所写的。它融汇了儒、释、道三教思想，针对当时命理学具有浓厚的宿命论气息，提出了改造命运的方法。袁了凡改命的方法是：积善、改过、谦德，强调从治心入手的自我修养，提倡记功过格。该书语言通俗易懂，谈因论果，劝人为善，是明清以来在民间流传最广的善书之一。

《中国人的命理信仰》指出：“《了凡四训》的立命、改过、积善、谦德四部分概括了中国人命理信仰的全貌。今人往往将命理信仰理解为‘算命’，事实上命理信仰是由推算预测命运、解释家庭社会关系、倡导立命改命三个部分构成。在《了凡四训》产生以前，命理信仰已经出现，但并未系统化、理论化。自《了凡四训》问世并在民间广泛流传后，立命、改过、积善、谦德的命理信仰便广为人知。命理信仰可谓是儒释道三教并流、大小传统相互沟通的产物。此后，《了凡四训》所宣扬的命理信仰也走进了命理学理论之中。”[1]

---

[1] 董向慧：《中国人的命理信仰》，第155页。

现代转型

《中国古代算命术》说："作为一种文化现象和学术现象，我们完全可以这样认为：在我国所有的学术文化中，从影响的深广来说，几乎没有什么可以和它分庭抗礼，并肩起坐的。这不仅表现在学者大儒身上，多半对这种神秘预测的方术倾注了莫大的兴趣，并且在广大平民百姓中，也是往来风靡，大有尽人皆醉的味道。"[1]

这里指出了命理学作为一种文化现象和学术现象，影响十分深广。在进入现代社会后，传统命理学出现了现代转型。

这是随着现代化出现的。现代化最主要的特征之一，就是去魅——去神秘化，去神圣化。命理学自然也不例外。

民国时代韦千里的《命学讲义》是最早的函授命理教材。韦千里早年毕业于复旦大学，他的《命学讲义》是以西方教材的方法来编写的。语言简练，条理分明，通俗易懂，当时就受到了欢迎。"要求函授者，日益众多，甚至梵寺高僧，璇闺名媛，亦不乏人。"[2]这是改变了过去江湖师徒密授的途径，开始揭去命理神秘的面纱，让命理学知识直接面向社会大众。

二十世纪六十年代，吴俊民的《命理新论》是又一本函授命理教材，它直接开启了台湾后来几十年的命理学习和研究的时尚风气。

民国以来，由于受过现代教育、热心研究命理的知识分子的加入，改变了明清时代书房派和江湖派的隔离状态，加速了命理学的去魅化过程。同时，通过媒体对江湖算命手段和骗术的揭露，从另一个角度为现代人破除命理的"神圣"感，提供了现实的资料。

在二十世纪三十年代，几乎就在《命学讲义》面世的同时，北平《时言

[1] 洪丕谟、姜玉珍：《中国古代算命术》"三版自序"。
[2]《命学讲义》"自序"。

报》长篇连载了连阔如以“云游客”的笔名所写的《江湖丛谈》。[1]作者以自己的切身经历，详细地揭露了江湖算命行业的“腥”，破除了人们心目中长久存在的对江湖算命的“崇拜”。所谓“腥”，就是指江湖业者察言观色的伎俩。《江湖丛谈》对江湖派伎俩的揭露，在当时产生了一定的影响。后来的《于成回忆录》对“江相派”揭露，也起到了同样的去魅作用。

据董向慧《中国人的命理信仰》一书中所做的调查，目前国内网络算命兴盛。年龄特征：以青年人为主体，平均年龄为 27 岁。学历分布：以高学历青年人群为主导。职业分布：职业分布广。求测目的：排在前面的是婚姻爱情、财运、事业。这自然跟“光顾”网络的群体成分有关。

作者指出：“网络算命社区出现为内地的命理信仰提供了一个‘公共空间’。当人们在一个信息对称、充分交流的网络社区中算命，很快就发现‘梦幻命理学’是一种假象。求测者发现，在小说中的‘铁口直断’并不存在，针对同一个人不同的命相师众说纷纭。……因此人们更多地将命理信仰视为一种大致的概率，可以说，网络算命社区模式迅速地使得命理信仰去魅化。”[2]

更饶有兴味的是，作者还指出网络命理师“角色”的变化。作者说：算命师在今天的主流媒体里多数是以“骗子”的形象出现的，他们大都能说会道，唯利是图，往往借着“消灾解难”的幌子行骗，为自己谋利益。这些刻板的印象，在网络算命中正在逐渐改变。一些有收费服务的“专家级”算命师，在公布的求测要求栏中这样注明：“八字是对一生整体命运的一个预测手段，有其局限性。”“本人所做的所有预测，只供参考，成败荣辱一概与本人无关。”这是直接告诉求测者不能太迷信，预测具有局限，仅供参考而已。

随着去魅化过程的深入，命理学也出现了向实证化、学术化发展的趋势。

---

[1] 连阔如遗著，连丽如、贾建国整理：《江湖丛谈》，当代中国出版社，2009 年。
[2] 董向慧：《中国人的命理信仰》，第 218 页。

这是现代转型的重要内容。本书第十章所叙述的内容，正是命理学者在现代科学思想的影响下，通过实证的方法，去拓展命理学的研究领域，深化其描写功能。

三、思考与展望

在本书结束之前，简略地谈谈我个人对传统命理学的思考和展望。

伟大的假说

诚如我在第一章里所指出的，传统命理学的理论基点是人和自然之间的关系。天地是个大宇宙，人是一个小宇宙。人的八字结构正是他出生时段宇宙运动状态的标记。命理学正是从这组标记出发，去寻找它与个人的生命潜质和人生轨迹之间的对应关系。我个人认为，这是一个伟大的发现，或者说，**这是中华先人的一个伟大假说**。产生这样的假说，其意义并不下于中国历史上曾有过的科技方面的四大发明。

由于这个假说产生在近两千年前的宗法农业社会里，人们不可能拥有今天的科学思想和科学手段，因此，只能运用当时所具有的呈现中国特色的阴阳五行思维工具，通过大量经验的观察和验证，来建构和发展这门传统学问。因为它主要在世俗生活中活动和应用，故带有了浓厚的俗文化的特点，甚至还糅杂着旧时代的伦理观念、迷信色彩，虽然目前已经出现了去魅化的现代转型趋势。

如果我们珍惜这个伟大的假说，我以为，首先需要发掘和整理已有的历史文献，发掘和总结已有的经验，辨别精华和糟粕，为继承这份可贵的中华古文化遗产做好应有的理论和实践的准备。本书的工作，主要在于发掘和整理命理学在**理性探索**方面的历史发展线索，以及与之相关联的推演方法的演变过程。希望通过我们这一代人的挖掘和整理，使这个在俗文化中存身了千年的学问能够正式跨入庄严的学术殿堂。

如果我们珍惜这个伟大的假说，我以为，现在正处于一个新的历史发展的转折点上。命理学过去近两千年的探索和发展，可以说，是对这个伟大发现的“实证”。它已经积累了许多东西。但是，由于探索工具的局限，它无法完成这个如此艰巨复杂的任务。**现在正是运用现代科学思想和科学手段，对它进行“新一轮”实证的时候了**。

具体来说，我们可以把这个伟大发现，划分成许多不同的领域，让它跟现代科学学科的领域对应起来。比如，生理学、医学、心理学、社会学等等。计算机和现代数理统计方法给我们提供了探索的有效工具。我们可以一个课题，一个课题地进行工作。设计调查内容，收集样本，数理统计，求得相关性，并进一步寻找理论的解释。

我在《又一种“基因”的探索》一书中所做的，正是这样的尝试工作。这是从中医体质学的角度，去寻找出生时间与人的健康之间的相关性。尽管样本不大，但结果还是十分令人鼓舞的。如果能进一步收集样本，扩大调查范围，或许可以找到更多的细节，挖掘出更多的具有理论研究价值的东西。实际上，这样的题目很多，范围也很广，比如，出生时间与性格类型的关系，出生时间与某种疾病的关系，出生时间与职业的关系，甚至出生时间与犯罪的关系，等等，都可以分别做出研究报告来。

如果说，基因和基因工程，是当代科学探索的前沿领域，那么，我们古人的这个发现，是又一项“基因”工程。我们个人具有的生物学的基因，是来自父母的遗传；而出生时间的信息，是宇宙时空结构给我们的又一种与生俱来的“胎记”。诚如我在《又一种“基因”的探索》中所指出的：“这将为现代生命科学提供一个东方华夏独有的‘古为今用’新视角——时空生命学的视角。然而，这项研究工程需要多方面的支持和协作。其中最困难的，恐怕还是我们自己思想上的障碍，因为这个假说本身突破了我们今天的常识范围。”[1]

然而，科学的进步就是突破现存的“常识”，哥白尼的日心说，最终替代了几千年习以为常的地心说，就是科学史上的一个很有说服力的例子。因此，在思想禁区不断解除的今天，使我们可以让求索的眼光，伸向无垠的遐空。我们应该有条件用严肃的科学手段，来进一步实证中华先人留下的这个伟大的假说。

复归于“道”

从天人关系看，一个人的“命”，就是他出生时所对应的宇宙状态；而“运”，则是命的外部环境——不断流变的宇宙状态。因此，人的“命运”，究其根本，就是一个固结了的特定宇宙状态，在不断变化的宇宙状态中的遭遇。命理学就是应用阴阳五行原理来描写、并进而预测这样的遭遇。尽管这种描写和预测还是十分模糊、十分粗糙的。

这里体现了一种**自然律**。对于终古常新的“天”来说，人是十分有限的。个人的遭遇只是宇宙运行中“复制”下来的一个极小的片断。然而，人是具有理性的动物。他并不仅仅满足于自己物质生活条件的改善，而总要追问生命存在的意义和价值。事实上，哲学正是在这样的追问中产生的。

作为西方哲学的源头，古希腊的哲学家从生命的易逝和有限性中，发现了命运的“悲剧”性，由此产生了一种形而上学哲学观。这种哲学观的特点是本体与现象二分。按柏拉图的说法，现象永远是本体的不真实的摹本，而生命的意义在于如何去追求和达到本体。关于本体的知识即是他所谓的“理念”。

与古希腊的哲学家不同，中华哲人对于生命的意义一直怀有乐观的态

[1]《又一种“基因”的探索》，第 171 页。

度。尽管生命是易逝的、脆弱的，但并不说明它是不幸的。在中华哲人的眼里，本体和现象是统一的。因为生命过程是一个变化的过程。在这个变化中，生动地体现了宇宙的生生不息的生命力。这就是《周易》所谓的“生生之为易”。

可以说，传统命理学的探索，本身就印证了这种“变”的生命力，同时也尝试揭示这种“生生不息”的宇宙原理。它极为生动地表现了中华先人对生命所采取的现实态度：希望通过揭示生命的某种规律性，从而了解生命，发挥人的主观能动作用。

既然生命过程带着时空结构的印迹，那么“知命”者可以通过适当地调节他所处的**外部**的时空环境，达到某种趋吉避凶的目的。这就是邵伟华先生常说的“在有利的时间，去有利的地方，办有利的事情。”也就是，通过理性地选择和改变外部环境，使自己生命的道路变得平坦起来，使生活变得美好起来。这是就改变外在条件而言的。

从**主体**方面来说，“知命”者还可以不断地调整自己的心态，对变动的环境做出适宜的应对。传统命理学是按世俗的价值观来刻画人生的轨迹的。命理学中财官网络的判断正是这种世俗价值观的集中体现。然而，“知命”者不应当被这种价值观所束缚。就我个人的体验，如果用“财官”指标来标记人生的话，一些指标高的阶段，并不一定就是自己内心感到舒坦和愉快的岁月。命理学是现实的，它并不刻意去描写当事人的主观感受。而主观感受又是因人而异的。俗话说：神仙自有烦恼事，小鬼也有欢乐时。虽然主体受着客体环境的制约，谁也无法扯着自己的头发而离开地面，但是，主体是具有能动作用的。所以，**“知命”者，并不“唯命”**。他们注意充实和提高自己，以豁达的胸襟直面人生，同时也善于处理现实中的各种问题。这是一个非常重要的方面。

然而，一个真正的“知命”者，应该努力超越当下的生存状况，或者说，应当敢于超越自己个人的命运，由“人道”向“天道”回归，在“有限”中去追求和实现“无限”。当然，这是多方面的。[1]宋朝范仲淹在《岳阳楼记》中指出，志士仁人应该是“不以物喜，不以己悲”，应该是“先天下之忧而忧，后天下之乐而乐”。这是一种**人生境界**的追求，是**大道**的追求，是一种真正的超越。它也是中国哲学的真谛所在。

[1] 比如，《李虚中命书》中说：“出五行之外者，生死在乎我；具清浊之内者，存亡从数矣。（注：凡修德养性，炼假守真，灵台内静，反复还原，神游六合之外，必造五行之先，则欲生欲死，欲隐欲现，皆由乎我，是谓神仙真人矣。岂由天地鬼神时数所拘者？此欲人自修，不可专滞于命。）”这反映了道家超越的观念。

主要参考文献

陆致极：《中国命理学史论：一种历史文化现象的研究》，上海人民出版社，2008 年

《四库术数类丛书》(七)、(八)，上海古籍出版社，1991 年

《星命集成》(《古今图书集成·艺术典》)(三册)，重庆出版社，1994 年

(隋) 萧吉：《五行大义》(见中村璋八：《五行大义校注》，武陵出版社，台北，1986 年)

(宋) 廖中：《五行精纪》，郑同点校，华龄出版社，2010 年

(宋) 徐升：《渊海子平》(《评注渊海子平》，星相研究社编刊，上海春明书店，1938 年)

(明) 万民英：《三命通会》，隆泉书店，台北，1986 年

(明) 张楠：《神峰通考辟谬命理正宗》，香港上海印书馆，1981 年

(清) 陈素庵：《命理约言》(载韦千里编著：《相命全书》，大众书局，台南，1973 年)

(清) 陈素庵：《滴天髓辑要》(载徐乐吾评注：《滴天髓补注》)

(清)《御定子平》，郑同点校，华龄出版社，2011 年

(清) 廖冀亨：《子平四言集腋》，徐乐吾校订，武陵出版社，台北，2006 年

(清) 任铁樵注《滴天髓阐微》，李雨田校订，上海，1947 年

(清) 读易老人：《命学玄通》，李瑞芝校刊

徐乐吾评注：《滴天髓征义》，武陵出版社，台北，1991 年

徐乐吾评注：《滴天髓补注》，武陵出版社，台北，1993 年

徐乐吾评注：《子平真诠评注》，武陵出版社，台北，1986 年

徐乐吾评注：《造化元钥》，香港上海印书馆印行，1980 年

邹文耀：《命学真源考证》，人生性命学研究社，台北，1968 年

邹文耀：《子平命学考证》，瑞成书局，台北，1982 年

梁湘润：《李虚中命书》，武陵出版社，台北，1985 年

钟义明：《命理用神精华评注》，武陵出版有限公司，台北，1995 年

钟义明：《命理准绳评注》（上下册），武陵出版有限公司，台北，1996 年

钟义明：《现代破译“滴天髓”》，武陵出版有限公司，台北，1997 年

杨景磐：《玉照定真经白话例题解》，中州古籍出版社，1994 年

苏卫国：《玉照定真经评注》，中国哲学文化协进会，2000 年

袁树栅：《新命理探原》，香港上海印书馆，1979 年

袁树栅：《命谱》，中州古籍出版社，1995 年

徐乐吾：《子平粹言》，武陵出版社，台北，1998 年

徐乐吾：《命理一得》，（载《命理一得·命学新义》，武陵出版社，台北，1993 年）

四明白水青松：《命理索隐》，香港上海印书馆，1985 年

水绕花堤馆主：《命学新义》（载《命理一得·命学新义》，武陵出版社，台北，1993 年）

韦千里：《相命全书》，大众书局，台南，1973 年

陈易庵：《名人命诠》，中华易学研究会，澳门，1959 年

陈心让：《命理真迹》，香港上海印书馆，1982 年

尤达人：《达人命理通鉴》（第一册），香港上海印书馆，1984 年

邹文耀：《命学寻真》，集文书局，台北，1982 年

吴俊民：《命理新论》，台北，1981 年

何建忠：《八字心理推命学》，希代书版有限公司，台北，1985 年

何建忠：《千古八字秘诀总解》，希代书版有限公司，台北，1985 年

陈品宏：《预言命学真解》，王家出版社，台南，1972 年

陈品宏、梁友铭：《命理特诀》，希代书版有限公司，台北，1986 年

司萤居士：《八字洩天机》（上、中、下），希代书版有限公司，台北，1983年，1986年
吴怀云：《命理点睛》，希代书版有限公司，台北，1985年
光莲先生：《八字机缘点窍》，武陵出版有限公司，台北，1988年
钟义明：《古今名人命运鉴赏》，武陵出版有限公司，台北，1991年
钟义明：《现代命理实用集》，武陵出版有限公司，台北，1993年
钟义明：《命理脑筋急转弯》，武陵出版有限公司，台北，1998年
梁湘润：《命学大辞渊》，文源书局，台北，1990年
梁湘润：《神煞探原》，行卯出版社，台北，2003年
梁湘润：《用神经史观》，行卯出版社，台北，2012年
梁湘润：《禄命法：千年沿革史》，行卯出版社，台北，2013年
朱鹊桥：《命运推算法则与操作》（1—3册），聚贤馆文化有限公司，香港，1996年
陈柏谕：《四柱八字阐微与实务》（上下册），益群书店，台北，1997年（修订）
陆致极：《八字命理新论》，益群书店，台北，1996年
陆致极：《八字与中国智慧》（《八字命理新论》增订版），益群书店，台北，1998年
陈宝良：《渊龙命学》，武陵出版有限公司，台北，2010年
洪丕谟、姜玉珍：《中国古代算命术》（增补本），上海人民出版社，1992年
邵伟华：《四柱预测学》，明报出版社，香港，1993年
陈园：《四柱预测学释疑》，明报出版社，香港，1993年
郭耀宗：《四柱命理预测学》，中州古籍出版社，1994年
董鸿渐：《中华纳音预测学》，中国哲学文化协进会，香港，2000年版
徐伟刚：《八字正解》，贵州科技出版社，2004年
（修订后再版，更名《子平正解》，中国工商出版社，2009年）
徐伟刚：《子平实战指引》，中国商业出版社，2009年

刘文元：《四柱命理正源》，中国商业出版社，2009 年
凌谢冰：《中国八字学通论》，雨雪易学文化出版社，香港，2008 年
祝国英：《人生轨迹的干支解读：新派命理简论》，中国商业出版社，2009 年
段建业：《段氏理象学》，中国商业出版社，2011 年
凌志轩：《四柱博观》，新疆人民出版社，2004 年
凌志轩：《古代命理学研究：命理格局》，中山大学出版社，2012 年
赵季青：《八字与健康》，华安出版社印行，香港
钟义明：《现代命理与中医》（上下册），武陵出版有限公司，台北，1993 年
陆致极：《又一种“基因”的探索》，上海人民出版社，2012 年
宋会群：《中国术数文化史》，河南大学出版社，2003 年
何丽野：《八字易象与哲学思维》，中国社会科学出版社，2004 年
刘国忠：《唐宋时期命理文献初探》，黑龙江人民出版社，2009 年
董向慧：《中国人的命理信仰》，上海人民出版社，2011 年
于城、白玉石：《江湖相命心理学》，东西文化事业公司，香港，1984 年
钟肇鹏：《谶纬论略》，辽宁教育出版社，1991 年
殷南根：《五行新论》，辽宁教育出版社，1993 年
傅斯年：《性命古训辨证》，广西师范大学出版社，2006 年
陈平：《中国古代命运观的现代诠释》，辽宁教育出版社，2000 年
魏义霞：《中国人的命运哲学》，黑龙江教育出版社，2010 年
冯友兰：《中国哲学简史》，赵复三译，新世界出版社，2004 年
张世英：《天人之际：中西哲学的困惑与选择》，人民出版社，1995 年
韦政通：《中国思想史》（上册），水牛出版社，台北，1988 年
吴怡：《中国哲学发展史》，三民书局，台北，1984 年
楚渔：《中国人的思维批判》，人民出版社，2011 年
钱穆：《孔子传》，东大图书股份有限公司，台北，1987 年
杨伯峻：《论语译注》，中华书局，1980 年

陈鼓应：《庄子今注今译》(最新修订本)，商务印书馆，2007 年
林语堂：《苏东坡传》(宋碧云译)，远景出版实业公司，台北，1987 年（八版）
陈遵妫：《中国天文学史》，三册，上海人民出版社，1980 年
江晓原、钮卫星：《中国天学史》，上海人民出版社，2005 年
江晓原：《历史上的星占学》，上海科技教育出版社，1995 年

命理学史主要术语、著作和人名索引

（以汉语拼音为序）

B

《八字泄天机》 309—310

《八字心理推命学》 321，375

《八字与中国智慧》 213，282，288，315—316，324，351，401

《八字正解》 326—327

白惠文 299

比肩 94—95，153—154，158—159，163，167—169，174，178，184

病药说 198—201，249，402，430

C

财官网络 172—176，178，446

陈柏谕 120，129，159，271，277，314

陈宝良 329—331，332

陈素庵 80，195—196，199，201—207，210，248，276，291，298，299，327，402

陈心让 316，317—319

陈易庵 238，320

从财格 101，268，270，271

从儿格 268—269，270

从革格 101，263，264

从杀格 101，267，270，271

从势格 270，322

从旺格 267—272，275，322，333，398

D

《滴天髓》 195，202，207—212，215，248，249，259，260—264，269，270，273，275，279，280—288，293，296，307，318，327—328，332—334，386，389，397，398，403，432，437

《滴天髓阐微》 209，211，292，300

《滴天髓辑要》 202，208，210—211，248

《段氏理象学》 326，331—340

《濯缨亭笔记》 83，86，87，89，91，92，93，150

地支藏遁 88，132—136，140，342，344，387，392，401

董向慧 85，92，348，381，350，440，442

董仲舒 22，37—39，43，84，213

读易老人 236—237，239，248

段建业 331—340

F

方便面居士　218，234，349
扶抑机制　315，388
扶抑用神　141—143，249，296，388，401

G

格局分析　18，194，242，393—398，401，402
古法模型　72，74—78，79，80，81，82，83，86，87—89，94，102，105，107，108，111，122，135，150，179，193，353，430
管辂　65，66，84，108
光莲先生　311—312
郭程（去非）　82，108
果老星宗　20，242
今法模型　83，86—91，93，99，100，102，103，105，107，108，111，135，136，150，166，173，178，179，180，194，196，202，203，206，242，243，244，304，382，430

H

何建忠　321，350，375，377，380—381
洪丕谟　324
胡一鸣　313
化气格　273—277
黄忠霖（了无居士）　305，309

J

《继善篇》　93，94，96，99，137，142，203
“江相派”　437，442
稼穑格　101，262，264
建禄格　184，254—258
江湖派　299，325，434—438，441—442
劫财　94—95，103，153—154，158—159，163，167—168，174，178，184
救援机制　200

L

《兰台妙选》　82—83，108，180
《栏江网》　195，215—218，227，240，248，293
《李虚中命书》　75—79，90，95—97，108，110，123，130，136，143，179，307，346
《了凡四训》　438—440
《禄命辨》　99，108，425—426
《珞琭子三命消息赋》　80，87，108，110，111，132，136，143
李居璋　312，320
李虚中　20，72—74，75，83—87，89，108，122，150，195，296，305，307
梁湘润　75，88—89，217—218，227，302，307—309，349，350，363，428

廖冀亨　207，248
廖中　81，108
林庚白　299，319
凌谢冰　348
凌志轩　329
刘国忠　85
刘基（伯温）　209—210，248，299
刘文元　348
流通原则　401—402
六亲网络　166—168，169，174
陆致极　313，349，415
吕才　69—72，75，100，108，136

M

“盲派”　329，331—332，334，336，338，342
《名人命诠》　320
《命理点睛》　313，346，425
《命理格局》　326，329
《命理精论》　313
《命理脑筋急转弯》　309，313，337
《命理索隐》　217—218，298—299
《命理探源》　291，293
《命理新论》　112，303，358，402，441
《命理用神精华》　298
《命理约言》　195，202—206，248，293，301
《命理真迹》　317
《命理准绳》　217—218
《命谱》　139，146，292，386
《命学讲义》　138，297—298，323，441
《命学新义》　298，321，368—372
《命学玄通》　195，236—240，248
《命学寻真》　300—302
命宫　87，360

N

纳音　69，71—72，75—77，79，82，84，87—89，95，104，122—125，135，141，150，193，197，308，430

P

潘子端　298，321，350，368—374
偏财　94—95，153—154，156，160，164，167—169，174，178
偏财格　98，102—103，182，184，188—189，253—258
偏官（七杀）　94—95，98，153—154，156，160，164—165，167—169，174，178，184，196，405
偏官格（七杀格）　98，102—103，182，184，186—187，253—258，393—398，409
偏印　94—95，153—154，157，161，167—169，174，178
偏印格　102，182，190—191

Q

《千古八字秘诀总解》　375，377
《穷通宝鉴》　195，215—235，248，293，295，302，328

《鹊桥命理》 322—323, 340, 345
七政四余 20
强弱分析 18, 142, 194, 387—388, 401
清纯原则 288, 401
曲直格 101, 260, 264
取象比类 429—431

R

《人鉴》 299, 319
任绥卿（四明白水青松） 218, 299
任铁樵 208—209, 248, 263, 264, 276, 281, 282, 285, 292, 308, 397, 432, 437
日干强弱 90, 95, 136—141
润下格 101, 263, 264, 266

S

《三命通会》 83, 103—105, 107, 108, 146, 147, 150, 175, 180, 181, 184, 187, 189, 191, 192, 193, 195, 196, 288, 293, 296, 301, 327—328, 353, 428, 433
《三命指迷赋》 82, 108
《神峰通考》195—201, 248, 293, 298, 301, 314, 327, 337, 402, 430
《四柱八字阐微与实务》 314
《四柱命理正源》 348
《四柱预测学》 325—326, 433
伤官 94—95, 98, 153—154, 157, 162, 167—169, 174, 178, 253—258
伤官格 101, 102—103, 182, 191—192
邵伟华 325, 433, 446
神煞 18, 71, 75, 77, 90—91, 97, 104, 109—115, 116, 194, 403
沈孝瞻 211, 213, 250—259, 248, 299, 308, 323, 338, 396
十干类象 150—152, 164
十天干生死旺衰 127—132, 141, 158
食神 94—95, 153—154, 157, 162, 167—168, 178
食神格 102—103, 182, 192—193, 253—258
书房派 299, 434, 437—438
司萤居士 309—310
四时五行 125—127, 140, 194, 307
宋濂 68, 99, 108, 425—426

T

《唐宋时期命理文献初探》 82, 85
《天元秀气巫咸经》 81, 108
调候机制 315
调候 195, 214—215, 218, 227—230, 243, 249, 287, 299, 315, 396
调候分析 18, 389—392, 401
胎元 76—77, 87, 94, 104
通关 280—282, 315
通关机制 315

W

《五行大义》 68—69, 108, 116, 119,

125, 127, 301, 307, 353
《五行精纪》 81—82, 108, 111, 124—125, 179
万民英（育吾） 104, 108, 146, 150, 195—196, 308, 428
王充 42—48, 49, 108
王心田 298
韦千里 138, 297, 299, 303, 316, 323, 433, 441
吴怀云 305, 313, 346
吴俊民 112, 303—307, 350, 355, 359, 362, 402, 441
五星术 20—21, 81, 150, 242, 243

X

"新派" 340—348, 351
《喜忌篇》 411
《现代命理与中医》 309, 363—364
《新派命理简论》 326, 340—348
《星平会海》 107, 108, 293
《星学大成》 104, 293
《叙禄命》 69—72, 73, 108, 136
先天体格检查表 355—399
萧吉 49, 55, 68—69, 108, 110, 116
刑冲会合 18, 71, 104, 116—122, 141, 194
形象分析 18, 398—399, 401
徐大升 84, 85, 86, 88, 91—99, 100, 101, 103, 108, 111, 137, 150, 166, 180, 195—196, 291, 299, 300
徐乐吾 120, 209, 212—214, 216—218, 230, 232, 233, 253, 259, 261, 270—273, 276, 281, 286, 287, 292—296, 299, 302, 307, 308, 319, 327, 333, 335, 338, 349, 355, 392, 397, 398, 432—435, 438, 400
徐伟刚 326—328
徐子平 78, 80, 83—91, 93—95, 97, 99, 100, 105, 106, 108, 111, 125, 132, 136, 137, 150, 180, 193, 195, 196, 291, 300, 307

Y

《达人命理通鉴》 316
《应天歌》 82, 108
《用神经史观》 218, 349
《又一种"基因"的探索》 348, 364—368, 415, 444
《玉照定真经》 78—79, 108, 119, 178, 353
《御定子平》 207, 248
《渊海子平》 91, 100—101, 107, 108, 132—133, 145—146, 148, 150, 158, 166—167, 173, 175—177, 180, 195—197, 214, 276, 301—302, 304, 307, 327, 353
《渊龙命学》 329—331
姜玉珍 324
炎上格 101, 261, 264
羊刃 103, 112, 138, 158

阳刃格　184, 254—258
易鉴　101—103, 106, 108
尤达人　316
余春台　216, 217
袁了凡（袁黄）　438—439
袁树珊　139, 291, 299, 316
岳珂　82, 108, 436

Z

《造化元钥》　216, 319
《中国八字学通论》　348
《中国古代算命术》　324, 441
《中国人的命理信仰》　85, 348, 381—383, 440, 442
《周易》　8, 446
《子平粹言》　120, 293—297
《子平四言集腋》　207, 248, 293
《子平渊源》　91—99, 108, 111, 137, 150, 152, 153, 180, 293
《子平真诠》　195, 210, 211—214, 248—259, 260, 293, 323, 327, 338, 396, 408
张楠（张神峰）　195—201, 248, 308, 402
张颙　78—79, 108
真神　285—288
正财　94—95, 153—154, 156, 160, 167—169, 174, 178
正财格　102—103, 182, 187—188, 253—258
正官　94—95, 153—154, 155—156, 159, 167—169, 174, 178
正官格　98, 102—103, 106, 182, 183, 185—186, 253—258
正印　94—95, 153—154, 157, 161, 167—169, 174, 178
正印格　102—103, 182, 189—190, 253—258
中和原则　95, 142, 401
钟义明　309, 312, 337, 349, 363
朱鹊桥　322—323
祝国英　340—348
专旺格　260—264, 272, 322, 344—345
紫微斗数　20, 85
邹文耀　80, 85, 299, 300—302, 350
邹衍　22, 35—36

图书在版编目(CIP)数据

命运的求索:中国命理学简史及推演方法/陆致极著.—上海:上海书店出版社,2014.11(2025.7 重印)

ISBN 978-7-5458-0967-1

Ⅰ.①命…　Ⅱ.①陆…　Ⅲ.①命书-历史-研究-中国　Ⅳ.①B992.3

中国版本图书馆 CIP 数据核字(2014)第 231706 号

责任编辑　杨柏伟
特约编辑　郑英旻
封面设计　雨　依
封底篆刻　郑英旻

命运的求索
——中国命理学简史及推演方法
陆致极 著
上海书店出版社出版
(201101　上海市闵行区号景路 159 弄 C 座)
上海人民出版社发行中心发行
上海展强印刷有限公司印刷
开本 890×1240　1/32　印张 15　字数 400,000
2014 年 11 月第 1 版　2025 年 7 月第 16 次印刷
印数 61351—72350
ISBN 978-7-5458-0967-1/B·53
定价 75.00 元